Das Buch vom Wilden Mann

Der uralte Mythos – neu betrachtet

Herausgegeben von
Michael Görden

Originalausgabe

WILHELM HEYNE VERLAG
MÜNCHEN

HEYNE SACHBUCH
Nr. 19/211

Printed in Germany 1992
Umschlagillustration: Archiv für Kunst und Geschichte, Berlin
Umschlaggestaltung: Atelier Adolf Bachmann, Reischach
Herstellung: H + G Lidl, München
Satz: Fotosatz Völkl, Puchheim
Druck und Verarbeitung: Ebner Ulm

ISBN 3-453-05803-8

Inhalt

Die Rückkehr zum Wilden Mann

Männliches Selbstverständnis aus dem Mythos

Was heisst hier »Wilder Mann«?

Nachdem im englischen Sprachraum schon während der achtziger Jahre ein großes Interesse an Mythenforschung und der Tiefenpsychologie C. G. Jungs zu beobachten war, findet die Beschäftigung mit archetypischen Urbildern zunehmend auch bei uns Verbreitung. Der große Erfolg von Büchern wie »Feuer im Bauch« von Sam Keen oder »Eisenhans«, mit dem der amerikanische Dichter Robert Bly seine Mit-Männer zur Rückbesinnung auf den Mythos des Wilden Mannes auffordert, ist dafür sicher zur Zeit einer der augenfälligsten Beweise. Entwikkelt sich da ein neues Männerbild aus diesem mythischen Fundament? Was ist von den merkwürdigen Berichten zu halten, daß sich in den USA Männergruppen zu Trommelritualen in die Wälder zurückziehen und ihrer ursprünglichen Männlichkeit huldigen? Und wie kann ein Film um einen einsamen, wortkargen Pionier-Lieutenant der amerikanischen Bürgerkriegszeit, der seinen inneren Frieden bei den Indianern wiederentdeckt, zum größten Filmerfolg zu Beginn der neunziger Jahre werden? Feministinnen zeigen sich beunruhigt und vermuten im neuentdeckten Leitbild des »Wilden Mannes« eine Rückkehr zum Macho, eine Rechtfertigung für männliche Gewalt und Frauenfeindlichkeit. Für manche Kritikerinnen ist der Wilde Mann nur ein wildgewordener Softie, der seine Rambo-Instinkte ausleben möchte.

Das vorliegende Lesebuch zum Wilden Mann versteht sich als Versuch, seine Rolle in der Literatur, der Psychologie und der Mythenforschung dieses Jahrhunderts kenntlich zu machen. Es vermeidet bewußt die Auseinandersetzung mit dem machtpolitischen Mißbrauch von Mythen, den die totalitären Regime unserer Zeit betrieben haben und betreiben. So notwendig eine solche Auseinandersetzung gerade auch mit unserer eigenen deutschen Geschichte ist, sie kann das Verständnis mythischer Bilder nicht ersetzen, sondern eigentlich erst dann beginnen, wenn die Wurzeln dieser Bilder freigelegt sind. In den folgenden Beiträgen wird den Wurzeln dieses Mythos nachgespürt.

Die Spur des Wilden Mannes

Die Erforschung des Mythos

Das Bild des Wilden Mannes, des Jägers, der sich mit seinem Wild vereinigt, um davon seine Familie zu ernähren, ist so alt wie die Menschheit. Es wurde zu einem Archetypus, wie sie der Begründer der modernen Archetypenlehre, C. G. Jung, zu erforschen begann. Jungs Entdeckung seelischer Urbilder führte die Mythenforscher Joseph Campbell und Heinrich Zimmer zu einer Untersuchung kultureller Überlieferung nach ihrem archetypischen Gehalt. Um die Wurzeln des Wilden Mannes aufzuspüren, muß man sich daher zunächst mit den Denkansätzen dieser Forschungsrichtungen vertraut machen.

Was die Wiederentdeckung des Wilden Mannes für die Kultur unserer Gegenwart bedeuten kann, zeigt Robert Bly in seinem 1990 erschienenen Buch »Eisenhans« auf. Auch wenn die Gestalt des Wilden Mannes zuvor in anderen Büchern beschrieben und interpretiert wurde, hat dieses Buch durch seinen Erfolg gerade in Deutschland erst eine breite Beschäftigung mit diesem Mythos ausgelöst. Am Beginn der Anthologie soll deshalb eine Einführung in dieses Buch und seine Gedankenwelt stehen, denn Bly wurde mit seinem Wunsch, uns bestimmte männliche Energien zurückzugeben, zum aktuellsten Wegbereiter des Denkens, das sich in allen Beiträgen dieses Bandes widerspiegelt. Wenn wir den Wilden Mann suchen, müssen wir daher zunächst Blys »Eisenhans« näher betrachten.

MICHAEL GÖRDEN

Eisenhans – Der Wilde Mann des Robert Bly

»Wenn ein Mann mit dem Wilden Mann Kontakt aufnimmt, kann er wirklich an Kraft hinzugewinnen. Er ist in der Lage laut und unmißverständlich zu sagen, was er will, was der typische Mann der sechziger und siebziger Jahre nicht kann.«

Robert Bly

1.

»Ein Buch über Männer« behauptet der Untertitel von Robert Blys Bestseller »Eisenhans«, mit dem der Autor sich bewußt von geschlechterübergreifender Seelenforschung abgrenzt. Frauen können dieses Buch lesen, aber geschrieben ist es für Männer. Unsere Kultur kennt zwar inzwischen Frauenbuchläden, Frauenbücher und Frauenfilme, mit denen sich Frauen bewußt und mit einer gewissen Ausschließlichkeit an ihre Geschlechtsgenossinnen wenden. Aber Bücher nur für Männer? Soll hier eine neue Grenzlinie wider die Emanzipation gezogen werden – wollen hier die Männer unter sich bleiben, wie früher bei der Lektüre frauenfeindlicher Pornographie? Oder handelt es sich um ein Buch zur männlichen Homosexualität, das sich nur an gleichgeschlechtliche Leser wendet? Schon die Verwirrung, die die eigentlich harmlose Unterzeile auslösen kann, zeigt, wie schwer es in unserer Gesellschaft geworden ist, männliche Themen zu definieren und gegenüber weiblichen oder geschlechterübergreifenden Fragen abzugrenzen, ohne in den Verdacht der Frauenfeindlichkeit oder der Propagierung männlicher Sonderrechte zu geraten. Bly selbst erklärt seinen Anspruch, für Männer zu schreiben, mit dem Anliegen, in seinem Buch von der männlichen Initiation zu sprechen, wie Männer sie nur durch Männer erfahren können.

Ist schon der Begriff einer männlichen Initiation für deutsche »Leser/innen« schwer nachvollziehbar – wer denkt da nicht zuerst an Saufgelage, Männerbünde oder Priesterweihen –, wird es mit dem Ziel dieser Initiation noch schwieriger: sie soll den Mann in Verbindung bringen mit dem verschütteten Teil seiner Seele, in dem Bly den Archetypus des Wilden Mannes erkannt hat. Die Rückkehr zum Wilden Mann? Ausgerechnet jetzt, nachdem die Männer in den siebziger und achtziger Jahren mühsam gelernt haben, ihre Macho-Instinkte zu zügeln? Man kann sich einen Dialog zwischen einem nachdenklichen und sensiblen Vierzigjährigen und seiner Partnerin zum »Wilden Mann« gut vorstellen: »Wozu brauchst du denn sowas? Demnächst müssen wir dann wohl in Schwarzenegger-Filme gehen?« Es läßt sich vermuten, daß die stilvoll schöngeistig aufgemachte deutsche Ausgabe des »Eisenhans« nur von wenigen »klassischen Macho-Typen« gekauft wird, und an die wendet Bly sich auch nicht. Er sucht gerade die nachdenklichen und sensiblen Männer, denen er mit seinem Buch weiterhelfen will. »Ich spreche in diesem Buch von dem Wilden Mann«, schreibt er, »und zwischen dem Wilden Mann und dem *Barbaren* besteht ein ganz entscheidender Unterschied. Die Lebensweise des ›Barbaren‹ fügt der Seele, der Erde und der Menschheit großen Schaden zu; man kann sagen, daß der ›Barbar‹, obwohl er verwundet ist, seine Wunde nicht untersucht. Der Wilde Mann ist einer, der seine Wunde untersucht hat ...«* Während der Autor und seine Leser diesen Unterschied sehr wohl deutlich vor Augen haben, steht zu befürchten, daß in dem Medienrummel, wie er zur Durchsetzung eines ›Bestsellers‹ von Verlagen gerne entfacht und von Journalisten aufgegriffen wird, die klare Abgrenzung verlorengeht. Längst stößt man auf Schlagzeilen wie »Der Softie ist out – der Wilde Mann ist in«. Denn Blys Buch mit seinem provokativen Untertitel eignet sich hervorragend zu einer Kontroverse um »wildgewordene Männer«, bei der Inhalt und Lektüre des Buches keine Rolle spielen. Blys Gedanken sind jedoch weit davon entfernt, etwas so Albernes wie den neuen ›Psycho-Trend‹ beschreiben zu wollen oder den ›In-Typ‹ für Frauenzeitschriften zu kreieren.

---

* Alle Zitate in diesem Beitrag nach der deutschen Ausgabe von »Iron John«, erschienen als »Eisenhans – Ein Buch über Männer«, in der Übersetzung von Ulrike Wasel und Klaus Timmermann, München 1991.

Bly sagt nicht mehr und nicht weniger, als daß Männer bestimmte Reifeprozesse nur durchlaufen können, wenn sie mit männlichen Mythen und männlichen Bildern arbeiten – etwas, das ihnen Frauen nicht geben können. Und er konstatiert, aufbauend auf den Beobachtungen, wie sie Alexander Mitscherlich in seinem Buch *Auf dem Weg zur vaterlosen Gesellschaft* beschreibt, die Abwesenheit der positiven Vaterfigur in den meisten Familien der westlichen Industriekulturen. Er entdeckt eine Leere in der männlichen Seele, die den Männern in der Mitte ihres Lebens oft nicht mehr erlaubt, sich weiterzuentwickeln und ihr seelisches Potential zu erschließen. Wenn der Vater fehlt, dann wird es schwierig, den Schlüssel zu den spezifisch männlichen Kräften der Psyche zu finden. Man muß sich Robert Blys Interpretation des Märchens vom Eisenhans schon genauer ansehen, um seinen Ansatz nachzuvollziehen und seinem Wilden Mann das angemessene Verständnis abzugewinnen.

2.

Das Märchen vom Eisenhans ist sicher nicht das bekannteste in der Sammlung der Gebrüder Grimm, so daß eine kurze Inhaltsangabe Voraussetzung ist für einer Auseinandersetzung mit Blys mythologischer Entschlüsselung dieser Geschichte und ihrer Figuren.

Im Wald eines Königs verschwinden immer wieder Jäger und Hunde, bis man auf dem Grund eines Teiches einen Wilden Mann entdeckt, »der braun am Leib war, wie rostiges Eisen, und dem die Haare über das Gesicht bis zu den Knien herabhingen«. Man fängt diesen »Eisenhans« und sperrt ihn im Hof des königlichen Schlosses in einen Käfig. Bald rollt der Ball des achtjährigen Königssohn dort hinein. Um ihn zurückzubekommen, befreit der Knabe schließlich den Eisenhans. Weil er Angst hat, für seine Tat bestraft zu werden, läßt der Junge sich von dem Wilden Mann mit in den Wald nehmen.

Bly sieht in diesem Geschehen eine Metapher für die Befreiung des Wilden Mannes in der Psyche des Jungen und deutet den Fortgang des Märchens als eine Initiation in den Umgang mit dem Wilden Mann und seiner Kraft.

Im finstern Wald, dem Reich des Eisenhans, gibt der Wilde

Mann dem Jungen eine Aufgabe und verspricht ihm für diesen Dienst eine reiche Belohnung. Der Königssohn soll einen Goldbrunnen hüten, der nicht verunreinigt werden darf. Am ersten Tag gerät er mit dem Daumen in das Wasser, und der Daumen wird vergoldet. Der Eisenhans verzeiht ihm. Am zweiten Tag fällt ihm ein Haar hinein. Wieder wird ihm verziehen. Aber am dritten Tag gleitet ihm sein langes Haupthaar in das Zauberwasser und wird vollständig vergoldet. Für den Wilden Mann hat er damit seine Probe nicht bestanden, und er wird fortgeschickt in die Welt, um die Armut zu erfahren. Aber es begleitet ihn das Versprechen, daß er in der Not nach dem Wilden Mann rufen darf.

So verdingt er sich als Küchenjunge am Hof eines fremden Königs. Weil er sich weigert, vor dem Herrscher das Hütchen abzunehmen, unter dem er sein goldenes Haar verbirgt, muß er zur Strafe dem Gärtner helfen. Die Königstochter kommt schließlich hinter das Geheimnis seines goldenen Schopfes. Als das Land mit Krieg überzogen wird, will auch der inzwischen zum Jüngling gereifte Gärtnerjunge dem König auf seinem Feldzug gegen den Feind beistehen. Man verspottet ihn und gibt ihm nur ein lahmes altes Pferd, das mit dem Heer nicht Schritt halten kann. Der Jüngling reitet zum Wald und ruft den Eisenhans, der bald erscheint. »Ich verlange ein starkes Roß, denn ich will in den Krieg ziehen.« »Das sollst du haben und noch mehr, als du verlangst.« Zum Roß gibt ihm der Wilde Mann noch eine große Schar wohlgerüstetes Kriegsvolk mit auf den Weg.

Damit schlägt der Jüngling die Feinde im letzten Augenblick in die Flucht, ohne daß ihn jemand erkennt. Nachdem er seine Ritter und das Roß im Wald abgegeben hat, kehrt er auf der lahmen Mähre zum Königschloß zurück. Dort feiert man den Sieg, ohne zu wissen, wem man ihn eigentlich zu verdanken hat. Um den Retter doch noch herauszufinden, schlägt der König seiner Tochter vor, ein Fest zu veranstalten, auf dem sie drei goldene Äpfel werfen soll. Vielleicht wird der unbekannte Ritter sich bei dieser Gelegenheit zu erkennen geben? Wieder geht der Jüngling zum Wald und wünscht sich diesmal vom Eisenhans, daß er die drei goldenen Äpfel fängt. Der Eisenhans verspricht es ihm. Und an den drei darauffolgenden Tagen taucht der Jüngling in einer Rüstung mit herabgelassenem Visier erst auf einem Fuchs, dann auf einem Schimmel und schließlich auf einem Rappen auf, fängt blitzschnell den Apfel und galoppiert davon. Am dritten Tag befiehlt der König seinen Männern, ihn zu verfolgen und notfalls mit Waffengewalt einzufangen. Der Jüngling wird am Bein verwundet, und er verliert seinen Helm, so daß man sein goldenes Haar sieht. Doch in letzter Minute kann er in den Wald entkommen. Niemand erkennt ihn außer der Königstochter, die von seinem goldenen Schopf weiß.

Am nächsten Tag erkundigt sie sich beim Gärtner und erfährt, daß sein junger Gehilfe den Kindern drei goldene Äpfel zum Spielen geschenkt hat. Da läßt sie den Jüngling zum König rufen und nimmt ihm das Hütchen vom Kopf. Nun muß er sich endlich zu erkennen geben. Alle sind ob seiner Schönheit erstaunt und erfahren voller Verwunderung, daß er selbst der Sohn eines Königs ist. Als ihm für seine Retterdienste ein Wunsch gewährt wird, bittet er um die Hand der Königstocher, die schon lange seine wahren Fähigkeiten erkannt hat und gerne einwilligt.

In den verschiedenen Bildern und Verwicklungen der Geschichte erkennt Bly verborgene Schlüssel zum Verständnis eines Weges zur männlichen Selbstfindung. Mit der Verwandlung des Haares steht am Anfang eine Phase der ersten Initiation und Transformation, die den pubertierenden Knaben zu seinen verborgenen männlichen Fähigkeiten führt. Danach folgt eine Zeit der Trauer und der Erniedrigung als Küchenjunge und Gärtnergehilfe, während der er innere Reife und Kraft entwikkeln muß. Er erlernt im Umgang mit dem König das Verhalten zur Autorität in einer vaterlosen Umgebung und erlebt in der Begegnung mit der Königstochter, die sein Geheimnis erkennt, die inspirierende Gott-Frau. Schließlich findet er zu seinem inneren Krieger, mit dem er die Feinde des Königreiches besiegt. Aber erst der Ritt auf den drei verschieden farbigen Pferden, die als alchimistische Symbole gedeutet werden, und die Verwundung am Bein erlauben ihm, sich selbst zu finden und zu offenbaren. In Blys Interpretation ist diese Bereitschaft, sich für eine Sache verletzen zu lassen – »mit zu leiden« –, das abschließende Reifezeugnis. Doch die Geschichte endet nicht mit der glücklichen Hochzeit, sie nimmt noch eine überraschende Wendung.

Vater und Mutter des Jünglings kommen zur Vermählung. Als sie an der Hochzeitstafel sitzen, gehen auf einmal die Türen auf und ein prächtiger König mit großem Gefolge tritt herein. Er umarmt den Jüngling und sagt: »Ich bin der Eisenhans und war in einen wilden Mann verwünscht, aber du hast mich erlöst. Alle Schätze, die ich besitze, die sollen dein Eigentum sein.« Für Bly ist damit das Ziel der männlichen Initiation erreicht, nämlich die Erlösung und Versöhnung mit seiner »wilden Seite«, seiner männlichen Energie, dem »Wilden Mann« in ihm. Was der Eisenhans in der Hochzeitsszene eigentlich sagt, lautet in Blys Worten: »Eine starke Macht zwang mich durch einen Zauber, auf dem Grunde des Wassers zu leben, bis ein junger Mann erschien, der bereit war, die Aufgabe zu lösen und das Leiden zu ertragen, das du ertragen hast. Nun, da du das getan hast, kann ich als der erscheinen, der ich bin – ein Gebieter.«

3.

Aus der Interpretation des Eisenhans-Märchens wird von Bly ein Initiationweg entwickelt, der einem klassischen Modell entsprechen soll. Die ersten beiden Phasen sind Bindung und Trennung, erst im Umgang mit der Mutter, dann mit dem Vater. Darauf folgt die dritte Phase, die durch die Annahme einer »männlichen Mutter«, eines älteren Mannes als Mentor, erfüllt wird. Sie leitet über zur nächsten Phase: der Lehrzeit bei einer kraftvollen männlichen Energie, wie sie vom Wilden Mann verkörpert wird. Danach erfolgt als Abschluß die Hochzeit mit der Heiligen Frau oder der Königin. In dieser Initiationskette ist der Wilde Mann kein ausschließlicher Bestandteil, aber er gehört zu den sieben inneren Wesen, die der Mann in seiner Psyche entwickeln und beherrschen muß, um sich vollständig entfalten zu können. Zu ihnen zählt Bly den König, den Liebenden, den Krieger, den Wilden Mann, den »Gauner« oder Trickster, den Schamanen und als siebenten, den »Trauermann«. Der Autor führt uns mit diesen Vorstellungen in eine Welt, die den wenigsten seiner deutschen Leser vertraut sein dürfte, selbst wenn die Archetypen-Psychologie des C. G. Jung in den letzten Jahren eine neue Popularität gewonnen hat.

In den USA hat die Beschäftigung mit mythischen Bildern in

den achtziger Jahren eine Intensität erreicht, die sich in der deutschen Kultur bisher nicht widerspiegelt. Gradmesser dieser Rückbesinnung auf mythisches Denken sind u. a. die Millionenauflagen der Bücher des Mythenforschers Joseph Campbell, der mit seinen Fernsehserien und Videos zu einer Art mythologischem Volkserzieher wurde. Schon vorher hatte in den alternativen Bewegungen der Siebziger eine Suche nach den Wurzeln der Kultur und eine zunehmende Beschäftigung mit dem mythologischen Denken der vom Aussterben bedrohten Naturvölker begonnen. Man erhoffte sich davon transformatorische Impulse zur Bewältigung der Zivilisationskrise des Westens. Der Ethnologe Carlos Castaneda beschrieb in seinen Büchern über den Yaqui-Schamanen Don Juan das Leben mit den magischen Wesen des schamanischen Mythos als physische Realität und fand Millionen faszinierter Leser in den USA, aber auch in Deutschland. Besonders die Frauenbewegung wandte sich der Erforschung mythologischer Bilder zu und begann eine lange Reise zu den Wurzeln des patriarchalen Weltbildes. Ihre Autorinnen interpretierten das Patriarchat als eine Art »falschen Mythos« und bemühten sich, ihren Leserinnen die von Männern verzerrten mythischen Göttinnen des gestürzten Matriarchats zurückzugeben. Die Hexe, die Amazone, die Weise Alte, die Große Göttin – solche mythischen Gestalten sollten den Frauen bei der Entwicklung ihres unterdrückten Selbstbewußtseins helfen. Diese Rückbesinnung auf den mythologischen Urgrund unseres Denkens regte auch Männer an, ähnlichen Wegen zu folgen. Es waren meist Autoren, die der Frauenbewegung nahestanden, und die ihren Geschlechtsgenossen zunächst die verlorenen mythischen Göttinnen des Matriarchats zurückgeben wollten, um sie von ihren patriarchalen Zwangsvorstellungen zu heilen. Doch es blieb nicht bei dieser Wiederentdeckung der »Inneren Frau« im Manne. Zu den männlichen Mythologen, die schon bald tiefer schürften, gehörte auch der amerikanische Poet Robert Bly. Schon 1978 bedauerte er in einem Interview (»East West Journal«, 8/78), daß den Vätern die Fähigkeit verloren gegangen ist, die Energie ihrer Söhne zu gesundem Wachstum zu transformieren. In der westlichen Kultur bleibt den Männern nur noch Christus als initiatorische Kraft und zentraler Mythos geistiger Wandlung – aber von ihm werden viele Formen männlicher Energie nicht angesprochen. Angesichts des auf das Vater-Sohn-Verhältnis reduzierten Christentums verkümmern bestimmte geistige Aspekte des Mannes, die sich nicht mehr repräsentiert und gefördert finden. Der patriarchale Monotheismus hat die alten Götter ausgetrieben und die männliche Psyche damit wichtiger mythischer Bilder beraubt, die sie zu ihrer Entwicklung braucht. In seinen Gedichten und Essays, seinen Seminaren und Vorträgen begann Bly, in einer Art mythischer Archäologie, solche Bilder auszugraben und wies ihnen wieder ihren überkommenen Platz zu. Die von ihm und anderen Autoren entdeckten Inneren Wesen sind eng mit der Tiefenpsychologie Jungs verbunden, dessen Archetypenlehre eine der Grundlagen zu ihrem Verständnis liefert. Aber Bly geht über Jung hinaus. Er will keine Analyse mehr, sondern eine rituelle Heilung ähnlich dem Schamanen, der die Wesen anderer Welten für sich arbeiten läßt. Bly will den Wilden Mann auf dem Grund unserer Seele befreien, damit wir stärker, gesünder und reifer werden können. Und er beginnt mit dieser Befreiung eines Teils der ursprünglichen menschlichen Energien in aller Bescheidenheit bei den Männern, die erst einmal ihre eigenen Wunden heilen müssen, bevor sie Frauen bei deren Heilung weiterhelfen können. Deshalb schreibt Bly in erster Linie für Männer. »Das Ziel ist nicht der Wilde Mann zu *sein,* sondern mit dem Wilden Mann *Kontakt zu haben.*«

Wenn die folgenden Beiträge dem Wilden Mann nachspüren, dann wurden sie unter einem Gesichtspunkt zusammengestellt, den Bly im »Eisenhans« unnachahmlich herausstellte: »Im Umgang mit dem Wilden Mann und der Wilden Frau ist Zartgefühl vonnöten, so daß wir sie mit den Flügelspitzen unseres Geistes streifen. Es wäre verhängnisvoll, über beide einzeln ein Netz zu werfen oder sie mit Fachchinesisch ruhigzustellen, um sie mit nach Hause in unseren Privatzoo zu nehmen.«

*Um die Bedeutung mythischer Bilder
in uns zu verstehen, müssen wir die grundlegenden
Überlegungen des Schweizer Psychologen C. G. Jung
(1875–1961) heranziehen.
Seine im nachfolgenden Beitrag zusammengefaßte
Lehre von den Archetypen, die in jedem von uns wirken,
sind der Ausgangspunkt für Blys Beschäftigung mit
dem Märchen vom »Eisenhans« gewesen.*

CARL GUSTAV JUNG

Über die Archetypen des kollektiven Unbewußten

»Man muß aber sich selbst kennenlernen, damit man weiß, wer man ist ...«

C. G. Jung

Die Hypothese eines kollektiven Unbewußten gehört zu jenen Begriffen, die zuerst das Publikum befremden, dann aber bald als geläufige Vorstellungen in dessen Besitz und Gebrauch übergehen, wie dies mit dem Begriff des Unbewußten überhaupt geschehen ist. Nachdem die philosophische Idee des Unbewußten, wie sie sich hauptsächlich bei C. G. CARUS und ED. V. HARTMANN findet, unter der überbordenden Woge des Materialismus und Empirismus ohne erhebliche Spuren zu hinterlassen untergegangen war, tauchte sie innerhalb der naturwissenschaftlich orientierten, medizinischen Psychologie wieder allmählich auf. Zunächst beschränkte sich der Begriff des Unbewußten darauf, den Zustand verdrängter oder vergessener Inhalte zu bezeichnen. Bei FREUD ist das Unbewußte, obschon es – wenigstens metaphorisch – bereits als handelndes Subjekt auftritt, im wesentlichen nichts als der Sammelort eben dieser vergessenen und verdrängten Inhalte und hat nur vermöge dieser eine praktische Bedeutung. Dementsprechend ist es nach dieser Ansicht ausschließlich persönlicher Natur*, obschon andererseits schon FREUD die archaisch-mythologische Denkweise des Unbewußten gesehen hat.

Eine gewissermaßen oberflächliche Schicht des Unbewußten ist zweifellos persönlich. Wir nennen sie das *persönliche Unbewußte.* Dieses ruht aber auf einer tieferen Schicht, welche nicht mehr persönlicher Erfahrung und Erwerbung entstammt, sondern angeboren ist. Diese tiefere Schicht ist das sogenannte *kollektive Unbewußte.* Ich habe den Ausdruck »kollektiv« gewählt,

* Freud hat seine hier angedeutete Grundansicht in späteren Arbeiten differenziert: Die Instinktpsyche nannte er das »Es«, und sein »Über-Ich« bezeichnet das dem Individuum teils bewußte, teils unbewußte (verdrängte) Kollektivbewußtsein.

weil dieses Unbewußte nicht individueller, sondern *allgemeiner* Natur ist, d. h., es hat im Gegensatz zur persönlichen Psyche Inhalte und Verhaltensweisen, welche überall und in allen Individuen cum grano salis dieselben sind. Es ist, mit anderen Worten, in allen Menschen sich selbst identisch und bildet damit eine in jedermann vorhandene, allgemeine seelische Grundlage überpersönlicher Natur.

Seelische Existenz wird nur erkannt am Vorhandensein *bewußtseinsfähiger Inhalte.* Wir können darum nur insofern von einem Unbewußten sprechen, als wir Inhalte desselben nachzuweisen vermögen. Die Inhalte des persönlichen Unbewußten sind in der Hauptsache die sogenannten *gefühlsbetonten Komplexe,* welche die persönliche Intimität des seelischen Lebens ausmachen. Die Inhalte des kollektiven Unbewußten dagegen sind die sogenannten *Archetypen.*

Der Ausdruck »Archetypus« findet sich schon bei PHILO JUDAEUS (De Opif. mundi § 69) mit Bezug auf die Imago Dei im Menschen. Ebenso bei IRENAEUS (Adv. Haer. 2, 7, 4), wo es heißt: »Mundi fabricator non a semetipso fecit haec, sed de alienis archetypis transtulit.« Im Corpus Hermeticum (ed. SCOTT, 1924) wird Gott τὸ ἀρχέτυπον φῶς genannt. Bei DIONYSIUS AREOPAGITA kommt der Ausdruck mehrfach vor, so De Caelesti Hierarchis c. II § 4: αἱ ἀύλαι ἀρχετυπίαι, ebenso De Divinis Nominibus c. II § 6. Bei S. AUGUSTINUS findet sich zwar der Ausdruck »archetypus« nicht, wohl aber die Idee, so De Div. Quaest. 46: »ideae, quae ipsae formatae non sunt ... quae in divina intelligentia continentur«.* »Archetypus« ist eine erklärende Umschreibung des platonischen εἶδος. Für unsere Zwecke ist diese Bezeichnung treffend und hilfreich, denn sie besagt, daß es sich bei den kollektiv-unbewußten Inhalte[...] um altertümliche oder – besser noch – um urtümliche Typen, [...] vor-

---

* Ähnlich wird »archetypus« bei den Alchimisten g[...]
Trismegisti tract. aur. (Theatr. Chem 1613, IV [...]
divinitatis suae thesaurum ... in se tanquam a[...]
eodem modo Saturnus occulte corporum met[...]
circumferens ...« Bei Vigenerus (Tract. de i[...]
1661, VI, 3) ist die Welt »ad archetypi sui sim[...]
darum »magnus homo« (»homo maximus« b[...]

handene allgemeine Bilder handelt. Ohne Schwierigkeit ließe sich der Ausdruck »représentations collectives«, welchen LÉVY-BRUHL zur Bezeichnung der symbolischen Figuren der primitiven Weltanschauung gebraucht, auch auf die unbewußten Inhalte anwenden, denn es betrifft beinahe dieselbe Sache. Primitive *Stammeslehren* nämlich handeln von Archetypen in spezieller Abwandlung. Allerdings sind sie hier nicht mehr Inhalte des Unbewußten, sondern haben sich bereits in bewußte Formeln verwandelt, welche traditionsmäßig gelehrt werden, meistens in Form der *Geheimlehre,* welche überhaupt ein typischer Ausdruck der Übermittlung kollektiver, ursprünglich dem Unbewußten entstammender Inhalte ist.

Ein anderer, wohlbekannter Ausdruck der Archetypen ist der *Mythus* und das *Märchen.* Aber auch hier handelt es sich um spezifisch geprägte Formen, welche durch lange Zeiträume übermittelt wurden. Der Begriff »Archetypus« paßt daher nur mittelbar auf die »représentations collectives«, indem er nämlich nur jene psychischen Inhalte bezeichnet, welche noch keiner bewußten Bearbeitung unterworfen waren, mithin also *eine noch unmittelbare seelische Gegebenheit* darstellen. Als solche differiert der Archetypus nicht unerheblich von der historisch gewordenen oder herausgearbeiteten Formel. Namentlich auf höheren Stufen der Geheimlehren erscheinen die Archetypen in einer Fassung, welche den urteilenden und bewertenden Einfluß der bewußten Bearbeitung in der Regel unmißverständlich aufweist. Ihre unmittelbare Erscheinung dagegen, wie sie uns in Träumen und Visionen entgegentritt, ist viel individueller, unverständlicher oder naiver als z. B. im Mythus. Der Archetypus stellt wesentlich einen unbewußten Inhalt dar, welcher durch seine Bewußtwerdung und das Wahrgenommensein verändert wird, und zwar im Sinne des jeweiligen individuellen Bewußtseins, in welchem er auftaucht.*

Was mit »Archetypus« gemeint ist, ist durch dessen eben dar-

---

* Man muß, um genau zu sein, zwischen »Archetypus« und »archetypischen ...rstellungen« unterscheiden. Der Archetypus stellt an sich eine hypothe... unanschauliche Vorlage dar, wie das in der Biologie bekannte »pat... haviour«. Siehe dazu: Theoretische Überlegungen zum Wesen ...en. In: Von den Wurzeln des Bewußtseins, Zürich, 1954.

gelegte Beziehung zu Mythus, Geheimlehre und Märchen wohl deutlich gesagt. Versuchen wir dagegen, *psychologisch* zu ergründen, was ein Archetypus ist, so wird die Sache komplizierter. Man hat sich in der Mythenforschung bisher immer mit solaren, lunaren, meteorologischen, Vegetations- und anderen Hilfsvorstellungen begnügt. Daß die Mythen aber in erster Linie psychische Manifestationen sind, welche das Wesen der Seele darstellen, darauf hat man sich bisher so gut wie gar nicht eingelassen. An einer objektiven Erklärung der offenkundigen Dinge liegt dem Primitiven zunächst wenig, dagegen hat er ein unabweisbares Bedürfnis oder, besser gesagt, hat seine unbewußte Seele einen unüberwindlichen Drang, alle äußere Sinneserfahrung an seelisches Geschehen zu assimilieren. Es genügt dem Primitiven nicht, die Sonne auf- und untergehen zu sehen, sondern diese äußere Beobachtung muß *zugleich auch ein seelisches Geschehen* sein, d. h., die Sonne muß in ihrer Wandlung das Schicksal eines Gottes oder Helden darstellen, der, im Grunde genommen, nirgends anders wohnt, als in der Seele des Menschen. Alle mythisierten Naturvorgänge wie Sommer und Winter, Mondwechsel, Regenzeiten usw. sind nichts weniger als Allegorien* eben dieser objektiven Erfahrungen, als vielmehr symbolische Ausdrücke für das innere und unbewußte Drama der Seele, welches auf dem Wege der Projektion, d. h. gespiegelt in den Naturereignissen, dem menschlichen Bewußtsein faßbar wird. Die Projektion ist dermaßen gründlich, daß es einiger Jahrtausende Kultur bedurfte, um sie auch nur einigermaßen vom äußeren Objekt abzutrennen. Im Falle der Astrologie z. B. kam es sogar zu einer absoluten Verketzerung dieser uralten »scientia intuitiva«, weil man es nicht fertigbrachte, die psychologische Charakterologie von den Sternen abzutrennen. Und wer heute noch oder wieder an Astrologie glaubt, der verfällt fast in der Regel wiederum der alten superstitiösen Annahme von Gestirnseinflüssen, trotzdem jeder, der ein Horoskop berechnen kann, es wissen sollte, daß seit den Tagen des Hippar-

* Allegorie ist eine Paraphrasierung eines bewußten Inhaltes, Symbol dagegen ein bestmöglicher Ausdruck für einen erst geahnten, aber noch unerkannten unbewußten Inhalt.

CHOS VON ALEXANDRIEN der Frühlingspunkt auf 0° Aries festgesetzt ist, daß also mithin jedes Horoskop auf einem arbiträren Tierkreis beruht, weil eben seit HIPPARCHOS infolge der Präzession der Tagundnachtgleichen der Frühlingspunkt allmählich in die Anfangsgrade der Pisces vorgerückt ist.

Der primitive Mensch ist von so eindrucksvoller Subjektivität, daß es eigentlich die allererste Vermutung hätte sein sollen, die Mythen auf Seelisches zu beziehen. Seine Naturerkenntnis ist wesentlich Sprache und äußere Bekleidung des unbewußten Seelenvorganges. Darin, daß letzterer unbewußt ist, liegt der Grund, warum man zur Erklärung des Mythus an alles andere eher als an die Seele gedacht hat. Man hat ganz einfach nicht gewußt, daß die Seele alle jene Bilder enthält, aus denen Mythen je entstanden sind, und daß unser Unbewußtes ein handelndes und erleidendes Subjekt ist, dessen Drama der primitive Mensch in allen großen und kleinen Naturvorgängen analogisch wiederfindet.*

»In deiner Brust sind deines Schicksals Sterne«, sagt Seni zu Wallenstein, womit aller Astrologie Genüge getan wäre, wenn man nur einiges um dieses Geheimnis des Herzens wüßte. Dafür aber hatte man bisher geringes Verständnis. Daß es heutzutage damit prinzipiell besser stehe, wage ich nicht zu behaupten.

Die Stammeslehre ist *heilig-gefährlich.* Alle Geheimlehren suchen das unsichtbare Geschehen der Seele zu erfassen, und alle beanspruchen für sich höchste Autorität. Was für diese primitiven Lehren wahr ist, das gilt in noch höherem Maße von den herrschenden Weltreligionen. Sie enthalten ursprünglich geheimes Offenbarungswissen und haben die Geheimnisse der Seele in herrlichen Bildern ausgedrückt. Ihre Tempel und ihre heiligen Schriften verkünden in Bild und Wort die altgeheiligte Lehre, jedem gläubigen Gemüte, jeder empfindsamen Anschauung und jeder denkerischen Ausschöpfung zugänglich. Ja, man muß sogar sagen, daß, je schöner, je großartiger, je umfassender das gewordene und übermittelte Bild ist, desto weiter ist es der individuellen Erfahrung entrückt. Wir können es nur noch einfühlen und anempfinden, aber die Urerfahrung ist verloren. Warum ist

* Vgl. dazu: Jung und Kerényi: Einführung in das Wesen der Mythologie, 1942.

Psychologie wohl die allerjüngste der Erfahrungswissenschaften? Warum hat man das Unbewußte nicht schon längst entdeckt und seinen Schatz an ewigen Bildern gehoben? Ganz einfach darum nicht, weil wir eine religiöse Formel für alle Dinge der Seele hatten, die weit schöner und umfassender ist als unmittelbare Erfahrung. Wenn für viele die christliche Anschauungswelt verblaßt ist, so sind dafür die symbolischen Schatzkammern des Ostens noch voll von Wundern, welche die Lust am Schauen und an neuen Kleidern auf lange Zeit hinaus nähren können. Und überdies sind diese Bilder – seien sie nun christlich oder buddhistisch oder irgend etwas anderes – schön, geheimnisvoll und ahnungsreich. Allerdings, je gewohnter sie uns sind, desto mehr hat der häufige Gebrauch sie abgeschliffen, so daß nur ihre banale Äußerlichkeit in ihrer fast sinnlosen Paradoxie übriggeblieben ist. Das Geheimnis der jungfräulichen Geburt oder die Homoousie des Sohnes mit dem Vater oder die Trinität, die keine Triade ist, beflügeln keine philosophische Phantasie mehr. Sie sind bloße Glaubensobjekte geworden. Es ist daher nicht erstaunlich, wenn das religiöse Bedürfnis, der gläubige Sinn und die philosophische Spekulation des gebildeten Europäers sich von den Symbolen des Ostens, den grandiosen Auffassungen der Gottheit in Indien und den Abgründen taoistischer Philosophie in China angezogen fühlen, wie einstmals das Gemüt und der Geist des antiken Menschen von den christlichen Ideen erfaßt wurden. Es gibt viele, die sich zuerst der Einwirkung des christlichen Symbols hingaben, bis sie sich in die KIERKEGAARDsche Neurose verwickelten oder bis ihr Verhältnis zu Gott, infolge zunehmender Verarmung an Symbolik, zu einer unerträglich zugespitzten Ich-Du-Beziehung sich entwickelte, um dann dem Zauber der frischen Fremdartigkeit östlicher Symbole zu erliegen. Dieses Erliegen ist nicht notwendigerweise stets eine Niederlage, sondern es kann die Aufgeschlossenheit und die Lebendigkeit des religiösen Empfindens beweisen. Wir beobachten etwas Ähnliches beim östlichen Gebildeten, der sich nicht allzuselten vom christlichen Symbol oder von der dem östlichen Geiste so inadäquaten Wissenschaft angezogen fühlt und sogar ein beneidenswertes Verständnis dafür entwickelt. Daß man diesen ewigen Bildern erliegt, ist eine an sich normale Sache. Dafür sind diese Bilder ja vorhanden. Sie sollen anziehen, überzeugen, faszinieren und überwältigen. Sie sind ja aus dem Urstoff der Offenbarung geschaffen und bilden die jeweils erstmalige Erfahrung der Gottheit ab. Darum erschließen sie dem Menschen auch immer die Ahnung des Göttlichen und sichern ihn zugleich vor der unmittelbaren Erfahrung desselben. Diese Bilder sind, dank einem oft jahrhundertelangen Bemühen des menschlichen Geistes, in ein umfassendes System weltordnender Gedanken eingebettet und zugleich durch eine mächtige, ausgebreitete, altehrwürdige Institution, genannt Kirche, dargestellt.

Was ich meine, illustriere ich wohl am besten am Beispiel eines schweizerischen Mystikers und Einsiedlers, des jüngst kanonisierten BRUDERS NIKLAUS VON DER FLÜE. Sein wohl wichtigstes Erlebnis war die sog. *Dreifaltigkeitsvision,* welche ihn dermaßen beschäftigte, daß er sie auch auf die Wand seiner Zelle malte oder malen ließ. Die Vision ist dargestellt auf einem in der Pfarrkirche von Sachseln aufbewahrten, zeitgenössischen Gemälde: Es ist ein sechsfach geteiltes *Mandala,* dessen Zentrum das gekrönte Antlitz Gottes ist. Wir wissen, daß Bruder Klaus an Hand des illustrierten Büchleins eines deutschen Mystikers dem Wesen seiner Vision nachforschte und sich bemühte, sein Urerlebnis in eine ihm verständliche Form zu bringen. Damit beschäftigte er sich jahrelang. Dies ist, was ich als »Bearbeitung« des Symbols bezeichne. Sein Nachdenken über das Wesen der Vision, beeinflußt durch die mystischen Diagramme seines Leitfadens, führte notwendigerweise zum Schlusse, daß er die Heilige Dreifaltigkeit selber gesehen haben müsse, also das summum bonum, die ewige Liebe selber. Dem entspricht auch die abgeklärte Darstellung in Sachseln.

Das Urerlebnis aber war ganz anders. In der Entzückung nämlich tat sich dem Bruder ein Anblick auf, so furchtbar, daß sich dadurch sein eigenes Angesicht veränderte, und zwar in solcher Art, daß die Leute darob erschraken und Furcht vor ihm empfanden. Was er nämlich gesehen hatte, war eine Vision von höchster Intensität. Darüber schreibt WOELFLIN: »Quotquot autem ad hunc advenissent, primo conspectu nimio stupore sunt perculsi. Eius ille terroris hanc esse causam dicebat, quod splendorem vidisset intensissimum, humanam faciem ostentantem, cuius intuitu cor sibi in minuta dissiliturum frustula pertimesceret: unde et ipse stupefactus, averso statim vultu, in terram corruisset atque ob eam rem suum aspectum caeteris videri horribilem.«*

Sehr mit Recht wird diese Vision mit derjenigen von Apok. I, 13 ff. in Beziehung gesetzt,** nämlich mit jenem eigenartigen apokalyptischen Christusbild, das in puncto Unheimlichkeit und Ungewöhnlichkeit nur noch von dem monströsen siebenäugigen Lamm mit den sieben Hörnern (Apok. V, 6 f.) übertroffen wird. Diese Figur steht mit dem Christus der Evangelien in einem schwer zu verstehenden Verhältnis. Schon früh wurde daher diese Vision von der Tradition in bestimmter Weise gedeutet. So schreibt der Humanist Karl Bovillus 1508 an einen Freund: »Ich will ein Gesicht berichten, das ihm einst in sternheller Nacht, als er dem Gebet und der Betrachtung oblag, am Himmel erschien. Er sah nämlich die Gestalt eines menschlichen Antlitzes, mit schreckhaftem Gesichtsausdruck *voll Zorn und Drohungen«* usw.*** Diese Deutung stimmt trefflich mit der modernen Amplifikation durch Apok. I, 13 zusammen.**** Auch darf man die anderen Visionen nicht vergessen, z. B. Christus in der Bärenhaut, Herr und Frau Gott und der Bruder Niklaus als Sohn usw. Sie zeigen zum Teil sehr undogmatische Züge.

Mit dieser großen Vision wurde traditionsgemäß das Dreifal-

---

* Fr. Blanke: Bruder Klaus von Flüe, 1948, p. 92 f. Übersetzung: »Alle, die zu ihm kamen, wurden beim ersten Anblick von großem Schreck erfüllt. Über die Ursache dieses Schreckens pflegte er selber zu sagen, daß er ein durchdringendes Licht gesehen, das ein menschliches Antlitz darstellte. Bei diesem Anblick habe er gefürchtet, sein Herz möchte ihm in kleine Stücke zerspringen. Deshalb habe er, von Schrecken betäubt, sein Gesicht sofort abgewendet, sei auf die Erde gestürzt, und das sei der Grund, warum den anderen sein Anblick schreckenerregend sei.«

** Blanke: 1. c. p. 94.

*** P. Alban Stöckli O. M. Cap.: Die Visionen des seligen Bruder Klaus. 1933, p. 34.

**** M. B. Lavaud O. P. (Vie Profonde de Nicolas de Flue, 1942) parallelisiert in ebenso treffender Weise mit einem Text des Horologium Sapientiae des Heinrich Seuse, in welchem der apokalyptische Christus als wütender und zorniger Rächer erscheint, sehr im Gegensatz zu dem Jesus der Bergpredigt.

tigkeitsbild in der Kirche von Sachseln und ebenso die Radsymbolik im sog. Pilgertraktat in Beziehung gesetzt: Bruder Niklaus zeigte dem ihn besuchenden Pilger das Radbild. Offenbar hatte ihn dieses Bild beschäftigt. BLANKE ist der Ansicht, daß, entgegen der Tradition, zwischen der Vision und dem Dreifaltigkeitsbild kein Zusammenhang bestehe.* Mir scheint, daß dieser Skeptizismus etwas zu weit geht. Das Interesse des Bruders für das Radbild muß einen Grund gehabt haben. Derartige Visionen bewirken häufig Verwirrung und Auflösung (das Herz, das »in Stücke zerspringt«). Die Erfahrung lehrt, daß der »hegende Kreis«, das Mandala, das althergebrachte Antidot für chaotische Geisteszustände ist. Es ist darum nur allzu begreiflich, daß der Bruder vom Radsymbol fasziniert war. Die Deutung der Schreckensvision als Gotteserlebnis dürfte ebenfalls nicht abwegig sein. Der Zusammenhang zwischen der großen Vision und dem Sachseler Dreifaltigkeitsbild bzw. dem Radsymbol erscheint mir darum auch aus inneren, psychologischen Gründen als sehr wahrscheinlich.

Diese ganz ohne Zweifel schreckenerregende Vision, welche ohne dogmatische Einleitung und ohne exegetischen Kommentar vulkanisch in die religiöse Anschauungswelt des Bruders eingebrochen war, bedurfte natürlicherweise einer längeren Angleichungsarbeit, um sie der Seele und ihrer Gesamtschau einzuordnen und damit das gestörte Gleichgewicht wieder herzustellen. Die Auseinandersetzung mit diesem Erlebnis erfolgte auf dem damals felsenfesten Boden des Dogmas, welches seine assimilierende Kraft dadurch bewies, daß es das furchtbare Lebendige rettend in die schöne Anschaulichkeit der Trinitätsidee verwandelte. Die Auseinandersetzung hätte aber auch auf dem ganz anderen Boden der Vision selber und ihrer unheimlichen Tatsächlichkeit erfolgen können, wahrscheinlich zum Nachteil des christlichen Gottesbegriffes und zum unzweifelhaft noch größeren Nachteil des Bruders selbst, der nämlich dann nicht ein Heiliger, sondern vielleicht ein Ketzer (wenn nicht gar ein Kranker) geworden wäre und sein Leben vielleicht auf dem Scheiterhaufen geendet hätte.

Dieses Beispiel zeigt die Nützlichkeit des dogmatischen Sym-

* Blanke: 1. c. p. 95 ff.

bols: Es formuliert ein ebenso gewaltiges wie gefährlich-entscheidendes seelisches Erlebnis, das um seiner Übermacht willen mit Recht als »Gotteserfahrung« bezeichnet wird, in einer dem menschlichen Auffassungsvermögen erträglichen Art und Weise, ohne den Umfang des Erlebten wesentlich zu beeinträchtigen noch dessen überragender Bedeutung schädlichen Abbruch zu tun. Das Gesicht des göttlichen Zornes, dem wir – in gewissem Sinne – auch bei Jakob Boehme begegnen, will sich schlecht mit dem neutestamentlichen Gott, dem liebenden Vater im Himmel, einen, weshalb es leicht zur Quelle eines inneren Konfliktes hätte werden können. Dergleichen hätte sogar im Geist der Zeit gelegen – Ende des 15. Jahrhunderts der Zeit eines Nicolaus Cusanus, welcher durch die Formel der »complexio oppositorum« dem drohenden Schisma vorgreifen wollte! Nicht lange danach erlebte der jahwistische Gottesbegriff eine Reihe von Wiedergeburten im Protestantismus. Jahwe ist ein Gottesbegriff, der noch ungetrennte Gegensätze enthält.

Bruder Klaus hat sich außerhalb der Gewohnheit und des Hergebrachten gestellt, indem er Haus und Familie verließ, lange allein lebte und tief in den dunkeln Spiegel blickte, so daß ihm das Wunder- und Furchtbare der Urerfahrung geschah. In dieser Situation wirkte das durch viele Jahrhunderte entwickelte dogmatische Bild der Gottheit wie ein rettender Heiltrank. Es half ihm, den fatalen Einbruch eines archetypischen Bildes zu assimilieren und damit seiner eigenen Zerreißung zu entgehen. Angelus Silesius war nicht so glücklich; ihn hat der innere Kontrast zersetzt, denn zu seiner Zeit war die Festigkeit der Kirche, welche das Dogma garantiert, bereits erschüttert.

Jakob Boehme kennt einen Gott des »Zornfeuers«, einen wahren Absconditus. Aber er vermochte den tief empfundenen Gegensatz einerseits durch die christliche Formel Vater-Sohn zu überbrücken und seiner gnostischen, aber in allen wesentlichen Punkten doch christlichen Weltanschauung spekulativ einzugliedern, sonst wäre er zum Dualisten geworden. Andererseits ist ihm zweifellos die Alchimie, welche schon lange im geheimen die Gegensatzvereinigung vorbereitete, zu Hilfe gekommen. Immerhin hat der Gegensatz in seinem Mandala, welches den »Vierzig Fragen über die Seele« beigegeben ist und das Wesen der Gottheit darstellt, noch deutliche Spuren hinterlassen, indem dieses in eine dunkle und eine helle Hälfte geteilt ist und die entsprechenden Halbkreise, statt sich zu schließen, den Rükken gegeneinander kehren.*

Das Dogma ersetzt das kollektive Unbewußte, indem es dieses in weitem Umfang formuliert. Die katholische Lebensform kennt daher eine psychologische Problematik in diesem Sinne prinzipiell nicht. Das Leben des kollektiven Unbewußten ist fast restlos in den dogmatischen, archetypischen Vorstellungen aufgefangen und fließt als gebändigter Strom in der Symbolik des Credo und des Rituals. Sein Leben offenbart sich in der Innerlichkeit der katholischen Seele. Das kollektive Unbewußte, so wie wir es heute kennen, war überhaupt nie psychologisch, denn vor der christlichen Kirche gab es antike Mysterien, welche sich bis in die graue Vorzeit des Neolithikums hinauf erstreckten. Nie gebrach es der Menschheit an kräftigen Bildern, welche magischen Schutz verliehen gegen das unheimlich Lebendige der Seelentiefe. Immer waren die Gestalten des Unbewußten durch schützende und heilende Bilder ausgedrückt und damit hinausgewiesen in den kosmischen, außerseelischen Raum.

Der Bildersturm der Reformation hat aber wortwörtlich eine Bresche in den Schutzwall der heiligen Bilder geschlagen, und seitdem bröckelt eines nach dem anderen ab. Sie wurden mißlich, denn sie kollidierten mit der erwachenden Vernunft. Zudem hatte man schon längst zuvor vergessen, was sie meinten. Hatte man es wirklich vergessen? Oder hatte man vielleicht überhaupt nie gewußt, was sie bedeuteten, und fiel es vielleicht erst in neuerer Zeit der protestantischen Menschheit auf, daß man eigentlich doch gar nicht wisse, was mit der jungfräulichen Geburt, der Gottheit Christi oder den Komplexitäten der Dreieinigkeit gemeint sein soll? Fast scheint es so, als ob diese Bilder bloß gelebt hätten und als ob ihre lebendige Existenz einfach hingenommen worden wäre, ohne Zweifel und ohne Reflexion, etwa so, wie alle Leute Weihnachtsbäume schmücken und Ostereier verstecken, ohne überhaupt je zu wissen, was die Gebräuche bedeuten. Archetypische Bilder sind eben a priori so

* Vgl. Gestaltungen des Unbewußten. 1950, p. 96, Tafel 3.

bedeutungsvoll, daß man schon gar nie danach fragt, was sie eigentlich meinen könnten. Darum sterben von Zeit zu Zeit die Götter, weil man plötzlich entdeckt, daß sie nichts bedeuten, daß sie von Menschenhand gemachte, aus Holz und Stein geformte Nichtsnutzigkeiten sind. In Wirklichkeit hat der Mensch dabei nur entdeckt, daß er bis dahin über seine Bilder überhaupt nichts gedacht hat. Und wenn er anfängt, darüber zu denken, so tut er es unter Beihilfe dessen, das er »Vernunft« nennt, was aber in Wirklichkeit nichts anderes ist als die Summe seiner Voreingenommenheiten und Kurzsichtigkeiten.

Die Entwicklungsgeschichte des Protestantismus ist ein chronischer Bildersturm. Eine Mauer um die andere fiel. Und allzu schwierig war die Zerstörung auch nicht, nachdem die Autorität der Kirche einmal erschüttert war. Wir wissen, wie im großen und im kleinen, im allgemeinen und im einzelnen Stück um Stück zerfiel und wie die jetzt herrschende, erschreckende Symbolarmut zustande kam. Damit ist auch die Kraft der Kirche geschwunden; eine Festung, die ihrer Bastionen und Kasematten beraubt ist; ein Haus, dessen Wände herausgebrochen sind, allen Winden der Welt und aller Gefährdung preisgegeben. Eigentlich ein beklagenswerter Zusammenbruch, welcher das historische Gefühl schmerzt, ist doch die Aufsplitterung des Protestantismus in einige Hundert Denominationen ein untrügliches Zeichen dafür, daß die Beunruhigung anhält. Der protestantische Mensch ist eigentlich in eine Schutzlosigkeit hinausgestoßen, vor der es dem natürlichen Menschen grauen könnte. Das aufgeklärte Bewußtsein will allerdings davon nichts wissen, sucht aber in aller Stille anderswo, was in Europa verlorenging. Man forscht nach den wirkenden Bildern, den Anschauungsformen, welche die Beunruhigung von Herz und Sinn befriedigen, und findet die Schätze des Ostens. An und für sich ist dagegen nichts einzuwenden. Niemand hat die Römer gezwungen, asiatische Kulte als Massenartikel zu importieren. Hätte den germanischen Völkern das sogenannte artfremde Christentum wirklich zutiefst nicht gepaßt, so hätten sie es leicht wieder abstoßen können, als das Prestige der römischen Legionen verblichen war. Es ist aber geblieben, denn es entspricht der vorhandenen archetypischen Vorlage. Aber es ist im Laufe der Jahrhunderte zu etwas geworden, worüber sich sein Stifter nicht schlecht gewundert hätte, hätte er es noch erlebt; und wie das Christentum der Neger und der Indianer beschaffen ist gäbe auch einigen Anlaß zu historischen Betrachtungen. Warum also sollte der Westen nicht östliche Formen assimilieren? Die Römer gingen ja auch nach Eleusis, Samothrake und Ägypten, um sich einweihen zu lassen. In Ägypten scheint es sogar eine richtige Touristik dieser Art gegeben zu haben.

Die Götter von Hellas und Rom gingen an derselben Krankheit zugrunde wie unsere christlichen Symbole: Damals wie heute entdeckten die Menschen, daß sie sich nichts darunter gedacht hatten. Die Götter der Fremden hingegen hatten noch unverbrauchtes Manna. Ihre Namen waren seltsam und unverständlich und ihre Taten ahnungsreich dunkel, ganz anders als die ausgeleierte »chronique scandaleuse« des Olymp. Die asiatischen Symbole verstand man wenigstens nicht, und deshalb waren sie nicht banal wie die altgewohnten Götter. Daß man das Neue aber ebenso unbesehen übernahm, wie man das Alte weggelegt hatte, wurde damals nicht zum Problem.

Wird es heute Problem? Werden wir fertige Symbole, gewachsen auf exotischem Boden, durchtränkt mit fremdem Blut, gesprochen in fremden Zungen, genährt von fremder Kultur, gewandelt in fremder Geschichte, anziehen können wie ein neues Kleid? Ein Bettler, der sich in königliches Gewand hüllt; ein König, der sich als Bettler verkleidet? Ohne Zweifel, es ist möglich. Oder gibt es in uns irgendwo einen Befehl, keinen Mummenschanz zu treiben, sondern vielleicht sogar unser Gewand selber zu nähen?

Ich bin überzeugt, daß die zunehmende Verarmung an Symbolen einen Sinn hat. Diese Entwicklung hat eine innere Konsequenz. Alles, worüber man sich nichts dachte und das dadurch eines sinngemäßen Zusammenhangs mit dem sich ja weiterentwickelnden Bewußtsein ermangelte, ist verlorengegangen. Wenn man nun versuchte, seine Blöße mit orientalischen Prunkgewändern zu verhüllen, wie es die Theosophen tun, so würde man seiner eigenen Geschichte untreu. Man wirtschaftet sich nicht zuerst zum Bettler hinunter, um nachher als indischer Theaterkönig zu posieren. Weit besser schiene es mir, sich entschlossen zur *geistlichen Armut der Symbollosigkeit* zu bekennen, anstatt sich ein Besitztum vorzutäuschen, dessen legitime Erben wir auf keinen Fall sind. Wohl sind wir die rechtmäßigen Erben der christlichen Symbolik, aber dieses Erbe haben wir irgendwie vertan. Wir haben das Haus zerfallen lassen, das unsere Väter gebaut, und versuchen nun, in orientalische Paläste einzubrechen, die unsere Väter nie kannten. Wer die historischen Symbole verloren hat und sich mit »Ersatz« nicht begnügen kann, ist heute allerdings in einer schwierigen Lage: Vor ihm gähnt das Nichts, vor dem man sich mit Angst abwendet. Schlimmer noch: Das Vakuum füllt sich mit absurden politischen und sozialen Ideen, die sich allesamt durch geistige Öde auszeichnen. Wer sich aber mit dieser schulmeisterlichen Besserwisserei nicht abfinden kann, sieht sich gezwungen, von seinem sogenannten Gottvertrauen ernstlich Gebrauch zu machen, wobei es sich dann allerdings meist herausstellt, daß die Angst noch überzeugender ist. Sie ist allerdings nicht unberechtigt, denn wo Gott am nächsten, scheint die Gefahr am größten zu sein. Es ist nämlich gefährlich, sich zur geistlichen Armut zu bekennen; denn wer arm ist, begehrt, und wer begehrt, zieht ein Schicksal auf sich. Ein schweizerisches Sprichwort sagt es drastisch: »Hinter jedem Reichen steht ein Teufel, und hinter jedem Armen – zwei.« Wie im Christentum das Gelöbnis der weltlichen Armut den Sinn von den Gütern der Welt abwandte, so will auch die geistliche Armut den falschen Reichtümern des Geistes entsagen, um sich zurückzuziehen, nicht nur von den kärglichen Überresten einer großen Vergangenheit, welche sich heute protestantische »Kirche« nennen, sondern auch von allen Lockungen des exotischen Geruches, um bei sich einzukehren, wo im kalten Lichte des Bewußtseins sich die Kahlheit der Welt bis zu den Gestirnen weitet. Wir haben diese Armut von unseren Vätern schon ererbt. Ich erinnere mich noch wohl an meinen Konfirmationsunterricht, den ich von meinem eigenen Vater empfing. Der Katechismus langweilte mich unaussprechlich. Ich blätterte einmal in dem kleinen Büchlein, um irgend etwas Interessantes zu finden, und mein Blick fiel auf den Paragraphen über die Dreieinigkeit. Das interessierte mich, und ich erwartete mit Ungeduld, bis der Unterricht zu jenem Abschnitt vorrückte. Als nun die ersehnte Stunde kam, sagte mein Vater: »Diesen Abschnitt wollen wir überschlagen, ich begreife selber nichts davon.« Damit war meine letzte Hoffnung begraben. Ich bewunderte zwar die Ehrlichkeit meines Vaters, was mir aber über die Tatsache nicht hinweghalf, daß von da an alles religiöse Gerede mich tödlich langweilte.

Unser Intellekt hat Ungeheures geleistet, derweilen unser geistliches Haus zerfallen ist. Wir sind gründlichst davon überzeugt, daß man auch mit dem neuesten und größten Reflektor, der in Amerika gebaut wird, hinter den fernsten Sternennebeln kein Empyreum entdecken wird, und wir wissen, daß unser Blick verzweifelt durch die tote Leere unermeßlicher Erstrekkungen irren wird. Und es wird nicht besser, wenn uns die Welt des unendlich Kleinen durch die mathematische Physik enthüllt wird. Schließlich graben wir die Weisheit aller Zeiten und Völker aus und finden, daß alles Teuerste und Kostbarste schon längst in schönster Sprache gesagt ist. Man streckt wie begehrliche Kinder die Hände danach und meint, wenn man es greife, so habe man es auch. Aber was man hat, gilt nicht mehr, und die Hände werden müde vom Greifen, denn Reichtum liegt überall, soweit der Blick sich breitet. All dieser Besitz wird zu Wasser, und mehr als ein Zauberlehrling ist in diesen selbst gerufenen Gewässern schließlich ertrunken, wenn er nicht vorher dem rettenden Wahn verfiel, daß diese Weisheit gut und jene schlecht sei. Aus diesen Adepten entstehen jene beängstigenden Kranken, welche eine prophetische Mission zu haben glauben. Denn durch die künstliche Trennung von wahrer und falscher Weisheit entsteht eine solche Spannung der Seele und daraus eine solche Einsamkeit und Sucht wie die des Morphinisten, der immer Gefährten seines Lasters zu finden hofft.

Wenn unser natürliches Erbe sich verflüchtigt hat, so ist, um mit HERAKLIT zu sprechen, auch aller Geist aus seiner feurigen Höhe heruntergestiegen. Wenn aber der Geist schwer wird, so wird er zu *Wasser,* und der *Intellekt* hat, in luziferischer Überhebung, sich des Sitzes, auf dem der Geist einst thronte, bemächtigt. Der Geist wohl darf sich die »patris potestas« über die Seele anmaßen, nicht aber der erdgeborene Intellekt, der ein Schwert oder ein Hammer des Menschen ist und nicht ein Schöpfer geistiger Welten, ein Vater der Seele. Klages hat hier wohl gezielt, und Schelers Retablierung des Geistes war bescheiden genug, denn beide gehören einer Weltzeit an, wo Geist nicht mehr oben, sondern unten, nicht mehr Feuer, sondern Wasser ist. Der Weg der Seele, die, wie Sophia den Bythos, den verlorenen Vater sucht, führt darum zum Wasser, zu jenem dunkeln Spiegel, der in ihrem Grunde ruht. Wer immer den Stand der geistlichen Armut, das wahre Erbe eines konsequent zu Ende gelebten Protestantismus, für sich erkoren hat, gelangt auf den Weg der Seele, der zum Wasser führt. Dieses Wasser nun ist kein metaphorisches Gerede, sondern lebendiges Symbol für die dunkle Psyche. Ich illustriere dies wohl am besten an einem konkreten Beispiel, das anstelle vieler stehen möge:

Ein protestantischer Theologe träumte öfters denselben Traum, er stehe an einem Abhang, unten liegt ein tiefes Tal und darin ein dunkler See. Er weiß im Traum, daß ihn bisher immer etwas abgehalten hatte, sich dem See zu nähern. Diesesmal beschließt er nun, zum Wasser zu gehen. Wie er sich dem Ufer nähert, wird es dunkel und unheimlich, und plötzlich huscht ein Windstoß über die Fläche des Wassers. Da packt ihn eine panische Angst, und er erwacht.

Dieser Traum zeigt die natürliche Symbolik. Der Träumer steigt in seine eigene Tiefe hinunter, und der Weg führt ihn zum geheimnisvollen Wasser. Und hier geschieht das Wunder des Teiches von Bethesda: Ein Engel kommt herunter und berührt das Wasser, welches dadurch Heilkraft erlangt. Im Traume ist es der Wind, das Pneuma, das weht, wo es will. Es bedarf des Heruntersteigens des Menschen zum Wasser, um das Wunder der Wasserbelebung hervorzurufen. Der Geisteshauch, der über das dunkle Wasser huscht, ist aber unheimlich, wie alles, dessen Ursache man nicht ist oder nicht kennt. Es wird damit unsichtbare Präsenz angedeutet, ein Numen, dem weder menschliche Erwartung noch willkürliche Machenschaft Leben verliehen hat. Es lebt aus sich, und ein Schauer überfällt den Menschen, dem Geist stets nur das war, was man glaubt, was man selber macht, was in Büchern steht oder wovon die Leute reden. Wenn es aber spontan geschieht, dann ist es ein Spuk, und primitive Angst erfaßt den naiven Verstand. Ebenso haben mir die Alten der Elgonyi in Kenia das Wirken des nächtlichen Gottes beschrieben, den sie den »Macher der Angst« nennen. »Er kommt an dich«, sagten sie, »wie ein kalter Windstoß, und du schauerst, oder er geht pfeifend rundherum im hohen Gras«; ein afrikanischer Pan, der in der gespenstischen Mittagsstunde im Schilfe flötenblasend umgeht und die Hirten erschreckt.

So hat jener Pneumahauch im Traume wieder einen Pastor, einen Hirten der Herde, erschreckt, der zu nachtdunkler Zeit das Schilfufer des Wassers im tiefen Tale der Seele betrat. Wohl zur Natur, zu Baum und Fels und Gewässern der Seele ist jener einstmals feurige Geist hinuntergestiegen, wie jener Alte in NIETZSCHES Zarathustra, welcher, der Menschheit müde, in den Wald zog, um mit den Bären zu Ehren des Schöpfers zu brummen. Den Weg des Wassers, der immer nach unten geht, muß man wohl gehen, wenn man den Schatz, das kostbare Erbe des Vaters, wieder heben will. Im gnostischen Hymnus der Seele wird der Sohn von den Eltern ausgesandt, um die Perle zu suchen, die aus der Krone des königlichen Vaters verlorenging. Sie ruht im Grunde eines tiefen, von einem Drachen bewachten Brunnens im Lande der Ägypter, der fleischeslüsternen und trunkenen Welt der Reichtümer physischer und geistiger Natur. Der Sohn und Erbe zieht aus, um das Juwel zu holen, und vergißt sich selbst und seine Aufgabe in der Orgie ägyptischer Weltlust, bis ein Brief des Vaters ihn daran erinnert, was seine Pflicht ist. Er macht sich auf zum Wasser und taucht in die dunkle Tiefe des Brunnens, wo er am Grunde die Perle findet, um sie schließlich der höchsten Gottheit darzubringen.

Dieser BARDESANES zugeschriebene Hymnus stammt aus einer Zeit, die der unseren in mehr als einer Hinsicht gleicht. Die Menschheit suchte und erwartete, und es war der *Fisch* – levatus de profundo* – aus der Quelle, der zum Symbol des Heilbringers wurde. Als ich diese Zeilen schrieb, erhielt ich einen Brief aus Vancouver von unbekannter Hand. Der Schreiber wundert sich über seine Träume, die sich immerfort nur mit Wasser beschäftigen: »Almost every time I dream it is about water: either I am having a bath, or the water-closet is overflowing, or a pipe is bur-

* Augustin: Confess. Lib. XIII, cap. XXI.

sting, or my home has drifted down to the water edge, or I see an acquaintance about to sink into water, or I am trying to get out of water, or I am having a bath and the tub is about to overflow« usw.

Das Wasser ist das geläufigste Symbol für das *Unbewußte.* Der See im Tale ist das Unbewußte, das gewissermaßen unterhalb des Bewußtseins liegt, weshalb es auch öfters als das »Unterbewußte« bezeichnet wird, nicht selten mit dem unangenehmen Beigeschmack eines minderwertigen Bewußtseins. Das Wasser ist der »Talgeist«, der Wasserdrache des Tao, dessen Natur dem Wasser gleicht, ein in Yin aufgenommenes Yang. Wasser heißt darum psychologisch: Geist, der unbewußt geworden ist. Darum sagt der Traum des Theologen auch ganz richtig, daß er am Wasser die Wirkung des lebendigen Geistes wie ein Heilungswunder im Teiche von Bethesda erleben könne. Der Abstieg in die Tiefe scheint dem Aufstieg immer voranzugehen. So träumte ein anderer Theologe *, daß er auf einem Berge eine Art Gralsschloß erblickte. Er ging auf einer Straße, die anscheinend gerade zum Fuß des Berges und zum Aufstieg führte. Als er sich aber dem Berge näherte, da entdeckte er zu seiner großen Enttäuschung, daß ihn ein Abgrund vom Berge trennte, eine finstere, tiefe Schlucht, in der ein unterweltliches Wasser rauschte. Es führte zwar ein steiler Pfad in die Tiefe und kletterte auf der anderen Seite wieder mühsam empor. Aber die Aussicht empfahl sich nicht, und der Träumer erwachte. Auch hier tritt dem Träumer, der nach lichter Höhe strebt, die Notwendigkeit des Eintauchens in eine dunkle Tiefe zuerst entgegen und enthüllt sich als unerläßliche Bedingung höheren Aufstieges. In dieser Tiefe droht Gefahr, die der Kluge vermeidet und damit aber auch das Gut verscherzt, das ein mutiges, aber unkluges Wagnis erringen könnte.

Die Aussage des Träumers stößt auf heftige Widerstände von seiten des Bewußtseins, welches »Geist« nur als etwas in der Höhe Befindliches kennt. »Geist« kommt anscheinend immer von oben. Von unten kommt alles Trübe und Verwerfliche.

---

* Daß es wiederum der Traum eines Theologen ist, erstaunt darum nicht, weil ein Pfarrer schon rein professionell mit dem Motiv des Aufstiegs beschäftigt ist. Er muß so oft davon sprechen, daß die Frage naheliegt, wie wohl sein eigener geistiger Aufstieg beschaffen sei.

Geist bedeutet für diese Auffassung höchste Freiheit, ein Schweben über Tiefen, eine Enthaftung vom Gefängnis des Chthonischen und deshalb ein Refugium für alle Ängstlichen, die nicht »werden« wollen. Wasser aber ist irdisch tastbar, ist auch die Flüssigkeit des triebbeherrschten Körpers, das Blut und die Blutrünstigkeit, der Geruch des Tieres und die leidenschaftsschwere Körperlichkeit. Das Unbewußte ist jene Psyche, die aus der Tageshelle eines geistig und sittlich klaren Bewußtseins hinunterreicht in jenes Nervensystem, das als *Sympathicus* seit alters bezeichnet wird, und nicht wie das Cerebrospinalsystem Wahrnehmung und Muskeltätigkeit unterhält und damit den umgebenden Raum beherrscht, sondern ohne Sinnesorgane das Gleichgewicht des Lebens erhält und auf geheimnisvollen Wegen durch Miterregung nicht nur Kunde vom innersten Wesen anderen Lebens vermittelt, sondern auch auf dieses innere Wirkung ausstrahlt. Es ist in diesem Sinne ein äußerst kollektives System, die eigentliche Grundlage aller participation mystique, während die cerebrospinale Funktion in der Absonderung der Ichbestimmtheit gipfelt und stets nur durch das Medium des Raumes Oberflächen und Äußerlichkeiten erfaßt. Letzteres erlebt alles als Außen, ersteres aber alles als Innen.

Das Unbewußte nun gilt gemeiniglich als eine Art von abgekapselter persönlicher Intimität, was die Bibel etwa als »Herz« bezeichnet und u. a. als den Ursprungsort aller bösen Gedanken auffaßt. In den Kammern des Herzens wohnen die schlimmen Blutgeister, rascher Zorn und sinnliche Schwäche. So sieht das Unbewußte aus, wenn vom Bewußtsein betrachtet. Das Bewußtsein scheint aber wesentlich eine Angelegenheit des Großhirns zu sein, das alles zertrennt und in Vereinzelung sieht, also auch das Unbewußte, welches durchaus als *mein* Unbewußtes betrachtet wird. Man meint daher allgemein, daß, wer ins Unbewußte hinuntersteige, in die drangvolle Enge egozentrischer Subjektivität gerate und in dieser Sackgasse dem Angriff aller bösen Tiere, welche die Höhle der seelischen Unterwelt beherbergen soll, ausgeliefert sei.

Wer in den *Spiegel* des Wassers blickt, sieht allerdings zunächst sein eigenes Bild. Wer zu sich selber geht, riskiert die Begegnung mit sich selbst. Der Spiegel schmeichelt nicht, er zeigt getreu, was in ihn hineinschaut, nämlich jenes Gesicht, das wir der Welt nie zeigen, weil wir es durch die Persona, die Maske des Schauspielers, verhüllen. Der Spiegel aber liegt hinter der Maske und zeigt das wahre Gesicht. Dies ist die erste Mutprobe auf dem inneren Wege, eine Probe, die genügt, um die meisten abzuschrecken, denn die Begegnung mit sich selber gehört zu den unangenehmeren Dingen, denen man entgeht, solange man alles Negative auf die Umgebung projizieren kann. Ist man imstande, den eigenen *Schatten* zu sehen und das Wissen um ihn zu ertragen, so ist erst ein kleiner Teil der Aufgabe gelöst: Man hat wenigstens das *persönliche Unbewußte* aufgehoben. Der Schatten aber ist ein lebendiger Teil der Persönlichkeit und will darum in irgendeiner Form mitleben. Man kann ihn nicht wegbeweisen oder in Harmlosigkeit umvernünfteln. Dieses Problem ist unverhältnismäßig schwierig, denn es ruft nicht nur den ganzen Menschen auf den Plan, sondern erinnert ihn zugleich an seine Hilflosigkeit und an sein Unvermögen. Starke Naturen – oder soll man eher sagen schwache? – lieben diese Anspielung nicht, sondern ersinnen sich irgendein heroisches Jenseits von Gut und Böse und zerhauen den Gordischen Knoten, statt ihn zu lösen. Die Rechnung muß aber über kurz oder lang doch beglichen werden. Man muß es sich schon zugestehen: Es gibt Probleme, die man mit den eigenen Mitteln schlechthin nicht lösen kann. Ein solches Eingeständnis hat den Vorteil der Ehrlichkeit, der Wahrheit und der Wirklichkeit, und damit ist der Grund gelegt für eine kompensatorische Reaktion des kollektiven Unbewußten, d. h., man ist jetzt geneigt, einem hilfreichen Einfall Gehör zu schenken oder Gedanken wahrzunehmen, die man vordem nicht zum Worte kommen ließ. Man wird vielleicht auf Träume achten, die sich in solchen Momenten einstellen, oder gewisse Ereignisse bedenken, die sich gerade zu dieser Zeit in uns abspielen. Hat man eine derartige Einstellung, so können hilfreiche Kräfte, die in der tiefen Natur des Menschen schlummern, erwachen und eingreifen, denn die Hilflosigkeit und die Schwäche sind das ewige Erlebnis und die ewige Frage der Menschheit, und darauf gibt es auch eine ewige Antwort, sonst wäre der Mensch schon längst zugrunde gegangen. Wenn man alles getan hat, was man tun konnte, dann bleibt nur noch jenes übrig, das man noch tun könnte, wenn man es wüßte. Wieviel weiß aber der Mensch von sich selber? Es ist nach aller Erfahrung sehr wenig. Für das Unbewußte bleibt daher noch viel Raum übrig. Das Gebet erfordert bekanntlich eine sehr ähnliche Einstellung und hat daher auch entsprechende Wirkung.

Die nötige und benötigte Reaktion des kollektiven Unbewußten drückt sich in archetypisch geformten Vorstellungen aus. Die Begegnung mit sich selber bedeutet zunächst die Begegnung mit dem eigenen Schatten. Der Schatten ist allerdings ein Engpaß, ein schmales Tor, dessen peinliche Enge keinem, der in den tiefen Brunnen hinuntersteigt, erspart bleibt. *Man muß aber sich selber kennenlernen, damit man weiß, wer man ist,* denn das, was nach dem Tore kommt, ist unerwarteterweise eine grenzenlose Weite voll unerhörter Unbestimmtheit, anscheinend kein Innen und kein Außen, kein Oben und kein Unten, kein Hier oder Dort, kein Mein und kein Dein, kein Gutes und kein Böses. Es ist die Welt des Wassers, in der alles Lebendige suspendiert schwebt, wo das Reich des »Sympathicus«, der Seele alles Lebendigen, beginnt, wo ich untrennbar dieses und jenes bin, wo ich den anderen in mir erlebe und der andere als Ich mich erlebt. Das kollektive Unbewußte ist alles weniger als ein abgekapseltes, persönliches System, es ist weltweite und weltoffene Objektivität. Ich bin das Objekt aller Subjekte in völligster Umkehrung meines gewöhnlichen Bewußtseins, wo ich stets Subjekt bin, welches Objekte *hat.* Dort bin ich in der unmittelbarsten Weltverbundenheit dermaßen angeschlossen, daß ich nur allzuleicht vergesse, wer ich in Wirklichkeit bin. »In sich selbst verloren« ist ein gutes Wort, um diesen Zustand zu kennzeichnen. Dieses Selbst aber ist die Welt, oder eine Welt, wenn ein Bewußtsein es sehen könnte. Darum muß man wissen, *wer* man ist. Kaum berührt uns nämlich das Unbewußte, so ist man es schon, indem man seiner selber unbewußt wird. Das ist die Urgefahr, die dem primitiven Menschen, der ja selber noch so nahe diesem Pleroma steht, instinktmäßig bekannt und ein Gegenstand des Schreckens ist. Seine Bewußtheit ist nämlich noch unsicher und steht auf schwankenden Füßen. Sie ist noch kindlich, eben aufgetaucht aus den Urwassern. Leicht kann eine Woge des Unbewußten über sie hinwegschlagen, und er vergißt, wer er war, und tut Dinge, in denen er sich selbst nicht mehr kennt. Deshalb scheuen Primitive unbeherrschte Affekte, weil in solchen allzuleicht das Bewußtsein untergeht und der *Besessenheit* Raum gibt. Alles Trachten der Menschheit ging daher nach *Befestigung des Bewußtseins.* Diesem Zwecke dienten die Riten, die *»représentations collectives«,* die Dogmata; sie waren Dämme und Mauern, errichtet gegen die Gefahren des Unbewußten, die »perils of the soul«. Der primitive Ritus besteht darum in Geisterbannung, Enthexung, Abwendung des bösen Omens, Propitiierung, Purifikation und analogischer, d. h. magischer Herstellung des hilfreichen Geschehens.

Es sind diese seit Urzeit errichteten Mauern, welche später zu den Fundamenten der Kirche wurden. Es sind darum auch diese Mauern, die einstürzen, wenn die Symbole altersschwach werden. Dann steigen die Wasser höher, und uferlose Katastrophen brechen über die Menschheit herein. Der religiöse Führer, der sogenannte Loco Tenente Gobernador, des Taospueblo sagte mir einmal: »Die Amerikaner sollten aufhören, unsere Religion zu stören, denn wenn diese zugrunde geht und wir der Sonne, unserem Vater, nicht mehr helfen können, über den Himmel zu gehen, dann werden die Amerikaner und die ganze Welt bis in zehn Jahren etwas erleben; dann wird nämlich die Sonne nicht mehr aufgehen.« Das heißt, es wird Nacht, das Licht des Bewußtseins erlischt, und das dunkle Meer des Unbewußten bricht herein. Ob primitiv oder nicht, die Menschheit steht immer an den Grenzen jener Dinge, die sie selber tut und doch nicht beherrscht. Alle Welt will den Frieden, und alle Welt rüstet zum Kriege nach dem Axiom: si vis pacem, para bellum, um nur *ein* Beispiel zu nennen. Die Menschheit vermag nichts gegen die Menschheit, und Götter, wie nur je, weisen ihr die Schicksalswege. Wir nennen die Götter heute »Faktoren«, was von facere = machen kommt. Die Macher stehen hinter den Kulissen des Welttheaters. Es ist im großen wie im kleinen. Im Bewußtsein sind wir unsere eigenen Herren; wir sind anscheinend die »Faktoren« selber. Schreiten wir aber durch das Tor des Schattens, so werden wir mit Schrecken inne, daß wir Objekte von Faktoren sind. Solches zu wissen, ist entschieden unangenehm; denn nichts enttäuscht mehr, als die Entdeckung unserer Unzulänglichkeit. Es gibt sogar Anlaß zu primitiver Panik, denn die ängstlich geglaubte und gehütete Suprematie des Bewußtseins, die in der Tat ein Geheimnis menschlichen Erfolges ist, wird gefährlich in Frage gestellt. Da aber Unwissenheit keine Sicherheit verbürgt, sondern im Gegenteil die Unsicherheit noch vermehrt, so ist es wohl besser, trotz aller Scheu um unsere Bedrohtheit zu wissen. Richtige Fragestellung bedeutet schon die halbe Lösung eines Problems. Auf alle Fälle wissen wir dann, daß die größte Gefahr, die uns bedroht, aus der Unabsehbarkeit der psychischen Reaktion stammt. Einsichtige haben deshalb schon seit geraumer Zeit verstanden, daß äußere historische Bedingungen irgendwelcher Art nur die Anlässe zu den wirklichen daseinsbedrohenden Gefahren bilden, nämlich zu politisch-sozialen Wahnbildungen, die nicht kausal als notwendige Folgen äußerer Bedingungen, sondern als Entscheidungen des Unbewußten aufzufassen sind.

Diese Problematik ist neu, denn alle Zeiten vor uns glaubten noch an Götter in irgendeiner Form. Es bedurfte schon einer beispiellosen Verarmung an Symbolik, um die Götter als psychische Faktoren, nämlich als Archetypen des Unbewußten wieder zu entdecken. Diese Entdeckung ist wohl vorderhand noch unglaubwürdig. Zur Überzeugung bedarf es jener Erfahrung, die im Traume des Theologen skizziert ist, nur dann wird die Selbsttätigkeit des Geistes über den Wassern erfahren. Seitdem die Sterne vom Himmel gefallen und unsere höchsten Symbole verblaßt sind, herrscht geheimes Leben im Unbewußten. Deshalb haben wir heutzutage eine Psychologie, und deshalb reden wir vom Unbewußten. All dies wäre und ist auch in der Tat ganz überflüssig in einer Zeit und in einer Kulturform, welche Symbole hat. Denn diese sind Geist von oben, und dann ist auch der Geist oben. Darum wäre es für solche Menschen ein törichtes und sinnloses Unterfangen, ein Unbewußtes erleben oder erforschen zu wollen, das nichts enthält als das stille, ungestörte Walten der Natur. Unser Unbewußtes aber birgt belebtes Wasser, d. h. naturhaft gewordenen Geist, um dessentwillen es aufgestört ist. Der Himmel ist uns physikalischer Weltraum geworden und das göttliche Empyreum eine schöne Erinnerung, wie es einstmals war. Unser »Herz aber glüht«, und geheime Unruhe benagt die Wurzeln unseres Seins: Mit der Völuspâ können wir fragen:

»Was murmelt noch Wotan mit Mimirs Haupt?
Schon kocht es im Quell –«

Die Beschäftigung mit dem Unbewußten ist uns eine Lebensfrage. Es handelt sich um geistiges Sein oder Nichtsein. Alle jene Menschen, denen die im erwähnten Traum angedeutete Erfahrung zugestoßen ist, wissen, daß der Schatz in der Wassertiefe ruht, und sie werden ihn zu heben versuchen. Da sie nie vergessen dürfen, wer sie sind, so dürfen sie ihr Bewußtsein unter keinen Umständen verlieren. Sie werden also ihren Standpunkt auf der Erde festhalten; sie werden damit – um im Gleichnis zu bleiben – zu *Fischern,* welche das, was im Wasser schwimmt, mit Angel und Netz fangen. Wenn es reine und unreine Toren gibt, die nicht verstehen, was die Fischer tun, so werden diese letzteren am säkularen Sinn ihres Tuns nicht irre werden, denn das Symbol ihres Handwerkes ist um viele Jahrhunderte älter als die unverwelkte Kunde vom Heiligen Gral. Aber nicht jeder ist ein Fischer. Manchmal bleibt diese Figur auch auf ihrer instinktiven Vorstufe stehen, und dann ist's ein Fischotter, wie wir z. B. aus OSCAR A. H. SCHMITZ's Fischotter-Märchen wissen.

Wer ins Wasser schaut, sieht zwar sein eigenes Bild, aber dahinter tauchen bald lebendige Wesen auf; Fische sind es wohl, harmlose Bewohner der Tiefe – harmlos, wenn der See nicht für viele gespenstisch wäre. Es sind Wasserwesen besonderer Art. Manchmal geht dem Fischer eine Nixe ins Garn, ein weiblicher, halbmenschlicher Fisch.* Nixen sind berückende Wesen:

»Halb zog sie ihn, halb sank er hin
Und ward nicht mehr gesehn.«

Die Nixe ist eine noch instinktivere Vorstufe eines zauberischen weiblichen Wesens, welches wir als *Anima* bezeichnen. Es können auch Sirenen, Melusinen**, Waldfrauen, Huldinnen und

* Vgl. dazu Paracelsus: De vita longa, herausgegeben von Adam von Bodenstein 1562, und meinen Kommentar dazu in Paracelsica, 1942.

** Vgl. dazu das Bild des Adepten im *Liber Mutus* von 1677. Er fischt und fängt eine *Nixe.* Seine »soror mystica« aber fängt mit ihrem Garn *Vögel,*

Erlkönigstöchter, Lamien und Sukkuben sein, welche Jünglinge betören und ihnen das Leben aussaugen. Diese Figuren seien Projektionen von sehnsüchtigen Gefühlszuständen und von Phantasien verwerflicher Art, wird der moralische Kritiker sagen. Man kann nicht umhin, eine gewisse Berechtigung dieser Feststellung einzusehen. Aber ist es die ganze Wahrheit? Ist das Nixenwesen wirklich nichts als ein Produkt einer moralischen Erschlaffung? Hat es nicht schon längst solche Wesen gegeben, und dies schon in einer Zeit, da das dämmernde menschliche Bewußtsein noch ganz naturgebunden war? Zuerst wohl waren die Geister in Wald und Feld und Wasserläufen, längst bevor eine Frage von moralischem Gewissen existierte. Überdies waren diese Wesen ebensosehr gefürchtet, so daß ihre etwas merkwürdigen erotischen Allüren nur relativ charakteristisch sind. Das Bewußtsein war damals sehr viel einfacher, und sein Besitzstand lächerlich klein. Unendlich vieles von dem, was wir heute als Bestandteil unseres eigenen psychischen Wesens empfinden, tummelt sich beim Primitiven noch fröhlich projiziert auf weiter Flur.

Das Wort »Projektion« paßt eigentlich schlecht, denn es ist nichts aus der Seele hinausgeworfen worden, sondern vielmehr ist die Psyche durch eine Reihe von *Introjektionsakten* zu der Komplexität geworden, als die wir sie heute kennen. Ihre Komplexität hat zugenommen, proportional der Naturentgeisterung. Eine unheimliche Huldin von Anno dazumal heißt heute »erotische Phantasie«, welche unser Seelenleben in peinlicher Weise kompliziert. Sie begegnet uns zwar nicht weniger als eine Nixe; sie ist obendrein wie ein Sukkubus; sie verwandelt sich in vielerlei Gestalten wie eine Hexe und zeigt überhaupt eine unerträgliche Selbständigkeit, die einem psychischen Inhalt von Rechts wegen eigentlich nicht zukäme. Gelegentlich verursacht sie Faszinationen, die es mit der besten Behexung aufnehmen können, oder Angstzustände, die sich von keiner Teufelserscheinung übertrumpfen lassen. Sie ist ein neckisches Wesen, das in vielen

---

welche den Animus darstellen. Die Idee der Anima findet sich mehrfach in der Literatur des 16. und 17. Jahrhunderts, so bei Richardus Vitus, Aldrovandus und dem Kommentator des Tractatus Aureus. Siehe meinen Aufsatz über das »Rätsel von Bologna« in: Mysterium Coniunctionis. Zürich 1955, Bd. I, p. 56.

Verwandlungen und Verkleidungen uns über den Weg läuft, uns allerhand Streiche spielt, selige und unselige Täuschungen, Depressionen und Ekstasen, unbeherrschte Affekte usw. verursacht. Auch im Zustande vernünftiger Introjektion hat die Nixe ihr Schalkwesen nicht abgelegt. Die Hexe hat nicht aufgehört, ihre schmutzigen Liebes- und Todestränke zu mischen, aber ihr magisches Gift ist zur Intrige und Selbsttäuschung verfeinert, unsichtbar zwar, aber nicht weniger gefährlich.

Woher aber kommt uns der Mut, diese Elfin als »anima« zu bezeichnen? »Anima« heißt doch Seele und bezeichnet etwas sehr Wunderbares und Unsterbliches. Dem war aber nicht immer so. Man darf nicht vergessen, daß diese Art Seele eine dogmatische Vorstellung ist, welche den Zweck hat, etwas unheimlich Selbsttätiges und Lebendiges zu bannen und einzufangen. Das deutsche Wort Seele ist über die gotische Form »saiwalô« aufs nächste verwandt mit dem griechischen Wort αἰόλος, welches »bewegt«, »buntschillernd« heißt, also etwas wie ein Schmetterling – griechisch ψυχή –, der trunken von Blume zu Blume taumelt und von Honig und Liebe lebt. In der gnostischen Typologie steht der ἄνθρωπος ψυχικός (der psychische Mensch) unterhalb des πνευματικός (des geistigen), und schließlich gibt es ja auch schlechte Seelen, die für alle Ewigkeit in der Hölle braten müssen. Sogar die gänzlich schuldlose Seele des ungetauften Neugeborenen ist wenigstens der Anschauung Gottes beraubt. Beim Primitiven ist sie magischer Lebenshauch (daher »anima«) oder Flamme. Passend sagt ein nicht kanonisches Herrenwort: »Wer mir nahe ist, ist nahe dem Feuer.« Bei Heraklit ist die Seele auf höchster Stufe feurig und trocken, denn ψυχή hat an sich nächste Verwandtschaft zu »kühlem Hauch« – ψύχειν heißt hauchen, ψυχρός ist kalt und φῦχος kühl …

Beseeltes Wesen ist lebendiges Wesen. Seele ist das Lebendige im Menschen, das aus sich selbst Lebende und Lebenverursachende; darum blies Gott dem Adam einen lebendigen Odem ein, damit er lebe. Die Seele verführt die nicht leben wollende Trägheit des Stoffes mit List und spielerischer Täuschung zum Leben. Sie überzeugt von unglaubwürdigen Dingen, damit das Leben gelebt werde. Sie ist voll von Fallstricken und Fußangeln, damit der Mensch zu Fall komme, die Erde erreiche, sich dort verwickle und daran hängenbleibe, damit das Leben gelebt werde; wie schon Eva im Paradies es nicht lassen konnte, Adam von der Güte des verbotenen Apfels zu überzeugen. Wäre die Bewegtheit und das Schillern der Seele nicht, der Mensch würde in seiner größten Leidenschaft, der Trägheit, zum Stillstand kommen.* Eine gewisse Vernünftigkeit ist ihr Anwalt, und eine gewisse Art von Moralität gibt dazu ihren Segen. Seele zu haben, ist das Wagnis des Lebens, denn die Seele ist ein lebenspendender Dämon, der ein elfisches Spiel unterhalb und oberhalb der menschlichen Existenz spielt, deshalb ist er innerhalb des Dogmas auch mit einseitigen Strafen und Segnungen bedroht und propitiiert, welche weit über menschenmögliches Verdienst hinausgehen. Himmel und Hölle sind Schicksale der Seele und nicht des zivilen Menschen, der in seiner Blöße und Blödigkeit in einem himmlischen Jerusalem gar nichts mit sich anzufangen wüßte.

Die Anima ist keine dogmatische Seele, keine »anima rationalis«, welche ein philosophischer Begriff ist, sondern ein natürlicher Archetypus, der in befriedigender Weise alle Aussagen des Unbewußten, des primitiven Geistes, der Sprach- und Religionsgeschichte subsumiert. Sie ist ein »factor« in des Wortes eigentlichem Sinne. Man kann sie nicht machen, sondern sie ist immer das Apriori von Stimmungen, Reaktionen, Impulsen und was es sonst von psychischen Spontaneitäten gibt. Sie ist ein Lebendes aus sich, das uns leben macht; ein Leben hinter dem Bewußtsein, das nicht restlos diesem integriert werden kann, sondern aus dem letzteres im Gegenteil eher hervorgeht. Denn schließlich ist das psychische Leben zum größten Teil ein unbewußtes und umfaßt das Bewußtsein von allen Seiten; ein Gedanke, der ohne weiteres einleuchtet, wenn man sich ein einziges Mal Rechenschaft darüber gibt, welche unbewußte Vorbereitung dazu nötig ist, um z. B. eine Sinneswahrnehmung zu erkennen.

Trotzdem es scheint, als ob der Anima die Gesamtheit des unbewußten Seelenlebens zukäme, so ist sie doch nur *ein* Archety-

---

* F. de La Rochefoucauld: Pensées LIV.

pus unter vielen. Darum ist sie nicht schlechthin charakteristisch für das Unbewußte. Sie ist nur ein Aspekt desselben. Das zeigt sich schon in der Tatsache ihrer Weiblichkeit. Das, was nicht Ich, nämlich männlich ist, ist höchstwahrscheinlich weiblich, und weil das Nicht-Ich als dem Ich nicht zugehörig und darum als außerhalb empfunden wird, so ist das Animabild in der Regel auch immer auf Frauen projiziert. Jedem Geschlecht wohnt das Gegengeschlecht bis zu einem gewissen Betrage inne, weil biologisch einzig die größere Anzahl von männlichen Genen den Ausschlag in der Wahl der Männlichkeit gibt. Die kleinere Anzahl an weiblichen Genen scheint einen weiblichen Charakter zu bilden, welcher aber infolge seiner Unterlegenheit gewöhnlich unbewußt bleibt.

Mit dem Archetypus der Anima betreten wir das Reich der *Götter,* resp. das Gebiet, welches sich die Metaphysik reserviert hat. Alles, was die Anima berührt, wird numinos, d. h. unbedingt, gefährlich, tabuiert, magisch. Sie ist die Schlange im Paradies des harmlosen Menschen voll guter Vorsätze und Absichten. Sie liefert die überzeugenden Gründe gegen die Beschäftigung mit dem Unbewußten, welche moralische Hemmungen zerstöre und Mächte entfeßle, die man besser im Unbewußten gelassen hätte. Wie gewöhnlich hat sie auch hier nicht ganz unrecht, insofern nämlich das *Leben an sich kein nur Gutes ist;* es ist auch böse. Indem die Anima das Leben will, will sie Gutes und Böses. Im elfischen Lebensbereich gibt es diese Kategorien nicht. Das körperliche sowohl wie das psychische Leben haben die Indiskretion, ohne die konventionelle Moral oft viel besser auszukommen und gesünder zu bleiben. Die Anima glaubt an das καλὸν κἀγαθόν, welches ein primitiver Begriff ist, vor aller später gefundenen Gegensätzlichkeit von Ästhetik und Moral. Es bedurfte einer langen christlichen Differenzierung, um deutlich zu machen, daß das Gute nicht immer schön und das Schöne nicht notwendigerweise gut ist. Die Paradoxie dieser Begriffsehe hat den Alten so wenig wie den Primitiven Beschwerden verursacht. Die Anima ist konservativ und hält sich in enervierender Weise an älteres Menschtum. Sie erscheint deshalb gerne in historischem Gewande, mit besonderer Vorliebe für Griechenland und Ägypten. Dazu wolle man die »Klassiker« RIDER HAG-

GARD und PIERRE BENOIT vergleichen. Der Traum der Renaissance, die *Ipnerotomacchia* des *Poliphilo**, und GOETHES Faust haben ebenfalls tief in die Antike gegriffen, um »le vrai mot de la situation« zu finden. Ersterer beschwor die Königin Venus, letzterer die trojanische Helena. Von der Anima in der Welt des Biedermeiers und Romantikers hat ANIELA JAFFÉ ein lebendiges Bild entworfen.** Wir wollen die Zahl der unverdächtigen Kronzeugen nicht vermehren, geben sie doch Stoff und absichtslose, authentische Symbolik genug, um unsere Meditation reichlich zu befruchten. Wenn man wissen will, wie es ist, wenn die Anima in der modernen Gesellschaft erscheint, so kann ich ERSKINS »Helen of Troy« aufs beste empfehlen. Sie ist nicht ohne Tiefe, denn über allem wirklich Lebendigen liegt der Hauch der Ewigkeit. Anima ist Leben jenseits aller Kategorien, und darum kann sie auch des Schimpfes und des Lobes entraten. Die Himmelskönigin und das Gänschen, das aufs Leben hereingefallen ist – hat man je betrachtet, welches arme Los in der Marienlegende unter die göttlichen Sterne versetzt worden ist?

Das sinn- und regellose Leben, das sich selbst an seiner eigenen Fülle nicht genug tut, ist ein Gegensatz des Schreckens und der Abwehr für den in seiner Zivilisation eingeordneten Menschen – und man kann ihm nicht unrecht geben, denn es ist auch die Mutter alles Unsinns und aller Tragik. Darum steht seit Anbeginn der erdgeborene Mensch mit seinem heilsamen Tierinstinkt im Kampfe mit seiner Seele und deren Dämonie. Wäre letztere eindeutig finster, so läge der Fall einfach. Dem ist leider nicht so, denn dieselbe Anima kann auch als ein Engel des Lichts, als Psychopompos, erscheinen und zum höchsten Sinne führen, wie der Faust ausweist.

Ist die Auseinandersetzung mit dem Schatten das Gesellenstück, so ist diejenige mit der Anima das Meisterstück. Denn die Beziehung zur Anima ist wiederum eine Mutprobe und ein Feuerordal für die geistigen und moralischen Kräfte des Mannes. Man darf nie vergessen, daß es sich gerade bei der Anima

---

* Vgl. Linda Fierz-David: Der Liebestraum des Poliphilo, 1947.

** Bilder und Symbole aus E. T. A. Hoffmanns Märchen »Der goldene Topf« in: Gestaltungen des Unbewußten, 1950, p. 239 ff.

um psychische Tatbestände handelt, die sozusagen niemals zuvor Besitz des Menschen waren, indem sie als Projektionen sich meist außerhalb seines psychischen Bereiches aufhielten. Für den Sohn steckt in der Übermacht der Mutter die Anima, welche manchmal zeitlebens eine sentimentale Bindung hinterläßt und das Schicksal des Mannes aufs schwerste beeinträchtigt oder umgekehrt seinen Mut zu kühnsten Taten beflügelt. Dem antiken Menschen erscheint die Anima als Göttin oder als Hexe; der mittelalterliche Mensch dagegen hat die Göttin durch die Himmelskönigin und durch die Mutter Kirche ersetzt. Die entsymbolisierte Welt des Protestanten hat zunächst eine ungesunde Sentimentalität hervorgebracht und sodann eine Verschärfung des moralischen Konfliktes, der logischerweise zum NIETZSCHEschen »Jenseits von Gut und Böse« führt, und zwar lediglich infolge seiner Unerträglichkeit. In den zivilisierten Zentren äußert sich dieser Zustand in der zunehmenden Unsicherheit der Ehe. Die amerikanische Ehescheidungsrate ist in Europa vielerorts erreicht, wenn nicht überschritten, was beweist, daß die Anima sich vorzugsweise in der Projektion auf das andere Geschlecht befindet, wodurch magisch komplizierte Beziehungen entstehen. Diese Tatsache hat, nicht zum mindesten um ihrer pathologischen Folgen willen, zur Entstehung der modernen Psychologie geführt, welche in ihrer FREUDschen Form der Meinung huldigt, die wesentliche Grundlage aller Störungen sei die Sexualität, eine Ansicht, welche den schon bestehenden Konflikt nur noch verschärft.* Man verwechselt nämlich Ursache und Wirkung. Die sexuelle Störung ist keineswegs die Ursache der neurotischen Mißlichkeiten, sondern wie diese eine der pathologischen Wirkungen, die von einer verminderten Anpassung des Bewußtseins ausgehen, d. h., das Bewußtsein ist mit einer Situation und Aufgabe konfrontiert, denen es nicht gewachsen ist. Es versteht nicht, wie seine Welt sich geändert hat und wie es sich einstellen müßte, um wieder angepaßt zu sein. »Le peuple porte le sceau d'un hiver qu'on n'explique pas«, wie die Übersetzung einer koreanischen Steleninschrift sagt.

---

* Meinen Standpunkt habe ich ausführlich dargestellt in meinem Buche: Die Psychologie der Übertragung, 1946.

Beim Schatten sowohl wie bei der Anima genügt es nicht, um diese Begriffe zu wissen und sie nachzudenken. Auch kann man durch Einfühlung oder Anempfindung ihren Inhalt nie erleben. Es nützt gar nichts, eine Liste der Archetypen auswendig zu lernen. Archetypen sind Erlebniskomplexe, die schicksalsmäßig eintreten, und zwar beginnt ihr Wirken in unserem persönlichsten Leben. Die Anima tritt uns nicht mehr als Göttin entgegen, sondern unter Umständen als unser allerpersönlichstes Mißverständnis oder unser bestes Wagnis. Wenn z. B. ein alter, hochverdienter Gelehrter noch mit siebzig Jahren seine Familie stehen läßt und eine zwanzigjährige, rothaarige Schauspielerin heiratet, dann – wissen wir – haben sich die Götter wieder ein Opfer geholt. So zeigt sich bei uns dämonische Übergewalt. Bis vor kurzem wäre es noch ein leichtes gewesen, diese junge Person als Hexe abzutun.

Nach meiner Erfahrung gibt es sehr viele Leute von einer gewissen Intelligenz- und Bildungsstufe, welche die Idee der Anima und die relative Autonomie derselben leicht und unmittelbar begreifen, und ebenso das Phänomen des Animus bei Frauen. Psychologen haben in dieser Hinsicht größere Schwierigkeiten zu überwinden, wohl darum, weil sie nicht gezwungen sind, sich mit den komplexen Tatbeständen, welche die Psychologie des Unbewußten kennzeichnen, auseinanderzusetzen. Sind sie zugleich Ärzte, so steht ihnen ihr somato-psychologisches Denken im Wege, welches meint, psychologische Vorgänge durch intellektuelle, biologische oder physiologische Begriffe ausdrücken zu können. Psychologie ist aber weder Biologie noch Physiologie noch irgendeine andere Wissenschaft als eben das Wissen um die Seele.

Das Bild, das ich im bisherigen von der Anima gezeichnet habe, ist nicht vollständig. Sie ist zwar chaotischer Lebensdrang, aber daneben haftet ihr ein seltsam Bedeutendes an, etwas wie geheimes Wissen oder verborgene Weisheit, in merkwürdigstem Gegensatz zu ihrer irrationalen elfischen Natur. Ich möchte hier wieder auf die früher zitierten Autoren verweisen. RIDER HAGGARD nennt »She« »Wisdom's Daughter«; BENOITS Königin von Atlantis hat wenigstens eine ausgezeichnete Bibliothek, welche sogar ein verschollenes Buch Platos besitzt. Die trojanische Helena wird in ihrer Reinkarnation vom weisen Simon Magus aus dem Bordell in Tyrus erlöst und begleitet ihn auf seinen Reisen. Ich erwähnte eingangs diesen durchaus charakteristischen Aspekt der Anima absichtlich nicht, weil ihre erste Begegnung in der Regel auf alles andere eher schließen läßt als auf Weisheit.* Dieser Aspekt erscheint nur dem, der sich mit der Anima auseinandersetzt. Erst diese schwere Arbeit läßt in zunehmendem Maße erkennen**, daß hinter all dem grausamen Spiel mit menschlichem Schicksal etwas steckt wie geheime Absicht, die einer überlegenen Kenntnis der Lebensgesetze zu entsprechen scheint. Gerade das zunächst Unerwartete, das beängstigend Chaotische enthüllt tiefen Sinn. Und je mehr dieser Sinn erkannt wird, desto mehr verliert die Anima ihren drängerischen und zwängerischen Charakter. Es entstehen allmählich Dämme gegen die Flut des Chaos; denn das Sinnvolle scheidet sich vom Sinnlosen, und dadurch, daß Sinn und Unsinn nicht mehr identisch sind, wird die Kraft des Chaos durch die Entnahme von Sinn und Unsinn geschwächt, und der Sinn mit der Kraft des Sinnes und der Unsinn mit der Kraft des Unsinnes ausgerüstet. Damit entsteht ein neuer Kosmos. Damit ist nicht etwa eine neue Entdeckung der medizinischen Psychologie gemeint, sondern die uralte Wahrheit, daß aus der Fülle der Lebenserfahrungen jene Lehre hervorgeht, die der Vater dem Sohne übergibt.***

Weisheit und Narrheit erscheinen im elfischen Wesen nicht nur als eines und dasselbe, sondern sind eines und dasselbe, solange sie durch die Anima dargestellt werden. Das Leben ist närrisch und bedeutend. Und wenn über das eine nicht gelacht und über das andere nicht spekuliert wird, dann ist das Leben banal; dann hat alles kleinstes Ausmaß. Es gibt dann nur einen kleinen Sinn und einen kleinen Unsinn. Im Grunde genommen bedeutet

* Ich beziehe mich hier auf allgemein zugängliche literarische Beispiele anstatt auf klinisches Material. Für unsere Zwecke genügt das literarische Beispiel vollkommen.

** Gemeint ist die Auseinandersetzung mit den Inhalten des Unbewußten überhaupt. Dies stellt die eine große Aufgabe des Integrationsprozesses dar.

*** Hierfür bildet das kleine Buch von G.Schmaltz: Östliche Weisheit und westliche Psychotherapie, 1951, ein gutes Beispiel.

nichts etwas, denn als es noch keine denkenden Menschen gab, war niemand da, der die Erscheinungen deutete. Nur dem muß gedeutet werden, der nicht versteht. Bedeutung hat nur das Unverständliche. Der Mensch ist erwacht in einer Welt, die er nicht verstand, und darum versucht er, sie zu deuten.

So sind die Anima und damit das Leben insofern bedeutungslos, als sie keine Deutung anbieten. Sie haben aber ein deutbares Wesen, denn in allem Chaos ist Kosmos und in aller Unordnung geheime Ordnung, in aller Willkür stetiges Gesetz, denn alles Wirkende beruht auf dem Gegensatz. Um dies zu erkennen, bedarf es des diskriminierenden Menschenverstandes, der alles in antinomische Urteile auflöst. Setzt er sich mit der Anima auseinander, so gibt ihm ihre chaotische Willkür Anlaß, geheime Ordnung zu ahnen, d. h. über ihr Wesen hinaus Anlage, Sinn und Absicht – fast wären wir versucht zu sagen – zu »postulieren«, aber das würde der Wahrheit nicht entsprechen. Denn in Wirklichkeit verfügt man zunächst über kein kühles Nachdenken, auch hilft einem keine Wissenschaft und Philosophie, und die traditionelle religiöse Lehre nur sehr bedingt. Man ist in ziellosem Erleben verstrickt und verwirrt, und das Urteil mit allen seinen Kategorien erweist sich als machtlos. Menschliche Deutung versagt, denn es ist eine turbulente Lebenssituation entstanden, auf die keine hergebrachte Sinngebung passen will. Es ist ein Moment des Zusammenbruchs. Man versinkt in eine letzte Tiefe, wie APULEJUS richtig sagt: »ad instar voluntariae mortis«. Nicht ein künstlich gewollter, sondern ein natürlich erzwungener Verzicht auf eigenes Können ist es; nicht eine moralisch herausgeputzte, freiwillige Unterwerfung und Demütigung ist es, sondern eine völlige, unmißverständliche Niederlage, gekrönt von der panischen Angst der Demoralisierung. Wenn alle Stützen und Krücken gebrochen sind und auch nicht die leiseste Rückversicherung irgendwo noch Deckung verspricht, dann erst ist die Möglichkeit gegeben zum Erlebnis eines Archetypus, der sich bisher in der bedeutungsschweren Sinnlosigkeit der Anima verborgen gehalten hatte. *Es ist der Archetypus des Sinnes, wie die Anima den Archetypus des Lebens schlechthin darstellt.* Der Sinn scheint uns zwar immer das jüngere der Ereignisse zu sein, weil wir mit einem gewissen Recht annehmen, daß wir ihn selber geben, und weil wir ebenfalls wohl zu Recht glauben, daß die große Welt bestehen kann, ohne gedeutet zu sein.

Wie aber geben wir Sinn? Woher nehmen wir Sinn in letzter Linie? Die Formen unserer Sinngebung sind historische Kategorien, die in ein nebelhaftes Altertum hinaufreichen, worüber man sich gewöhnlich keine genügende Rechenschaft gibt. Die Sinngebung bedient sich gewisser sprachlicher Matrizen, die ihrerseits wieder von urtümlichen Bildern abstammen. Wir können diese Frage anfassen, wo wir wollen, überall geraten wir in die Sprach- und Motivgeschichte, die immer stracks in die primitive Wunderwelt zurückführt. Nehmen wir z. B. das Wort *Idee*. Es geht zurück auf den εἶδος-Begriff bei PLATO, und die ewigen Ideen sind Urbilder, die ἐν ὑπερουρανίῳ τόπῳ (an überhimmlischem Orte) als transzendente ewige Formen aufbewahrt sind. Das Auge des Sehers erschaut sie als »imagines et lares« oder als Bilder des Traumes und der offenbarenden Vision. Oder nehmen wir den Begriff der *Energie*, welcher physikalisches Geschehen deutet. Früher war dasselbe das geheimnisvolle Feuer der Alchimisten, das Phlogiston, die dem Stoffe inhärente Wärmekraft, wie die stoische Urwärme oder das Heraklitische πῦρ ἀεὶ ζῷον (das ewig lebende Feuer), welches schon ganz nahe an der primitiven Anschauung einer allgemein verbreiteten lebendigen Kraft steht, einer Wachstums- und magischen Heilkraft, die gewöhnlich als *Mana* bezeichnet wird.

Ich will die Beispiele nicht unnötig häufen. Es genügt, zu wissen, daß es nicht *eine* wesentliche Idee oder Anschauung gibt, die nicht historische Antezedentien besäße. Allen liegen in letzter Linie archetypische Urformen zugrunde, deren Anschaulichkeit in einer Zeit entstanden ist, wo das Bewußtsein noch nicht dachte, sondern *wahrnahm*. Gedanke war Objekt der inneren Wahrnehmung, nicht gedacht, sondern als Erscheinung empfunden, sozusagen gesehen oder gehört. Gedanke war wesentlich Offenbarung, nichts Erfundenes, sondern Aufgenötigtes oder durch seine unmittelbare Tatsächlichkeit Überzeugendes. Das Denken geht dem primitiven Ich-Bewußtsein voraus, und dieses ist eher dessen Objekt als dessen Subjekt. Aber auch wir haben den letzten Gipfel der Bewußtheit noch nicht erklommen und haben darum ebenfalls ein präexistentes Denken, dessen man allerdings nicht inne wird, solange man durch hergebrachte Symbole gestützt ist; in der Sprache des Traumes ausgedrückt: solange der Vater oder der König nicht gestorben ist.

Wie das Unbewußte »denkt« und Lösungen vorbereitet, möchte ich an einem Beispiel zeigen. Es handelt sich um einen jungen Theologiestudenten, den ich persönlich nicht kenne. Er hatte Schwierigkeiten mit seiner religiösen Überzeugung, und in dieser Zeit träumte er folgenden Traum:*

Er stand vor einem schönen, alten Manne, der ganz *schwarz* gekleidet war. Er wußte, es war der *weiße* Magier. Dieser hatte eben eine längere Ansprache an ihn gehalten, an die sich der Träumer nicht mehr erinnern konnte. Er hatte nur die Schlußworte behalten: »Und dazu brauchen wir die Hilfe des *schwarzen* Magiers.« In diesem Augenblick ging die Türe auf, und herein trat ein ganz ähnlicher alter Mann, nur war er *weiß* gekleidet. Er sprach zum weißen Magier: »Ich bedarf deines Rates«, warf aber einen fragenden Seitenblick auf den Träumer, worauf der weiße Magier sagte: »Du kannst ruhig reden, er ist ein Unschuldiger.« Darauf begann der schwarze Magier seine Geschichte zu erzählen: Er komme aus einem fernen Lande, wo sich etwas Merkwürdiges ereignet habe. Das Land werde nämlich regiert von einem alten König, der seinen Tod nahen fühle. Er – der König – habe sich nun ein Grabmal ausgesucht. Es gebe nämlich in jenem Lande eine große Anzahl von Grabmälern aus alter Zeit, und das schönste habe der König für sich selber ausgewählt. Der Sage nach war eine Jungfrau darin bestattet. Der König ließ das Grabmal öffnen, um es für seine Zwecke herzurichten. Wie nun die Gebeine, die sich darin befanden, an die Luft gebracht wurden, gewannen sie plötzlich Leben und verwandelten sich in ein schwarzes Pferd, welches allsogleich zur Wüste entfloh und dort verschwand. Er – der schwarze Magier – habe von dieser Geschichte gehört und sich sofort aufgemacht, diesem Pferd zu folgen. Er sei in vielen Tagereisen, immer auf der Fährte des Pferdes, zur Wüste gekommen und habe diese durchquert bis zur anderen Seite, wo das Grasland wieder begann. Dort habe er das

* Vgl. p. 102 dieses Bandes, ebenso »Psychologie und Erziehung«, 1946, p. 96, u. a.a.O.

Pferd weidend angetroffen, und dort habe er auch den Fund getan, um dessentwillen er den Rat des weißen Magiers bedürfe; er habe nämlich dort die *Schlüssel des Paradieses* gefunden und wisse nun nicht, was weiter damit zu geschehen habe. – In diesem spannenden Moment erwachte der Träumer.

Im Lichte der vorangegangenen Ausführungen ist der Sinn des Traumes wohl unschwer zu erraten: Der alte König ist das herrschende Symbol, das sich zur ewigen Ruhe begeben will, und zwar an dem Orte, wo ähnliche »Dominanten« schon begraben liegen. Seine Wahl fällt ausgerechnet auf das Grab der Anima, welche den Todesschlaf als ein Dornröschen schläft, solange ein gültiges Prinzip (Prinz oder »princeps«) das Leben reguliert und ausdrückt. Kommt der König aber zu seinem Ende*, so gewinnt sie das Leben wieder und verwandelt sich in das schwarze Pferd, welches schon im platonischen Gleichnis die Ungebärdigkeit der Leidenschaftsnatur ausdrückt. Wer ihm folgt, kommt in die Wüste, d. h. in wildes, menschenfernes Land, ein Bild der geistigen und moralischen Vereinsamung. Dort aber liegen die Schlüssel zum Paradies. Was ist nun das Paradies? Offenbar der Garten Eden mit seinem doppelgesichtigen Baum des Lebens und der Erkenntnis und seinen vier Strömen. In christlicher Fassung ist es auch die himmlische Stadt der Apokalypse, welche ebensosehr als Mandala gedacht ist wie der Garten Eden. Das Mandala ist aber ein Symbol der Individuation. Der schwarze Magier also ist es, der die Schlüssel zur Lösung der den Träumer belastenden Glaubensschwierigkeiten findet, die Schlüssel, die den Weg der Individuation eröffnen. Der Gegensatz Wüste – Paradies bedeutet also den anderen Gegensatz Vereinsamung – Individuation oder Selbstwerdung. Dieser Traumteil ist zugleich eine bemerkenswerte Paraphrase des von Hunt und Grenfell edierten und ergänzten Herrenwortes, in welchem der Weg zum Himmelreich durch die Tiere gezeigt wird und wo es in der Admonition heißt: »Darum erkennet euch selber, denn ihr seid die Stadt, und die Stadt ist das Reich.« Des weiteren ist es auch eine Paraphrase der Paradiesesschlange, welche die ersten Eltern zur Sünde überredete und die im weite-

* Vgl. dazu das Motiv des »alten Königs« in der Alchimie.

ren Verlauf zur Erlösung des Menschengeschlechtes durch den Gottessohn führte. Dieser Kausalnexus gab bekanntlich Anlaß zur ophitischen Identifizierung der Schlange mit dem Sotēr (Retter, Heiland). Das schwarze Pferd und der schwarze Magier sind – und das ist modernes Geistesgut – quasi böse Elemente, deren Relativität zum Guten aber in der Auswechslung des Gewandes angedeutet ist. Die beiden Magier sind die zwei Aspekte des *alten Mannes,* des überlegenen Meisters und Lehrers, des Archetypus des Geistes, welcher den präexistenten, im chaotischen Leben verborgenen Sinn darstellt. Er ist der Vater der Seele, die doch wunderbarerweise seine Jungfrau-Mutter ist, weshalb er von den Alchimisten als der »uralte Sohn der Mutter« bezeichnet wurde. Der schwarze Magier und das schwarze Pferd entsprechen dem Abstieg ins Dunkle in den früher erwähnten Träumen.

Welch unerträglich schwere Lehre für einen jungen Theologiestudenten! Glücklicherweise hat er nichts davon bemerkt, daß der Vater aller Propheten zu ihm im Traume sprach und ihm ein großes Geheimnis zum Greifen nahe legte. Man wundert sich wohl, wie unzweckmäßig solche Ereignisse sind. Warum diese Verschwendung? Dazu muß ich nun allerdings sagen, daß wir nicht wissen, wie dieser Traum auf den Studenten auf lange Sicht hin gewirkt hat, und sodann muß ich hervorheben, daß mir wenigstens dieser Traum sehr viel gesagt hat. Er dürfte nicht verloren sein, auch wenn der Träumer ihn nicht verstanden hat.

Der Meister dieses Traumes versucht offenbar, Gut und Böse in ihrer gemeinsamen Funktion darzustellen, vermutlich als Antwort auf den noch immer ungelösten moralischen Konflikt in der christlichen Seele. Mit der eigenartigen Relativierung der Gegensätze ergibt sich eine gewisse Annäherung an die Ideen des Ostens, an das *nirdvandva* der hinduistischen Philosophie, die Befreiung von den Gegensätzen, welche als eine konfliktversöhnende Lösungsmöglichkeit gezeigt wird. Wie gefährlich sinnvoll die östliche Relativität von Gut und Böse ist, zeigt die indische Weisheitsfrage: »Wer braucht länger zur Vollendung, der, welcher Gott liebt, oder der, welcher Gott haßt?« Die Antwort lautet: »Der, der Gott liebt, braucht sieben Reinkarnationen bis zur Vollendung, und der, welcher Gott haßt, braucht deren nur drei, denn wer Ihn haßt, wird mehr an Ihn denken als der, der Ihn liebt.« Die Befreiung von den Gegensätzen setzt eine funktionale Gleichwertigkeit derselben voraus, welche unserem christlichen Empfinden widerspricht. Nichtsdestoweniger ist, wie unser Traumbeispiel zeigt, die angeordnete Kooperation der moralischen Gegensätze eine natürliche Wahrheit, welche vom Osten ebenso natürlich anerkannt worden ist, wie die taoistische Philosophie wohl am deutlichsten zeigt. Es gibt übrigens auch in der christlichen Tradition einige Aussagen, die sich diesem Standpunkt nähern; ich erinnere nur z. B. an das Gleichnis vom ungetreuen Haushalter. Unser Traum stellt in dieser Hinsicht nicht etwa ein Unikum dar, indem die Tendenz zur Relativierung der Gegensätze eine ausgesprochene Eigentümlichkeit des Unbewußten darstellt. Man muß aber sofort beifügen, daß dies nur in Fällen einer zugespitzten moralischen Empfindlichkeit gilt; in anderen Fällen kann das Unbewußte ebenso unerbittlich auf die Unvereinbarkeit der Gegensätze hinweisen. Es hat in der Regel einen zur bewußten Einstellung relativen Standpunkt. Deshalb darf man wohl sagen, daß unser Traum die spezifischen Überzeugungen und Zweifel eines theologischen Bewußtseins protestantischer Observanz voraussetzt. Das bedeutet eine Einschränkung der Aussage auf ein bestimmtes Problemgebiet. Aber auch mit diesem Abstrich an Gültigkeit demonstriert der Traum die Überlegenheit seines Standpunktes. Passenderweise drückt sich sein Sinn darum als die Meinung und Stimme eines weisen Magiers aus, der dem Bewußtsein des Träumers in jeder Hinsicht weit überlegen ist. Der Magier ist synonym mit dem alten Weisen, der in gerader Linie auf die Gestalt des Medizinmannes in der primitiven Gesellschaft zurückgeht. Er ist, wie die Anima, ein unsterblicher Dämon, welcher die chaotischen Dunkelheiten des bloßen Lebens mit dem Lichte des Sinnes durchdringt. Er ist der Erleuchtende, der Lehrer und Meister, ein Psychopompos (Führer der Seelen), dessen Personifikation selbst der »Zertrümmerer der Tafeln«, NIETZSCHE, nicht entgehen konnte, hat er doch dessen Inkarnation in Zarathustra, dem überlegenen Geiste eines beinahe homerischen Zeitalters, zum Träger und Verkünder seiner eigenen »dionysischen« Erleuchtung und Entzückung aufgerufen. Gott war ihm zwar tot, aber der Dämon der Weisheit wurde ihm zum sozusagen leibhaftigen Zweiten, wie er sagt:

»Da wurde Eins zu Zwei,
Und Zarathustra ging an mir vorbei.«

Zarathustra ist für NIETZSCHE mehr als poetische Figur, er ist ein unwillkürliches Bekenntnis. Auch er hatte sich in den Dunkelheiten eines gottabgewandten, entchristlichten Lebens verirrt, und darum trat zu ihm der Offenbarende und Erleuchtende, als redender Quell seiner Seele. Daher stammt die hieratische Sprache des »Zarathustra«, denn das ist der Stil dieses Archetypus.

Im Erlebnis dieses Archetypus erfährt der Moderne die urälteste Art des Denkens als eine autonome Tätigkeit, deren Objekt man ist. *Hermes Trismegistos* oder der *Thoth* der hermetischen Literatur, *Orpheus,* der *Poimandres* und diesem verwandt der *Poimēn des Hermas* sind weitere Formulierungen derselben Erfahrung. Wäre der Name »Luzifer« nicht schon präjudiziert, so wäre er wohl passend für diesen Archetypus. Ich habe mich deshalb begnügt, ihn als den Archetypus des alten Weisen* bzw. *des Sinnes* zu bezeichnen. Wie alle Archetypen, so hat auch dieser einen positiven und einen negativen Aspekt, worauf ich hier nicht näher eintreten möchte. Der Leser findet eine ausführliche Darstellung der Doppelgesichtigkeit des »alten Weisen« in meinem Aufsatz über die Phänomenologie des Geistes im Märchen.**

Die drei bisher besprochenen Archetypen, der Schatten, die Anima und der alte Weise, sind solche, die in der unmittelbaren Erfahrung personifiziert auftreten. Aus welchen allgemeinen psychologischen Vorbedingungen ihre Erfahrung hervorgeht, versuchte ich im Vorangegangenen anzudeuten. Was ich aber mitteilte, waren lauter abstrakte Rationalisierungen. Man könnte, oder besser, man sollte eigentlich eine Schilderung des Prozesses geben, wie er sich der unmittelbaren Erfahrung darstellt. Im Verlaufe dieses Prozesses nämlich treten die Archety-

---

* Reitzenstein faßt den Hirten des Hermas als christliche Konkurrenzschrift zum Poimandres auf.

** Siehe Aufsatz III dieses Bandes.

pen als handelnde Persönlichkeiten in Träumen und Phantasien auf. Der Prozeß selber stellt sich in einer anderen Art von Archetypen dar, die man allgemein als solche der *Wandlung* bezeichnen könnte. Letztere sind keine Persönlichkeiten, sondern vielmehr typische Situationen, Örter, Mittel, Wege usw., welche die jeweilige Art der Wandlung symbolisieren. Wie die Persönlichkeiten, so sind auch diese Archetypen echte und rechte Symbole, die weder als σημεῖα (Zeichen) noch als Allegorien erschöpfend gedeutet werden können. Sie sind vielmehr insofern echte Symbole, als sie vieldeutig, ahnungsreich und im letzten Grund unausschöpfbar sind. Die Grundprinzipien, die ἀρχαί, des Unbewußten sind wegen ihres Beziehungsreichtums unbeschreibbar trotz ihrer Erkennbarkeit. Das intellektuelle Urteil sucht natürlich immer ihre Eindeutigkeit festzustellen und gerät damit am Wesentlichen vorbei, denn was vor allem als das einzige ihrer Natur Entsprechende festzustellen ist, das ist ihre Vieldeutigkeit, ihre fast unabsehbare Beziehungsfülle, welche jede eindeutige Formulierung verunmöglicht. Außerdem sind sie prinzipiell paradox, wie der Geist bei den Alchimisten als senex et iuvenis simul gilt.

Wenn man sich vom symbolischen Prozeß ein Bild machen will, so sind dafür die alchimistischen Bilderserien gute Beispiele, obschon ihre Symbole in der Hauptsache traditionell, wenn auch oft dunkler Herkunft und Bedeutung sind.

Ein treffliches östliches Beispiel ist das tantrische Chakrensystem* oder das mystische Nervensystem des chinesischen Yoga.** Es hat auch allen Anschein, als ob die Bildserien des Tarot Abkömmlinge der Wandlungsarchetypen wären, welche Ansicht mir ein einleuchtender Vortrag von R. Bernoulli bekräftigt hat.***

Der symbolische Prozeß ist ein *Erleben im Bild und des Bildes.* Sein Fortgang zeigt in der Regel enantiodromische Struktur wie

---

* Arthur Avalon: The Serpent Power Being the Shat-Chakra-Nirūpana and Pādukā-Panchaka, 1919.

** E. Rousselle: Seelische Führung im lebenden Taoismus. Eranos-Jahrbuch 1933. p. 135 ff.

*** R. Bernoulli: Zur Symbolik geometrischer Figuren und Zahlen. Eranos-Jahrbuch 1934, p. 397 ff.

der Text des I Ging und stellt darum einen Rhythmus dar von Negation und Position, von Verlust und Gewinn, von Hell und Dunkel. Sein Anfang ist fast stets charakterisiert durch eine Sackgasse oder sonstige unmögliche Situation; sein Ziel ist, allgemein ausgedrückt, *Erleuchtung oder höhere Bewußtheit,* womit die Ausgangssituation auf einer höheren Ebene überwunden wird. Der Prozeß kann sich, zeitlich zusammengedrängt, in einem einzigen Traum oder in einem kurzen Erlebnismoment darstellen oder aber sich über Monate und Jahre erstrecken, je nach der Art der Ausgangssituation des Individuums, das im Prozeß begriffen ist, und des zu erreichenden Zieles. Selbstverständlich schwankt der Symbolreichtum außerordentlich. Obschon zunächst alles im Bilde, d. h. symbolisch erlebt wird, handelt es sich doch keineswegs um Pappdeckelgefahren, sondern um sehr wirkliche Risiken, an denen unter Umständen ein Schicksal hängen kann. Die Hauptgefahr besteht in einem Unterliegen unter den faszinierenden Einfluß der Archetypen, was dann am ehesten eintreten kann, wenn man sich die archetypischen Bilder *nicht bewußt macht.* Besteht eine psychotische Prädisposition, so kann es unter diesen Umständen geschehen, daß die archetypischen Figuren, denen sowieso kraft ihrer natürlichen Numinosität eine gewisse Autonomie eignet, sich von der Bewußtseinskontrolle überhaupt befreien und völlige Selbständigkeit erlangen, d. h. *Besessenheitsphänomene* erzeugen. Bei einer Animabesessenheit will sich z. B. der Kranke durch Selbstkastration in eine Frau, namens Maria, verwandeln oder fürchtet, es werde ihm etwas Derartiges gewalttätigerweise angetan. Ein Beispiel hierfür ist der bekannte D. P. SCHREBER (Denkwürdigkeiten eines Nervenkranken, Leipzig 1903). Die Kranken entdecken oft eine ganze Animamythologie mit zahlreichen archaischen Motiven. Ein Fall dieser Art wurde seinerzeit von J. NELKEN publiziert.* Ein anderer Patient hat seine Erlebnisse selber in einem Buche beschrieben und kommentiert.**

---

* Analytische Beobachtungen über Phantasien eines Schizophrenen, Jahrbuch für psychoanalytische und psychopathologische Forschung, 1912, Bd. IV, p. 504 ff.

** John Custance: Wisdom, Madness and Folly, 1951.

Ich erwähne diese Fälle, weil es immer noch Leute gibt, welche meinen, die Archetypen seien meine subjektiven Hirngespinste.

Was in der Geisteskrankheit brutal zutage tritt, bleibt in der Neurose noch verhüllt im Hintergrund, beeinflußt aber von da aus nichtsdestoweniger das Bewußtsein. Wenn die Analyse dann in den Hintergrund der Bewußtseinsphänomene eindringt, so entdeckt sie jene selben archetypischen Figuren, welche die Delirien des Psychotischen beleben. Last not least beweisen zahlreiche literaturhistorische Dokumente, daß es sich bei diesen Archetypen um praktisch überall vorkommende normale Typen der Phantasie handelt und nicht um Ausgeburten der Geisteskrankheit. Das pathologische Element liegt nicht in der Existenz dieser Vorstellungen, sondern in der Dissoziation des Bewußtseins, welches das Unbewußte nicht mehr beherrschen kann. In allen Fällen von Dissoziation erhebt sich deshalb die Notwendigkeit der *Integration des Unbewußten* ins Bewußtsein. Es handelt sich um einen synthetischen Vorgang, den ich als »Individuationsprozeß« bezeichnet habe.

Dieser Prozeß entspricht eigentlich dem natürlichen Ablauf eines Lebens, in welchem das Individuum zu dem wird, was es immer schon war. Weil der Mensch Bewußtsein hat, so verläuft eine derartige Entwicklung nicht so glatt, sondern wird vielfach variiert und gestört, indem das Bewußtsein immer wieder einmal von der archetypischen Instinktgrundlage abirrt und zu ihr in Gegensatz gerät. Daraus ergibt sich dann die Notwendigkeit einer Synthese der beiden Positionen. Das bedeutet Psychotherapie schon auf primitiver Stufe, wo sie in Form von Wiederherstellungsriten geschieht. Beispiele sind die australischen Rückidentifikationen mit den Ahnen der Alcherringazeit, Identifikation mit den Sonnensöhnen bei den Puebloindianern, die Heliosapotheose im Isismysterium bei APULEJUS usw. Die therapeutische Methode der Komplexen Psychologie besteht dementsprechend einerseits in einer möglichst vollständigen Bewußtmachung der konstellierten unbewußten Inhalte und andererseits in einer Synthese derselben mit dem Bewußtsein durch den Erkenntnisakt. Da nun der Kulturmensch eine sehr große Dissoziabilität besitzt und von ihr beständig Gebrauch macht, um sich allen möglichen Risiken zu entziehen, so steht ganz und gar nicht von vornherein fest, daß eine Erkenntnis etwa von entsprechendem Tun gefolgt wäre. Man muß im Gegenteil mit einer ausgesprochenen Wirkungslosigkeit der Erkenntnis rechnen und daher auf sinngemäße Anwendung derselben dringen. Erkenntnis allein tut es in der Regel nicht, auch bedeutet sie keine sittliche Macht an sich. In solchen Fällen wird es dann klar, wie sehr die Neurosenheilung ein moralisches Problem ist.

Da die Archetypen relativ autonom sind, wie alle numinosen Inhalte, so können sie nicht einfach rational integriert werden, sondern verlangen ein dialektisches Verfahren, d. h. eine eigentliche Auseinandersetzung, die von dem Patienten häufig in Dialogform durchgeführt wird, womit er, ohne es zu wissen, die alchimistische Definition der *Meditation* verwirklicht: nämlich als »colloquium cum suo angelo bono«, als inneres Zwiegespräch mit seinem guten Engel.* Dieser Prozeß hat in der Regel einen dramatischen Verlauf mit vielen Peripetien. Er drückt sich aus in oder ist begleitet von Traumsymbolen, welche verwandt sind mit jenen »représentations collectives«, welche in Form mythologischer Motive seelische Wandlungsvorgänge von jeher dargestellt haben.**

Im Rahmen einer Vorlesung muß ich mich damit begnügen, bloß einige Beispiele von Archetypen zu behandeln. Ich habe diejenigen gewählt, welche in der Analyse eines männlichen Unbewußten die Hauptrolle spielen, und habe auch versucht, den psychischen Wandlungsprozeß, in welchem sie erscheinen, einigermaßen zu skizzieren. Die hier besprochenen Figuren des Schattens, der Anima und des alten Weisen haben seit dem ersten Erscheinen dieser Vorlesung mit den entsprechenden Figuren des weiblichen Unbewußten zusammen eine ausführliche Darstellung gefunden in meinen Beiträgen zur Symbolik des Selbst***, und die Beziehungen des Individuationsprozesses zur alchimistischen Symbolik habe ich ebenfalls einer näheren Untersuchung unterworfen.****

---

* Rulandus: Lexicon Alchemiae, 1612, s. v. meditatio.

** Ich verweise auf meine Ausführungen in: Symbole der Wandlung, 1952.

*** Aion, 1951.

**** Psychologie und Alchemie, 2. Aufl., 1952.

Das Bild des Wilden Mannes wurzelt tief in der Vorzeit menschlicher Kultur. Auf der Tiefenpsychologie C. G. Jungs aufbauend, hat der amerikanische Mythenforscher Joseph Campbell (1904–1987) den Urmythen unserer Art nachgespürt und sie in seinen Büchern dem modernen Menschen neu erschlossen. In seinem Hauptwerk »Die Masken Gottes« beschreibt er die gemeinsamen Mythen, aus denen alle Weltkulturen geschöpft haben. Das urzeitliche Bild des Jägers, des »Herrn der Tiere«, taucht in allen Kulturen auf. Je weiter wir uns von ihm entfernt haben, desto mehr verwandelt es sich in den Wilden Mann der Märchen und Sagen.

JOSEPH CAMPBELL

Der Herr der Tiere

»Es gehört eine schwierige Zauberkunst dazu, Blut fließen zu lassen, und doch nicht der Rache des Blutes anheimzufallen.«

Leo Frobenius

1. Die Sage vom Büffeltanz

Das Leben der Blackfoot-Indianer (Schwarzfuß) Montanas ging ganz und gar im Kommen und Gehen der großen Büffelherden auf, und mit ihre beste Methode, eine große Anzahl Büffel zu töten, bestand darin, die Tiere über eine Steilwand zu locken und sie zu schlachten, wenn sie unten auf die Felsen stürzten. Die gleiche Methode wurde auf den Büffelsteppen Europas in der Zeit der großen Höhlen, ca. 30000–10000 v. Chr., angewandt. Niemand, der die Bilder der maskierten Schamanen, wie sie mit beschwingtem Tanzschritt Wisente anlocken, in diesen Höhlen gesehen hat, wird sich ein Staunen über die gewaltigen Räume und Zeiten versagen können, die in George Bird Grinnells Beschreibungen der von ihm selbst miterlebten Jagden und Treibjagden im »Wilden Westen« um 1870 durchscheinen. Unterdessen war die Gelehrtenschaft besagten Europas bemüht, die lang verschollene und doch so viel nähere arische Vergangenheit von 1500 v. Chr. zu rekonstruieren, und arbeitete Wagner an seinem Ring-Zyklus.

Am Vorabend einer Büffeltreibjagd, bei der die Tiere in die Büffelfalle (Pis'kun) getrieben werden sollten, wickelte ein Medizinmann, meistens einer, der Besitzer eines Büffelsteines (Inis'-kim) war, seine Pfeife aus und betete zur Sonne um gutes Gelingen. Am nächsten Morgen stand der Mann, der die Büffel heranlocken sollte, sehr früh auf und sagte zu seinen Frauen, sie dürften den Wigwam nicht verlassen, ja nicht einmal hinausschauen, bis er wieder da sei, und sie sollten immerzu Schwadengras verbrennen und zur Sonne um Erfolg und um seine Sicherheit beten. Ohne gegessen oder getrunken zu haben, ging er dann auf die Prärie hinaus, und die Leute folgten ihm und versteckten sich hinter den Felsen und Büschen, die die V-förmige Einlaufschneise bildeten. Der Medizinmann legte einen Kopfputz aus dem Schädel eines Büffels und eine Felldecke an und pirschte sich dann an die Tiere heran. Wenn er in die Nähe der Herde gekommen war, schritt er umher, bis er die Aufmerksamkeit einiger Büffel auf sich gezogen hatte, und wenn sie dann zu ihm hinschauten, ging er langsam auf den Eingang der Schneise zu. Gewöhnlich folgten ihm die Büffel, und daraufhin beschleunigte er allmählich seinen Schritt. Die Büffel folgten rascher, und der Mann lief immer ein bißchen schneller. Zuletzt, wenn die Büffel praktisch alle in der Schneise waren, erhoben sich die Menschen hinter den Felsaufschüttungen, die die Herde passiert hatte, und schrien und schwenkten ihre Decken. Dies erschreckte die hintersten Büffel, die nach vorn gegen die anderen drängten, und es dauerte nicht lange, da raste die ganze Herde Hals über Kopf auf den Abgrund zu, indem die Felshaufen sie zu der Stelle über dem Pferch am Fuße der Steilwand lenkten. Wenn sie dort ankamen, wurden die meisten der Tiere über den Rand geschoben, und in der Regel stürzte auch noch der letzte der Schar blindlings in die Pis'kun hinunter. Viele kamen bei dem Sturz sofort um; andere brachen sich die Beine oder das Rückgrat, während manche vielleicht unverletzt blieben. Eine Barrikade hinderte sie jedoch an der Flucht, und alle starben bald unter den Pfeilen der Indianer.

Es heißt, daß es noch eine andere Art gab, die Büffel in diese Falle zu bekommen. Ein Mann, der sich sehr gut darauf verstand, die Aufmerksamkeit der Büffel zu erregen, konnte sich ihnen ohne Tarnung nähern, und indem er sich vor der Herde im Kreis drehte, auftauchte und wieder verschwand, brachte er sie dazu, sich auf ihn zuzubewegen, so daß es dann ein leichtes war, sie in die Falle zu locken.

Vor langer Zeit – so erzählt eine Blackfoot-Geschichte – konnten die Jäger aus irgendeinem Grund die Tiere nicht zu der Steilwand hinlotsen, und die Menschen waren am Verhungern. Wenn die Tiere auf den Abgrund zugetrieben wurden, rannten sie hart an den Rand, brachen aber dann nach rechts und links aus, liefen die sanft abfallenden Hänge hinab und durchquerten das Tal unbeschadet. Also litten die Menschen Hunger, und ihre Lage wurde langsam ernst.

Einmal aber, ganz früh am Morgen, sah eine junge Frau beim Wasserholen eine Büffelherde auf der Prärie grasen, direkt oben am Rand der Steilwand, und rief aus: »Ach, wenn ihr doch bloß in den Korral springen wolltet! Ich würde glatt einen von euch heiraten.«

Das war natürlich im Spaß gesagt und nicht ernst gemeint. Deshalb war ihre Verwunderung groß, als sie sah, wie die Tiere über den Felsrand sprangen, stolperten, stürzten. Und dann packte sie blankes Entsetzen, denn ein großer Stier nahm mit einem einzigen Satz das Gatter des Korrals und trabte auf sie zu. »Komm!« sagte er, und er nahm sie am Arm.

»O nein!« rief sie und wich zurück.

»Aber du hast gesagt, wenn die Büffel sprängen, würdest du einen heiraten. Schau hin! Der Korral ist voll.« Und ohne weitere Debatte brachte er sie den Felsen hinauf und auf die Prärie hinaus.

Als die Leute mit dem Töten der Büffel und dem Zerlegen des Fleisches fertig waren, vermißten sie die junge Frau. Da waren ihre Angehörigen sehr betrübt, und ihr Vater griff zu Bogen und Köcher. »Ich werde sie finden«, sagte er, und er ging den Felsen hinauf und weiter, über die Prärie.

Als er ein gutes Stück Weg zurückgelegt hatte, kam er an eine Büffelsuhle – eine Stelle, die die Büffel aufsuchen, um zu trinken, sich hinzulegen und sich zu wälzen. Ein Stück weiter sah er eine Herde. Da er müde war und überlegen wollte, was zu tun sei, setzte er sich an der Suhle hin; und während er nachdachte, kam ein schöner schwarzweißer Vogel mit einem langen, anmutigen Schwanz herbei, eine Elster, und ließ sich ganz in der Nähe nieder.

»He!« sagte der Mann. »Du bist aber ein hübscher Vogel. Hilf mir! Schau dich doch bei deinem Herumfliegen überall nach meiner Tochter um, und wenn du sie siehst, sag ihr: ›Dein Vater wartet an der Suhle auf dich.‹«

Die Elster flog direkt zu der Herde hin, und als sie unter den Büffeln eine junge Frau erblickte, ließ sie sich nicht weit von ihr entfernt auf dem Boden nieder und fing an herumzupicken. Sie drehte den Kopf hierhin und dahin, und als sie in der Nähe der Frau war, sagte sie: »Dein Vater wartet an der Suhle auf dich.«

»Psst! Psst!« wisperte das Mädchen erschrocken und schaute sich um, denn der Stier, der ihr Gemahl war, schlief gleich in der Nähe. »Sprich nicht so laut! Flieg zurück und sag ihm, er soll warten.«

Alsbald erwachte der Stier und sagte zu seiner Frau: »Geh mir Wasser holen!«

Die Frau freute sich, und mit einem Horn, das sie ihm vom Kopf nahm, begab sie sich zu der Suhle. »Vater!« sagte sie. »Warum bist du gekommen? Sie werden dich sicher umbringen.«

»Ich bin gekommen, meine Tochter heimzuholen«, erwiderte er. »Komm, beeilen wir uns! Gehen wir!«

»Nein, nein! Nicht jetzt!« rief sie. »Sie würden uns verfolgen und töten. Laß uns warten, bis er wieder schläft, dann werde ich versuchen, mich davonzuschleichen.«

Nachdem sie sein Horn mit Wasser gefüllt hatte, kehrte sie zu dem Stier zurück. Er trank einen Schluck. »Ha!« sagte er. »Da ist ein Mensch in der Nähe.«

»Nein! Nein! Niemand!« rief die Frau. Aber ihr stieg das Herz in die Kehle.

Der Stier trank noch etwas mehr; dann stand er auf und brüllte. Was für ein schrecklicher Ton! Da erhoben sich die Stiere, stellten ihre kurzen Schwänze auf und wackelten damit, schwenkten ihre großen Köpfe und brüllten zurück. Dann scharrten sie die Erde auf, brausten in alle Richtungen los, und als sie zu der Suhle gelangten, fanden sie dort den armen Mann vor, der gekommen war, um seine Tochter zu suchen. Sie trampelten ihn mit ihren Hufen nieder, spießten ihn auf ihre Hörner und zertrampelten ihn abermals, so daß bald nicht einmal mehr ein Stückchen seines Körpers zu sehen war. Da jammerte seine Tochter: »Oh, mein Vater, mein Vater!«

»Aha«, sagte der Stier. »Du trauerst um deinen Vater. Dann siehst du vielleicht einmal, wie es uns geht. Wir haben mit ansehen müssen, wie unsere Mütter, Väter, viele unserer Verwandten über die Felswände gestoßen und von deinen Leuten getötet wurden. Aber ich werde mich erbarmen; ich gebe dir noch eine Chance. Wenn du deinen Vater wieder zum Leben erwecken kannst, können du und er zu eurem Volk zurückgehen.«

Die Frau wandte sich an die Elster. »Hab Mitleid mit mir! Hilf mir jetzt!« sagte sie. »Suche in dem zertrampelten Schlamm nach einem Stückchen vom Körper meines Vaters und bring es mir.«

Die Elster flog rasch zur Suhle, schaute in jedes Loch und hackte den Schlamm mit ihrem scharfen Schnabel auf, und schließlich fand sie etwas Weißes. Sie pickte den Schlamm weg, zog einmal kräftig und brachte eine Bandscheibe vom Rückgrat zutage. Und damit kehrte sie zu der jungen Frau zurück.

Diese legte das Knochenstückchen auf den Boden, deckte es mit ihrem Umhang zu und sang ein Lied. Als sie die Decke wegzog, sah sie den Körper ihres Vaters wie tot daliegen. Sie deckte ihn aufs neue zu und sang weiter, und als sie die Decke das nächste Mal wegnahm, atmete ihr Vater schon; dann stand er auf. Die Büffel staunten. Die Elster war hocherfreut und schwirrte mit lautem Gekreisch um ihn herum.

»Wir haben heute Denkwürdiges erlebt«, sagte der große Stier zu den anderen seiner Herde. »Der Mann, den wir zu Tode getrampelt haben, in kleine Stücke, ist wieder am Leben. Die heilige Kraft der Menschen ist groß.«

Er wandte sich an die junge Frau. »Aber«, sagte er, »bevor du und dein Vater geht, werden wir euch unseren Tanz und Gesang beibringen. Ihr dürft sie nicht vergessen.«

Denn sie waren gedacht als Zauber, mit dem die von Menschen für ihren Lebensunterhalt getöteten Büffel wieder ins Leben zurückgerufen werden sollten, genau wie der von den Büffeln getötete Mann zurückgerufen worden war.

Alle Büffel tanzten; und wie es sich für den Tanz so mächtiger Tiere geziemt, war der Gesang langsam und feierlich, der Schritt schwer und bedächtig. Als der Tanz vorbei war, sagte der Stier: »Geht jetzt nach Hause und vergeßt nicht, was ihr gesehen habt. Lehrt euer Volk diesen Tanz und Gesang. Der heilige Gegenstand bei diesem Ritus soll ein Büffelschädel mit einem Büffelfell sein. Alle Tänzer, die Stiere darstellen, müssen dabei einen Büffelkopf mit Büffelfell tragen.«

Vater und Tochter kehrten heim in ihr Lager. Die Leute freuten sich, als sie sie erblickten, und beriefen einen Rat der Häuptlinge. Der Mann berichtete ihnen dann, was sich zugetragen hatte, und die Häuptlinge wählten eine Anzahl junger Männer aus, die den Tanz und Gesang der Stiere beigebracht bekamen.

Auf diese Weise also wurde die Vereinigung der Männerbünde bei den Blackfoot, I-kun-uh'-kah-tsi (Alles Kameraden) genannt, gegründet. Ihre Aufgabe war es, das zeremonielle Leben zu regeln und Verstöße gegen die Gemeinschaft zu ahnden. Und sie blieb bestehen, bis das »Dampfroß« die Prärie durchschnitt, die Büffel verschwanden und die alten Jäger auf Ackerbau und diverse Lohnarbeiten umsattelten.

2. Paläolithische Mythologie

In der riesigen paläolithischen Tempelhöhle Trois Frères in Südfrankreich findet sich ein Bild, auf dem ein Büffeltänzer zu sehen ist, der genau die in dieser Sage gestiftete Zeremonialtracht anhat und sich allem Anschein nach ganz so verhält wie der mutige Schamane, der sich darauf verstand, die Tiere in die Falle zu locken. Es vermittelt eine Ahnung – oder mehr als eine Ahnung, würde ich meinen, eine sehr lebhafte Vorstellung – vom ehrwürdigen Alter der soeben erzählten Sage oder wenigstens ihres Inhalts. Außerdem gibt es in der Nachbarhöhle, Tuc d'Audoubert genannt, eine Kammer, in der zwei Wisente im Flachrelief auf einer Ausbauchung im Fels dargestellt sind, und drumherum hat man die Fußspuren eines Tänzers gefunden. Bei den zwei Wisenten handelt es sich um ein Paar, eine Kuh, die von einem Stier besprungen wird; und der Tanz wurde nicht auf den vollen Fußsohlen ausgeführt, sondern auf den Fersen, womit man die Hufe eines Tieres nachahmte. Wir haben bereits erklärt, daß Persephone und Demeter in ihrer Tiergestalt als Schweine aufzufassen waren und daß Persephone als Braut der Riesenschlange selbst eine Schlange war. Zieht man den Vergleich, so war das Mädchen hier, als Frau des Stieres, sicherlich eine Büffelkuh – so daß dies durchaus eine frühe Darstellung des nämlichen göttlichen Ehebundes sein könnte, durch den die Menschen den Büffeltanz empfingen.

Erinnert werden wir auch an die berühmte paläolithische

Figur einer nackten Frau, die sogenannte Venus von Laussel, die als zentrale Erscheinung eines mutmaßlichen Jägerheiligtums im Flachrelief in die Wand eines Felsüberhangs in Südfrankreich gehauen wurde. Sie hat die für die Frauenfiguren der frühen steinzeitlichen Kunst typischen breiten Hüften und großen Brüste und hält in der rechten Hand in Schulterhöhe ein Wisenthorn. Die linke hat sie auf ihren vorgewölbten Bauch gelegt. Und es waren, als man sie fand, noch ausreichend Rötelspuren erhalten, um zu erkennen, daß sie einmal rot angemalt gewesen war. Einige andere Figuren auf zerbrochenen Felsstücken lagen unter dem Überhang herum: zwei Frauen, mit nicht näher identifizierten Gegenständen in der rechten Hand; eine vierte in einer eigentümlichen Haltung, mit Kopf und Schultern eines anderen Menschen verkehrt herum unter ihr, so daß G. Lalanne, ihr Entdecker, an eine Geburtsszene denken mußte; eine geschmeidige männliche Figur ohne Kopf und Arme, aber in einer Haltung, die an einen Speerwerfer erinnert; und schließlich die Fragmente einer Hyäne und eines Pferdes, neben einer Reihe von Platten und Blöcken mit eingekerbten weiblichen Genitalsymbolen. Henri Breuil, der seinerzeit international führende Sachverständige für die Kunst der französischen Höhlen, ordnete diese Äußerungen einer Mythologie der Jagd einer extrem frühen Periode zu, nämlich dem Aurignacien und dem Perigordien, was nach den für diese Kunst jetzt allgemein anerkannten Datierungen um 30000 v. Chr. wäre. Wir kennen die Bedeutung des Wisenthornes in der Hand der Frau nicht; aber ein Wisenthorn ist es sicher, und sicher auch diente die Kultstätte dem Bundesschluß zwischen Mensch und Tier durch irgendwelche Jagdriten – genau so einem Bund, wie er in der Begebenheit unserer Geschichte gestiftet wird. Natürlich bin ich nicht der Ansicht, daß diese Funde in Südfrankreich von ca. 30000 v. Chr. die Illustration einer Sage sind, die ca. 1870 n. Chr. auf den Büffelprärien des Wilden Westens aufgezeichnet wurde, aber es ist doch erwähnenswert, daß eine Konstellation gemeinsamer Motive allmählich eindeutig zutage tritt.

Auf den Wänden vieler paläolithischer Höhlen sind ferner die Handsilhouetten von Teilnehmern an den Riten entdeckt worden, und viele davon weisen das gleiche Fehlen der Fingerglie-

Figuren in der Kultstätte von Trois Frères

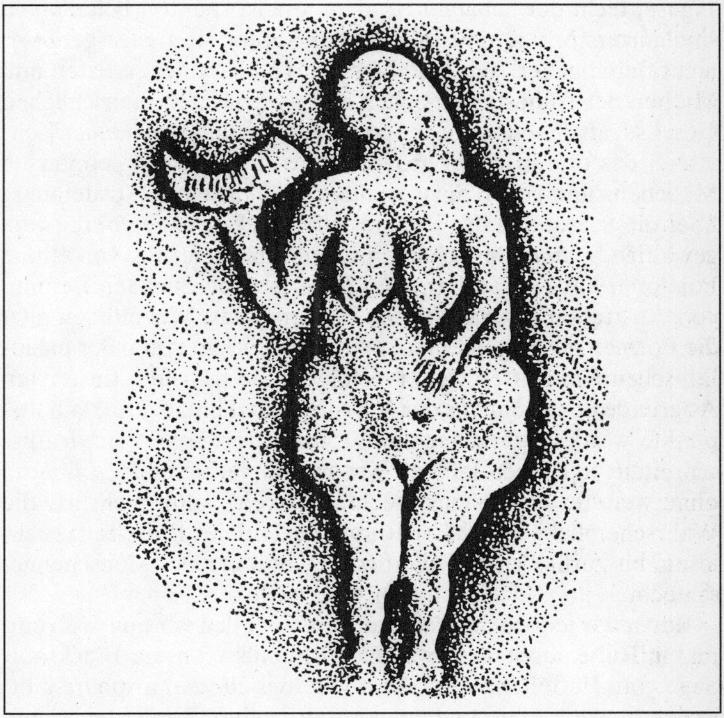

Die Venus von Laussel

der auf, das wir bereits bei den Indianern der Prärie bemerkt haben.

»Enkel der alten Frau«, lauteten die Worte eines Gebetes, das ein Crow-Indianer an den Morgenstern richtete, »ich gebe dir dieses Glied [meines Fingers], gib du mir dafür etwas Gutes ... Ich bin arm, gib mir ein gutes Pferd. Ich will eines vom Feind erbeuten, und ich will eine Frau von freundlichem Wesen heiraten. Ich will ein eigenes Zelt zur Wohnung haben.« »In der Zeit meiner Besuche bei den Crow (1907–1916)«, schrieb Robert H. Lowie, dem wir die Aufzeichnung dieses erbarmungswürdigen Gebetes verdanken, »sah ich nur wenige alte Männer mit unversehrten Händen.«

Dies also sind die verstümmelten Hände der »ehrlichen Jäger«, nicht der Schamanen, denn die Körper der Schamanen sind unzerstörbar, und ihre großen Opfer sind geistiger Art, nicht fleischlicher. Wir sind hier den volkstümlichen Riten und Mythen der frühesten Epochen eines verbürgten menschlichen Gesellschaftslebens auf der Spur – Mythen und Riten eines Zeitalters, das offenbar viel größer ist als die Zeit des geopferten Mädchens und gewiß nicht weniger groß in seiner Ausdehnung über die Schranken des Raumes hinweg. Wir haben bereits die gewaltige Spanne der schamanischen Überlieferung von einem Pol Amerikas zum andern, von Feuerland bis zum Jenissei und von Australien bis zur Hudson Bay erwähnt. Wir müssen jetzt die Formen der allgemeinen, exoterischen Jägerriten der paläolithischen Kultstätten weiterverfolgen, die trübsten, finstersten Abgründe des Brunnens der Vergangenheit hinab. Die Anhaltspunkte werden spärlicher und lückenhafter, je weiter wir fortschreiten; und doch können wir an den verbleibenden überall ohne weiteres wenigstens die Möglichkeit, wenn nicht gar die Wahrscheinlichkeit solcher Riten wie dem des Büffeltanzes ablesen, bis zurück zu den allerersten Anfängen des Menschengeschlechtes.

Bevor wir jedoch die Fahrt antreten, wollen wir uns noch einmal in Ruhe anschauen, welche Aufschlüsse unsere Blackfoot-Sage vom Büffeltanz über die mythologische Atmosphäre gibt, in der die paläolithische Jagd vonstatten ging. Wir halten sieben Punkte von besonderer Bedeutung fest.

1. Wie in der Ojibwa-Sage vom Ursprung des Maises, so wird auch hier die Handlung nicht in das mythischer Zeitalter verlegt, sondern in eine Welt der Gegenwart. Denn lassen wir uns nicht vom Sprechen und Zaubern der Vögel und Tiere täuschen: Solches Sprechen und Zaubern ist Schamanen noch immer möglich, und sämtliche Hauptfiguren in dieser Sage sind mit schamanischen Kräften ausgestattet. Die Mythen und Riten der Australier, mit denen wir in Teil Eins, Kapitel II, Abschnitt 5 bekannt wurden, bezogen sich auf eine von der unseren grundlegend verschiedene mythische Zeit, als die Ahnen die Welt formten. Solche Mythen kommen auch in Amerika vor. Es ist jedoch wahrscheinlich, daß sie ein späteres Stadium in der Entwicklung der Mythologie darstellen als diese persönlichen Abenteuergeschichten von Männern und Frauen, Tieren und Vögeln im Besitz schamanischer Kräfte. Denn wo es um Schamanismus geht, ist das mythische Zeitalter und Reich hier und jetzt: Der Mann oder die Frau, das Tier, der Baum oder der Stein mit schamanischer Zauberkraft hat unmittelbaren Zugang zu dieser untergründigen traumhaften Wirklichkeit, die den meisten anderen durch die äußere Kruste verborgen wird.

Mythen und Riten, die auf das mythische Zeitalter Bezug nehmen, als das große mythische Urzeitgeschehen stattfand, das Tod und Fortpflanzung ins Spiel brachte und durch eine Kettenreaktion entscheidend ineinandergreifender Wandlungen das Schicksal des Lebens in der Zeit festlegte, gehören eher in die Weltordnung der Pflanzer als in die schamanisch geprägte Jagdsphäre. Wenn solche Riten in einer Jägergesellschaft angetroffen werden, kann man immer eine Akkulturation mit einem garten- oder ackerbauenden Ausgangszentrum annehmen. Im Falle der Australier kam der Einfluß aus dem benachbarten Melanesien. Ebenso bestanden bei den nordamerikanischen Stämmen massive Einflüsse sowohl von den Hochkulturen Mittelamerikas als auch vom neolithischen und postneolithischen China (nach ca. 2500 v. Chr.), dessen Einflüsse nicht nur südlich vom Gelben Fluß nach Indonesien und von dort aus westlich nach Madagaskar und östlich nach Brasilien verfolgt werden können, sondern auch nördlich vom Amur bis in eben jene Zonen Nordostsibiriens, von denen die späteren Wanderbewegungen nach Nordamerika ausgingen. Wir haben es daher in diesen amerikanischen Mythen mit einem äußerst komplexen und nicht rein paläolithischen Erbe zu tun. Dennoch deuten viele Anhaltspunkte, wie eben bemerkt, auf wenigstens einen wichtigen Entwicklungsstrang hin, der bis in die Zeit der Aurignacien-Höhlen zurückgeht.

2. Der rettende Held und die zentrale Figur der Sage war die – im Original männlich vorgestellte – Elster, ohne deren Arbeit als Zwischenträger nichts zu machen gewesen wäre, und in ihr erkennen wir sogleich die Vogelgestalt oder Verwandlung *(chubilgan)* des Schamanen-Tricksters. Denn die gesellschaftliche Funktion des Schamanen war es, als Dolmetscher und Vermittler zwischen dem Menschen und den Mächten hinter dem Schleier der Natur zu wirken; und genau das ist die Funktion der Elster in dieser Geschichte.

3. Die Rückkehr des toten Mannes ins Leben wurde durch das Finden eines Knochenstückchens ermöglicht. Auch ohne dieses wäre nichts zu machen gewesen. Er wäre in irgendeine andere Gestalt übergegangen, hätte vielleicht eine Zeitlang als Quälgeist gelebt, um dann als Büffel, Vogel oder etwas anderes wiederzukehren; aber das Knochenstückchen machte es möglich, ihn genauso zurückzubringen, wie er vorher gewesen war. Wir können dieses Stückchen als unseren Anhalt für die Denkweise der Jäger in diesen Dingen betrachten, so wie wir es in der Pflanzerwelt mit dem Samen gemacht haben. Der Knochen zerfällt nicht und keimt nicht in etwas anderes aus, aber er ist die unzerstörte Grundlage, aus der derselbe Mensch, der vorher da war, magisch wiederhergestellt wird, um das Leben dort wieder aufzunehmen, wo er es verlassen hatte. Derselbe Mensch kommt zurück; das ist das entscheidende. Die Unsterblichkeit wird nicht als eine Eigenschaft der Gruppe, des Volkes, der Spezies begriffen, sondern als eine Eigenschaft des einzelnen. Die Anschauung des Pflanzers beruht auf einem Gefühl von Gruppenpartizipation, die des Jägers auf diesem Gefühl eines unsterblichen Bewohners im einzelnen Menschen, das in jeder mystischen Überlieferung verkündet wird und das zu rationalisieren und zu definieren eine der Hauptaufgaben der Ontologie gewesen ist. Die zwei Anschauungen ergänzen sich ebenso, wie sie

einander ausschließen, und haben auf ihren höheren Entwicklungsstufen, in den höheren Religionen, radikal gegensätzliche Auffassungen von Bestimmung und rechter Lebensführung des Menschen auf der Erde gezeitigt.

Beispielsweise wird in dem hebräischen Kult, der die Mythen und Riten der erdnahen alten Kulturen des Nahen Ostens einer ganz auf die Gruppe bedachten Stammeseinheit einverleibte, die Teilnahme des einzelnen am Schicksal der Gruppe in einem solchen Maße betont, daß für jeden vollwertigen Akt öffentlicher Andacht nicht weniger als zehn männliche Personen über dreizehn Jahre benötigt werden und sich die ganze Zeremonialordnung auf die heilige Geschichte des Stammes bezieht. Dagegen ist im Yoga Indiens, wo ein starker schamanischer Einfluß aus den großen Steppengebieten des Nordens am Werk gewesen ist, genau das Gegenteil der Fall, das heißt, der geeignete Ort, um das Geheimnis des Seins in seinem vollen Umfang zu erfahren, ist die gänzliche Einsamkeit eines Himalajagipfels.

4. Die Tiere, auf die in der Sage Jagd gemacht wird, handelten, als sie zuerst vor der Steilwand zurückscheuten und sich dann hinunterstürzten, unter dem Einfluß des großen Stieres, der ein Wesen verkörpert, das in Jägermythen eine herausragende Rolle spielt, nämlich den Archetypus oder Herrn der betreffenden Tierart. Wir können ihn mit dem ersten Vogel vergleichen, den der Apache-Hactcin im Uhrzeigersinn über dem Kopf herumwirbelte, oder mit dem ersten Vierbeiner, aus dem die anderen hervorgingen. Oder wir könnten auch einen philosophischen Begriff heranziehen, der dem Denken der Urvölker gar nicht so fern liegt, wie es vielleicht den Anschein hat, und von dem großen Stier als der verkörperten Platonischen Idee der Spezies sprechen. Er ist eine Gestalt, die eine Dimension mehr hat als die anderen aus seiner Herde: zeitlos und unzerstörbar, während sie (wie wir) bloße Schatten sind, den Gesetzen von Raum und Zeit unterworfen. Sie stürzten ab und kamen um, während er keinen Schaden nahm. Er ist eine Manifestation jenes Punktes, Prinzips oder Aspektes des Wesensgrundes, dem die Geschöpfe seiner Art entspringen.

Denn die Tatsache, daß die Tierarten im Unterschied zum Menschen in ihren angeborenen Auslösemechanismen verhältnismäßig stereotyp sind, hat sie zu ausgezeichneten Repräsentanten für das Geheimnis des Bleibenden im Wandel gemacht. Jede Art hat sozusagen ihre eigene Gruppenseele. Einerlei wie viele einzelne Tiere erschossen werden, andere kommen hervorgeströmt und sind immer gleich. Die biblische Vorstellung, für die viele konservative Christen einen heldenmütigen, wenn auch aussichtslosen Kampf geführt haben, die Vorstellung »fester Arten« – mit all ihren pseudophilosophischen Voraussetzungen, was den zeitlosen Willen und Plan irgendeines großmächtigen Geistes, eines obersten Marionettenspielers, sowie feste Gesetze und Eigentlichkeiten innerhalb oder hinter dieser Phantasmagorie eines scheinhaften Wandels betrifft –, können wir getrost als paläolithisch bezeichnen. Nimmt sie doch im Denken der Urvölker überall einen hervorragenden Platz ein.

5. Da die Tiere, als sie über den Rand des Abgrundes stürzten, dies offenbar nach dem Willen ihres Herrn taten, hat man ihr Fleisch als das nach der magischen Ordnung der Natur willentlich geleistete Geschenk dieses Herrn an die Menschen zu betrachten. Und dies war für die Blackfoot selbst die vorrangige Lehre der Sage. Büffel zu töten geht nicht gegen die Natur. Im Gegenteil, nach dem Gebot der Natur verzehrt Leben anderes Leben und ist das Tier ein williges Opfer, das den Menschen sein Fleisch zur Speise gibt.

6. Aber es gibt eine richtige und eine falsche Art zu töten. Die junge Frau erweckte ihren Vater kraft der Magie des geborgenen Knochenstückes, und als der große Stier sah, daß die Zauberkraft der Menschen stark genug war, um die scheinbar Toten wieder ins Leben zurückzubringen, verriet er ihnen den magischen Tanz und den rituellen Gesang der Büffel, wodurch die bei den Büffeltreibjagden getöteten Tiere wieder ins Leben zurückgeführt werden konnten. Denn wo Zauber, da kein Tod. Und wo die Menschen die Tierriten richtig zelebrieren, da herrscht der magische Einklang zwischen den wilden Tieren und denen, die auf sie Jagd machen müssen. Der Büffeltanz, richtig ausgeführt, sorgt dafür, daß die getöteten Geschöpfe nur ihre Leiber lassen, nicht ihre Essenz, nicht ihr Leben. So werden sie denn wieder leben, oder vielmehr weiterleben, und werden auch im folgenden Jahr wieder dasein.

Die Jagd selbst ist somit ein Opferritus und als solcher heilig und keine grob weltliche Angelegenheit. Und der von den Büffeln selbst empfangene Tanz und Gesang ist nicht weniger ein Teil der Jagdtechnik als das Büffeltreiben und das Schlachten. Das Menschenopfer, wie wir es im Äquatorialbereich vorfanden, wo eine Identifikation des menschlichen Daseins mit dem Vorbild der Pflanzenwelt Riten von Tod, Zerfall und fruchtbarer Verwandlung zeitigte, treffen wir bei den Jägern nicht an, sofern es nicht einen sehr starken Einfluß aus der anderen Zone gegeben hat (wie zum Beispiel in einigen Ritualen der Pawnee). Das rechte Opfer für den Jäger ist das Tier, das durch sein Sterben und Wiederkehren das Spiel der bleibenden Substanz oder Essenz in der Schattenwelt zufälligen Geschehens versinnbildlicht. Man kann deshalb in dem Gesang der tanzenden Büffel – langsam und feierlich, schwer und bedächtig, wie es sich für so mächtige Tiere geziemt – ein paläolithisches Präludium zu dem großen Thema der indischen *Bhagavadgītā* hören, dem mystischen Lied des Gottes Vishnu, der den Traum des Kosmos träumt: »Wisse, unzerstörbar ist das, von dem all dies durchdrungen wird. Die Zerstörung dieses Unvergänglichen kann niemand bewirken. Es wird gesagt: nur diese Körper des ewigen, unzerstörbaren, unermeßlichen Bewohners des Leibes haben ein Ende.« Oder mit den Worten des griechischen Weisen Pythagoras: »Alles wandelt sich, nichts vergeht. Es schweift unser Geist, kommt hierher von dort, von hier dorthin, und dieser und jener Glieder bemächtigt er sich, geht über aus Tieren in Menschenleiber und wieder in Tiere, und niemals geht er zugrunde.«

Man vergleiche den Karibu-Eskimo Igjugarjuk. »Pinga«, sagte er und benannte damit die Hüterin der Tiere, in deren Reich die mächtigen Schamanen eingehen, wenn sie das ausbleibende Wild, das ihre Nahrung bildet, mehren wollen, »wacht über das Leben der Tiere und sieht es nicht gern, daß allzu viele von ihnen getötet werden. Nichts darf verlorengehen; das Blut und die Eingeweide sollen zugedeckt werden, wenn man ein Rentier getötet hat. So ist das Leben ewig, nur weiß man niemals, in welcher Gestalt man wieder aufersteht.«

7. Zuletzt gilt es noch festzuhalten, daß die Gesellschaftsordnung des Blackfoot-Stammes selbst auf der Hierarchie des Bun-

des »Alles Kameraden« beruhte, der angeblich im Anschluß an dieses Abenteuer gegründet wurde. Grinnell hat eine Liste der Ränge dieser Hierarchie gegeben, wie man sie zur Zeit seines Besuches kannte:

Kleine Vögel	Jungen von 15 bis 20 Jahren
Tauben	Männer, die mehrmals im Krieg waren
Mücken	Männer, die ständig in den Krieg ziehen
Tapfere	erprobte Krieger
Ganz tolle Hunde	Männer um vierzig
Rabenträger	(nicht beschrieben)
Hunde; Schwänze	alte Männer; zwei Bünde, die sich aber gleich kleiden und zusammen tanzen
Hörner; Blut	Bünde mit besonderen geheimen Zeremonien
Soldaten	(nicht beschrieben)
Stiere	ein Bund, der die Schädel und Felle der Stiere trägt

Genau wie in der großen Schöpferzeit des hieratischen Stadtstaates ein Spiel der Identifikation mit dem Reigen der Planeten am Sternenhimmel zu einer Organisation der Gesellschaft führte, in der die Vorstellung einer makrokosmischen, im Kalender sichtbar gemachten Himmelsordnung die Mythologie lieferte, nach der der »Mesokosmos« des Staates angelegt wurde, und wie in den Tropengebieten, wo hauptsächlich die Pflanzenwelt den Menschen den Lebensunterhalt und das Vorbild für das Geheimnis des Lebens lieferte und ein Spiel anregte, in dem junge Männer und Frauen, gleichgesetzt mit dem ersten Opfer des mythischen Zeitalters, Grundlage und Kernstück eines sozial einigenden und ordnenden Zeremonialgefüges bildeten, so wurde das Identifikationsspiel hier mit den Tieren gespielt, insbesondere mit denjenigen, auf die das Leben der menschlichen Gemeinschaft angewiesen war. Und gespielt wurde ein unterstelltes gegenseitiges Einvernehmen zwischen den zwei Welten, das in Riten vollzogen und dargestellt wurde, von deren richtiger Ausführung das Wohl der Tiere wie auch ihrer Gefährten und Mitspieler, der Menschen, abhing. Dieses Spiel gab die Grundlage für den Totemgedanken ab, dem die Anthropologen in den letzten Jahren des 19. Jahrhunderts so viel Aufmerksamkeit widmeten, daß jedes Auftauchen eines Tieres in einem Mythos oder Ritus als Relikt des Totemismus gedeutet wurde – wohingegen der Totemismus in Wirklichkeit nur ein Aspekt, eine bestimmte Brechung eines umfassenderen Prinzips ist, das ebensogut im »Herrn der Tiere« und im persönlichen Schutztier oder Schirmherren zum Ausdruck kommt.

In einer totemistisch geordneten Gesellschaft werden den verschiedenen Clans oder Gruppen halb tierische, halb menschliche Ahnen zugedacht, von denen die gleichnamige Tierart ebenfalls abstammt; und den Mitgliedern des Clans ist das Töten und Essen der Tiere, die ihre Vettern sind, und die Heirat innerhalb ihrer Totemgruppe verboten. Viele nordamerikanische Indianerstämme und die meisten australischen Stämme sind totemistisch, und es gibt Grund zu der Annahme, daß der Gedanke weit in die Vergangenheit zurückreicht. Jedoch erschöpft er in keiner Weise die möglichen Beziehungen der Jägerwelt zu der ihrer Nachbarn und Mitlebewesen, der wilden Tiere. Denn die Tiere sind große Schamanen und große Lehrer und zudem gleichfalls Abkömmlinge der Totemahnen. Sie erfüllen die Welt des Jägers innen und außen. Und jedes Tier, das vorbeizieht, ob als Vogel fliegend, als Vierbeiner trottend oder als Schlange kriechend, kann ein Bote sein, der irgendein Wunder meldet – vielleicht die Verwandlung eines Schamanen oder das Kommen des persönlichen Schutzgeistes, der warnen oder schirmen will.

3. Das Ritual des zurückerstatteten Blutes

Im tiefen Brunnen der Vergangenheit, in den langen Epochen, bevor dem Menschen am Pflanzenreich das Schicksalsprinzip aufging, war sein Geist vom Geheimnis der unsterblichen Tierherde und von den Gesetzen der Jagd beherrscht. Einen der erhellendsten Einblicke in diesen Brunnen, in den wir uns nun stürzen wollen, gibt Frobenius in einem seiner Berichte über seine Reisen in Afrika:

> Im Jahre 1905 traf ich in dem Urwaldgebiet zwischen Kassai und Luebo [im heutigen Zaire] auf Vertreter jener vom Pla-

teau in die Zufluchtsorte des Kongo-Urwaldes verdrängten Jägerstämme, die als Pygmäen so berühmt geworden sind. Einige der Leute, drei Männer und eine Frau, geleiteten die Expedition etwa eine Woche lang. Eines Tages – es war gegen Abend, und wir hatten uns schon ausgezeichnet miteinander angefreundet – war einmal wieder große Not in der Küche, und ich bat die drei Männlein, uns noch heute eine Antilope zu erlegen, was ihnen ja als Jäger ein leichtes sei. Die Leute sahen mich ob dieser Ansprache offenbar erstaunt an, und einer platzte dann mit der Antwort heraus, ja, das wollten sie schon sehr gerne tun, aber für heute sei es natürlich ganz unmöglich, da keine Vorbereitungen getroffen seien. Das Ende der sehr langen Verhandlung war, daß die Jäger sich bereit erklärten, am anderen Morgen mit Sonnenaufgang ihre Vorbereitungen zu treffen. Damit trennten wir uns. Die drei Männer gingen dann prüfend umher und zu einem hohen Platze auf einem benachbarten Hügel. Da ich sehr gespannt war, worin die Vorbereitungen dieser Männer denn nun bestehen würden, stand ich noch vor Sonnenaufgang auf und schlich mich in das Gebüsch, nahe dem freien Platze, den die Leutchen gestern abend für ihre Maßnahmen ausgewählt hatten. Noch im Grauen kamen die Männer, aber nicht allein, sondern mit der Frau. Die Männer kauerten sich auf den Boden, rupften einen kleinen Platz frei und strichen ihn glatt. Dann kauerte der eine Mann nieder und zeichnete mit dem Finger etwas in den Sand. Währenddessen murmelten die Männer und die Frau irgendwelche Formeln und Gebete. Danach abwartendes Schweigen. Die Sonne erhob sich am Horizont. Einer der Männer, mit dem Pfeil auf dem gespannten Bogen, trat neben die entblößte Bodenstelle. Noch einige Minuten, und die Strahlen der Sonne fielen auf die Zeichnung am Boden. Im selben Augenblick spielte sich blitzschnell folgendes ab: Die Frau hob die Hände wie greifend zur Sonne und rief laut einige mir unverständliche Laute; der Mann schoß den Pfeil ab; die Frau rief noch mehr; dann sprangen die Männer mit ihren Waffen in den Busch. Die Frau blieb noch einige Minuten stehen und ging dann in das Lager. Als die Frau fortgegangen war, trat ich aus dem Busch und sah nun, daß auf dem geebneten Boden

> das etwa vier Spannen lange Bild einer Antilope gezeichnet war, in deren Hals nun der abgeschossene Pfeil steckte. Während die Männer noch fort waren, wollte ich zu dem Platz gehen, um den Versuch zu machen, eine Photographie von dem Bild zu gewinnen. Die immer in meiner Nähe sich aufhaltende Frau hinderte mich aber daran und bat mich inständigst, dies zu unterlassen. Wir marschierten also ab. Am Nachmittage kamen die Jäger mit einem hübschen Buschbocke uns nach. Er war durch einen Pfeil in die Halsader erlegt. Die Leutchen lieferten ihre Beute ab und gingen dann mit einigen Haarbüscheln und einer Fruchtschale voll von Antilopenblut zu dem Platz auf dem Hügel zurück. Erst am zweiten Tage holten sie uns wiederum ein, und abends bei einem schäumenden Palmwein konnte ich es wagen, mit dem mir vertrautesten der drei Männer über diese Sache zu sprechen. Der – schon ältere, jedenfalls von den dreien der älteste – Mann sagte mir nun einfach, daß sie zurückgelaufen waren, die Haare und das Blut in das Antilopenbild zu streichen, den Pfeil herauszuziehen und dann das Bild zu verwischen. Vom Sinn der Formeln war nichts zu erfahren. Aber er sagte, daß das »Blut« der Antilope sie vernichten würde, wenn sie das nicht so machten. Auch das Auslöschen müsse bei Sonnenaufgang geschehen. – Inständig bat er mich, der Frau nicht zu sagen, daß er mit mir darüber gesprochen habe. Er schien Furcht vor den Folgen seines Schwätzens zu haben, denn am anderen Tage verließen uns die Leutchen, ohne sich zu verabschieden, auf seine Veranlassung, denn er war der Führer der kleinen Gesellschaft.

Wir brauchen uns nur der Worte des Karibu-Eskimos Igjugarjuk zu entsinnen, um den Sinn und damit auch das Alter und die Langlebigkeit dieser Denkungsart zu verstehen, die in ihren Grundzügen hier wie dort dieselbe ist, ob in den Urwäldern des Kongos oder auf den Tundren der Hudson Bay: »Das Blut und die Eingeweide sollen zugedeckt werden, wenn man ein Rentier getötet hat. So ist das Leben ewig.«

»Es gehörte eine schwierige Zauberkunst dazu«, lautet der Kommentar von Frobenius, »Blut fließen zu lassen und doch nicht der Rache des Blutes anheimzufallen.«

Und noch eines: Das entscheidende an der Pygmäenzeremonie war, daß der Ritus im Morgengrauen stattfand und der Pfeil genau in dem Moment in die Antilope flog, als diese von einem Sonnenstrahl getroffen wurde. Denn die Sonne ist in allen Jägermythologien ein großer Jäger: der Löwe, dessen Brüllen die Herden zerstreut, der die Antilope mit einem Satz ins Genick tötet; der große Adler, der sich im steilen Sturz das Lamm greift; der leuchtende Ball, dessen Strahlen bei Tagesanbruch die Herden des Nachthimmels zerstreut, die Sterne. Man sieht den Niederschlag dieses urtümlichen Jägermythos in dem – in der paläolithischen Kunst so häufigen – Motiv des Löwen im Sprung auf den Nacken der Antilope, die gerade den Kopf dreht und sich umschaut, wie auch in jenem anderen Motiv, das in der altsumerischen Kunst als eines der ersten auftaucht, nämlich der Sonnenadler, der in jeder Klaue eine Antilope gepackt hält.

Für das Analogiedenken lautet die Moral: Die Sonne ist der Jäger, der Sonnenstrahl ist der Pfeil, die Antilope ist einer aus der Herde der Sterne; ergo wird, wie der Stern in der morgigen Nacht, die Antilope morgen wiederkehren. Und der Jäger hat das Tier auch nicht in einem persönlichen, mutwilligen Akt getötet, sondern nach den Vorschriften des Großen Geistes. »Nichts darf verlorengehen.«

Und so gesehen, geht wirklich nichts verloren.

»Einführung in die Grammatik einer geheimen, aber vergnüglichen Bildersprache«, nannte Heinrich Zimmer selbst sein Werk. Neben Jung und Campbell war er der vielleicht bedeutendste Erforscher der Bildersprache des Mythos. Im Sagenkreis um König Artus fand er die Geschichte von Owain, die uns das Wilde im Mann bereits im Gefängnis einer höfischen Kultur zeigt – und doch mit dem Bild des hilfreichen Löwen darauf verweist, wie sehr dieses »Wilde« zum Menschsein notwendig bleibt.

HEINRICH ZIMMER

Owain, der Ritter mit dem Löwen

»Wenn das Tier in uns durch übereifriges Moralisieren getötet oder auch nur durch eine vollkommene gesellschaftliche Routine zum Winterschlaf abgekühlt wird, kann die bewußte Persönlichkeit niemals von den verborgenen Kräften, die ihr zugrunde liegen und sie heimlich nähren, Belebung empfangen.«

Heinrich Zimmer

Die Romanerzählungen der Tafelrunde haben Hunderte von Jahren die europäische Seele in Bann gehalten. Von französischen, deutschen und britischen Dichtern des 12. und 13. Jahrhunderts bearbeitet, haben diese vor allem aus dem alten Sagenschatz der Kelten stammenden Legenden von Feen, »Quest« und Entzauberungen sich dem Bewußtsein – und auch dem Unbewußten – der Nachfahren derer tief eingeprägt, die sich zuerst daran erfreuten. Wir wollen nicht bei den Umständen verweilen, die mich veranlaßten, von meinem Spezialgebiet, der alten indischen Mythologie, hinüberzublicken nach jener Überlieferung aus dem fernsten Winkel des alten Europa; wir wollen uns auch nicht damit aufhalten, die Technik der vergleichenden Deutung zu rechtfertigen und zu erläutern, die uns bei diesem dilettantischen Abenteuer einer versuchsweisen Erhellung leitet. Mit dieser Methode beabsichtigen und erwarten wir keine Ergebnisse von philologischer Bedeutung; die aufgezeigten Parallelen sollen nicht als Beweismaterial für eine vergleichende Geschichte der Motive und Versionen dienen. Ziel dieser Nach-Schöpfung ist einzig und allein, mit den alten symbolischen Figuren und Abenteuern auf die lebendige Phantasie zu wirken und sie zu befruchten; neu belebt sollen sie in uns die eingeschlummerte Fähigkeit wecken, mit intuitivem Verständnis die Bilderschrift zu lesen, die einst Trägerin der geistigen Unterhaltung bei unseren Vorfahren war.

Die Antworten auf die Rätsel des Daseins, die diese Erzählungen verkörpern, formen – ob wir uns dessen bewußt sind oder nicht – immer noch unser Leben.

Aber Jahrhunderte sind vergangen, und wenn es auch gewiß im tiefsten Sinne wahr ist, daß die Botschaften dieser alten Erzählungen uns sehr nahe angehen, so sind sie uns doch andererseits recht fern. Die meisten von uns erfreuten sich als Kinder an ihnen in dieser oder jener hübschen, farbenfroh illustrierten Jugendausgabe. Einige unter uns haben sich wohl auch in die Originalwerke vertieft, etwa in Malorys *Morte d'Arthur.* Aber im großen und ganzen können wir wenig oder nichts von dem, was uns heute interssiert, in diesen oft endlosen Dokumenten einer entschwundenen Epoche entdecken. Die mittelalterlichen Dichter verbreiteten sich so ausführlich über die typischen sozialen und psychologischen Probleme ihrer eigenen feudalen Gesellschaft, daß sie uns heute recht langweilig und altmodisch vorkommen. So überlassen wir sie, obwohl sie uns in der Kindheit begeistert haben und in entscheidenden Jahrhunderten unsere Kultur mitformten, als Erwachsenenlektüre gern den Philologen und jenen unglücklichen Studenten, die ihren Verstand an toten Sprachen und ihr Ohr an komplizierten, antiquierten Metren schulen müssen. Chrétien de Troyes, Wolfram von Eschenbach und der Gawan-Dichter haben ihre Ruhestätte in einer staubigen Ecke des modernen Dachbodens gefunden, zusammen mit dem übrigen Gerümpel, das wir modernen Abendländer pietätvoll beiseite stellten, als wir den ritterlichen Konventionen des Mittelalters entwuchsen.

Doch sind die Generationen, die diese Romane gestalteten, nicht nur unsere geistigen, sondern bis zu einem gewissen Grade auch unsere leiblichen Vorfahren. Sie leben – ohne daß wir es wissen – in uns, und wenn wir zuhören, hören sie mit. Beim Lesen nickt vielleicht ein dämmerhaftes Ahnen-Ich, dessen wir nicht inne sind, seine Zustimmung, wenn es seine alte Geschichte hört, und freut sich, wiederzuerkennen, was einst Teil seiner alten Weisheit war. Wenn wir darauf achten, vermag uns dieser in uns Anwesende vielleicht zu lehren, wie wir diese alten Erzählungen hören, wie wir darauf reagieren, wie wir sie verstehen und in unserer Alltagswelt anwenden sollten.

Eine der beliebtesten Geschichten war die von Owain oder Yvain: »Der Ritter mit dem Löwen und die Herrin vom Quell«.* Es ist die Geschichte, wie ein junger, heldenhafter Abenteurer den Quell des Lebens sucht, die Herrin des Quells gewinnt und wieder verliert, sie dann aber, nach Wahnsinn und Elend, Prüfungen und Triumphen, wiederfindet und nun für immer Herr des Quells wie der Königin wird. Diese Abenteuer stellen offensichtlich eine Einweihung zur Reife dar – den Weg eines redlichen Helden, der zwar mit intuitiven Kräften begabt, aber aus Unbewußtheit blind ist.

»König Artus weilte in Caerlon auf Usk. Eines Tages, es war noch nicht Essenszeit, saß er in seiner Halle. Zwei seiner Ritter waren bei ihm; Owain, der Sohn Uriens, und Kynon, der Sohn Klydnos, dazu der Seneschall Kay, der Sohn Kyners. Königin Guinover aber und ihre Zofen saßen am Fenster, mit weiblichen Arbeiten beschäftigt. Und sollte behauptet werden, es habe

---

* Chrétien de Troyes, Minnesänger *(trouvère)* am eleganten Hofe der Maria von Champagne, der Tochter Eleanors von Aquitanien und König Ludwigs VII. von Frankreich, schuf seine Fassung des Romans um 1173 – das genaue Datum steht nicht fest. Chrétien scheint der erste gewesen zu sein, der die Abenteuer des Ritters der Tafelrunde auf französisch wiedererzählte. Um 1300 wurde sein *Yvain, ou Le Chevalier au Lion* von Hartmann von Aue, dem bedeutendsten deutschen Epiker jener Zeit, ins Deutsche übertragen. Eine englische Übersetzung folgte etwas später unter dem Titel *Yvain and Gawain,* die ein anonymer, hochbegabter Dichter aus dem Norden verfertigte. Im 15. Jahrhundert erschien eine weitere deutsche Übersetzung von dem Bayern Ulrich Furterer. Auch schwedische, dänische und isländische Übertragungen sind bekannt.

Die hier gebrachte Fassung beruht jedoch weder auf Chrétien noch auf einem seiner Übersetzer, sondern auf einer walisischen Version, wie sie im *Red Book of Hergest* aus dem 14. Jahrhundert auf uns gekommen ist. Obwohl die kontinentale Überlieferung der Tafelrunde auf das kleine Bergland, aus dem König Arthur stammte, einwirkte und die einheimischen Erzählungen abwandelte, hat sich die ursprüngliche keltische Eigenheit und Geistesart in dieser Geschichte doch erhalten, deren Abenteuer kraftvoll und einfühlend berichtet werden. Die Romanerzählungen des *Red Book of Hergest* wurden Anfang des vorigen Jahrhunderts von Lady Charlotte Guest ins moderne Englisch übertragen und unter dem Titel *The Mabinogion* veröffentlicht (1838–49); heute erhältlich in Everyman's Library Nr. 97. Die Geschichte von Owain heißt dort »The Lady of the Fountain«.

einen Pförtner in Artus' Palast gegeben, so stimmt dies nicht. Glewldwyd Gavaelvawr versah dort die Dienste eines Pförtners. Er hieß die Gäste und Fremden willkommen, empfing sie ehrerbietig und unterrichtete sie über die Sitten und Gebräuche des Hofes; er wies denen den Weg, die zur Halle oder zum Audienzsaal kamen, und solchen, die um Unterkunft baten. In der Mitte der Halle saß König Artus auf einem Polster aus grünen Binsen, über das ein flammenfarbenes Seidentuch gebreitet war, und ein rotes Seidenkissen lag unter seinem Ellenbogen.

Da sagte König Artus: ›Wenn Ihr's mir nicht verargt, möchte ich ein wenig schlafen, bis es Zeit zum Essen ist. Unterhaltet Euch indessen mit Geschichtenerzählen, und laßt Euch von Kay einen Krug Met und ein wenig Fleisch bringen.‹ Damit legte er sich schlafen.«

Kay begab sich zur Küche und zum Metkeller und kehrte mit einem Krug Met, einem goldenen Pokal und einer Handvoll von Holzspießen zurück, an denen Fleischschnitten geröstet waren. Da aßen sie das Fleisch und tranken den Met. Danach wurde der junge Ritter Kynon bewogen, eine Geschichte zu erzählen. Sie handelte von einer »Quest«, die er unternommen hatte und die ihm mißlungen war.

Kynon hatte sich gewappnet und brach auf, um durch ferne Lande und Wildnis und Wüste zu reiten. So kam er schließlich zu einem steilen Wald auf der Höhe, wo er einen offenen Talboden fand. In seiner Mitte ragte ein hoher Baum, an dessen Fuß ein Quell entsprang. Bei dem Quell lag ein Marmorblock mit einem Silberbecher an einer silbernen Kette. Kynon ergriff den Becher, schöpfte Wasser und goß es auf den Stein. Da zerriß ein gewaltiger Donner die Luft, ein fürchterlicher Sturm brach los, und ein Hagelschauer ging dem Helden ans Leben. Er schützte seinen und seines Pferdes Kopf mit dem Schild. Als der Schauer vorüber war, sah er, daß alle Blätter des Baumes abgeschlagen waren. Aber dann wurde der Himmel wieder hell, und der schrecklichen Verwüstung folgte etwas wie ein neuer Lenz, der alle Angst mehr als aufwog. Bunte Vögel kamen in Scharen und ließen sich als singendes Laubwerk auf den kahlen Zweigen nieder. »Und wahrlich, Kay«, erklärte Kynon, »niemals zuvor oder später hörte ich etwas so Liebliches.«

Noch war er ganz vom Gesang der Vögel gebannt, als sich eine dumpfe Stimme durch das Tal hören ließ. Sie kam näher und klagte ihn an: »Was hat Euch hierhergebracht, o Ritter? Was tat ich Euch zuleid, daß Ihr mir und den Meinen antut, was Ihr heute getan habt? Wisset Ihr nicht, daß in meinem Reich der Hagel Mensch und Tier ums Leben brachte, wo er sie traf?« Und schon erschien ein Ritter auf schwarzem Roß, in pechschwarzem Samt und einem Wappenrock aus schwarzem Leinen. Mit eingelegten Lanzen rannten sie gegeneinander, der Anprall war fürchterlich, und Kynon wurde zu Boden geworfen. Dann fuhr der Ritter mit seiner Lanze durch das Zaumzeug von Kynons Pferd und ritt mit ihm davon, Kynon zurücklassend, wo er lag. So wanderte der junge übermütige Kämpe von König Artus' Hof den Weg zurück, den er gekommen war.

»Ja«, fragte Owain, als Kynon seine Erzählung beendet hatte, »sollte man nicht ausziehen und diese Abenteuer suchen?« Da fuhr ihm Kay über den Mund: »Eure Zunge vermißt sich gern, wessen Ihr Euch mit Taten nicht vermeßt!« Aber Guinover sagte: »Ihr solltet lieber hängen, Kay, als so unartig zu einem Helden wie Owain zu sprechen!«

Da wachte König Artus auf und frug, ob er ein Weilchen geschlafen habe. »Ja, Herr«, gab Owain zur Antwort, »Ihr habt ein Weilchen geschlafen.« – »Ist es jetzt Essenszeit?« frug König Artus. »Ja, Herr«, erwiderte Owain. Da scholl das Horn zum Waschen, dann setzten sich alle zur Tafel. Aber als das Mahl zu Ende war, stahl sich Owain davon und machte Pferd und Waffen zur Ausfahrt fertig. Anderntags brach er beim ersten Morgengrauen auf, entschlossen, das merkwürdige Abenteuer zu suchen, und zog durch ferne Lande und wüste Gebirge. Schließlich begegnete er dem ersten Abenteuer auf dem Wege, und es war genau so, wie Kynon es geschildert hatte: Er kam an das schönste Tal auf der Welt, ein heller Fluß schlang sich durch seine Mitte, und rings war grüner Wald. Er zog den Weg den Fluß entlang und gelangte zu einem prächtigen Schloß über einem Wasserfall. Der Herr des Schlosses hieß den fahrenden Ritter herzlich willkommen. Dieser folgte ihm hinein zu schönen Fräulein, die auf goldenen Stühlen über ihren Seidenstickereien saßen; und sie erhoben sich, um ihn zu empfangen und zu bewirten; sie zogen ihm seine schmutzigen Kleider aus und gaben ihm frische; sie trugen ihm ein Mahl auf mit Speise und Trank jeglicher Art, wie er sie nirgend sonst je gefunden. Als der Schloßherr die Absichten seines Gastes erfuhr, lächelte er freundlich und sprach: »Schüfe es Euch nicht zu großen Kummer, wollte ich Euch weisen, was Ihr suchet. Wollt Ihr lieber, daß ich Euch zu Eurem Schaden als zu Eurem Vorteil weise, so will ich es tun.« Und er schilderte Owain die Art des Abenteuers. Anderen Morgens fand Owain sein Roß von den Fräulein gesattelt und aufgezäumt, und er ritt von dannen.

Die Versuchung, zu bleiben und sein Leben an der üppigen Tafel unter den betörenden Töchtern des Herrn im »Schlosse des Überflusses« zu vergeuden – »die geringste unter ihnen war schöner als das schönste Mädchen, das Ihr je in England erblickt habt« –, lag hinter Owain. Aber eine zweite Versuchung, nämlich die der Furcht, trat bald an ihn heran. Indem er dem Weg folgte, den sowohl Kynon wie der Schloßherr beschrieben hatten, drang er in die Wildnis ein und gelangte zu einer weiten Lichtung, wo er einen schwarzen Mann von riesigem Wuchs auf einem Hügel sitzen sah. Er war so groß wie zwei Männer unserer Welt und ganz mißgestaltig. Hatte er doch nur einen Fuß und ein einziges Auge mitten auf der Stirn. Er führte eine eiserne Keule von ungeheuren Ausmaßen. Und er war der Hüter des Waldes, der Herr und Meister der Wildnis. Owain erblickte Tausende von wilden Tieren, die um ihn herum ästen. Als er einen Hirsch mit seiner Keule so heftig schlug, daß dieser laut aufschrie, kamen alle Tiere herbei, zahlreich wie die Sterne am Himmel, und schwer war es, auf der Lichtung einen Platz zu finden, wo man zwischen ihnen stehen konnte. Da waren Schlangen und Drachen und vielerlei Getier. Aber Owain schrak nicht vor diesem fürchterlichen Anblick zurück, sondern bahnte sich einen Weg zum Riesen und frug ihn nach dem Weg. Da der Herr der Wildnis erkannte, daß der junge Mann furchtlos war, wies er ihm den Weg. So zog der Ritter weiter und ließ auch diese Versuchung hinter sich: die Versuchung der Furcht angesichts des Schreckens der Wildnis und der rohen Gewalt des Tierreichs.

Owain kam zum Wunderquell, ergriff, wie ihm gesagt worden war, den silbernen Becher und goß Wasser auf den Stein. Und siehe, alsbald rollte der Donner, und der Hagelschauer brach los, gewaltiger als Kynon ihn beschrieben hatte. Als der Himmel wieder klar war, stand der Baum aller Blätter beraubt, aber die Vögel fanden sich ein, setzten sich auf die kahlen Zweige und sangen ihre himmlischen Weisen.

Durch das Schöpfen und Ausgießen des Lebenswassers hatte der Held eine Steigerung des Lebens bewirkt, aber auch eine solche des Todes; denn beide halten sich geheimnisvoll die Waage. Die Wut des Sturms hatte den Baum des Lebens in winterlichen Zustand versetzt, aber es folgte ein wunderbarer Lenz mit geflügelten Blüten, die singen und fliegen konnten. Nun aber mußte der Schwarze Ritter erscheinen, der Gemahl der Herrin vom Quell. In das Schwarz des Todes gekleidet, mußte er mit der Sturmwucht des Todes selbst angreifen; und er würde den niederwerfen, der sich zu nahen erkühnt hatte.

Owain hörte und sah den Schwarzen Ritter durch das Tal heransprengen und bereitete sich, ihm zu begegnen. Mit eingelegten Lanzen rannten sie gegeneinander an und zerspellten sie beide. Nun zogen sie die Schwerter und hieben aufeinander ein. Da schlug Owain den Schwarzen Ritter durch Helm und Visier, seine Klinge fuhr durch Haut und Fleisch bis in Knochen und Hirn. Der Schwarze Ritter fühlte, daß er zu Tode getroffen war, wandte sein schwarzes Roß und floh. Owain folgte ihm auf den Fersen. Da gewahrte er vor ihnen beiden ein herrliches Schloß, durch dessen Tor der Schwarze Ritter verschwand; auf den nachsetzenden Owain aber rasselte das äußere Fallgatter nieder. Es traf sein Roß hinter dem Sattel, schnitt es entzwei und riß die Spornrädchen an Owains Fersen ab.* Die Spornrädchen und der eine Teil des Pferdes blieben außerhalb, während Owain mit dem anderen Teil des Pferdes zwischen beiden Toren steckte, denn auch das innere Fallgatter ward niedergelassen. Owain konnte also weder vor noch zurück und befand sich in einer heiklen Lage.

Durch eine Öffnung im Gatter konnte er eine Straße sehen mit

* Vgl. Ananda K. Coomaraswamy, »Symplegades«, *Studies and Essays in the History of Science and Learning offered in Homage to George Sartin on the Occasion of his Sixtieth Birthday,* M. F. Ashley Montague, New York, 1947, S. 463–488.

Häuserreihen auf beiden Seiten. Er erblickte eine Zofe mit goldenem Stirnreif und goldenem Haar. Sie trug ein gelbes Seidenkleid und bunte Lederschuhe. Sie trat herzu und hieß ihn das Fallgatter öffnen. Er bekannte lachend, er könne es ebensowenig wie sie selber. »Wie traurig, daß Ihr gefangen seid«, sagte das Fräulein, »jede Frau sollte Euch helfen, denn nie gab es einen treueren Ritter in Frauendienst als Euch. Ihr seid der ehrlichste Freund und der hingebendste Liebhaber. Drum will ich tun, was ich kann, um Euch zu befreien. Nehmt diesen Ring und steckt ihn an Euren Finger und dreht seinen Stein nach innen, dann werdet Ihr unsichtbar. Und wenn sie kommen, Euch zu fangen und zu töten, werden sie Euch zu ihrem Leid nicht finden. Dann stehlt Euch unerkannt herein, ich will Euch an jenem Trittstein dort erwarten. Ihr werdet mich sehen, aber ich kann Euch nicht sehen. Dann leget Eure Hand auf meine Schulter und folget mir in das Versteck, in das ich Euch geleite.«

Owain tat, wie das Mädchen ihn hieß, und es führte ihn abseits in ein prächtiges Gemach. Es machte ein Feuer im Kamin und brachte ihm Wasser in einer silbernen Schale und ein Leinentuch, sich zu waschen. Dann holte es ihm zu essen in Schüsseln und Gefäßen aus lauter Gold und Silber. Owain aß und trank bis in den späten Nachmittag. Da hörten beide lautes Klagen im Schloß erschallen, und Owain fragte das Mädchen, was das bedeute. »Sie geben dem Ritter, dem Herrn des Schlosses, die Letzte Ölung«, sagte die Zofe. Und Owain legte sich schlafen.

Um Mitternacht hörte er wieder lautes Klagegeschrei. »Der Herr des Schlosses ist gestorben«, sagte die Zofe.

Und als der Morgen graute, blickte Owain aus dem Fenster: Hof und Straßen der Burg wimmelten von Männern in Waffen, unter ihnen waren Frauen zu Roß und zu Fuß, und alle Geistlichen der Stadt sangen dazu. Es war, als halle der Himmel von ihrem Klagen und Jammern wider. »Jetzt tragen sie den Leichnam des Schwarzen Ritters in die Kirche«, erklärte ihm das Mädchen. Neben der Bahre mit dem Toten sah Owain eine Edelfrau, blutbefleckt und mit zerrissenem Gewand. Ein Wunder war's, daß sie sich die Fingerspitzen nicht aufriß, so heftig rang sie die Hände. Ihr Weinen war lauter als das Geschrei der Männer und der Schall der Trompeten.

Da erkundigte sich Owain bei der Zofe, wer die Edelfrau sei. Denn kaum hatte er sie gesehen, da ward er ganz für sie entflammt. »Sie heißt ›die Herrin vom Quell‹«, erwiderte die Zofe, »sie ist die Frau dessen, den Ihr gestern erschlugt.« – »Wahrlich«, sagte Owain, »sie ist die Frau, die ich über alles liebe.« – »Wahrlich«, gab das Mädchen zur Antwort, »auch sie wird Euch nicht wenig lieben.« Damit erhob es sich, fachte das Feuer an, setzte Wasser auf, brachte ihm ein Leintuch, wusch ihm den Kopf, schor ihm den Bart, trocknete ihm Haupt und Hals ab, bereitete ihm ein Mahl und richtete ein Lager für ihn. »Legt Euch schlafen, ich will gehen und für Euch werben.« Owain legte sich, das Mädchen schloß ihn ein und verschwand.

So also war augenscheinlich das Gesetz, das im Schlosse des Quells herrschte: Wer immer den Hüter erschlug, wurde selbst zum Hüter, zum Schwarzen Ritter, zum Herrn und Gemahl der Herrin vom Quell. Dasselbe alte Gesetz entdeckte James G. Frazer, als er die Gebräuche des alten Haines und Heiligtums am Nemisee, nicht weit von den Toren Roms entfernt, erforschte. Er beschreibt sie in seinem großen Werk »Der Goldene Zweig«.*

»In diesem heiligen Haine wuchs ein gewisser Baum, in dessen Nähe man zu jeder Stunde des Tages und auch wohl bis tief in die Nacht hinein eine düstere Gestalt umherstreifen sehen konnte. Die Hand des Mannes umklammerte ein blankes Schwert, und immer wieder hielt er vorsichtig Umschau, als erwarte er jeden Augenblick einen feindlichen Überfall. Er war ein Priester und Mörder zugleich, und der Mann, nach dem er ausschaute, sollte ihn über kurz oder lang ermorden, um die Priesterwürde an seiner Statt zu übernehmen. So wollte es die Ordnung des Heiligtums. Wer nach der Priesterwürde strebte, konnte sein Amt nur antreten, wenn er den derzeitigen Priester ermordete. Hatte er diese Tat vollbracht, so blieb er so lange im Amte, bis er selbst von einem Stärkeren oder Geschickteren getötet wurde.« Wie Frazer darlegt, wurde der Priester, der den Titel »König der Wälder« hatte, als eine Inkarnation des göttlichen Gemahls der

* James G. Frazer, *The Golden Bough,* 12 Bde., 1890. Die gekürzte Ausg. in 1 Bd. wurde ins Deutsche übers. von Helen v. Bauer: *Der goldene Zweig,* Leipzig 1928. Obiges Zitat findet sich dort auf S. 1.

Diana, der Göttin des Sees und des Hains, angesehen. Ihre eheliche Verbindung gewährleistet die Fruchtbarkeit der Erde, der Tiere und der Menschen.*

Ähnlich verhält es sich mit dem Schwarzen Ritter und der Herrin vom Quell. Sie kann nicht ewig in Trauer um ihren toten ritterlichen Gemahl verharren, denn sie versinnbildlicht die ewige Lebenskraft, die fortdauernde und grenzenlose. Sie darf nicht durch zufällige Umstände ihrem eigensten Wesen entfremdet werden, das ja gerade die Dauer in allen Wechselfällen von Schmerz und Unheil ist. Darum wird der Überlebende, der Stärkere, der im Kampf siegreiche Ritter, ihr Herr und führt den Brauch des Schlosses fort. Die Zofe, Luned, die Owain ins Schloß geführt hatte und die im Dienste der zeitlosen Mächte des wunderbaren Heiligtums stand, eilte zur Kemenate ihrer eben verwitweten Herrin. Dort fand sie nur Trauer und Leid; und die Herrin konnte in ihrem Gram niemandes Anblick ertragen. Luned trat ein und grüßte sie, aber die Herrin gab keine Antwort. Die Zofe beugte sich über sie und sagte: »Was fehlt Euch, Herrin, daß Ihr mir nicht antwortet?«

»Luned«, erwiderte die Herrin mit zornigem Blick, »was ist mit dir, daß du nicht zu mir kamst in meinem Gram? Ich habe dich mit Gaben überhäuft; es war nicht recht von dir, daß du nicht zu mir kamst in meinem Leid.«

»Führwahr«, gab Luned zur Antwort, »ich dachte klügeren Sinn an Euch zu finden, als ich gewahre. Lohnt es sich, um diesen guten Mann zu trauern oder um sonst etwas in der Welt, das Ihr nicht wiederhaben könnt?«

»Der Himmel ist mein Zeuge«, rief die Herrin, »in der ganzen Welt ist nicht seinesgleichen.«

»Und doch ist ein geringerer Mann, der am Leben ist, ebenso gut wie er, ja besser«, bemerkte die Zofe.

»Der Himmel ist mein Zeuge«, brach die Herrin aus, »für diesen Vergleich verdientest du den Tod, hätte ich dich nicht aufgezogen. Doch will ich dich, so wie es einmal ist, verbannen.«

»Es freut mich«, gab ihr Luned zurück, »daß Ihr keinen anderen Grund habt, das zu tun, als daß ich Euch helfen wollte, da Ihr

* Ebenda, S. 155–159.

nicht wußtet, was Euch frommt. Aber Unheil soll die von uns beiden befallen, die den ersten Schritt zur Versöhnung tut: wenn ich Euch nachlaufe oder Ihr mich aus freiem Antrieb holen laßt!«

Damit ging sie zur Tür, aber ihre Herrin folgte ihr und hustete laut. Und als Luned sich umsah, winkte ihre Herrin sie heran, und sie kehrte zu ihr zurück.

»Wahrlich, du bist schlimm«, sagte die Herrin, »aber wenn du weißt, was mir frommt, dann sag es.«

»Das will ich«, sprach Luned. »Ihr wißt, Ihr könnt Euer Reich nur durch Waffen und einen Helden erhalten. Darum suchet unverzüglich einen, der es beschützen kann.«

»Wie kann ich das?« frug die Herrin.

»Könnt Ihr den Quell beschützen«, fuhr Luned fort, »werdet Ihr Euer Reich erhalten. Aber nur ein Ritter von Artus' Runde vermag das. Ich will zu König Artus' Hof eilen, und Not soll mich treffen, bringe ich Euch nicht den Helden, der imstande ist, den Quell zu beschützen – so gut wie jener Tote es tat, ja besser noch.«

»Das wird schwer halten«, meinte die Herrin, »geh aber immerhin und erfülle, was du versprochen hast.«

Luned verschwand, als ging sie an König Artus' Hof, und stahl sich in Owains Gemach. Dort verbarg sie sich so lange, wie ihre Fahrt zu König Artus dauern mochte. Dann trat sie wieder vor die Herrin: »Ich bringe Euch gute Nachricht, ich habe meinen Auftrag erfüllt. Wann darf ich Euch den Ritter zeigen, den ich mitgebracht habe?«

Die Herrin bedachte sich: »Morgen Mittag soll es sein.«

Am nächsten Morgen schmückte sich Owain, um vor der Herrin zu erscheinen, und Luned führte ihn zu ihr. Die Herrin betrachtete Owain lange mit festem Blick, dann sagte sie zu Luned: »Luned, der Ritter sieht nicht aus, als habe er eine lange Fahrt hinter sich.«

»Herrin, was tut's?« gab Luned zur Antwort.

»Ich bin gewiß«, sagte die Herrin, »kein anderer als er vertrieb die Seele aus dem Leibe meines Herrn.«

»Um so besser für Euch, Herrin«, bemerkte Luned, »wäre er nicht stärker als Euer Herr, er hätte ihm nicht das Leben nehmen können. Was vergangen ist, ist geschehen; Ihr könnt es nicht wenden.«

»Geh«, sagte die Herrin, »ich will mich beraten.«

Anderntags berief sie ihre Ritter und ihr Volk und erklärte ihnen, nur Waffengewalt und ein Held könnten ihr Reich beschützen.

»Darum«, sprach sie, »gebe ich euch die Wahl, soll ich einem von euch die Hand reichen oder einen Helden aus der Ferne wählen, der mein Gebiet zu beschützen vermag?«

Sie kamen zum Beschluß, es sei besser, sie wähle sich einen Gatten von fern her. Da sandte sie nach den Bischöfen und Erzbischöfen, um ihre Hochzeit mit Owain zu feiern. Das ganze Land huldigte ihm; und Owain beschützte den Quell mit Lanze und Schwert.

Wäre die Herrin des Quells ein menschliches Wesen, ein Ich, eine Persönlichkeit gewesen, die als Individuum auf die Umstände reagiert, hätte es ihr geziemt, ihrem Gram über den persönlichen Verlust nachzugeben, den der Tod des Gatten bedeutete. Sie hätte auf Leben und Glück des Frauseins und der Liebe verzichten können. Aber als Feenkönigin vom Lebensquell ist sie nichts Geringeres als der verkörperte blinde Lebenstrieb; sie kann nicht verzichten. Und nach dem Brauch im Schloß des Lebens gehören sie und der Täter, der ihren ehemaligen Gatten, seinen Vorgänger, erschlug, zusammen. Der tote Schwarze Ritter ist das Band zwischen ihnen. Sie ist vom Schwarzen Ritter überwunden worden, der Schwarze Ritter aber von Owain. Der Blick, mit dem die Herrin vom Quell ihren neuen Gemahl begrüßte, mag dem der Nymphe geglichen haben, als sie im alten Heiligtum am Nemisee den neuen Priester empfing. Das Blut des erschlagenen alten Priesters, das von den Händen seines heiligen Mörders troff, war das Öl der Initiation, das ihn als Nachfolger sakramental in das heilige Amt des rituell erschlagenen Vorgängers einsetzte.

So betritt Owain die Feenwelt, die transzendente Sphäre der höheren kosmischen Mächte. Als Gemahl der Herrin vom Quell und als Hüter der Ewigen Wasser überschreitet der vollkommene Ritter die Grenzen seines Menschseins; er wird in das Quellenmysterium der Lebenskraft eingeweiht und gerät nun ganz in den Bann der Aufgabe, die ihm seine übermenschliche Eroberung auferlegt hat. Als Herr des Quells ist Owain nun ein Wesen für sich, erlöst und abgetrennt vom allumfassenden Strom des Lebens, der das gewöhnliche Menschendasein auf seiner Flut dahinträgt. Er ist der Welt enthoben, die er kannte – der Welt der Tafelrunde, verbildlicht im Zusammenleben der Ritter, in ihren gemeinsamen Abenteuern, Turnieren und galanten Festen. Der tapfere Abenteurer ist verloren, ganz und gar verloren für die übrige Welt. Ihn hat die magische Sphäre der unsichtbaren Mächte verzaubert, die nur der Erwählte erreichen und betreten kann.

Aber er ist doch ein Geschöpf aus der Menschenwelt. Owain ist ein Mensch, und die Welt wird auf das Kind nicht verzichten, das sie geboren hat, wird ihre Ansprüche nicht aufgeben. Sie wird vielmehr auf ihrem Anteil bestehen, sogar der übersinnlichen Sphäre trotzend, die es an sich zog und nun als ihren verwunschenen Priester gefangenhält. Denn die beiden Sphären – die unseres gewöhnlichen menschlichen Wissens und Daseins und jene höhere der elementaren Kräfte und ihrer Weihen – streiten miteinander um die Menschenseele. Und es ist die zentrale Aufgabe in der seelischen Entwicklung, das rechte Gleichgewicht zwischen beiden herzustellen, jeder das Ihre zu geben. Wenn daher die Seele, durch die Einweihung in die Mysterien der göttlich-höheren Sphäre zaubrisch verstrickt, sich so ganz von der Alltagswelt abwendete, daß kein Verlangen sie mehr zur Rückkehr treibt, dann wird die weltliche Sphäre selbst ihren Mahner aussenden, daß er an das Tor poche, den überweltlichen Bann breche und den Verwunschenen aus seinem magischen Traume aufrüttle.

So geschah es mit Owain. Denn König Artus und seine Ritter waren ob des langen Ausbleibens ihres davongezogenen Gefährten beunruhigt, und nach drei Jahren ständig wachsender Besorgnis beschlossen sie, ihn zu suchen. Kynon, der Owain die Geschichte vom Schwarzen Ritter des Quells erzählt hatte, vermutete, daß er dies Abenteuer gesucht habe. Als nun die Schar der großen Helden die Hallen des königlichen Schlosses zu Caerleon verließ – König Artus selbst ritt mächtig und stolz zu Rosse unter ihnen –, war es Kynon, der ihnen den Weg wies.

Sie rasteten im Schlosse des Überflusses, und obgleich König Artus' Gefolge zahlreich war, blieb seine Anwesenheit im Schlosse fast unbemerkt, so weiträumig war es. Sie kamen zu der Lichtung in der Wildnis, wo der furchterregende einäugige Riese auf dem Hügel unter seinen Tieren saß, und König Artus fand den Wuchs des Mannes noch erstaunlicher, als er ihm beschrieben worden war. Schließlich gelangten sie zum Quell. Da rief Kay: »Mein König, ich weiß, was das alles bedeutet; laßt mich das Wasser auf den Stein schütten und das Abenteuer bestehen!« Und König Artus gewährte es ihm. Da goß Kay den Becher voll Wasser auf den Stein. Alsbald grollte der Donner, und ein Hagelwetter brach los. Viele von Artus' Gefolge fielen tot zu Boden. Nach dem Wetter ward es wieder licht, und sie sahen den Baum ohne ein Blatt dastehen. Dann ließen sich die Vögel auf den kahlen Zweigen nieder, und ihr Gesang war süßer als alles, was sie je gehört hatten. Da sahen sie einen Ritter auf kohlschwarzem Roß, in schwarzen Samt gewandet, schnell herannahen. Kay sprengte auf ihn zu, berannte ihn, aber bald war er aus dem Sattel geworfen. Der Ritter entschwand; Artus und die Seinen aber schlugen ihre Zelte auf und rasteten die Nacht am Quell.

Am andern Morgen sahen sie den Ritter nahen: Seine Lanze trug das Zeichen zum Zweikampf. Kay bat König Artus: »Laßt mich ihm noch einmal begegnen, hat er mich gleich gestern aus dem Sattel gerannt!« König Artus gewährte es ihm. Kay ritt dem Ritter entgegen, der warf ihn aber wieder aus dem Sattel und traf ihn mit der Lanze durch den Helm, durch Haut und Fleisch bis fast auf den Knochen. So ließ er ihn liegen, und Kay schleppte sich zu seinen Gefährten zurück.

Tagaus, tagein trat ein anderer Ritter der Tafelrunde zum Kampf gegen den Schwarzen Ritter an, aber er stach sie alle aus dem Sattel und blieb Sieger. Schließlich waren nur mehr König Artus und Gawan übrig, die er noch nicht bezwungen hatte. Da wappnete sich König Artus zum Kampf, aber Gawan bat: »Herr, laßt mich vor Euch mit ihm fechten.« Und Artus gewährte es ihm. Da schmückte Gawan sich und sein Pferd mit seidenen Festkleidern. Sie rannten widereinander und kämpften den ganzen Tag, aber keiner konnte den andern aus dem Sattel werfen.

So ging es auch den zweiten Tag; sie nahmen stärkere Lanzen, aber keiner konnte den anderen überwältigen.

So trieben sie es am dritten Tag mit den stärksten Lanzen wutentbrannt bis Mittag. Da rannten sie so gewaltig gegeneinander, daß den beiden Pferden die Sattelgurte platzten und sie hintenüber zu Boden fielen. Schnell sprangen sie auf und stürzten sich mit den Schwertern aufeinander. Alle, die ihrem Kampfe zusahen, fanden, sie hätten nie zwei so starke und mutige Helden gesehen. Und wäre es Nacht gewesen, so hätten die Funken, die von ihren Waffen sprühten, das Dunkel erhellt.

Da schlug der Ritter mit einem Hieb Gawan den Helm vom Kopfe und erkannte ihn.

Und Owain sprach: »Herr Gawan, ich erkannte Euch nicht als meinen Vetter, des Festkleides wegen, das Ihr tragt; hier nehmt mein Schwert und meine Waffen.«

Gawan erwiderte: »Ihr, Owain, seid der Sieger – nehmt hier mein Schwert.«

Als König Artus sah, wie sie miteinander redeten, trat er hinzu.

»Mein König«, rief Gawan, »Owain ist es! Er hat mich besiegt, will aber meine Waffen nicht nehmen.«

»Nein, Herr«, sagte Owain, »Gawan hat mich besiegt und will mein Schwert nicht nehmen.«

»Gebt mir Eure Schwerter«, sprach Artus, »dann hat keiner den andern besiegt.«

Da legte Owain seine Arme um Artus' Nacken, und beide küßten einander. Und alle eilten herzu, Owain wiederzusehen und zu umarmen; fast hätte es ihn das Leben gekostet, so heftig drückten sie ihn an sich.

Owain lud König Artus und die Ritter und das große Gefolge ein, bei ihm und seiner Dame im Schlosse des Quells zu bleiben, bis sie sich alle von den Anstrengungen der langen Fahrt erholt hätten. »Denn drei Jahre war ich von Euch fern«, sagte Owain, »und habe alle Tage bis auf diesen Tag die Tafel für Euch gerüstet, denn ich wußte, Ihr würdet kommen und mich suchen.« Und sie alle zogen zum Schloß der Herrin vom Quell, und das Bankett, das ihnen drei Jahre gerüstet war, wurde in drei Monden verzehrt.

Als König Artus zur Heimfahrt bereit war, sandte er eine Botschaft an die Herrin und bat um die Erlaubnis, Owain auf drei Monde mit sich zu nehmen. Und die Herrin vom Quell gewährte es, obschon es ihr viel Schmerz bereitete. So nahm Owain Abschied von dem magischen Bereich des Lebensquells und kehrte zu seinem früheren ritterlichen Leben inmitten der edlen Herren und schönen Frauen Englands an König Artus' Hof zurück. Und als er wieder bei seinen Freunden und Verwandten war, verweilte er dort drei Jahre statt der drei Monde. So blieb der Quell ohne Beschützer und die Dame ohne ihren Herrn und Gemahl.

Dieser zweite Fall von Vergessen ist das Gegenstück zum ersten. Da er ganz in der höheren Sphäre aufging und als geweihter Hüter des Lebensquells sowie als bezauberter Gefährte der Herrin vom Quell in ihrem zeitlosen Reich diente, hatte der Ritter zu Unrecht seine Obliegenheiten in der gewöhnlichen Menschenwelt vernachlässigt, wie sie vom gesellschaftlichen Leben der Tafelrunde dargestellt wird. Ganz nach innen gekehrt, tief eingedrungen zu Ursprung und Quelle, hatte Owain die ganze Länge und Breite des Daseinsstromes außer acht gelassen, hatte der Welt seiner persönlichen Beziehungen und dem zeitgenössischen Ritterleben den Rücken gekehrt. Zur Vergeltung reißt ihn nun diese Sphäre ganz aus sich heraus, nimmt völlig Besitz von seinem Wesen und bindet ihn in solchem Maße an das lebhafte Geschehen der normalen Extraversionswelt, daß er jede Erinnerung an die Mysterien des inneren Weges verliert. So vergißt der Eingeweihte seine Salbung; die höhere mystische Persönlichkeit und die Rolle des Schwarzen Ritters, in die er hineingewachsen war, fällt von ihm ab: Der Erwählte ist kein Erwählter mehr.

So ist zu erwarten, daß noch eine andere Krise vor Owain liegt – und zwar eine sehr schmerzliche Prüfung –, ehe er das Geheimnis entdeckt, daß er den *beiden* Sphären seines Menschseins gerecht werden muß. Denn gleich der niedrigeren versteht es auch die höhere Sphäre, wenn sie lange vergeblich gewartet hat, den Säumigen wieder zur Ordnung zu rufen. Ihre Methode ist jedoch nicht so direkt und männlich.

Eines Tages nun erschien an König Artus' Hof ein Fräulein auf einem schaumbedeckten braunen Pferde mit lockiger Mähne; Zügel und Sattel, soweit sichtbar, waren aus Gold. Das

Fräulein trug ein Gewand aus gelber Seide. Sie begab sich zu Owain und zog ihm den Ring vom Finger, den die Herrin vom Quell ihm als Zeichen ihres Bundes geschenkt hatte. »So«, sprach sie, »ergeht es dem Betrüger, dem Verräter, dem Treulosen, der in Ungnade fiel; Schmach sei Eurem Bart.« Und sie wandte ihr Roß und entschwand.

Da erinnerte sich Owain wieder seines Abenteuers, und er ward betrübt. Nachdem ihm das unbewußte Band, das ihn heimlich noch mit der zaubrischen Sphäre verknüpfte, roh entrissen worden war, ward sein Bewußtsein wachgerüttelt; die Göttin hatte jetzt auch noch das letzte Zeichen ihrer Gegenwart und Existenz zurückgenommen. Die Wasser des Lebens, die er entdeckt, die ihn in sich aufgenommen und als Wiedergeborenen aus sich entlassen hatten, ja die ihn sogar in den Jahren seines Vergessens heimlich getragen hatten, sie waren nun ganz entschwunden, und er blieb gestrandet und allein zurück. Owain ging vom Hof zu seiner Wohnung, traf noch in der Nacht seine Vorbereitungen und brach andern Morgens auf, ohne nochmals zum Hofe gegangen zu sein. Er wanderte von Caerleon aus in die fernsten Erdenwinkel und durch wüste Gebirge.

Siegfried macht in der »Götterdämmerung« die gleiche Prüfung durch. Wie Owain steht Jung-Siegfried symbolisch für die unverdorbene Heldenseele, durch ihr Wesen zur Verbindung mit den kosmischen Mächten berechtigt und in hohem Maße geschaffen zu höchster Erfüllung. Gleich vielen Gestalten aus den Mythen der Welt war er nicht der Sproß aus einem menschlichen Ehebund, sondern von recht fragwürdiger, geheimnisvoller Herkunft; wie Zeus, wie Krishna wurde er heimlich aufgezogen, und wie Perseus erschlug er den Drachen, weil er – gleich Owain, gleich Gawan, gleich dem Buddha – keine Furcht kannte. Siegfried besaß den goldenen Ring, der ihm, wenn sein jugendlicher Sinn es wünschen sollte, die Unermeßlichkeit kosmischer Macht schenken würde. Sein Schwert war das Schwert Wotans, des Göttervaters; indem er es neu schmiedete, bewies der Held sein Anrecht darauf. Wie Achilles, der Sohn der Göttin, war er unverwundbar. Und wie die heldischen Weisen des Ostens verstand er die Sprache der Vögel.

Siegfrieds großer Sieg und seine Sünde waren denen Owains

wesensgleich. Nachdem er seinen Drachen überwunden hatte, bahnte er sich den Weg durch den Flammenring, der den Gipfel des Götterberges umgab, und erlöste Brünnhild aus ihrem Zauberschlaf. Sie war Wotans Lieblingstochter und wurde die Braut des Helden, der sie erlöste. So ward er genau wie Owain mit den transzendenten Mächten verbunden, indem er Herr und Gemahl einer übernatürlichen Feenmaid wurde. Und wie es Owain geschah, als er vom Berge zu Abenteuerfahrten in die niedere Menschenwelt herabstieg, so vergaß auch Siegfried völlig die hohe Braut seiner Seele. Schlimmer noch, er tauschte sie, nachdem er den Trank des Vergessens getrunken hatte, unwissentlich gegen eine gewöhnliche Menschentochter ein. Dies wurde ihm mit Leiden ohne Gnade und Maß vergolten.

In Siegfrieds Fall, wie auch in Owains, war es eine unabsichtliche Schuld: Unschuld, und dennoch Schuld.* Denn in der Sphäre des Übermenschlichen wird der Erkorene weder durch Unwissenheit noch durch guten Willen entschuldigt. Er wird vielmehr nach seiner Zulänglichkeit und seinen Taten gerichtet. Und da die Mächte jener Sphäre die ganze sichtbare Welt unsichtbar durchdringen, ist alles, was dem Erwählten begegnet, letztlich eine Prüfung. Immer und immer wieder liegt in seinen Entscheidungen seine Bewährung, und wenn er versagt, erleidet er den Tod oder etwas, das einem Tode gleichkommt. Die übermenschliche, ungebrochene Lebenskraft ist ebenso rachsüchtig wie blind bei ihrem furchtbaren Zuschlagen, wenn sie sich enttäuscht und verraten fühlt.

Nach diesem grausamen Gesetz wurde auch die hübsche Zofe Luned, die Owain zur Herrin vom Quell geführt hatte, zur glei-

---

* Bei Parzival, dem klassischen Helden der Suche nach dem Gral, finden wir das dunkle Thema der unbewußten Schuld wieder. Von seiner verwitweten Mutter in der Wildnis, fern von Artus' Hof und in Unkenntnis der ritterlichen Welt aufgezogen, sieht er eines Tages eine Schar von Rittern vorbeireiten und folgt ihnen; darob bricht seiner Mutter das Herz. Das ist das erste große Verbrechen seiner Unschuld. Das zweite begeht er, als er auf der Höhe seiner Laufbahn zur Gralsburg gelangt und dem heiligen Mysterium beiwohnen darf. Er unterläßt es, nach dem geheimen Sinn dessen zu fragen, was sich vor seinen Augen abspielt, und lädt damit den Fluch des mystischen Reiches auf sich.

chen Zeit wie Owain in die äußerste Finsternis geworfen. Denn sie hatte dem Unrichtigen zum Stande des Herrn und Hüters vom Quell verholfen. Eines Tages kamen zwei Vasallen der Herrin, schleppten sie zu einem abgelegenen Verlies in der Wildnis und stießen sie roh hinein; dabei drohten sie ihr den Tod an, wenn nicht Owain selbst vor einem bestimmten Tage käme, um sie zu befreien. Aber ach, sie hatte niemanden, den sie auf die Suche nach ihm hätte schicken können. Und der Ritter, auf den zu warten sie verdammt war, verfiel indes dem Irrsinn.

Owain hatte es nach dem Verlust des Ringes und nachdem ihm sein früherer Stand wieder ins Gedächtnis gekommen war, nicht vermocht, zur Ritterschaft der Tafelrunde zurückzukehren; denn nun war der Bann gebrochen, mit dem ihn das oberflächliche Bewußtsein des rein gesellschaftlichen Ritterdaseins zeitweilig festgehalten hatte, als er an König Artus' Hof zurückgekehrt war. Als Beschützer und Vertrauter der kosmischen Mächte war er eigentlich jener Lebensweise entwachsen. Der kurze Besuch war nur vorübergehend – ein heftiges Ausschlagen zur vergessenen Seite hin. Aber er konnte nun auch nicht mehr zur anderen Lebensweise zurückschwingen, denn die Göttin hatte ihn verstoßen: Sie hatte ihren Ring zurückgefordert. Verloren war die frühere Klarheit von Owains Intuition, die ihn einst unbewußt und sicher zur Gemeinschaft mit den übernatürlichen Mächten gelenkt hatte. Zwar lag die Welt des Rittertums jetzt hinter ihm, aber das Reich des Quells konnte er nicht mehr finden, ja nicht einmal mehr suchen. Owain war vom Menschlichen wie auch vom Übermenschlichen ausgeschlossen. Der Roman schildert, wie er unter beide Ebenen hinabsank zum einzig verbliebenen Extrem.

Es wird berichtet, daß der Held in seinem Elend durch die Wildnis streifte und umherirrte, »bis seine Kleidung abgetragen, sein Körper verkommen und sein Haar lang gewachsen war. Er gesellte sich zu den wilden Tieren und teilte ihr Mahl, bis sie mit ihm vertraut waren.«

Die Mächte hatten furchtbare und erbarmungslose Rache genommen. Nachdem er sich ihrer Führung entzogen hatte, war Owain zur niedrigsten Daseinsstufe hinabgesunken, zur Stufe des dumpfen, triebhaften Unbewußten und der instinktiven

Nahrungssuche der Tiere. Wir werden an die Prüfung und Verwandlung von Johannes Goldmund erinnert oder an den seltsamen Bericht im Buche Daniel über König Nebukadnezar, der von seinem Throne stieg und sich auf allen vieren zu den Tieren gesellte.

Sowohl der Heilige wie auch der König gelangten alsdann wieder in den vollen Besitz ihres Verstandes. Eine ähnliche Entwicklung dürfen wir für Ritter Owain erwarten.

Er gesellte sich zu den wilden Tieren und aß mit ihnen, bis sie mit ihm vertraut waren. Aber schließlich wurde er zu schwach, um länger in ihrer Gesellschaft bleiben zu können. Da stieg er von den Bergen ins Tal und kam in einen Park, der zum Besitz einer verwitweten Gräfin gehörte. Diese Dame nun ging eines Tages mit ihren Zofen am See spazieren, der mitten im Park lag. Sie erblickten den Körper eines Mannes und erschraken. Dann aber traten sie näher, berührten und betrachteten ihn. Sie gewahrten, daß noch Leben in ihm war, wenngleich ihn die Sonnenglut erschöpft hatte. Die Herrin kehrte zum Schlosse zurück, nahm ein Gefäß voll kostbarer Salbe und reichte es einer ihrer Zofen.

»Geh damit«, sagte sie, »nimm auch jenes Pferd dort und Kleider, und bringe sie zu dem Mann, den wir soeben sahen. Salbe ihn mit diesem Balsam über seinem Herzen. Wenn noch Leben in ihm ist, wird er sich unter der Wirkung dieses Balsams erheben. Beobachte alsdann, was er tun wird.«

Die Zofe ging zu Owain, goß den ganzen Balsam über ihn, ließ Roß und Kleider da und versteckte sich ein wenig abseits, um ihn zu beobachten. Nach kurzer Zeit sah sie, wie er die Arme bewegte, sich aufrichtete, an sich herabblickte und sich wegen der Unziemlichkeit seines Aussehens schämte. Dann aber gewahrte er in der Nähe das Pferd mit den Kleidern. Er schleppte sich so weit, bis er die Gewänder vom Sattel ziehen konnte. Er legte sie an und bestieg mit großer Mühe das Pferd. Da kam das Mädchen aus ihrem Versteck und begrüßte ihn. Froh ward er, als er sie erblickte, und er erkundigte sich bei ihr, wessen Land und Gebiet dies sei.

»Wahrlich«, sagte das Mädchen, »einer verwitweten Gräfin gehört dieses Schloß dort. Beim Tode ihres Gatten erhielt sie zwei Grafschaften, aber heute hat sie nur noch diesen einen Besitz. Alles andere ist ihr von dem jungen Grafen, ihrem Nachbarn, abgenommen worden, weil sie sich weigerte, seine Frau zu werden.«

»Das tut mir leid«, sagte Owain.

Er und die Zofe begaben sich zum Schloß, wo er abstieg. Die Zofe führte ihn in ein hübsches Gemach, entfachte ein Feuer und ließ ihn allein. Sie ging zur Herrin und reichte ihr das Salbgefäß.

»Oh, Mädchen«, sagte die Herrin, »wo ist aller Balsam?«

»Hab ich nicht alles davon gebraucht?« gab sie zurück.

»Ach, Mädchen«, sagte die Herrin, »nicht leicht kann ich dir dies verzeihen; betrüblich ist es für mich, kostbare Salbe im Werte von siebenmal zwanzig Pfund auf einen Fremden verschwendet zu haben, den ich nicht kenne. Indessen warte ihm weiter auf, bis er wieder ganz bei Kräften ist.«

So tat die Zofe, versorgte ihn mit Speise und Trank, mit Feuer und Lager und Arznei, bis er wieder gesund war. In drei Monaten hatte er seine einstige Gestalt wieder, ja er war schöner als je zuvor.

Owain befreite die Gräfin von ihrem unerwünschten Freier. Er ritt auf den Burschen zu, als dieser mit einem zahlreichen Heer heranrückte, holte aus und warf ihn völlig aus dem Sattel; dann kehrte er mit dem Besiegten zum Portal des Schlosses zurück, wo er ihn der Herrin zum Geschenk machte. »Nehmt das als Lohn für Euren gesegneten Balsam.«

Sie war überglücklich, und der Graf erstattete ihr als Lösegeld für sein Leben die beiden Grafschaften zurück, die er ihr abgenommen hatte; für seine Freiheit aber gab er ihr die Hälfte seines eigenen Gebietes und außer den Geiseln alles, was er an Geld, Silber und Edelsteinen besaß.

Owain aber machte sich zur Ausfahrt bereit. Die Herrin und alle ihre Untertanen flehten ihn an zu bleiben, doch Owain wollte lieber durch ferne Lande und Wüsten reiten. Da er einst Herr des Lebensquells und drei Jahre lang Gemahl seiner Feenherrin gewesen war, konnte er nun nicht dazu verführt werden, lediglich als sehr reicher Landedelmann mit einem herrlichen feudalen Besitz und einer reizenden Gattin zu leben. Auf einer prächtigen schwarzen Stute, die ihm die Gräfin geschenkt hatte, ritt Owain von dannen, ein heimatloser Wanderer ohne greifbares Ziel zwischen zwei ihm zwar bekannten, aber unerreichbaren Sphären: Das ist der zeitlose Weg zur Reintegration des Selbst.

Eines Tages nun, als er dahinzog, hörte er ein lautes, fürchterliches Geheul im nahen Walde, einmal, zweimal, dreimal. Eilig sprengte er zu der Stelle und erblickte einen riesigen schroffen Hügel mitten im Wald und an dessen Seite einen Felsen. Der Felsen hatte einen Spalt, in dem eine Schlange lag. Neben dem Felsen aber stand ein schwarzer Löwe, und immer wenn der Löwe vorbeigehen wollte, schoß die Schlange auf ihn zu, um ihn zu beißen.

Owain zog sein Schwert aus der Scheide, näherte sich dem Felsen, traf die Schlange, als sie auf ihn zuschoß, mit seinem Schwert und schnitt sie entzwei. Er wischte sein Schwert ab und machte sich wieder auf den Weg. Aber siehe: Der Löwe folgte ihm und sprang um ihn her, als wäre er ein Windspiel.

An jenem Abend stieg Owain auf einer ebenen, waldumsäumten Wiese ab und ließ sein Roß frei laufen. Er machte Feuer, und als das Feuer entfacht war, brachte ihm der Löwe genug Reisig für drei Nächte. Dann verschwand er wieder und kam alsbald mit einem schönen, großen Rehbock zurück, den er vor Owain niederlegte.

So hatte der Ritter einen Gefährten gefunden, einen Helfer, gewissermaßen ein zweites Ich. Dieser Löwe mußte ihn künftig bei einer Reihe von Kämpfen gegen eine Übermacht retten, wo Owain allein verloren gewesen wäre. Die Feinde waren stärker als er und dazu Ehrlose. Doch der Ritter mühte sich stets, sie zu einem ehrlichen Kampf Mann gegen Mann zu bringen, wie es dem ritterlichen Ehrenkodex entsprach. Aber schließlich erschien der Löwe, zwar ungebeten, ja gegen Owains Willen, doch stets im rechten Augenblick, als Schreckensgestalt auf dem Kampfplatz. Mehrerer solcher rechtzeitigen Errettungen bedurfte es, um den Ritter davon zu überzeugen, daß er sich bei seinen kühnen Unternehmungen der überlegenen Intuition des königlichen Tieres an seiner Seite fügen sollte. In den letzten Phasen seiner »Quest« nahm er die stumme Führung seines tierhaften anderen Ichs wie eine Art höheren Ratschlusses an.

Das Töten der Schlange entspricht symbolisch dem Töten des Drachens durch Siegfried, Tristan, Perseus, Indra und die anderen großen Drachentöter der Legenden aus aller Welt. Owain stellt sich durch diese Tat entschlossen auf die Seite des Löwen, und als Lohn gewinnt er ihn zum Freunde – ein besonderes Bild für die göttliche Verleihung übermenschlicher Macht, die immer und überall der Tat des Drachentötens folgt. Denn von allen Tieren hat Owain unbewußt das königliche zu seinem unzertrennlichen Gegenstück und Gefährten gewählt. Instinktiv erkennt er seine leibliche und geistige Verwandtschaft mit dem warmblütigen, edlen Säugetier, als er sich entschließt, es vor der Bedrohung durch die kaltblütige, giftige und heimtückische Schlange zu retten. Seine Tat stattet ihn mit der Tierkraft in ihrer edelsten Form aus – in der nämlich Stolz und Stärke sich mit Großmut und Geduld paaren. So entdeckt er gleichsam sein Totemtier und nimmt die Instinktkräfte dieses Tieres als heilsame und dienende Funktion in seine menschliche Persönlichkeit auf, dadurch der Stärke seines wiedergeborenen Rittertums etwas von der Kraft hinzufügend, die ihn blind überwältigte, als er den Tieren gleich zwischen den Geschöpfen des Waldes lebte. Stärke und Weisheit des königlichen Löwen sind fortan sein Geleit. Dienend, aber als eine Art höherer Intuition doch selbständig handelnd, wird ihn diese Verkörperung des physischen Aspektes seines Wesens zurückführen zur Geliebten, die er verscherzte, als er sich in die rein weltliche Routine des durch die Ritterschaft und die leeren Formeln der Tafelrunde dargestellten Gesellschaftslebens verstricken und versinken ließ.

Das erste Abenteuer, das Owain nach der Entdeckung und Rettung des Löwen zustieß, verhieß Gutes für die Zukunft. Das dankbare Tier folgte ihm wie ein Hund für den Rest des Tages und brachte ihm bei Einbruch der Dunkelheit einen Rehbock zum Abendessen. Owain nahm die Beute, häutete sie und briet das Fleisch am Spieß über dem Feuer. Den Rest des Bockes warf er dem Löwen zum Fraß hin. Während er dasaß und das Garwerden des Fleisches überwachte, hörte er einen tiefen Seufzer irgendwo in der Nähe, und noch einen zweiten und dritten. Er rief, um zu erfahren, ob der Laut von einem Sterblichen komme, und erhielt die Antwort, daß dem so sei.

»Wer seid Ihr?« frug Owain.

»Wahrlich«, sagte die Stimme, »ich bin Luned, die Zofe der Herrin vom Quell.«

»Und was tut Ihr hier?« frug Owain.

»Ich bin gefangen«, gab sie zur Antwort, »wegen eines Ritters, der von König Artus' Hof kam und meine Herrin ehelichte. Kurze Zeit weilte er bei ihr, aber dann ritt er zu Artus' Hof und ist seither nicht wiedergekehrt. Er war mein liebster Freund auf Erden. Zwei der Knappen verleumdeten ihn in dem Gemach der Herrin und nannten ihn einen Betrüger. Ich sagte ihnen, daß sie es beide zusammen nicht mit ihm allein aufnehmen könnten. Darum kerkerten sie mich in diesem Steingewölbe ein und kündeten mir, daß ich getötet werden sollte, wenn er nicht selbst käme und mich bis zu einem bestimmten Tage befreite; die Frist läuft übermorgen ab. Keiner ist um mich, den ich auf die Suche nach ihm schicken könnte. Sein Name ist Owain, der Sohn Uriens.«

»Und seid Ihr sicher, daß der Ritter, wüßte er um dies alles, zu Eurer Errettung herbeikäme?«

»Ganz sicher bin ich dessen«, sagte sie.

Als das Fleisch gar war, teilte Owain es mit dem Mädchen. Und niemals wachte ein Wächter sorgsamer über seinen Herrn als der Löwe in jener Nacht über Luned und Owain.

Dann, unterwegs – Luned saß mit ihm auf dem Pferd, und der Löwe trottete neben ihnen her wie ein Hund – rastete Owain in einem Schloß, das sehr dem einstigen Schloß des Überflusses glich. Aber über der idyllischen Stätte lag tiefe Trauer: denn die beiden Söhne des Schloßherrn waren von einem schrecklichen Riesen – ganz ähnlich dem schwarzen, einäugigen Riesen, dem Hüter des Waldes – geraubt worden und liefen Gefahr, verschlungen zu werden. Owain zog aus, um dem Unhold zu begegnen, und der Löwe folgte ihm. Als der Riese sah, daß Owain bewaffnet war, stürzte er auf ihn zu und griff ihn an. Aber der Löwe kämpfte grimmiger mit dem Riesen als Owain.

»Wahrlich«, erhob der Riese Einspruch, »ich hätte keine Mühe mit Euch zu kämpfen, wäre dieses Tier nicht bei Euch.«

Darauf brachte Owain den Löwen zum Schloß, machte das Tor hinter ihm zu und kehrte zurück, um wie zuvor mit dem Riesen zu kämpfen. Der Löwe brüllte sehr laut, denn er hörte, daß Owain kräftig zugesetzt wurde. Er kletterte hoch, bis er die Decke der Halle erreichte, gelangte dann auf das Dach des Schlosses, sprang von dort die Mauern herab und gesellte sich zu Owain. Und der Löwe versetzte dem Riesen einen Schlag mit seiner Pranke, der ihn von der Schulter bis zur Hüfte aufriß und sein Herz bloßlegte, so daß der Riese tot umfiel. Danach übergab Owain die beiden geretteten Jünglinge ihrem Vater.

Als Ritter des feierlichen Kreises der Tafelrunde ist Owain, wie Gawan und Lanzelot, nach dem höfischen Begriff des Mittelalters ein vollkommener Mann; das heißt, als gesellschaftliches Wesen und weltgewandter Edelmann ist er die verkörperte Ritterlichkeit. Andererseits stellt der stumme Löwe, die rohe Lebenskraft in ihrer majestätischen und edelsten Gestalt, wie das wundersame Pferd in Conn-edas Geschichte, das führende intuitive Prinzip dar, das den Helden in die sowohl über wie unter der gesellschaftlichen Ebene liegende Sphäre übernatürlicher Macht geleitet. Das erweiterte menschliche Bewußtsein des Ritters, gepaart mit dem unter- und übermenschlichen Instinkt des Königs der Tiere, erweist sich als stärker als der Titan der Wildnis und siegt auch dort, wo Klugheit und Stärke des bloß menschlichen Rittersinnes hätten versagen müssen.

Als der Ritter mit dem Löwen den wilden Riesen überwunden hatte, wurde er gebeten zu verweilen, aber er lehnte ab und kehrte nach dem Abschied von der dankbaren Familie zur Wiese zurück, wo Luned seiner wartete. Aber als er dorthin gelangte, sah er ein loderndes Feuer und zwei Jünglinge mit herrlichem, rotbraunem Haar, die das Mädchen zwischen sich genommen hatten, um es in die Flammen zu werfen. Es waren die gewalttätigen Knappen aus dem Schlosse der Herrin vom Quell, die gleichen, die vor einem Jahr Luned in die Wildnis geschleppt und sich nun zur Ausführung ihrer Drohung eingefunden hatten. Owain forderte sie heraus, die beiden ritten gegen ihn, der Löwe brüllte, und der Kampf entbrannte. Owain war ermüdet vom langen Gefecht mit dem Riesen. Mit Hilfe des Löwen aber ward die Zofe vom Feuertod errettet. Danach kehrte Owain mit Luned in das Gebiet der Herrin vom Quell zurück.

Die Einzelheiten beim Wiedertreffen und bei der Aussöhnung

des Ritters mit seiner überirdischen Geliebten werden im walisischen Text, dem wir gefolgt sind, nämlich im *Red Book of Hergest,* nicht beschrieben, sind aber in der Romanfassung Chrétien de Troyes' im neuen französischen Stil ausgeschmückt worden. Nach diesem höfischen Bericht ist die Herrin selbst zugegen, als ihre beiden Knappen Luned (deren Name nun auf französisch Lunete ist) entkleiden und verbrennen wollen. Sie wohnt auch dem Siege des Ritters mit dem Löwen bei, erkennt ihn aber nicht. Denn die Rüstung, die er trägt, ist ihr fremd, auch kennt sie seinen Namen nicht. Nach der Niederlage der beiden Knappen werden sie auf dem Scheiterhaufen verbrannt, den sie für das Mädchen entfacht hatten, »denn recht und billig ist es, daß derjenige, der einen andern fälschlich richtete, die gleiche Todesart erleide, zu der er den anderen verurteilt hat«. Lunete war froh über die Versöhnung mit ihrer Herrin. Ohne den Ritter zu erkennen, boten ihm alle Anwesenden ihre Dienste an, so lange ihr Leben währen würde, und sogar die Dame, die, ohne es zu wissen, sein Herz besaß, bat ihn, solange zu verweilen, bis er und sein Löwe wieder zu Kräften gekommen sein würden.

Der Ritter erwiderte: »Edle Dame, nirgends darf ich verweilen, solange meine Herrin nicht ihr Mißfallen und ihren Zorn von mir wendet. Erst dann wird all meine Mühe enden.«

»Wahrlich«, sagte sie, »das betrübt mich. Ich glaube, die Dame kann nicht sehr höflich sein, die Groll gegen Euch hegt. Sie sollte einem so tapferen Ritter wie Euch nicht die Tür verschließen, es sei denn, er habe großes Unrecht getan.«

»Edle Fraue«, gab er zur Antwort, »wie groß auch immer die Mühsal sein mag, so füge ich mich doch in allem gern ihrem Willen. Aber sprecht mir nicht mehr davon, denn ich werde keinem etwas von der Ursache oder dem Vergehen sagen, außer denen, die darüber schon unterrichtet sind.«

»So weiß ein anderer außer Euch beiden davon?«

»Ja, wahrlich, edle Dame.«

»Wohlan, so sagt uns wenigstens Euren Namen, edler Herr; dann seid Ihr frei zu gehen.«

»Ganz frei, edle Frau? Nein, ich werde nicht frei sein. Ich schulde mehr, als ich bezahlen kann. Doch freilich meinen Namen sollte ich vor Euch nicht verhehlen. Nie werdet Ihr vom

›Ritter mit dem Löwen‹ hören, ohne nicht auch von mir zu hören, denn unter diesem Namen will ich bekannt sein.«

»Um Himmels willen, Herr, was bedeutet der Name? Denn niemals sahen wir Euch zuvor, noch haben wir je diesen Euren Namen erwähnen hören.«

»Edle Frau, daraus mögt Ihr schließen, daß mein Ruhm nicht weit verbreitet ist.«

Da sprach die Dame: »Nochmals würde ich Euch, verstieße es nicht gegen Euren Willen, zu verweilen bitten.«

»Wahrhaftig, edle Frau, ich darf es nicht wagen, solange ich nicht sicher weiß, daß ich meiner Herrin Gunst wiedergewonnen habe.«

»Wohlan, so geht in Gottes Namen, edler Herr, und ist's Sein Wille, so möge Er Euren Kummer in Freude verkehren.«

»Edle Dame«, sagte er, »möge Gott Euer Gebet erhören.« Dann fügte er leise hinzu: »Herrin, Ihr seid es, die den Schlüssel besitzt, und wann Ihr's auch nicht wißt, so haltet Ihr das Kästchen, in dem mein Glück verschlossen ist.« Darauf ritt er in großer Traurigkeit von dannen. Niemand außer Lunete hatte ihn erkannt; sie ritt nun mit ihm und begleitete ihn ein Stück Weges.

Nur Lunete war bei ihm, und er bat sie eindringlich, nie den Namen ihres Kämpen zu enthüllen. »Herr«, sagte sie, »nimmer will ich das tun.« Da bat er sie noch, ihn nicht zu vergessen und einen Platz in seiner Herrin Herz für ihn frei zu halten, wenn immer sich Gelegenheit dazu biete. Sie sagte ihm, er möge deswegen unbesorgt sein, denn nie werde sie es vergessen, noch untreu oder müßig sein. Er dankte ihr tausendmal und schied nachdenklich und bedrückt ob seines Löwen, den er notgedrungen tragen mußte, da er verwundet und also außerstande war, ihm zu Fuß zu folgen. Owain bereitete ihm ein Lager aus Moos und Farnen in seinem Schild. Als er ihm diese Bahre hergestellt hatte, legte er ihn so sanft er konnte darauf und trug ihn, der Länge nach im Schilde ausgestreckt, vor dem Sattel mit sich.*

Der Roman Chrétien de Troyes' schildert eine Reihe weiterer Beispiele für die gegenseitige Treue von Löwen und Herrn und

---

* Chrétien de Troyes, *Le Chevalier au Lion* (Yvain), Vers 4533 ff., herausgegeben von Foerster, Max Niemeyer Verlag, Halle, 1887.

führt dann den fahrenden Ritter zu seiner letzten Aufgabe – der schwierigen Wiedervereinigung mit der Göttin des Lebens. Immer noch in Begleitung seines Tiergefährten gelangt er eines Tages zum Zauberquell und dem wunderbaren Baum. Den geheimnisvollen und wohlvertrauten Ritus wiederholend, schöpft er Wasser und gießt es auf den Stein. Der Donnerschlag erschüttert das Land und läßt Mauern im Schloßgebiet einstürzen. Der große Baum wird entlaubt, und nach dem Sturm kommen die Vögel in Scharen mit lieblichem Gesang. Owain läßt sich nieder und wartet. Aber es gibt keinen Schwarzen Ritter, der den Quell beschützen könnte. Die Bewohner des Schlosses und der Stadt waren so vom Schrecken gelähmt, daß sie nicht wußten, was sie tun sollten. »Verflucht sei der Mann«, riefen sie, »der zuerst ein Haus in dieser Gegend errichtete, und alle, die diese Stadt bauten. Auf der ganzen Welt hätten sie keinen so abscheulichen Ort finden können, denn ein einziger Mann ist hier imstande, uns zu überfallen, zu ängstigen und zu quälen.« Auch die Herrin selbst war in großer Angst. Die Zofe Lunete, die seit Wochen ihre Herrin auf die Rückkehr des Ritters vorbereitet hatte, nutzte schnell und geistesgegenwärtig die Gelegenheit. »Wahrlich«, drängte sie, »Ihr seid in einer schlimmen Lage, meine Herrin, wenn Ihr nicht einen Plan faßt.«

Die Herrin erwiderte: »Sag du mir, die du so klug bist, welchen Plan ich fassen kann, und ich werde deinem Rat folgen.«

»Wahrlich, meine Herrin«, sagte Lunete, »wenn ich einen Plan hätte, gern würde ich ihn Euch unterbreiten, aber Ihr bedürft dringend eines weiseren Ratgebers. Darum wage ich nicht, mich einzumischen, sondern will mit den anderen Regen und Wind erdulden, bis ich, wenn es Gott gefällt, einen würdigen Mann hier an Eurem Hofe erscheinen sehe, der bereit ist, die Verantwortung und Last des Kampfes auf sich zu nehmen.«

Die Herrin aber bestand darauf, einen Vorschlag zu hören. Da äußerte Lunete, sie glaube, der Ritter mit dem Löwen wäre ein geeigneter Beschützer. Die Herrin war gleichen Sinnes; noch ahnte sie nicht, daß es ihr Gatte war. Lunete ritt davon und traf den Ritter, der immer noch beim Quell wartete. Sie geleitete ihn sicher zum Schloß. Obgleich die Herrin entrüstet war, als er das Visier aufschlug und sie entdeckte, daß der Ritter, dem sie sich anvertraut hatte, ihr pflichtvergessener und verstoßener Gemahl war, ließ sie doch ihren Stolz fahren und schloß Frieden, als er sich ihr zu Füßen warf.* Das Paar versöhnte sich, und nach einer Zeit großen Glückes fand Owain die Herrin vom Quell bereit, mit ihm zur galanten Welt der Tafelrunde zurückzukehren. »Als er dahin aufbrach«, lesen wir, »nahm er die Herrin mit zu Artus' Hof.«** So gewann er sein Ziel und vereinigte die beiden gegensätzlichen Sphären – was all die Zeit das verborgene Anliegen seiner Suche gewesen war.

Denn die beiden Sphären sind eins, trotz der scheinbaren Dualität ihrer Erscheinungsformen. Vorausnehmend hatte Owain sie bereits vereinigt, als er die stumme und mystische Beziehung mit dem Löwen knüpfte und ihr treu blieb. Hier lag das Geheimnis seiner Kraft zur Rückkehr. Der neue Name, den er sich zulegte, *Le Chevalier au Lion,* die Maske, die neue Persönlichkeit, mittels der er die Herrin versöhnte, war das Symbol seiner geistigen Wiedergeburt. Niemals hätte die Göttin den Ritter in seinem früheren Wesen wieder angenommen. Aber er war nun durch die stumme, tiefe Beziehung zum Instinktprinzip in sich und im Naturreich ein anderer, ein Größerer, er war der unwiderstehliche Löwenmensch geworden – der Meister und vollendete Kämpe beider Welten.

Die Mythologie kennt mehrere Beispiele für den Löwenmenschen – ganz zu schweigen von den vielen anderen bedeutsamen Figuren, die menschliche und tierhafte Züge in sich vereinen. In Indien etwa nahm Vishnu die ungeheuerliche Gestalt an, die als »Halb-Mensch, Halb-Löwe« (Narasimha – ein menschlicher Leib mit Löwenkopf und Löwenpranken) bekannt ist, um einen staunenerregenden Dämon mit Namen »Goldgewand« zu vernichten, der die Weltordnung gestört hatte. Die Mythen Griechenlands berichten von einem anderen großen Löwenmenschen, der unserer Phantasie näher steht und deshalb leichter zu enträtseln ist, nämlich von Herakles, der durch seine Heldentaten zum Vorbild für die Antike wurde, so wie Owain für die Völker der ursprünglich keltischen Welt des mittelalterlichen Nor-

* Chrétien de Troyes, *op. cit.,* Vers 6527–6813.
** *Red Book of Hergest, op. cit.,* S. 174/175.

dens. Herakles allerdings verbindet sich mit dem »Löwen-Prinzip« auf griechische Art – die genau das Gegenteil der keltischen ist. Sein Tier folgt ihm nicht wie ein treuer Hund, sondern es wird als das unüberwindliche Löwenungeheuer von Nemea von ihm besiegt, erschlagen und gehäutet. Dann legt Herakles sein Fell an, das er fortan als sein charakteristisches Gewand trägt, sowohl um sich seines Sieges zu rühmen, wie auch um Freund und Feind zu schrecken. Die fürchterlichen Pranken über seiner Heldenbrust verschränkt, den grimmigen Rachen mit klaffenden Kiefern über seinen Kopf gestülpt und den Schwanz hinter sich herbaumeln lassend, schreitet er als zweibeiniger Überlöwe durchs Land, als menschlicher Bezwinger des Löwentums, das heißt als menschlicher Bezwinger des gesamten Tierreichs, kraft des Sieges über dessen König.

Aber Herakles tötete auch die Hydra, die titanische Schlange. In der Bildersprache der alten Mythen besagt das soviel, daß der Erwählte unter den Menschen bei seinem Aufstieg zur Vollkommenheit *beide* antagonistischen Sphären des Tierreichs überwältigt hat. Der ideale Held der griechischen Kultur – Wegbereiter des Christentums und des modernen Zeitalters – befreite die Seele von jener archaischen Ehrfurcht vor tierhaften Zügen und Formen, die in den alten Mythen und Religionen Mesopotamiens und Ägyptens einen so großen Raum einnahm. Bei der Einsetzung des alttestamentarischen jüdischen Glaubens vollzogen Moses und die Propheten eine ähnliche Umwandlung, wenn sie immer wieder die Rückfälle ihres Volkes in den Götzendienst der stiergestaltigen mediterranen Lokalgottheiten so energisch bekämpften: des »Goldenen Kalbs« der Bibel und anderer Tiergötter aus der benachbarten Heidenwelt. Griechen und Juden brachten es fertig, die Sphäre des Göttlichen zu vermenschlichen, und dies bedeutete die Morgendämmerung eines neuen Zeitalters, das Heraufkommen des modernen Menschen. Es war ein endgültiger Bruch mit der bis dahin gültigen archaischen Überlieferung der alten Welt, eine Abwendung vom primitiven Menschen, der seine tiefe Verwandtschaft mit dem tierischen Bereich noch fühlte und verehrte.

Der archaische Mensch betrachtete sich selbst als Teil der animalischen Naturwelt und identifizierte sich mit den Eigenschaften und Kräften der imposanteren Arten unter den ihn umgebenden Tiernachbarn. Die keltische Überlieferung – wir dürfen das sowohl aus der Geschichte von Conn-eda wie auch aus der von Owain schließen – war in diesem Sinne archaisch. Und während des ganzen Mittelalters redete diese uralte Gefühls- und Glaubenshüterin in der Sprache der zahllosen Märchen, Minnelieder, höfischen Ritterepen und wiederholte ihre alte Lehre für den mittelalterlichen Menschen, der damals unter dem doppelten Einfluß des christlichen Glaubens und des ritterlichen Ideals einen Humanisierungsprozeß durchmachte. Sie weist den entgegengesetzten, den »anderen« Weg zur Vollendung: Es gilt nicht, die Tierseele in uns zu töten und von uns abzutrennen, sondern das Tier zur Sache des Menschen zu bekehren, es für uns zu gewinnen, damit es uns Helfer sei bei der großen, so überaus schwierigen Aufgabe: dem Zusammenschmieden der menschlichen mit den außermenschlichen Kräften, die nicht nur dem Kosmos, sondern auch uns selbst innewohnen. Der Artusroman vom Ritter mit dem Löwen steht für ein Abkommen zwischen der christlich-ritterlichen Menschheit, symbolisiert durch die Tafelrunde, und den ungebrochenen Naturkräften, repräsentiert durch den heiligen, geheimen Quell – den Ursprung aller ewig strömenden Lebenskräfte –, durch die Herrin vom Quell und den leitenden königlichen Löwen, der dem Helden hilft, sein Ziel zu erreichen.

Wenn das Tier in uns durch übereifriges Moralisieren getötet oder auch nur durch eine vollkommene gesellschaftliche Routine zum Winterschlaf abgekühlt wird, kann die bewußte Persönlichkeit niemals von den verborgenen Kräften, die ihr zugrunde liegen und sie heimlich nähren, Belebung empfangen. Das innere Tier will anerkannt werden und mit uns leben dürfen als ein etwas sonderbarer und oft verblüffender Gefährte. Wenn auch stumm und starrköpfig, weiß es doch vieles besser als unsere bewußte Persönlichkeit, und wir würden sein besseres Wissen erkennen, wenn wir bloß lernen könnten, seiner nur schwach hörbaren Stimme zu lauschen. Diese Stimme ist die Stimme und der Drang des Instinktes; sie ist das einzige, was uns retten kann aus den Ausweglosigkeiten, in die unsere bewußte Persönlichkeit uns ständig führen wird, solange wir befangen sind im Hochmut, ganz menschlich zu sein, solange wir uns durch unsere Verachtung von jedem intuitiven Kontakt mit dem verborgenen Lebensquell der Welt abschneiden.

Owain ist also ein Löwenmensch, der den Idealen der Griechen und der modernen Tradition diametral gegenübersteht. Als Symbol menschlicher Vollkommenheit ist er geschaffen aus Seele und Geist der Kelten und entspricht einer Einstellung zum Dämonisch-Übermenschlichen, die zweifellos mehr auf den archaischen Osten hinweist als auf das spätere Abendland. Das Motiv des schwarzen Löwen in Verbindung mit der Riesenschlange deutet ebenfalls auf den Orient, insbesondere auf Syrien und Mesopotamien. Und den sonnenversengten Ländern des Nahen Ostens, die ewig in der Furcht vor Dürre und in der Gefahr des Verdurstens leben, ist das Symbol des kostbares Lebenswasser spendenden Quells seit langem vertraut; es ist kein Bild, das ursprünglich im regenreichen Klima der Britischen Inseln entstehen konnte.

Längst vor der römischen Eroberung schenkte die alte Mutter Asien einen Teil ihres reichen mythischen Erbes den fernen Völkern der westlichen Inseln. Die Phönizier segelten von der Küste Palästinas durch die Säulen des Herakles und landeten in Cornwall, um die dortigen, für die großen Bronzekulturen ihrer Zeit überaus wertvollen Zinnminen auszubeuten. Die Symbole und Sagen der vorklassischen ägyptisch-babylonischen Kulturen wurden also direkt zu den vorkeltischen und keltischen Bewohnern von Britannien, Wales und Irland gebracht. Und obgleich diese fernen Gebiete nacheinander von den Christen, den germanischen Angelsachsen und den ritterlichen Normannen besetzt wurden und Eroberungswelle auf Eroberungswelle über sie hinging, lebte trotzdem die alte Weisheit fort. Bis zum heutigen Tage blieb der Genius des keltischen Volkes unübertroffen in seiner Fähigkeit, Zauberteppiche aus dem ewigen mythischen Roman des menschlichen Herzens zu weben.

Diese magische Kunst bezauberte jahrhundertelang bis an die Schwelle der Renaissance auch das europäische Festland. Und heute berührt sie von neuem die Seele des modernen Menschen – übrigens eine sehr alte Seele – in den Dichtungen von William Butler Yeats, Fiona Macleod (William Sharp), John Synge und der ganzen keltischen Erneuerungsbewegung (Celtic Revival), wie auch in Richard Wagners Parsifal und Tristan.

Es ist schwer zu ermessen, wieweit die mittelalterlichen Dichter bei der Neufassung ihrer archaischen Stoffe auch deren Symbole verstanden und aufgenommen haben. Aber die Vermutung drängt sich auf, daß hier doch eine bewußte Überlieferung ungebrochen weiterwirkt. Keineswegs alle Dichter wußten, was sie taten, aber zweifellos gab es einige, die es sehr wohl wußten. Die ausgesprochen höfischen Romane verraten viele Anzeichen einer nicht allzu weitläufigen Herkunft aus der vorchristlichen, wir dürfen sogar sagen: voreuropäischen Vergangenheit.

In seinem Abenteuer besteht der Ritter Owain zwei Proben, die Gawans *ganzes* Abenteuer ausmachen, für Owain aber sind es nur Vorprüfungen. Im Schloß des Überflusses widersteht er der Versuchung sinnlichen Erliegens, dies war ja auch die Bedeutung von Gawans Episode innerhalb der Bettvorhänge, und vor dem einäugigen schwarzen Herrn des Waldes überwindet er die Todesangst, die Gawan erfuhr, als er seinen Nacken dem Beil hinhielt. Owains darauf folgendes langes Abenteuer ist von weiterer und höherer Bedeutung. In einem Prozeß mühsamer Reintegration gewinnt er allmählich das zurück, was er ursprünglich besaß, als er wie im Traume zum erstenmal seinen Weg zum Quell des Lebens fand. Er vollbringt eine harmonische Verschmelzung der bewußten und der unbewußten Persönlichkeit. Die eine nimmt die Probleme und Regeln der sichtbaren Gestaltenwelt wahr, die andere weiß intuitiv um jene tieferen Ursprünge des Seins, aus denen sowohl die Gestaltenwelt wie deren Spiegelung im bewußten Ich ständig entspringen. Eine solch harmonisch verschmolzene Lebensform gibt die Natur jedem Menschenkind als vorläufige und noch ungeprägte Anlage mit; aber es verliert sie im Heranwachsen bei der Entfaltung seiner ichbewußten Persönlichkeit. Die Sage von Owain lehrt in ihrer Bildersprache, wie durch Reifung dieses Geschenk, diese Seligkeit des himmlischen Königreiches wiedergewonnen werden kann: wiedergeborene Unschuld und wiedergewonnene Kraft nach dem Muster jenes ursprünglichen Gnadenstandes erleuchteten Kindseins, das Christus als Gleichnis des Vollkommenen hinstellt.

Die Suche nach dem Wilden Mann

Erfahrungen mit dem Mythos

Die Sehnsucht nach einem ursprünglichen, wilden Leben und seinem Protagonisten zieht sich durch die Kunst und Literatur dieses Jahrhunderts und schuf einige ihrer nachhaltigsten Populärmythen. Während in der Massenkultur zunächst der ungebrochene Held Tarzan Triumphe feierte, sahen die intellektuellen Autoren in der Sehnsucht nach den wilden Wurzeln zumeist den Ausgangspunkt für tragisches Scheitern. Durch die englischsprachige Literatur, die im Mittelpunkt dieser Auswahl steht, ziehen sich einige Motive der Wildheit, deren Spuren leicht zu verfolgen sind. Kiplings Mowgli, der von Wölfen aufgezogene Menschenjunge, führt über den schlichten Tarzan zum jugendlichen Verfall in atavistischen Wahn in Goldings »Herr der Fliegen«. Der Jäger verkommt zum Schlächter, der Samurai zum Faschisten, und aus dem edlen Tarzan wird die Killermaschine Rambo.
Erst »Der mit dem Wolf tanzt« zeigt eine positive Neubewertung des »Zurück zur Wildnis«, die auf eine breite öffentliche Akzeptanz stößt.

Der Amerikaner Jack London (1876–1916) gehörte zu den großen Abenteuerschriftstellern der Jahrhundertwende. Als Autodidakt arbeitete er sich vom Goldsucher, Seemann und Landstreicher zum Journalisten hoch und schrieb seine Bücher über die »äußere« und »innere« Wildnis, die er selbst erfahren hatte. Seine berühmteste Romanschöpfung ist der mehrfach verfilmte »Seewolf«, die fast archetypische Gestalt des Robbenfänger-Kapitäns Wolf Larsen, in dem sich tierische Wildheit mit einer an Nietzsche erinnernden Übermenschenphilosophie verbinden. Dieser wilde Larsen wird im Roman aus der Sicht des Schriftstellers van Weyden beschrieben, der als Schiffbrüchiger in seinen Dienst gezwungen wurde und die Werte zivilisierter Kultur vertritt. Trotz seiner Abscheu findet Weyden aber in dem Gewaltmenschen Larsen etwas, was ihn zutiefst fasziniert und im Lauf des Romans seinen Charakter nachhaltig verwandelt.

JACK LONDON

Gespräche mit dem Seewolf

»Mein Fehler war, daß ich je ein Buch aufgeschlagen habe.«

Wolf Larsen

Am nächsten Morgen hatte sich der Sturm gelegt, und die »Ghost« wiegte sich leicht auf einer ruhigen See. Nur hin und wieder war ein leichter Hauch zu spüren, und Wolf Larsen machte andauernd die Runde auf dem Achterdeck, während seine Augen unausgesetzt das Meer in Nordost absuchten, von wo der Passat wehen mußte.

Alle Mann sind auf Deck beschäftigt, die verschiedenen Boote für die Jagd instand zu setzen. Sieben Boote befinden sich an Bord, die kleine Jolle des Kapitäns und die sechs für die Jäger. Je drei Mann, ein Jäger, ein Ruderer und ein Steuermann, bilden eine Bootsmannschaft. An Bord des Schoners gehören Ruderer und Steuermänner zur Besatzung. Auch die Jäger müssen sich an den Wachen beteiligen und unterstehen im übrigen immer den Befehlen Wolf Larsens. Alles dies und noch mehr habe ich gelernt. Die »Ghost« gilt als der schnellste Schoner der Flotten von San Francisco und Victoria. Sie war ursprünglich eine Privatjacht und besonders als Schnellsegler gebaut. Ihre Linien und die ganze Einrichtung – wenn ich auch nichts davon verstehe – sprechen für sich selber.

Johnson erzählte mir davon in einer kurzen Unterhaltung, die ich gestern während der zweiten Hundewache mit ihm hatte. Er sprach von dem schönen Fahrzeug mit derselben Liebe und Begeisterung, wie manche Menschen sie für Pferde haben.

Wie Johnson mir erzählte, ist die »Ghost« ein Achtzigtonnenschoner von einem besonders feinen Typ. Ihre größte Breite beträgt 23, ihre Länge etwas über 90 Fuß. Ein Bleikiel von unbekanntem, aber bedeutendem Gewicht macht sie sehr stabil, und sie trägt eine ungeheure Segelfläche. Vom Deck bis zum Großmasttopp mißt sie reichlich 100 Fuß, während der Fockmast mit seiner Marsstenge acht bis zehn Fuß kürzer ist. Ich berichte diese Einzelheiten, um einen Begriff von der Größe dieser kleinen schwimmenden Welt mit ihren 22 Seelen zu geben. Es ist eine Miniaturwelt, ein Splitterchen, ein Punkt, und immer wieder wundere ich mich, daß die Menschen es gewagt haben, die See mit einem so gebrechlichen kleinen Ding zu versuchen.

Wolf Larsen gilt als verwegener Seemann. Ich hörte Henderson und Standish, einen kalifornischen Jäger, darüber reden. Vor zwei Jahren hatte er in einem Orkan in der Beringsee die Masten der »Ghost« kappen lassen, worauf die jetzigen eingesetzt wurden, die in jeder Beziehung stärker und schwerer sind. Damals soll er gesagt haben, er wolle lieber kentern, als die neuen Hölzer verlieren.

Jedermann an Bord, mit Ausnahme Johansens, dem seine Beförderung zu Kopfe gestiegen ist, scheint eine Entschuldigung dafür zu haben, daß er sich an Bord der »Ghost« befindet. Fast die Hälfte der Leute im Vorschiff sind Tiefseematrosen, und sie entschuldigen sich damit, nichts von dem Schiff und seinem Kapitän gewußt zu haben. Von den Jägern wird gemunkelt, daß sie, so ausgezeichnete Schützen sie seien, wegen ihrer Streitsucht und verbrecherischen Neigungen keine Heuer auf einem anständigen Fahrzeug hätten finden können.

Ich habe die Bekanntschaft eines andern Mannes von der Besatzung gemacht – Louis', eines Iren aus Neuschottland, eines freundlichen, gutmütigen und sehr verträglichen Burschen, der stets zu einer Unterhaltung bereit ist, sobald er nur einen Zuhörer finden kann. Am Nachmittag, wenn der Koch unten sein Mittagsschläfchen hält und ich meine ewigen Kartoffeln schäle, kommt Louis zu einem langen Plausch in die Kombüse. Er entschuldigt seine Anwesenheit an Bord damit, daß er betrunken war, als er sich anheuern ließ. Immer wieder versichert er mir, daß er es nicht im Traum getan hätte, wenn er nüchtern gewesen wäre. Er scheint seit einem Dutzend Jahren regelmäßig mit auf die Robbenjagd zu gehen und gilt als bester oder zweitbester Bootssteuermann in beiden Flotten.

»Ach, mein Junge«, er schüttelte unheilverkündend den Kopf, »du hast dir gerade den schlimmsten Schoner ausgesucht, und dabei warst du nicht einmal besoffen wie ich. Auf jedem

Schiff ist die Robbenjagd ein Fest für die Matrosen. Der Steuermann war der erste, aber denk an mich: Es wird noch mehr Tote geben, ehe die Fahrt zu Ende ist. Es bleibt zwischen uns: Dieser Wolf Larsen ist der Teufel selber, und seit er die ›Ghost‹ bekommen hat, ist sie ein Höllenschiff.

Ich weiß noch gut, wie er vor zwei Jahren in Hakodate einen Anfall kriegte und vier von seinen Leuten niederschoß. Ich war ja keine dreihundert Meter davon auf der ›Emma‹. Und im selben Jahre erschlug er einen Mann mit der bloßen Faust. Ja, schlug ihn tot, zerquetschte ihm den Kopf wie eine Eierschale. Als ob ich das nicht wüßte! Ein Tier ist dieser Wolf Larsen – die große Bestie in der Offenbarung Johannis! Es wird ein Ende mit Schrecken nehmen! Aber ich habe nichts gesagt, denk daran. Nicht einen Ton hab' ich geflüstert, denn der alte dicke Louis möchte gern die Reise überleben, und wenn der letzte von euch zu den Fischen geht. – Wolf Larsen«, sprudelte er einen Augenblick später heraus. »Beachte das Wort, hörst du: – Wolf – ein Wolf ist er. Er hat nicht ein schwarzes Herz wie manche Menschen. Er hat überhaupt kein Herz. Ein richtiger Wolf ist er. Er trägt seinen Namen mit Recht!«

»Aber wenn er so berüchtigt ist«, fragte ich, »wie ist es dann möglich, daß er immer noch Leute bekommt?«

»Wie ist es möglich, daß man überhaupt Leute bekommt, um irgend etwas auf Gottes Welt zu tun?« fragte Louis mit keltischem Feuer. »Würde ich an Bord sein, wenn ich nicht viehisch besoffen gewesen wäre, als ich unterschrieb? Manche, wie die Jäger, können keinen bessern Schiffer finden, und manche, wie die armen Teufel vorn, wußten es nicht besser. Aber sie werden schon darauf kommen und werden den Tag verfluchen, an dem sie geboren sind. Ich könnte weinen über die armen Menschen, hätte ich nicht genug an den armen alten Louis und die Unannehmlichkeiten zu denken, die seiner noch warten. Aber ich habe keinen Ton gesagt, denk daran, keinen Ton! – Die Jäger sind schlechte Kerle«, brach er wieder los, denn wenn er einmal im Reden war, konnte er so bald nicht aufhören. »Aber wart's nur ab! Wenn sie betrunken sind und aus reinem Vergnügen zu streiten anfangen – er wird mit ihnen fertig. Er wird sie schon Gottesfurcht lehren! Sieh mal meinen Jäger, Horner. ›Mord‹-

Horner nennen sie ihn, und er sieht so ruhig und umgänglich aus und spricht so sanft wie ein Mädchen, daß man glaubt, die Butter könne ihm nicht im Munde schmelzen. Und hat er nicht letztes Jahr seinen Bootssteuermann getötet? Unglücksfall, sagte man, aber ich traf den Bootspuller in Yokohama, und der hat mir die Wahrheit erzählt. Und ›Smoke‹, der schwarze kleine Kerl – steckten ihn die Russen nicht drei Jahre in die sibirischen Salzminen, weil er auf Copper Island Fische gestochen hatte – ein Privileg der Russen? Mit Händen und Füßen war er an seine Kameraden gefesselt. Und kamen sie nicht doch ins Raufen? Und kam der andere nicht stückweise im Eimer oder zur Mine heraus: heute ein Bein, morgen ein Arm, am nächsten Tage der Kopf und so weiter?«

»Aber das ist doch nicht möglich!« schrie ich, von Entsetzen überwältigt.

»Nicht möglich?« fuhr er blitzschnell fort. »Ich habe nichts gesagt. Ich bin taub und stumm, und wenn du deine Mutter liebhast, bist du's auch. Nie hab' ich den Mund aufgemacht, um etwas anderes als Gutes und Schönes über ihn und die andern zu sagen. Gott verdamm' seine Seele! Möge er zehntausend Jahre im Fegefeuer schmoren und dann in die allertiefste Hölle kommen.«

Johnson, der Mann, der mir die Haut abgerieben hatte, als ich an Bord kam, schien mir von allen Leuten, vorn und achtern, der am wenigsten zweifelhafte. Es war tatsächlich gar nichts Zweifelhaftes an ihm. Seine Offenheit und Männlichkeit war auf den ersten Blick überzeugend, und dazu kam eine Bescheidenheit, die man leicht für Schüchternheit halten konnte. Aber schüchtern war er nicht. Er hatte vielmehr den Mut der Überzeugung, die Sicherheit seiner Männlichkeit. Das war es, was ihn gleich zu Beginn unserer Bekanntschaft gegen die falsche Aussprache seines Namens hatte protestieren lassen. Louis sprach über ihn und prophezeite:

»Das ist ein Prachtkerl, dieser Johnson«, sagte er. »Unser bester Seemann und mein Puller. Aber er und Wolf Larsen werden aneinandergeraten, so sicher wie zwei mal zwei vier ist. Das weiß ich. Ich kann den Sturm schon aufziehen sehen. Der Wolf ist stark, und es ist die Art des Wolfes, Stärke bei andern zu hassen.

Und Stärke findet er bei Johnson – kein Kriechen, kein ›Jawohl, Herr, ergebensten Dank, Herr‹ für ein Schimpfwort oder einen Faustschlag. – Ja, es kommt, es kommt! Und Gott weiß, wo ich einen andern Puller hernehmen soll! Was tut der Narr, als der ›Alte‹ ihn Yonson nennt? ›Ich heiße Johnson, Herr‹, und buchstabiert ihm den Namen vor. Du hättest das Gesicht des ›Alten‹ sehen sollen! Ich dachte schon, er würde auf der Stelle über ihn herfallen. Er tat es nicht, aber er wird es tun, und er wird diesem Hartschädel das Licht ausblasen, oder ich kenne meine Leute nicht.« –

Thomas Mugridge wird unerträglich. Bei jeder Anrede muß ich »Herr« zu ihm sagen. Es dürfte mitsprechen, daß Wolf Larsen eine Vorliebe für ihn gefaßt hat. Es ist wohl unerhört, daß ein Kapitän auf vertrautem Fuße mit seinem Koch steht, aber Wolf Larsen tut es. Zwei- oder dreimal hat er schon den Kopf zur Kombüse hereingesteckt und Mugridge gutmütig geneckt, und heute nachmittag standen sie eine volle Viertelstunde auf dem Achterdeck und unterhielten sich. Als der Koch wieder in die Kombüse trat, glänzte sein Gesicht, als wäre es mit Fett eingeschmiert, und er sang zu seiner Arbeit so falsch, daß es herzzerreißend war.

Er war tatsächlich der ekelhafteste, widerwärtigste Mensch, den ich je getroffen habe. Seine Kocherei war eine unbeschreibliche Schweinerei, und da er alles kochte, was an Bord gegessen wurde, mußte ich mir mit allergrößter Vorsicht das am wenigsten Schmutzige aus dem Fraß heraussuchen.

Ich war nicht gewohnt zu arbeiten, und meine Hände schmerzten mich sehr. Die Nägel wurden schwarz und die Haut so schmutzig, daß selbst eine Scheuerbürste sie nicht mehr reinigen konnte. Immer neue Blasen schmerzten, und dazu hatte ich eine große Brandwunde am Unterarm, die ich mir zugezogen hatte, als ich einmal beim Rollen des Schiffes das Gleichgewicht verlor und gegen den Herd geschleudert wurde. Mein Knie hatte sich noch nicht gebessert. Es war immer noch geschwollen. Das Herumhumpeln von früh bis in die Nacht war nicht dazu angetan, es zu heilen. Wenn es überhaupt besser werden sollte, mußte ich Ruhe haben.

Ruhe! Nie zuvor hatte ich den Sinn dieses Wortes verstanden.

Ohne es zu wissen, hatte ich mein ganzes Leben geruht. Aber jetzt! Hätte ich nur eine halbe Stunde stillsitzen können, ohne etwas zu tun, ja, ohne zu denken – es wäre das Schönste von der Welt für mich gewesen. Aber es war doch eine Offenbarung für mich. Jetzt wäre ich besser imstande, das Leben eines Arbeiters zu würdigen.

Es gibt Anzeichen von zunehmender Mißstimmung im »Zwischendeck«, und es heißt, daß schon eine Prügelei zwischen »Smoke« und Henderson stattgefunden habe. Henderson scheint der beste von den Jägern zu sein, ein besonnener Bursche, der schwer aus seiner Ruhe kommt. Diesmal muß er aber sehr erbost gewesen sein, denn als »Smoke« zum Abendbrot in die Kajüte kam, hatte er ein blaues Auge und sah bös aus.

Gerade vor dem Abendbrot hatte sich auf Deck etwas ereignet, das für die Gefühllosigkeit und Roheit dieser Männer bezeichnend ist. Unter der Mannschaft befindet sich ein junger Mensch namens Harrison, ein plump aussehender Bauernbursche, der, vermutlich von Abenteuerlust getrieben, seine erste Seereise macht. In dem leichten veränderlichen Wind laviert der Schoner ziemlich viel, und dann muß jedesmal ein Mann nach oben gehen, um das vordere Gaffeltoppsegel umzulegen. Irgendwie hatte sich nun, als Harrison oben war, die Schot im Block am Ende der Gaffel festgeklemmt. Soviel ich verstand, gab es zwei Möglichkeiten, sie loszubekommen – erstens, das Segel herunterzufieren, was verhältnismäßig leicht und gefahrlos war, zweitens, auf der Piek bis zum Ende der Gaffel hinauszuklettern, ein gewagtes Unternehmen. Johansen rief Harrison zu, er solle hinausklettern. Alle sahen, daß der Junge Angst hatte, und dazu hatte er alle Ursache: achtzig Fuß über dem Deck und nichts, um sich festzuhalten, als dies dünne, ruckweise hin und her geschleuderte Tau! Hätte ein stetiger Wind geweht, so würde es nicht so schlimm gewesen sein, aber die »Ghost« rollte ohne Ladung in der Dünung, und bei jedem Überholen gerieten die Segel in schwingende Bewegung und schlugen, und die Falle wurden schlaff und dann mit einem Ruck wieder straff. Sie vermochten einen Mann hinunterzufegen wie ein Peitschenschmitz eine Fliege.

Harrison hörte den Befehl und verstand, was man von ihm

verlangte, zögerte jedoch. Vermutlich war er das erstemal in seinem Leben in der Takelung. Johansen, von Wolf Larsens Herrschsucht angesteckt, brach in einen Strom von Flüchen aus.

»Genug, Johansen«, sagte der Kapitän schroff, »das Fluchen auf dem Schiff besorge ich selbst, daß Sie und alle es wissen. Wenn ich Ihre Hilfe brauche, werde ich Sie rufen.«

»Jawohl, Herr«, antwortete der Steuermann unterwürfig.

Unterdessen war Harrison auf das Fall hinausgeklettert. Ich blickte durch die Kombüsentür hinauf und konnte sehen, wie er zitterte, als wären ihm alle Glieder vom Schüttelfrost gepackt. Er kroch ganz langsam und vorsichtig, Zoll für Zoll. Von dem klaren Blau des Himmels hob er sich ab wie eine Riesenspinne, die an ihrem Netzwerk entlangkriecht.

Er mußte leicht aufwärts klettern, denn das Segel stand nach oben. Das Fall, das durch verschiedene Blöcke an Gaffel und Mast lief, gab ihm einige Stützpunkte für Hände und Füße. Aber das schlimmste war, daß der Wind nicht kräftig und stetig genug wehte, um das Segel zu blähen. Als er sich etwa in der Mitte befand, machte die »Ghost« eine Schlingerbewegung nach Luv und wieder zurück in ein Wellental. Harrison hielt inne und klammerte sich fest. Achtzig Fuß unter ihm konnte ich seine krampfhaften Muskelbewegungen sehen: Er kämpfte um sein Leben. Das Segel wurde schlaff und schwang mittschiffs. Das Fall gab nach, und obgleich sich das alles mit großer Schnelligkeit abspielte, konnte ich doch sehen, wie es durch sein Körpergewicht sackte. Dann schwang die Gaffel mit einem Ruck zur Seite, das große Segel schwoll wie aus der Kanone geschossen, und die dreifache Reihe von Reffzeisingen klatschte wie eine Gewehrsalve gegen die Leinwand. Harrison sauste, immer noch festgeklammert, durch die Luft, aber das Fall straffte sich wieder mit einem scharfen Ruck. Es war wie ein Peitschenhieb. Da verlor er den Halt. Die eine Hand wurde losgerissen, die andere krampfte sich einen Augenblick verzweifelt fest, dann folgte auch sie. Der Körper sauste hinunter, aber glücklicherweise blieb er mit den Füßen hängen. Durch eine schnelle Bewegung gelang es ihm, das Fall zu packen, aber es dauerte lange, bis er sich wieder hochgeschwungen hatte. Da hing er – ein kläglicher Anblick.

»Wetten, daß ihm heute das Abendbrot nicht schmecken

wird«, hörte ich Wolf Larsen sagen, dessen Stimme um die Ecke der Kombüse zu mir drang. »Johansen, abhalten! Passen Sie auf! Jetzt kommt die Bö!«

Harrison mußte sich sehr elend fühlen. Lange klammerte er sich an seinen schwankenden Halt, ohne auch nur einen Versuch zu machen, sich zu bewegen. Aber Johansen trieb ihn an, seine Aufgabe zu vollenden. »Es ist eine Schande!« hörte ich Johnson in langsamem, aber korrektem Englisch knurren. Er stand beim Großmast, ganz nahe bei mir. »Der Junge hat guten Willen. Mit der Zeit wird er es schon lernen. Aber das ist ...« Er machte eine Atempause und beendete dann sein Urteil: »Mord!«

»Willst du still sein!« flüsterte Louis ihm zu. »Wenn dir dein Leben lieb ist, so halt den Mund.«

Aber Johnson knurrte weiter.

Der Jäger Standish sagte zu Wolf Larsen: »Er ist mein Puller, und ich möchte ihn nicht verlieren.«

»Stimmt, Standish«, lautete die Antwort. »Wenn du ihn im Boot hast, ist er dein Puller, solange ich ihn aber hier an Bord habe, ist er mein Matrose, und da mache ich mit ihm, was mir gefällt.«

»Aber das ist doch kein Grund ...«, begann Standish erregt.

»Es ist gut«, unterbrach ihn Wolf Larsen. »Ich habe meine Meinung gesagt, und damit genug. Der Mann gehört mir, und wenn es mir paßt, kann ich Suppe aus ihm kochen und sie essen.«

Die Augen des Jägers funkelten zornig, aber er drehte sich um und ging die Treppe zum Zwischendeck hinab, wo er stehenblieb und hinaufsah. Alle Mann befanden sich an Deck, und alle Augen waren nach oben gerichtet, wo ein menschliches Wesen mit dem Tode rang. Die Gefühllosigkeit dieser Menschen war entsetzenerregend. Ich, der ich abseits vom Trubel der Welt gelebt hatte, hätte mir nie träumen lassen, daß es draußen so zuging. Das Leben war mir stets als etwas besonders Heiliges erschienen, und hier galt es nichts, war nur eine Ziffer in einer geschäftlichen Berechnung. Ich muß gestehen, daß manche der Matrosen doch Mitgefühl empfanden, wie Johnson zum Beispiel, aber die Vorgesetzten – die Jäger und der Kapitän – waren ganz herzlos. Selbst der Einspruch Standishs war nur dem Wunsche entsprungen, seinen Bootspuller nicht zu verlieren. Hätte es sich um den Ruderer eines anderen Jägers gehandelt, so würde er sich wie sie darüber belustigt haben. Doch zurück zu Harrison! Johansen schmähte und beleidigte den armen Kerl, aber es dauerte volle zehn Minuten, bis er ihn wieder in Bewegung gebracht hatte. Kurz darauf hatte er das Ende der Gaffel erreicht, wo er sich, auf der Spiere reitend, besser festhalten konnte. Er machte die Schot klar und hätte nun am Fall entlang zum Mast zurückklettern können. Aber er hatte den Kopf verloren. So unsicher seine jetzige Lage war, wollte er sie doch nicht mit der noch unsichereren auf dem Fall vertauschen.

Er blickte auf den luftigen Weg, den er passieren sollte, und dann hinunter aufs Deck. Noch nie hatte ich so viel Furcht auf dem Gesicht eines Menschen ausgeprägt gesehen. Vergebens rief Johansen, daß er herunterkommen solle. Jeden Augenblick konnte er von der Gaffel geschleudert werden, aber er war hilflos vor Angst. Wolf Larsen, der, in eine Unterhaltung mit »Smoke« vertieft, auf und nieder schritt, nahm keine Notiz von ihm, nur rief er dem Mann am Rad einmal scharf zu: »Du bist aus dem Kurs, Mann! Paß auf, daß du dir keine Unannehmlichkeiten zuziehst!«

»Jawohl, Herr«, erwiderte der Rudergast und drehte das Rad. Er hatte die »Ghost« ein paar Strich aus dem Kurs gebracht, damit das bißchen Wind das Vorsegel füllen und prall halten konnte. Er hatte dem unglücklichen Harrison helfen wollen, auf die Gefahr hin, Wolf Larsens Zorn heraufzubeschwören.

Die Zeit verging, und meine Spannung war furchtbar. Thomas Mugridge hingegen fand die Geschichte außerordentlich lustig, er steckte fortwährend den Kopf zur Kombüse heraus, um scherzhafte Bemerkungen zu machen.

Wie ich ihn haßte! Und wie mein Haß in diesen bangen Minuten ins Riesenhafte wuchs! Zum erstenmal in meinem Leben verspürte ich die Lust zu morden. Mochte Leben im allgemeinen etwas Heiliges sein – für Thomas Mugridge galt mir dies nicht mehr. Ich war entsetzt, als ich mir darüber klarwurde, und durch mein Hirn fuhr der Gedanke: War ich auch von der Roheit meiner Umgebung angesteckt? Ich, der ich selbst für die abscheulichsten Verbrechen die Berechtigung der Todesstrafe geleugnet hatte? Wohl eine halbe Stunde verging. Da sah ich Johnson in einem Wortwechsel mit Louis. Er endete damit, daß Johnson den Arm des andern, der ihn halten wollte, beiseite schob und nach vorn ging. Er überquerte das Deck, sprang in die Takelung und begann zu klettern. Aber das schnelle Auge Wolf Larsens hatte ihn erfaßt. »Hallo, Mann, wohin?« rief er.

Johnson hielt im Klettern inne. Er blickte seinem Kapitän in die Augen und sagte: »Ich will den Jungen herunterholen.«

»Du wirst herunterkommen, und das ein bißchen plötzlich. Verstanden? 'runter!«

Johnson zögerte, aber der langjährige unbedingte Gehorsam gegen den Herrn des Schiffes übermannte ihn, er glitt aufs Deck herab und ging nach vorn.

Um halb sechs ging ich hinunter, um den Kajütentisch zu dekken, aber ich wußte kaum, was ich tat, denn immer sah ich den totenbleichen, zitternden Menschen vor mir, der sich wie ein Käfer an die Gaffel klammerte. Als ich um sechs Uhr an Deck kam, um das Abendbrot aufzutragen, sah ich Harrison immer noch in derselben Lage. Die Unterhaltung bei Tisch drehte sich um andere Dinge. Kein einziger schien sich für das so grundlos gefährdete Leben zu interessieren. Als ich aber noch einmal nach der Kombüse mußte, sah ich zu meiner Freude Harrison nach der Back wanken. Er hatte endlich den Mut zum Herunterklettern gefunden.

Ehe ich diesen Gegenstand verlasse, muß ich eine Unterhaltung berichten, die ich mit Wolf Larsen hatte.

»Sie sahen sehr schlecht aus heute nachmittag«, begann er. »Was fehlte Ihnen?«

Er wußte natürlich gut, was mich beinahe so elend wie Harrison gemacht hatte, er wollte mich nur reizen. Ich antwortete: »Es war die rohe Behandlung des Jungen.«

Er lachte kurz: »Wohl eher Seekrankheit. Mancher kriegt sie, mancher nicht.«

»Nein, das war es nicht«, antwortete ich.

»Doch gewiß«, fuhr er fort. »Die Erde ist so voller Roheit wie das Meer voller Bewegung. Manchen macht dies krank, manchen jenes. Das ist alles.«

»Aber Sie, der Sie Spott mit Menschenleben treiben, legen Sie dem Leben gar keinen Wert bei?« fragte ich.

»Wert? Was für Wert?« Er sah mich an, und obwohl seine Augen ruhig und unbeweglich waren, erschien doch ein zynisches Lächeln in ihnen. »Was für einen Wert? Wie ermessen Sie es? Wer schätzt es?«

»Ich selbst«, gab ich zur Antwort.

»Wieviel ist es Ihnen denn wert? Das Leben eines anderen, meine ich. Nun, heraus damit! Was ist es wert?«

Der Wert des Lebens? Wie konnte ich dem Leben einen greifbaren Wert beilegen? Merkwürdig: Irgendwie fehlte mir, der ich sonst nie um Worte verlegen war, der Ausdruck, wenn ich mit Wolf Larsen verhandelte. Ich bin später zu der Erkenntnis gelangt, daß teilweise die Persönlichkeit des Mannes, zum größten Teil aber seine völlig andere Einstellung schuld daran war. Im Gegensatz zu andern Materialisten, die ich getroffen habe und mit denen ich doch denselben Ausgangspunkt teilen konnte, hatte ich mit ihm nichts gemein. Vielleicht war es auch die elementare Einfachheit seines Denkens, die mich verwirrte. So direkt ging er stets auf den Kern einer Sache los, entblößte eine Frage von allem überflüssigen Beiwerk, und das mit solcher Entschiedenheit, daß ich mir vorkam, als kämpfte ich in tiefem Wasser, ohne Grund unter den Füßen. Der Wert des Lebens? Wie sollte ich eine solche Frage stehenden Fußes beantworten? Die Heiligkeit des Lebens war für mich immer etwas Gegebenes gewesen. Daß es einen Wert besaß, war eine Wahrheit, die ich nie bezweifelt hatte. Und als er diese offenbare Wahrheit jetzt anfocht, war ich ratlos.

»Wir sprachen gestern davon«, sagte er. »Ich behauptete, das Leben sei ein Gärstoff, ein Ferment, das Leben fräße, um selbst leben zu können, und das Leben sei nichts als erfolgreichste Gemeinheit. Nun, wenn es auf Angebot und Nachfrage ankommt, so ist das Leben das Billigste auf der Welt. Es gibt soundso viel Wasser, soundso viel Erde, soundso viel Luft, aber Leben, das geboren werden möchte, gibt es zur Unendlichkeit. Die Natur ist eine Verschwenderin. Denken Sie an die Fische und ihre Millionen von Eiern. Denken Sie an mich oder Sie. In unsern Lenden ruhen Möglichkeiten für Millionen von Leben. Hätten wir nur Zeit und Gelegenheit, um jedes bißchen ungeborenen Lebens in uns auszunutzen, wir würden die Väter von Nationen werden und Kontinente bevölkern. Leben? Pah! Es hat keinen Wert. Von allem, was billig ist, ist Leben das Billigste. Überall geht es betteln. Die Natur streut es verschwenderisch aus. Wo Raum für ein Leben ist, sät sie tausend, und Leben frißt Leben, bis nur das stärkste und gemeinste übrigbleibt.«

»Sie haben Darwin gelesen«, sagte ich, »aber Sie haben ihn mißverstanden, wenn Sie den Schluß ziehen, daß der Kampf ums Dasein Ihr mutwilliges Vernichten von Leben rechtfertigt.«

Er zuckte die Achseln. »Sie wissen wohl, daß Sie dabei nur an das menschliche Leben denken, denn auf Fleisch, auf Geflügel und Fische verzichten Sie so wenig wie ich oder sonst jemand. Und menschliches Leben unterscheidet sich in keiner Beziehung von tierischem. Warum sollte ich sparsam sein mit diesem Leben, das so billig und wertlos ist? Es gibt mehr Matrosen als Schiffe für sie auf dem Meere, mehr Arbeiter als Maschinen für sie.«

Er schritt nach der Kajütstreppe, drehte aber nochmals den Kopf, um ein letztes Wort zu sagen: »Wissen Sie, welches der einzige Wert des Lebens ist? Den es sich selbst zulegt. Und das ist natürlich eine Überschätzung, eine Bewertung in eigener Sache. Nehmen Sie den Mann, den ich nach oben gehen ließ. Er klammerte sich an, als wäre er etwas überaus Wertvolles, ein Schatz, wertvoller als Diamanten und Rubine. Für Sie? Nein. Für mich? Keineswegs. Für ihn selbst? Ja. Aber ich mache seine Schätzung nicht mit. Er überschätzt sich maßlos. Es gibt unendlich viel Leben, das geboren werden möchte. Wäre er heruntergestürzt und sein Hirn wie Honig aus einer Wabe aufs Deck getropft, die Welt würde keinen Verlust erlitten haben. Der Welt galt er nichts. Das Angebot ist zu groß. Lediglich für sich selbst besaß er einen Wert. Er allein schätzt sich höher ein als Diamanten und Rubine. Die Diamanten und Rubine sind fort, auf Deck verschüttet, um von einem Eimer Seewasser weggespült zu werden – und er weiß nicht einmal, daß Diamanten und Rubine fort sind. Er verliert nichts, denn mit dem Verlust seiner selbst verliert er das Bewußtsein seines Verlustes. Nicht wahr? Nun, was sagen Sie dazu?«

»Daß Sie jedenfalls folgerichtig handeln«, war alles, was ich sagen konnte, und dann machte ich mich ans Aufwaschen.

Nach drei Tagen wechselnden Windes waren wir endlich in den Nordostpassat gekommen. Trotz meinem Knie hatte ich gut geschlafen, und als ich jetzt das Deck betrat, fand ich die »Ghost« mit vollen Segeln außer den Klüvern vor einem frischen Winde vorwärtsjagend. O dieser wunderbare, mächtige Passat! Den ganzen Tag segelten wir, die ganze Nacht, den nächsten Tag und die nächste Nacht und wieder Tag um Tag, immer vor demselben stetigen, starken Wind. Der Schoner segelte ganz von selbst. Es gab kein Heißen und Hahlen von Leinen und Schoten, kein Umlegen der Toppsegel, keine andere Arbeit für die Matrosen als zu steuern. Nachts, wenn die Sonne untergegangen war, wurden die Segel gelockert, wenn morgens dann der Tau verdampfte, wurden sie wieder angezogen – das war alles. Abwechselnd zehn, zwölf, elf Knoten ist die Geschwindigkeit, mit der wir fahren. Und immer aus Nordost bläst der brave Wind, der uns von Morgengrauen bis Morgengrauen an zweihundertundfünfzig Meilen weit auf unserm Kurs treibt. Sie stimmt mich trübe und wieder froh, diese Eile, mit der wir San Francisco hinter uns lassen und hinab in die Tropen schäumen. Mit jedem Tag wird es fühlbar wärmer. In der zweiten Hundewache kommen die Matrosen nackt an Deck und begießen sich eimerweise mit Wasser. Fliegende Fische zeigen sich schon, und nachts versucht die Wache, die auf Deck gefallenen zu fangen. Thomas Mugridge hat seine obligate Bestechung bekommen. So steigt aus der Kombüse der herrliche Duft von gebratenen fliegenden Fischen, während vorn und achtern Delphinfleisch aufgetischt wird. Johnson hat die schimmernden schönen Tiere von der Spitze des Bugspriets aus gespeert. Johnson verbringt fast die ganze Zeit dort und hoch oben auf den Dwarssalingen und beobachtet die »Ghost«, wie sie das Wasser unter dem Druck ihrer Segel durchschneidet. Leidenschaft und Bewunderung leuchten aus seinen Augen, und in einer Art Verzückung starrt er auf die schwellenden Segel, das schäumende Kielwasser und das Heben und Senken über die nassen Berge, die majestätisch unserer Bahn folgen.

Tage und Nächte sind ein Wunder und wildes Entzücken, und obgleich meine traurige Arbeit mir nur wenig Zeit läßt, stehle ich mir doch hier und da einen Augenblick, um immer wieder auf die unendliche Pracht zu schauen, die in der Welt zu finden ich mir nicht hätte träumen lassen. Der Himmel droben ist fleckenlos blau – blau wie das Meer selbst, das unter dem Bug wie azurfarbener Atlas schimmert. Auf allen Seiten stehen am Horizont blasse Wolkenlämmer, unbeweglich, unveränderlich, wie eine Silberfassung um den makellosen Himmelstürkis.

Eine Nacht werde ich nie vergessen. Ich hätte schlafen sollen, lag jedoch auf der Back und blickte hinab auf das geisterhafte Schaumgekräusel, das der Bug der »Ghost« beiseite schob. Es klang wie das Rieseln eines Bächleins über bemooste Steine in einem stillen Tal, und das leise Murmeln verzauberte mich und ließ mich vergessen, daß ich »Hump«, der Kajütsjunge, daß ich van Weyden war, der Mann, der fünfunddreißig Jahre zwischen Büchern verträumt hatte. Aber eine Stimme hinter mir rief mich in die Wirklichkeit zurück. Es war die wohlbekannte Stimme Wolf Larsens, stark wie die unüberwindliche Sicherheit des Mannes und doch weich wie die Worte, die er sprach:

»Oh, die Tropennacht! Sie glüht,
Und das Meer von Funken sprüht
Und den Himmel kühlt.
Stetig zieht der Bug voran seine sternbesäte Bahn,
Wo der Wal, der wilde, spielt.
Zernarbt von der Sonne dein Rumpf ist, mein Schiff,
Deine Falle sind straff vor Tau.
Denn wir fahren unseren alten Kurs, unseren eigenen Kurs,
Fern von den andern.
Denn wir fahren, denn wir wandern, unsern großen Kurs,
Den südlichen Kurs in das ewige Blau.

Na, Hump? Wie gefällt Ihnen das?« fragte er nach einer angemessenen, durch Worte und Situation bedingten Pause.

Ich sah ihm ins Gesicht. Es glühte von Licht wie das Meer selbst, und seine Augen schimmerten im Sternenschein.

»Ich bin, offen gestanden, ganz erstaunt über Ihre Begeisterung«, erwiderte ich kalt.

»Ja, Mann, das ist das Leben! Das Leben selbst!« rief er.

»Das eine billige Ware ohne Wert ist«, gab ich ihm mit seinen eigenen Worten zurück.

Er lachte, und es war das erste Mal, daß ich eine ehrliche Lustigkeit in seiner Stimme hörte.

»Sie wollen also nicht verstehen, was Leben heißt; ich kann es Ihnen nicht in den Schädel hämmern! Natürlich ist das Leben wertlos, nur nicht für einen selber. Und ich kann Ihnen sagen, daß mein Leben jetzt gerade recht wertvoll ist – für mich. Es ist um keinen Preis zu kaufen, was Sie sicher für maßlose Überschätzung halten werden. Aber ich kann nichts dafür, denn es ist eben das Leben in mir, das den Wert bestimmt.«

Er schien nach Worten zu suchen, um seine Gedanken auszudrücken, und fuhr dann fort:

»Wissen Sie, ich bin seltsam gehoben. Die ganze Zeit fühle ich einen Widerhall in mir, als wäre alle Macht der Welt mein. Ich erkenne die Wahrheit, ich kann göttlich Gutes von Bösem, Recht von Unrecht unterscheiden. Ich sehe weit und klar. Fast könnte ich an Gott glauben. Aber«, und seine Stimme veränderte sich, und das Licht erlosch auf seinem Antlitz, »was ist das für ein Zustand, in dem ich mich befinde? Diese Lebensfreude? Dieser Triumph des Lebens? Diese Inspiration, wie ich es wohl nennen darf? Das ist etwas, das kommt, wenn die Verdauung nicht gestört, wenn der Magen in Ordnung, der Appetit gut ist und der ganze Organismus richtig funktioniert. Es ist eine Bestechung des Lebens, Champagner des Blutes, das Aufwallen des Ferments – manchen gibt es heilige Gedanken ein, andere läßt es Gott sehen oder, wenn sie ihn nicht sehen, erschaffen. Das ist alles – der Rausch des Lebens, das Aufbrausen des Gärstoffes, das Murmeln des Lebens, das trunken ist von dem Bewußtsein zu leben. Und – pah! Morgen muß ich dafür zahlen, wie der Säufer zahlen muß. Morgen weiß ich, daß ich sterben muß, höchstwahrscheinlich auf dem Meere, daß ich nicht mehr selbsttätig kriechen, daß ich mich nur noch in Fäulnis bewegen werde mit den Bewegungen der See, daß ich gefressen werde, um alle Kraft und Beweglichkeit meiner Muskeln zu verwandeln in die Kraft und Beweglichkeit von Flossen, Schuppen und Eingeweiden der Fische. Pah! Schon ist der Champagner schal geworden. Das Funkeln und Prickeln ist vorbei, und es ist ein fades Gesöff.«

Er verließ mich ebenso plötzlich, wie er gekommen, lautlos mit der Wucht der Leichtigkeit eines Tigers. Die »Ghost«

pflügte sich ihren Weg. Das Gurgeln am Bug tönte wie Schnarchen, und als ich darauf lauschte, da verließ mich allmählich der Eindruck, den Wolf Larsens rascher Wechsel von hoher Begeisterung zu tiefer Verzweiflung auf mich gemacht hatte. Dann erklang mittschiffs der kräftige Tenor eines Matrosen, der das »Lied des Passats« sang:

Ich bin der Wind, den der Seemann liebt –
Ich bin die Stärke und Treue,
Er folgt meiner Spur in den Wolken hoch,
Über die unergründliche Bläue.

Durch Licht und Dunkel folg' ich der Spur
Des Schiffes wie ein Hund,
Morgens und mittags und mitternachts
Blas' ich die Segel ihm rund.

Manchmal glaube ich, daß Wolf Larsen verrückt oder doch wenigstens nicht ganz richtig ist wegen seiner seltsamen Launen und Grillen. Dann wieder halte ich ihn für einen großen Menschen, für ein Genie, das sein Ziel verfehlt hat. Und schließlich bin ich überzeugt, daß er der Urtyp des primitiven Menschen ist, Jahrtausende zu spät geboren. Sicherlich ist er ein ausgesprochener Ideenmensch. Und dazu ist er sehr einsam. Seine gewaltige Männlichkeit und Geisteskraft verleihen ihm eine Sonderstellung. Es besteht keine geistige Gemeinschaft zwischen ihm und den anderen Männern an Bord. Um einen seiner Einfälle zu zeigen, will ich erzählen, was Thomas Mugridge in der Kajüte zustieß. Ich vervollständige damit gleichzeitig den Bericht über die Angelegenheit, die ich schon zweimal berührt habe. Eines Tages, gleich nach dem Essen, als ich eben mit dem Aufwaschen fertig war, kamen Wolf Larsen und Thomas Mugridge die Treppe herunter. Sonst wagte sich der Koch nicht in die Kajüte. War er dazu gezwungen, um zu seiner Koje zu gelangen, so flitzte er wie ein furchtsames Gespenst hindurch.

»So, du kannst ›Nap‹ spielen!« sagte Wolf Larsen vergnügt. »Ich hätte mir denken können, daß ein Engländer das Spiel kennt. Ich hab' es selbst auf englischen Schiffen gelernt.«

Thomas Mugridge war außer sich vor Freude, daß er sich an

einen Tisch mit dem Kapitän setzen durfte. Sein Dünkel und seine peinlichen Anstrengungen, sich die ungezwungene Haltung eines Mannes zu geben, der von Geburt für einen würdigen Platz im Leben ausersehen ist, würden ekelerregend gewesen sein, hätten sie nicht so lächerlich gewirkt. Meine Gegenwart ignorierte er völlig, wobei ich ihm jedoch zugute halten will, daß er einfach nicht imstande war, mich zu sehen. Seine blassen, wässerigen Augen schwammen in Verzückung, wenn mir auch unerfindlich war, was für selige Visionen er haben mochte.

»Hol die Karten, Hump«, befahl Wolf Larsen, als sie am Tisch Platz nahmen. »Und bring Zigarren und Whisky aus meiner Koje.«

Als ich wiederkam, hörte ich gerade, wie der Cockney sich in Andeutungen erging, daß irgendein Geheimnis über ihm läge: Er sei sicher der Sohn eines vornehmen Herrn, und er bekäme Geld, wogegen er sich hätte verpflichten müssen, England nicht wieder zu betreten. »Schönes Geld, Herr«, drückte er sich aus, »schönes Geld, damit ich mich packe und wegbleibe.« Ich hatte die gewohnten Schnapsgläser gebracht, aber Wolf Larsen runzelte die Stirn, schüttelte den Kopf und gab mir einen Wink, daß ich Wassergläser bringen sollte. Ich füllte sie zu zwei Dritteln mit unvermischtem Whisky – »Ein Gentlemangetränk«, sagte Thomas Mugridge –, sie stießen auf gutes Spiel an, steckten sich Zigarren an und begannen dann, die Karten zu mischen und auszuteilen.

Sie spielten um Geld. Sie erhöhten die Einsätze. Sie tranken Whisky und leerten die Gläser, und ich holte mehr. Ich weiß nicht, ob Wolf Larsen betrog oder nicht – er wäre sicher fähig dazu gewesen –, aber jedenfalls gewann er andauernd. Der Koch machte wiederholt einen Abstecher nach seiner Koje, um Geld zu holen. Jedesmal schwankte er mehr, brachte aber immer nur einige wenige Dollar auf einmal. Er wurde sentimental, vertraulich, konnte kaum noch die Karten sehen und aufrecht sitzen. Als er den nächsten Ausflug nach seiner Koje antrat, hakte er Wolf Larsen seinen fettigen Zeigefinger ins Knopfloch und wiederholte mehrmals ausdruckslos: »Ich kriege Geld, ich kriege Geld, sag' ich Ihnen. Ich bin der Sohn eines feinen Herrn.«

Schließlich setzte der Koch unter der Beteuerung, er könne

verlieren wie ein Gentleman, sein letztes Geld und verlor. Worauf er den Kopf auf die Hände sinken ließ und weinte. Wolf Larsen betrachtete ihn neugierig, als dächte er daran, ihn zu vivisezieren, änderte jedoch seine Absicht, nachdem er zu der Erkenntnis gekommen, daß eine Untersuchung hier ergebnislos bleiben müsse. »Hump«, sagte er mit vollendeter Höflichkeit zu mir, »wollen Sie die Freundlichkeit haben, Herrn Mugridges Arm zu nehmen und ihm an Deck zu helfen. Er fühlt sich nicht ganz wohl. – Und sagen Sie Johansen, daß er ihn mit ein paar Pützen Seewasser duschen soll«, fügte er leise hinzu, so daß nur ich es hören konnte. Ich überließ Mugridge an Deck den Händen einiger grinsender Matrosen, die Johansen zu diesem Zwecke gerufen hatte. Herr Mugridge faselte immer noch davon, daß er der Sohn eines vornehmen Herrn sei. Als ich jedoch die Kajütstreppe hinabstieg, um den Tisch abzuräumen, hörte ich ihn kreischen; der erste Guß hatte ihn getroffen.

Wolf Larsen zählte seinen Gewinn.

»Genau hundertfünfundachtzig Dollar!« sagte er laut. »Gerade wie ich mir dachte. Der Lump kam ohne einen Pfennig an Bord.«

»Und Ihr Gewinn gehört mir, Herr«, sagte ich beherzt.

Er beehrte mich mit einem spöttischen Lächeln. »Ich habe mich seinerzeit ein wenig mit Grammatik beschäftigt, Hump, und ich glaube, Sie bringen die Zeiten durcheinander. ›Hat mir gehört‹, hätten Sie sagen sollen.«

»Hier ist nicht die Rede von Grammatik, sondern von Moral«, erwiderte ich.

Er ließ eine Weile verstreichen, ehe er sprach.

»Wissen Sie, Hump«, sagte er bedächtig und mit einem rätselhaften Klang von Traurigkeit in der Stimme, »wissen Sie, daß dies das erste Mal ist, daß ich auf diesem Schiff das Wort Moral aus dem Munde eines Mannes höre! Und Sie und ich sind die einzigen an Bord, die die Bedeutung dieses Wortes kennen. – Es gab eine Zeit in meinem Leben«, fuhr er nach einer Pause fort, »da ich davon träumte, mit Männern sprechen zu dürfen, die eine solche Sprache redeten, mich aus der Lebensstellung, in der ich geboren, emporzuheben und Umgang zu pflegen mit Menschen, die über Dinge wie Moral sprachen. Es ist das erste Mal, daß ich dies Wort aussprechen höre. – Aber das nur nebenbei! Sie haben unrecht. Dies hat weder etwas mit Grammatik noch mit Moral zu tun, es handelt sich einfach um eine Tatsache.«

»Ich verstehe«, sagte ich. »Um die Tatsache, daß Sie jetzt das Geld haben.«

Seine Züge erhellten sich. Meine schnelle Auffassung schien ihm zu gefallen.

»Aber wir umgehen die eigentliche Frage«, fuhr ich fort, »die des Rechtes.«

»Ach!« bemerkte er und zog den Mund schief. »Ich sehe, Sie glauben noch an so etwas wie Recht und Unrecht.«

»Glauben Sie denn nicht daran? – Gar nicht?« fragte ich.

»Nicht die Spur. Macht ist Recht, das ist alles, was darüber zu sagen ist. Schwäche ist Unrecht. Es ist gut für einen Menschen, wenn er stark, schlecht für ihn, wenn er schwach ist – oder noch besser: Es ist angenehm, stark zu sein, weil man Vorteil davon hat, es ist peinlich, schwach zu sein, weil es Verlust bedeutet. Der Besitz dieses Geldes ist etwas Schönes. Sein Besitz ist angenehm. Und da ich die Möglichkeit habe, es zu besitzen, wäre es ein Unrecht gegen mich selbst, wenn ich es Ihnen gäbe und mich des Vergnügens, es zu besitzen, beraubte.«

»Aber Sie begehen ein Unrecht gegen mich, wenn Sie es behalten«, wandte ich ein.

»Keineswegs. Ein Mensch kann kein Unrecht gegen den andern begehen. Nur gegen sich selbst. Von meinem Standpunkt aus tue ich stets ein Unrecht, wenn ich die Interessen anderer beachte. Verstehen Sie? Wie kann ein Stückchen Ferment dem andern unrecht tun, wenn es dasselbe zu verschlingen sucht? Der Drang, zu verschlingen und sich selbst gegen das Verschlungenwerden zu wehren, ist ihm angeboren. Unterdrücken Sie diesen Drang, so sündigen Sie.«

»Sie glauben also nicht an Altruismus?« fragte ich.

Er sann einen Augenblick nach, als hätte das Wort für ihn einen fremden, aber doch nicht ganz fremden Klang. »Warten Sie mal, heißt das nicht so etwas wie Zusammenarbeit?«

»Nun ja, so etwas Ähnliches«, erwiderte ich, diesmal nicht überrascht durch eine solche Lücke in seinem Wortschatz, da er ja reiner Autodidakt war, ein Mann, der viel gedacht und wenig, vielleicht gar nicht gesprochen hatte. »Eine uneigennützige Handlung ist eine solche, die man zum Wohle anderer vollbringt. Sie ist uneigennützig, im Gegensatz zu der eigennützigen Handlung, die man zu seinem eigenen Vorteil begeht.«

Er nickte. »O ja, jetzt erinnere ich mich. Ich habe bei Spencer darüber gelesen.«

»Spencer!« rief ich. »Sie haben Spencer gelesen?«

»Nicht sehr viel«, räumte er ein. »Ich verstand allerhand von seinen ›Grundprinzipien‹, aber seine ›Biologie‹ hat mir doch den Wind aus den Segeln genommen, und seine ›Psychologie‹ hat mich lange in der Flaute treiben lassen. Ich konnte mit dem besten Willen nicht verstehen, worauf er hinauswollte. Ich habe damals die Ursache in meiner geistigen Unvollkommenheit gesucht, bin aber später zu der Überzeugung gelangt, daß mir die Voraussetzungen fehlten. Ich hatte nicht die richtige Grundlage. Nur Spencer und ich wissen, wie ich gebüffelt habe. Aber von seinen ›Ethischen Daten‹ habe ich doch etwas gehabt. Und darin fand ich eine Abhandlung über Altruismus und weiß jetzt auch, in welcher Bedeutung er das Wort anwandte.«

Ich hätte gern gewußt, was der Mann von diesem Werke gehabt hatte. Ich erinnerte mich genügend an Spencer, um zu wissen, daß der Altruismus für ihn das höchste sittliche Ideal war. Wolf Larsen hatte offenbar unter der Lehre des großen Philosophen Auslese gehalten und seinen eigenen Bedürfnissen und Wünschen gemäß gewählt und verworfen.

»Was haben Sie sonst noch darin gefunden?« fragte ich.

Er runzelte leicht die Stirn vor Anstrengung, einen treffenden Ausdruck für Gedanken zu finden, denen er noch nie Worte verliehen hatte. Ich spürte in mir einen geistigen Hochmut. Jetzt tastete ich seine Seele ab, wie er die anderer abzutasten pflegte. Ich befand mich auf jungfräulichem Gebiet. Eine fremdartige, eine unheimlich fremdartige Gegend entrollte sich hier vor meinen Augen.

»Mit so wenig Worten wie möglich«, begann er, »sagt Spencer etwa folgendes: Zunächst muß ein Mensch zu seinem eigenen Besten handeln – das ist moralisch und gut. Dann muß er zum Besten seiner Kinder handeln. Und drittens zum Besten seiner Familie.«

»Und die höchste, vornehmste und einzig richtige Handlungsweise«, warf ich ein, »ist die, die gleichzeitig ihm selbst, seinen Kindern und seiner ganzen Familie frommt.«

»Das unterschreibe ich nicht ganz«, erwiderte er. »Ich kann weder die Notwendigkeit noch die Vernunft davon einsehen. Ich nehme Familie und Kinder aus. Für sie würde ich nichts opfern. Das ist nichts als Gefühlsduselei, wenigstens für einen Mann, der nicht an ein ewiges Leben glaubt. Gäbe es Unsterblichkeit, so wäre Altruismus ein Geschäft, das sich bezahlt machte. Dann könnte sich meine Seele vielleicht zu den höchsten Höhen aufschwingen. Aber ohne Aussicht auf etwas anderes Ewiges als den Tod und nur die kleine Spanne dieses Leben genannten Gärungsprozesses vor mir würde mir eine Handlung, die mir ein Opfer auferlegt, unmoralisch erscheinen. Jedes Opfer, durch das ich auch nur das Geringste dieses Gärungsprozesses verlöre, wäre Torheit, ja nicht nur Torheit, sondern ein Unrecht gegen mich selbst, und daher etwas Schlechtes.«

»Dann sind Sie ein reiner Ichmensch. Und«, fuhr ich fort, »dazu sind Sie ein Mann, dem man alles zutrauen kann, sobald man seinem Eigennutz in die Quere kommt.«

»Jetzt fangen Sie an zu begreifen«, sagte er lebhaft.

»Sie sind ein Mensch, völlig bar alles dessen, was man Moral nennt.«

»Stimmt.«

»Ein Mensch, den man immer fürchten muß ...«

»Richtig.«

»Wie man eine Schlange, einen Tiger, einen Hai fürchtet.«

»Jetzt kennen Sie mich. Und Sie kennen mich so, wie ich allgemein bekannt bin. Andere nennen mich ›Wolf‹.«

»Sie sind eine Art Ungeheuer«, fügte ich kühn hinzu, »ein Kaliban, der gegrübelt hat und in müßigen Augenblicken nach Einfall und Laune handelt.«

Seine Stirn umwölkte sich bei dieser Anspielung. Er verstand sie nicht, und ich sah sofort, daß er die Dichtung nicht kannte. »Ich lese jetzt gerade Browning«, gestand er, »und er ist recht trocken. Ich bin noch nicht weit gekommen und habe so ungefähr die Richtung verloren.«

Um den Leser nicht zu ermüden, will ich nur berichten, daß

ich das Buch aus seiner Kabine holte und ihm vorlas. Er war entzückt. Immer wieder unterbrach er mich mit Erklärungen und kritischen Bemerkungen.

Die Zeit verstrich. Das Abendbrot näherte sich, und noch war der Tisch nicht gedeckt. Ich wurde unruhig und ängstlich, und als Thomas Mugridge, krank und grämlich, die Treppe herunterkam, schickte ich mich an, meinen Pflichten nachzukommen. Aber Wolf Larsen rief ihm zu:

»Köchlein, du mußt heute allein das Essen besorgen. Hump hat für mich zu tun, und du mußt sehen, allein fertig zu werden.«

Und wieder wurde das Unerwartete Ereignis. Diesen Abend saß ich mit dem Kapitän und den Jägern bei Tische, während Thomas Mugridge uns bediente und hinterher das Geschirr aufwusch – eine Grille, eine Kalibanslaune Wolf Larsens, für die ich, wie ich voraussah, büßen sollte. Jetzt aber sprachen und sprachen wir, zum großen Ärger der Jäger, die nicht ein Wort davon verstanden.

Drei Ruhetage, drei gesegnete Ruhetage hatte ich bei Wolf Larsen. Ich saß in der Kajüte und tat nichts, als über Leben, Literatur und Weltall mit ihm zu diskutieren, während Thomas Mugridge schäumend und wütend meine Arbeit neben der seinen verrichtete.

»Sei auf deiner Hut – weiter sage ich nichts«, warnte Louis mich, als ich zufällig mal auf eine halbe Stunde auf Deck war und Wolf Larsen einen Streit zwischen den Jägern schlichtete. »Was geschehen wird, weiß ich nicht«, erwiderte Louis auf meine Bitte, sich deutlicher auszudrücken. »Der Mann ist so unberechenbar wie die Strömungen in See und Luft. Du weißt nie, was er will. Wenn du meinst, du kennst ihn und segelst vor günstigem Wind mit ihm, so schlägt er um und liegt still, um dann plötzlich wie ein Wirbelsturm über dich herzufahren, daß all deine Schönwettersegel in Fetzen reißen.«

Es war daher keine völlige Überraschung für mich, als das von Louis prophezeite Wetter kam. Wir hatten einen hitzigen Streit – über das Leben natürlich – und übermütig geworden, zeichnete ich einen zu scharfen Riß von Wolf Larsen und seinem Leben. Tatsächlich zergliederte ich ihn bei lebendigem Leibe und wühlte in seiner Seele genauso scharf und unerbittlich, wie er es bei den andern zu tun pflegte. Ich mag vielleicht die Schwäche einer zu großen Konsequenz in der Beweisführung haben, jedenfalls ließ ich alle Zurückhaltung fahren und schnitt und schlitzte an dem Mann herum, bis er knurrte. Sein sonnengebräuntes Gesicht wurde schwarz vor Wut, seine Augen funkelten. Sie drückten nicht Klarheit oder gesunden Verstand mehr aus, sondern nichts als die entsetzliche Raserei eines Wahnsinnigen. Jetzt sah ich den Wolf in ihm, und noch dazu einen tollen.

Mit Gebrüll sprang er auf mich los und packte meinen Arm. Ich hatte mich ermannt und wollte standhalten, obgleich ich innerlich zitterte, aber die riesige Kraft dieses Mannes war zuviel für meine Standhaftigkeit. Seine Hand hatte mich am Oberarm gefaßt, und als er zupackte, sank ich zusammen und schrie laut. Meine Füße verweigerten mir den Dienst. Ich konnte einfach nicht mehr aufrecht stehen und den Schmerz ertragen. Ich hatte das Gefühl, als wäre mein Oberarm zu Brei gequetscht.

Was er möglicherweise hätte tun können, ging mir erst am nächsten Tage auf, als er den Kopf zur Kombüse hereinsteckte und mit erneuter Freundlichkeit fragte, wie es meinem Arm ginge.

»Es hätte schlimmer werden können«, lächelte er.

Ich schälte Kartoffeln. Er nahm eine aus dem Eimer. Sie war ungewöhnlich groß, fest und ungeschält. Er umschloß sie mit der Hand, preßte sie zusammen, und die Kartoffel spritzte zwischen seinen Fingern hervor. Die breiigen Überreste warf er wieder in den Eimer und ging, aber ich bekam eine deutliche Vorstellung davon, wie es mir ergangen wäre, wenn das Ungeheuer wirklich mit aller Kraft zugepackt hätte.

Trotz alledem hatte die dreitägige Ruhe mir gutgetan, denn mein Knie war wieder gebrauchsfähig geworden. Es hatte sich bedeutend gebessert, die Schwellung war sichtlich zurückgegangen, und die Kniescheibe befand sich wieder an ihrem Platz. Aber die Ruhezeit brachte mir noch eine Unannehmlichkeit, die ich vorausgesehen hatte. Offenbar hatte Thomas Mugridge im Sinn, mich für diese drei Tage büßen zu lassen. Er behandelte mich niederträchtig, verfluchte mich unausgesetzt und wälzte seine eigene Arbeit auf mich ab. Er wagte es sogar, die Faust gegen mich zu erheben, aber ich war selbst wie ein wildes Tier geworden und fauchte ihm so grimmig ins Gesicht, daß er ängstlich zurückfuhr. Er starrte mich ebenso bösartig und haßerfüllt an wie ich ihn. Ein paar wilde Tiere waren wir, zusammen eingesperrt und zähnefletschend. Er war ein Feigling, fürchtete sich, mich zu schlagen, weil meine Furcht nicht groß genug war, und so suchte er einen neuen Weg, mich einzuschüchtern. Es gab nur ein Küchenmesser, das zur Waffe taugte. Viele Jahre Gebrauch und Abnutzung hatten die Klinge dünn und biegsam geschliffen. Es sah gräßlich aus, mich hatte es jedesmal geschaudert, wenn ich es benutzen mußte. Der Koch lieh sich einen Wetzstein von Johansen und begann das Messer zu schärfen. Er tat es mit großer Umständlichkeit, indem er mich während der ganzen Prozedur bedeutsam anblickte. Einen ganzen Tag lang wetzte er es. Sobald er einen freien Augenblick hatte, saß er mit Stein und Messer da und wetzte und wetzte, bis ich hätte lachen mögen, so unsagbar lächerlich war es.

Und doch war es ernst genug, denn ich sollte erfahren, daß er wohl imstande war, das Messer zu gebrauchen, daß unter seiner Feigheit ein Mut der Feigheit steckte.

»Der Doktor schärft sein Messer für Hump«, begann man unter den Matrosen zu flüstern, und manche neckten ihn damit. Er aber legte das günstig aus, freute sich und nickte mit furchteinflößender Geheimnistuerei, bis George Leach, der frühere Kajütsjunge, einen rohen Scherz über den Gegenstand machte. Nun hatte sich Leach zufällig unter den Matrosen befunden, die Mugridge nach seinem Kartenspiel mit dem Kapitän hatten duschen müssen. Leach war seiner Aufgabe offenbar mit einer Gründlichkeit nachgekommen, die Mugridge nicht verziehen hatte, denn jetzt gab ein Wort das andere, und die Beleidigungen auf die gegenseitigen Vorfahren schwirrten durch die Luft. Schließlich drohte ihm Mugridge mit dem Messer, das er für mich schärfte. Leach lachte und überschüttete ihn noch mehr mit Gemeinheiten. Aber ehe ich wußte, was geschah, war sein rechter Arm durch einen raschen Schnitt mit dem Messer aufgeschlitzt. Der Koch fuhr zurück, ein teuflisches Grinsen auf seinem Gesicht und das Messer in Verteidigungsstellung vorgehalten. Aber Leach blieb ganz ruhig, obgleich das Blut wie ein

Springbrunnen auf das Deck spritzte. »Ich krieg' dich schon noch, Köchlein«, sagte er, »und dann wird's dir nicht glimpflich gehen. Ich hab' keine Eile. Du wirst kein Messer zur Hand haben, wenn ich mit dir abrechne.«

Mit diesen Worten drehte er sich um und entfernte sich gelassen. Mugridges Gesicht war fahl vor Angst. Er sah, was er getan, und ahnte, was er von dem Verwundeten früher oder später zu erwarten hatte. Aber mir gegenüber benahm er sich schlimmer als je. Mehrere Tage vergingen, immer noch schäumte die »Ghost« vor dem Passat dahin, und ich hätte schwören können, daß ich den Wahnsinn in Thomas Mugridges Augen wachsen sah. Ich gestehe, daß ich mich sehr, sehr fürchtete. Er wetzte, wetzte, wetzte. Ich fürchtete, ihm den Rücken zu kehren, und wenn ich die Kombüse verließ, ging ich rücklings, zum Ergötzen der Matrosen und Jäger, die sich in Gruppen versammelten, um Zeugen meiner Flucht zu sein. Die Spannung war zu groß. Ich fürchtete zuweilen, den Verstand darüber zu verlieren, übrigens ein passender Zustand auf diesem Schiff voll von Verrückten und Bestien. Jede Stunde, jede Minute stand mein Leben auf dem Spiel. Ich war eine Menschenseele in Not, und doch war vorn und achtern keine Seele, die Mitgefühl genug besaß, um mir zu Hilfe zu kommen. Zuweilen dachte ich daran, die Barmherzigkeit Wolf Larsens anzurufen, aber der spöttische Teufel in seinen Augen, der das Leben höhnte, erschien vor mir und hielt mich zurück. Dann wieder erwog ich ernsthaft den Gedanken an Selbstmord und mußte die ganze Kraft meiner hoffnungsfrohen Philosophie aufbieten, um nicht in der Dunkelheit der Nacht über Bord zu springen.

Mehrmals suchte Wolf Larsen mich in eine Unterhaltung zu ziehen, aber ich gab nur kurze Antworten und wich ihm geschickt aus. Zuletzt befahl er mir, meinen Platz am Kajütentisch wieder einzunehmen und den Koch meine Arbeit verrichten zu lassen. Da sprach ich offen mit ihm, erzählte ihm, was ich von Thomas Mugridge wegen seiner dreitägigen Gunst zu leiden hatte. Wolf Larsen betrachtete mich lächelnd.

»So, und jetzt haben Sie Angst, was?« höhnte er.

»Ja«, sagte ich trotzig und ehrlich, »ich fürchte mich.«

»So seid ihr Kerle«, rief er halb ärgerlich, »schwelgt in Gefühlen über eure unsterbliche Seele und fürchtet euch vor dem Tode. Beim Anblick eines scharfen Messers und eines feigen Cockneys denkt ihr an nichts anderes, als euch ans Leben zu klammern. Nun ja, mein Lieber, warum sich fürchten? Sie haben ja ein ewiges Leben vor sich. Köchlein kann Ihnen gar nichts anhaben. Er kann Sie nur auf den Weg befördern, den Sie für die Ewigkeit wandern sollen. Hegen Sie aber nicht den Wunsch, gerade jetzt befördert zu werden, warum befördern Sie dann nicht Köchlein? Wenn Ihre Anschauung richtig ist, muß ja auch er unsterblich sein. Sie können ihn nicht zum Konkurs bringen. Seine Papiere werden immer pari stehen. Sie können sein Leben nicht verkürzen, wenn Sie ihn töten, denn es ist ohne Anfang und ohne Ende. Also befördern Sie ihn doch! Stechen Sie ihm ein Messer in den Leib und erlösen Sie seinen Geist. Der lebt jetzt doch in einem elenden Gefängnis, und Sie erweisen ihm nur einen Freundschaftsdienst. Befördern Sie ihn, und ich befördere Sie an seinen Platz mit fünfundvierzig Dollar den Monat.«

Es war klar, daß ich von Wolf Larsen weder Hilfe noch Mitgefühl zu erwarten hatte. Ich mußte allein handeln, und mit dem Mute des Feiglings beschloß ich, Thomas Mugridge mit seinen eigenen Waffen zu bekämpfen. Ich lieh mir von Johansen einen Schleifstein. Louis, der Bootssteurer, hatte mich um kondensierte Milch und Zucker angebettelt. Der Vorratsraum lag unter dem Fußboden der Kajüte. Ich nahm eine Gelegenheit wahr und stahl fünf Dosen Milch, und als Louis' Wache am Abend begann, erstand ich dafür einen Dolch, der ebenso dünn und gefährlich war wie Thomas Mugridges Küchenmesser. Er war rostig und stumpf, aber ich drehte den Schleifstein, und Louis schliff die Klinge. Diese Nacht schlief ich viel besser als sonst.

Am nächsten Morgen, nach dem Frühstück, begann Thomas Mugridge wieder sein unaufhörliches Wetzen. Ich sah mich nach ihm um, denn ich kniete vor dem Herd, um die Asche herauszuholen. Als ich sie über Bord geschüttet hatte, setzte ich mich ruhig auf den Kohlenkasten und sah ihm zu. Er beehrte mich mit einem bösartigen Blick. Äußerlich ruhig, wenn auch mit Herzklopfen, zog ich Louis' Dolch heraus und begann ihn auf dem Stein zu wetzen. Ich war auf irgend etwas von seiten des Cockneys gefaßt gewesen, aber zu meiner Überraschung schien er gar nicht zu bemerken, was ich tat. Er wetzte weiter sein Messer. Und ich tat dasselbe. Und zwei Stunden lang saßen wir da, Angesicht zu Angesicht, und wetzten, wetzten, wetzten, bis die Neuigkeit sich an Bord verbreitete und die halbe Schiffsbesatzung sich vor der Kombüsentür scharte, um den Augenblick zu genießen. Anfeuerungen und Ratschläge wurden freigebig erteilt. Jack Horner, der stille Jäger, der aussah, als könnte er keiner Maus etwas zuleide tun, riet mir, ihm die Klinge von unten in den Bauch zu jagen und ihr dann die »spanische Drehung« zu geben. Leach, der den Arm in der Binde auffällig vorstreckte, bat mich, ein paar Reste vom Koch für ihn übrigzulassen, und Wolf Larsen blieb ein paarmal neben der Hütte stehen und betrachtete neugierig, was ihm als ein Gärungsprozeß erscheinen mußte, wie er das Leben nannte.

Und ich muß gestehen, daß ich das Leben jetzt ebenso niedrig einschätzte. Es hatte nichts Schönes, nichts Göttliches mehr – hier gab es nur zwei feige Geschöpfe, die Stahl auf Stein wetzten, und eine Gruppe weiterer Geschöpfe, die zusahen. Die Hälfte von ihnen, davon bin ich überzeugt, wartete begierig, daß wir gegenseitig unser Blut vergossen. Es wäre ihnen eine Unterhaltung gewesen.

Andererseits war das alles wiederum lächerlich und kindisch. Wetzen, wetzen, wetzen. – Daß ich, Humphrey von Weyden, solcher Dinge fähig war, bedeutete eine Offenbarung für mich, und ich wußte nicht, ob ich stolz sein oder mich schämen sollte. Aber nichts geschah. Nach zwei Stunden legte Thomas Mugridge Messer und Stein fort und streckte mir die Hand entgegen. »Was hat es für einen Sinn, sich den Viechern zur Schau zu stellen?« fragte er. »Sie würden sich verdammt freuen, wenn wir uns gegenseitig die Kehle abschnitten. Du bist nicht der Schlimmste, Hump! Du hast Mut, und ich hab' dich im Grunde gern. Komm, gib mir die Flosse.«

So feige ich auch sein mochte, war ich es doch weniger als er. Es war ein unbedingter Sieg, den ich errungen hatte, und ich wollte nichts davon verscherzen, indem ich die verhaßte Hand schüttelte.

»Schön«, sagte er, »nimm sie oder laß es bleiben, deshalb gefällst du mir nicht weniger.« Und hierauf wandte er sich heftig gegen die Zuschauer: »Macht, daß ihr von der Kombüsentür wegkommt, ihr elenden Lümmel!«

Diesem Befehl verlieh er Nachdruck durch einen Kessel kochenden Wassers, bei dessen Anblick die Matrosen Hals über Kopf fortstürzten. Das war eine Art Sieg für Thomas Mugridge, der ihn die Niederlage, die ich ihm zugefügt hatte, mit mehr Anstand tragen ließ. Die Jäger versuchte er allerdings nicht zu vertreiben.

»Köchlein ist fertig«, hörte ich »Smoke« zu Horner sagen.

»Ja, darauf kannst du wetten«, sagte Horner. »Jetzt ist Hump Herr in der Kombüse, und Tommy muß die Hörner einziehen.«

Mugridge hörte es und warf mir einen schnellen Blick zu, aber ich tat, als hätte ich nichts gemerkt. Ich hätte nicht geglaubt, daß mein Sieg so vollständig und weittragend sei, war aber entschlossen, nicht ein Tüpfelchen davon preiszugeben. Die Tage vergingen, und die Prophezeiung »Smokes« bewahrheitete sich. Der Cockney wurde demütiger und sklavischer vor mir als selbst vor Wolf Larsen. Ich redete ihn nicht mehr »Herr Mugridge« an, wusch nicht mehr die fettigen Töpfe aus und schälte nicht mehr Kartoffeln. Ich verrichtete meine Arbeit, aber nur meine eigene, wann und wie ich es für richtig hielt. Ich trug auch nach Matrosenart meinen Dolch in einer Scheide an der Hüfte und nahm von jetzt an Thomas Mugridge gegenüber eine Haltung ein, die aus Herrentum, Hohn und Verachtung gemischt war.

Die Vertraulichkeit zwischen Wolf Larsen und mir nimmt zu – wenn man mit Vertraulichkeit Beziehungen zwischen Herr und Diener oder besser noch zwischen König und Hofnarr bezeichnen kann. Ich bin ihm nichts als ein Spielzeug, und er schätzt mich nicht mehr als ein Kind das seine. Meine Aufgabe ist, ihn zu unterhalten, und solange ich das tue, ist alles gut; langweile ich ihn aber oder überkommt ihn eine seiner düsteren Launen, so werde ich sofort wieder vom Kajütentisch in die Kombüse gejagt und muß mich noch glücklich preisen, wenn ich mit dem Leben und mit heilen Gliedern davonkomme.

Allmählich erkenne ich immer mehr die Einsamkeit des Mannes. Nicht einer an Bord, der ihn nicht haßt und fürchtet, nicht einer, den er nicht verachtet. Die ungeheure Kraft, die in ihm ruht und nie eine würdige Verwendung gefunden hat, scheint ihn zu verzehren. So würde Luzifer sein, wäre der stolze Geist zur Gesellschaft seelenloser, langweiliger Geister verbannt.

Wäre er nicht ein so entsetzlicher Mensch, ich könnte zuweilen Mitleid mit ihm haben, wie zum Beispiel vor drei Tagen, als ich morgens überraschend in seine Kajüte trat, um die Wasserflasche zu füllen. Er sah mich nicht. Sein Kopf war in den Händen vergraben, seine Schultern zuckten krampfhaft, und als ich mich leise zurückzog, hörte ich ihn stöhnen: »Gott! Ach Gott!« Nicht etwa, daß er Gott angerufen hätte, es war ein Wort, das an niemanden gerichtet war, ihm aber aus tiefster Seele kam.

Bei Tisch fragte er die Jäger nach einem Mittel gegen Kopfschmerzen, und abends taumelte er halb blind in der Kajüte herum. »Ich bin nie in meinem Leben krank gewesen, Hump«, sagte er, als ich ihm in seine Koje half. »Und ich habe auch noch nie Kopfschmerzen gehabt, außer in der Zeit, als mein Kopf heilte, nachdem ich mir aus Unvorsichtigkeit ein sechs Zoll großes Loch mit dem Ankerspill hineingeschlagen hatte.« Drei Tage dauerten die entsetzlichen Kopfschmerzen, und er litt, wie ein wildes Tier leidet und wie man auf diesem Schiff zu leiden scheint: klaglos, mitleidlos, ganz allein.

Als ich aber heute morgen seine Kajüte betrat, um sein Bett zu machen und aufzuräumen, fand ich ihn wohlauf und mitten in der Arbeit. Tisch und Koje waren mit Plänen und Berechnungen übersät. Mit Zirkel und Winkel zeichnete er eine große Skala auf einen großen Bogen Pauspapier.

»Hallo, Hump!« begrüßte er mich heiter. »Ich mache gerade die letzten Striche. Wollen Sie sehen?«

»Was ist das?« fragte ich.

»Eine Anleitung für Seeleute, die Zeit erspart und Navigieren zu einem Kinderspiel macht«, antwortete er heiter. »Von heute an ist jedes Kind imstande, ein Schiff zu steuern. Keine verwikkelten Berechnungen mehr! Alles, was man braucht, ist ein Stern am Himmel in dunkler Nacht, um sofort zu wissen, wo man ist. Sehen Sie, ich lege die Papierskala auf diese Sternkarte und lasse sie sich um den Nordpol drehen. Auf der Skala habe ich die absoluten Höhenkreise und die Peilungslinien verzeichnet. Ich habe nichts weiter zu tun, als sie auf einen bestimmten Stern einzustellen, die Skala zu drehen, bis sie sich den Zahlen unten auf der Karte gerade gegenüber befindet, und: Eins, zwei, drei! Da haben wir die genaue Lage des Schiffes!«

In seiner Stimme war ein triumphierender Klang, und seine Augen, die an diesem Morgen klar und blau wie die See waren, funkelten.

»Sie müssen viel von Mathematik verstehen«, sagte ich. »Wo sind Sie zur Schule gegangen?«

»Ich hab' nie eine Schule von innen gesehen – leider. Hab' alles selbst ausgraben müssen. Und warum, glauben Sie, hab' ich diese Sache hier gemacht?« fragte er unvermittelt. »In der Hoffnung, meine Spur im Sande der Zeit zu hinterlassen?« Er lachte sein schreckliches, höhnisches Lachen. »Keineswegs. Ich will es mir patentieren lassen und Geld damit verdienen, um die Nächte zu durchprassen, während andere arbeiten. Das ist meine Absicht. Aber die Geschichte hat mir auch Freude gemacht.«

»Schaffensfreude«, bemerkte ich.

»So müßte es wohl heißen. Wieder eine Ausdrucksweise für die Freude des Lebens, weil es lebt und wirkt, für den Triumph der Bewegung über die Materie, des Lebendigen über das Tote, für den Stolz der Hefe, weil sie Hefe ist und kriecht.«

Ich hob die Hände in hilflosem Protest gegen seinen eingewurzelten Materialismus und machte mich daran, die Koje in Ordnung zu bringen. Er fuhr fort, Linien und Ziffern auf die transparente Skala zu zeichnen. Es war eine Aufgabe, die äußerste Genauigkeit erforderte, und ich mußte bewundern, wie er seine Kraft zügelte und der nötigen Feinheit und Aufmerksamkeit anpaßte.

Als ich das Bett gemacht hatte, überraschte ich mich dabei, wie ich ihn fasziniert ansah. Er war sicher schön – schön als Mann. Und immer wieder wunderte ich mich, daß sein Antlitz nicht die Spur von Verderbnis oder Lasterhaftigkeit zeigte. Es war das Gesicht eines Mannes, der kein Unrecht tat. Ich möchte nicht mißverstanden werden: Ich meine, es war das Gesicht eines Mannes, der nichts tat, was er nicht vor seinem Gewissen verantworten konnte, oder – der überhaupt kein Gewissen hatte. Ich neige dazu, letzteres zu glauben. Er war ein prachtvoller Atavismus, ein Mensch, so primitiv, wie die Welt ihn vor Entwicklung der Moral gesehen. Er war nicht unmoralisch, sondern ganz morallos.

Wie gesagt, er war schön als Mann. Sein glattrasiertes Gesicht ließ jeden Zug hervortreten, und es war rein und scharf geschnitten wie eine Kamee. Sonne und Meer hatten die ursprünglich helle Haut zu einem dunklen Bronzeton gebräunt, der von Kampf und Streit zeugte und sowohl Wildheit wie Schönheit noch erhöhte. Seine Lippen waren voll, aber doch von der Herbheit, die sonst dünnen Lippen eigen ist. Mund, Kinn und Kinnbacken zeugten ebenfalls von Festigkeit und Härte, gepaart mit männlicher Wildheit und Unbezähmbarkeit – ebenso die Nase. Es war die Nase eines Menschen, der geboren war, zu erobern und zu herrschen. Sie erinnerte an einen Adlerschnabel. Sie wäre fast griechisch oder römisch gewesen, war aber einen Schatten zu massig für das eine und eine Spur zu zart für das andere.

Und während das alles die verkörperte Wildheit und Stärke war, schienen die Linien von Augen und Brauen gleichsam veredelt durch die Schwermut in der Tiefe seiner Seele, und die Züge erhielten dadurch eine Größe und Vollkommenheit, die ihnen sonst gefehlt hätten.

Wie sehr der Mann mich doch interessierte! Wer war er? Was war er? Wie war er zu dem geworden, der er war?

Meine Neugier mußte sich Luft machen.

»Warum haben Sie nichts Großes auf dieser Welt vollbracht? Mit Ihrer ungeheuren Kraft hätten Sie jede Höhe erklimmen können. Ohne Gewissen oder moralische Instinkte, wie Sie sind, hätten Sie die Welt unterjochen und beherrschen können. Und statt dessen sind Sie, auf der Höhe Ihres Lebens, in einem Alter, da der Abstieg schon beginnt, der Führer eines Schoners und jagen Robben, um die Eitelkeit und Putzsucht der Weiber zu befriedigen, schwelgen, um Ihre eigenen Worte zu gebrauchen, in einer Gemeinheit, die alles andere eher als herrlich ist. Mit all Ihrer wunderbaren Kraft haben Sie nichts vollbracht? Gab es nichts, das Sie hielt, das Sie halten konnte? Warum? Besaßen Sie keinen Ehrgeiz? Sind Sie Versuchungen erlegen? Warum?«

Bei Beginn meines Ausbruchs hatte er die Augen erhoben und folgte mir willig, bis ich fertig war und nun, atemlos und erschrocken, vor ihm stand. Er wartete einen Augenblick, als suchte er nach Worten, und sagte dann:

»Hump, kennen Sie das Gleichnis vom Sämann, der ausging, um zu säen? Sie werden sich erinnern, daß einige Samenkörner auf steinigen Boden fielen, wo es nur wenig Erde gab, und sogleich keimten, weil sie so dicht unter der Oberfläche lagen. Als aber die Sonne kam, verdorrten sie und welkten dahin, weil sie keine Wurzeln hatten. Und einige Körner fielen zwischen Dornensträucher, und die erstickten sie.«

»Nun?« fragte ich.

»Nun?« fragte er, ein wenig gekränkt. »Ich war ein solches Samenkorn.«

Er senkte den Kopf auf die Zeichnung und setzte seine Arbeit fort. Ich beendete die meine und hatte schon die Tür geöffnet, um zu gehen, als er mich wieder ansprach: »Hump, wenn Sie eine Karte von Norwegen nehmen, werden Sie an der Westküste einen Einschnitt finden, der Romsdalsfjord genannt wird. Im Bannkreis dieser Bucht wurde ich geboren. Aber nicht als Norweger. Ich bin Däne. Mein Vater und meine Mutter waren Dänen, und wie sie in dies rauhe Fleckchen Erde gekommen waren, weiß ich nicht. Ich habe nie etwas darüber gehört. Hiervon abgesehen, ist nichts Geheimnisvolles an der Geschichte. Sie waren arme, unwissende Leute. Alle ihre Vorfahren waren so gewesen – Küstenbauern, die ihre Söhne seit undenklichen Zeiten auf die Wogen zu säen pflegten. Mehr ist nicht zu berichten.«

»Doch«, wandte ich ein. »Es ist mir immer noch rätselhaft.«

»Was soll ich Ihnen noch erzählen?« fragte er mit einem neuen Klang von Wildheit in der Stimme. »Von dem kümmerlichen Leben eines Kindes? Von dem kargen Dasein der Fischer? Daß ich aufs Meer hinausfuhr, als ich kaum kriechen konnte? Von meinen Brüdern, die, einer nach dem andern, zur See gingen und nie wiederkehrten? Von mir selber, der ich im reifen Alter von zehn Jahren Kajütsjunge auf Küstenfahrern war und weder lesen noch schreiben konnte? Von schlechter Kost und noch schlechterer Behandlung – Püffe und Schläge waren mir Bett und Frühstück, ersetzten Worte; und Furcht, Haß und Schmerz waren meine einzigen Seelenregungen. Ich erinnere mich nicht gern daran. Selbst jetzt noch werde ich toll, wenn ich daran denke. Aber es gab Schiffer, die ich hätte töten können, als ich meine Manneskraft erlangt hatte, wenn das Schicksal mich nicht in andere Meere geführt hätte. Als ich wiederkehrte, waren diese Schiffer leider tot, nur einen traf ich – er war seinerzeit Steuermann gewesen; als ich ihn jetzt wiedertraf, war er Schiffer; als ich ihn verließ, ein Krüppel, der nie wieder gehen wird.«

»Aber Sie lesen Spencer und Darwin und haben dabei nie eine Schule von innen gesehen – wo haben Sie lesen und schreiben gelernt?« fragte ich.

»In der englischen Handelsmarine. Kajütsjunge mit zwölf, Schiffsjunge mit vierzehn, Leichtmatrose mit sechzehn, Vollmatrose und Koch mit siebzehn, unendlicher Ehrgeiz und unendliche Einsamkeit, ohne Hilfe, ohne Verständnis. Ich tat alles aus eigener Kraft, lernte selbst Navigation, Mathematik, Naturwissenschaft, Literatur und ich weiß nicht, was alles. Und wozu? Herr und Besitzer eines Robbenschoners auf der Höhe meines Lebens, wo, wie Sie sagen, der Abstieg beginnt. Jammervoll, nicht wahr? Als die Sonne kam, war ich verdorrt, und weil ich keine Wurzeln geschlagen hatte, welkte ich hin.«

»Aber die Geschichte berichtet von Sklaven, die sich zum Purpur emporschwangen«, schaltete ich ein.

»Und die Geschichte berichtet von günstigen Gelegenheiten, durch welche diese Sklaven sich emporschwangen«, entgegnete er bitter. »Kein Mensch kann eine günstige Gelegenheit schaffen. Alles, was die großen Männer taten, war, daß sie die Gelegenheit erkannten, wenn sie kam. Der Korse erkannte sie. Ich habe ebenso große Träume geträumt wie der Korse. Ich würde die Gelegenheit erkannt haben, aber sie kam nie. Die Dornen schossen hoch und erstickten mich. Und ich kann Ihnen sagen, Hump, daß Sie mehr von mir wissen, als sonst irgendein Lebender, außer meinem Bruder.«

»Und was ist der? Wo ist er?«

»Kapitän des Dampfers ›Macedonia‹, Robbenfänger«, lautete die Antwort. »Wir werden ihn aller Wahrscheinlichkeit nach an der japanischen Küste treffen. Die Leute nennen ihn Tod Larsen.«

»Tod Larsen!« rief ich unwillkürlich. »Gleicht er Ihnen?«

»Kaum. Er ist ein Stück Vieh ohne Kopf. Er hat all meine – meine ...«

»Tierheit!« schob ich ein.

»Ja – Dank für das Wort –, all meine Tierheit, aber er kann weder lesen noch schreiben.«

»Und hat nie über das Leben philosophiert«, fügte ich hinzu.

»Nein«, antwortete Wolf Larsen mit einem Ausdruck unbeschreiblicher Traurigkeit. »Und er ist glücklich, daß er sich nicht um das Leben kümmert. Er hat zuviel damit zu tun, es zu leben, als daß er darüber grübeln könnte. Mein Fehler war, daß ich je ein Buch aufgeschlagen habe.«

Als Zeitgenosse Jack Londons wurde der Brite Rudyard Kipling (1865–1936) zum meisterhaften Erzähler von den »Grenzen« des britischen Kolonialreiches, dem in den asiatischen Kulturen eine geistige Macht begegnete, an deren Weltbild es letztlich zerbrach. Mit seinen »Dschungelbüchern« entwarf Kipling eine Gegenwelt der Dschungelgesetze, die der inneren Harmonie der Natur folgen. Sein Mowgli, der von Wölfen aufgezogene Menschenjunge, war eine der ersten modernen Romanfiguren, die in ihrer »Wildheit« der menschlichen Zivilisation auch moralisch überlegen sind: ein Schock für das spätviktorianische England und Vorbild für einen der großen Populärmythen des 20. Jahrhunderts, den edlen Wilden Tarzan. Mowglis Versuch, sich der Welt der Menschen anzunähern, und dessen tragisches Scheitern zeigt die folgende Erzählung.

RUDYARD KIPLING

Laßt den Dschungel ein

»Der Wolf soll euer Hirte sein!«

Mowgli

Veil them, cover them, wall them round –
Blossom, and creeper, and weed –
Let us forget the sight and the sound,
The smell and the touch of the breed!

Fat black ash by the altar-stone,
Here is the white-foot rain,
And the does bring forth in the fields unsown,
And none shall affright them again;
And the blind walls crumble, unknown, o'erthrown,
And none shall inhabit again!

[Verschleiert, bedeckt sie, wallt sie ringsum –
Blüte, Liane und Kraut –
laßt uns vergessen den Anblick und Klang,
Geruch und Berührung der Brut!

Fette schwarze Asche am Altarstein,
hier ist der Weiß-Fuß-Regen,
und die Ricke gebiert in den unbestellten Feldern,
und keiner soll sie je wieder aufschrecken;
und die blinden Mauern bröckeln, unbekannt, umgestürzt,
und niemand soll hier je wieder wohnen!]

Ihr werdet euch, wenn ihr die Geschichten im ersten Dschungelbuch gelesen habt, daran erinnern, daß Mowgli, nachdem er Shere Khans Fell auf dem Ratsfelsen befestigt hatte, allen vom Seoni-Rudel Üriggebliebenen erzählte, er werde in Zukunft allein im Dschungel jagen; und die vier Kinder von Mutter und Vater Wolf sagten, daß sie mit ihm jagen wollten. Aber es ist nicht einfach, sein ganzes Leben in einer Minute zu ändern – vor allem im Dschungel. Als das aufrührerische Rudel davongeschlichen war, ging Mowgli als erstes zur Heim-Höhle und schlief einen Tag und eine Nacht lang. Dann erzählte er Mutter Wolf und Vater Wolf von seinen Abenteuern unter den Menschen soviel, wie sie verstehen konnten; und als er die Morgensonne die Klinge seines Häutemessers hinauf- und hinabflimmern ließ – des Messers, mit dem er Shere Khans Fell abgezogen hatte –, sagten sie, er habe einiges gelernt. Danach mußten Akela und Grauer Bruder ihren Teil am großen Büffeltrieb in der Schlucht schildern, und Baloo mühte sich den Berg hinauf, um alles zu hören, und Bagheera kratzte sich überall, aus reinem Entzücken darüber, wie Mowgli seinen Krieg geführt hatte.

Es war lange nach Sonnenaufgang, aber keiner dachte ans Schlafengehen, und während des Gesprächs reckte Mutter Wolf von Zeit zu Zeit den Kopf und schnüffelte einen tiefen Schnaufer der Befriedigung, weil der Wind ihr den Geruch des Tigerfells auf dem Ratsfelsen herbeibrachte.

»Ohne Akela und Grauer Bruder hier«, sagte Mowgli schließlich, »hätte ich nichts machen können. O Mutter, Mutter! Wenn du die schwarzen Herdenbullen gesehen hättest, wie sie die Schlucht hinabgeschossen sind oder wie sie sich durch die Tore gedrängt haben, als das Menschen-Rudel Steine nach mir geworfen hat!«

»Ich bin froh, daß ich das letzte nicht gesehen habe«, sagte Mutter Wolf steif. »*Meine* Art ist es nicht, zu dulden, daß meine Jungen hin- und hergetrieben werden wie Schakale. *Ich* hätte vom Menschen-Rudel einen Preis verlangt; aber ich hätte die Frau verschont, die dir die Milch gegeben hat. Ja, ich hätte sie allein verschont.«

»Friede, Friede, Raksha!« sagte Vater Wolf träge. »Unser Frosch ist zurückgekommen – so klug, daß sein eigener Vater ihm die Füße lecken muß; und was bedeutet schon eine Wunde mehr oder weniger am Kopf? Laßt die Menschen in Ruhe.«

Baloo und Bagheera wiederholten beide: »Laßt die Menschen in Ruhe.«

Mowgli, den Kopf auf Mutter Wolfs Flanke, lächelte zufrieden und sagte, was ihn angehe, wolle er nie wieder Menschen sehen oder hören oder riechen.

»Aber was«, sagte Akela; er stellte ein Ohr auf – »aber was, wenn die Menschen dich nicht in Ruhe lassen, Kleiner Bruder?«

»Wir sind *fünf*«, sagte Grauer Bruder; er blickte die anderen an und ließ nach dem letzten Wort seine Kiefer schnappen.

»Auch wir könnten uns an diesem Jagen beteiligen«, sagte Bagheera mit einem kleinen *Wisch-Wisch* seines Schwanzes; er schaute Baloo an. »Aber wozu jetzt über Menschen nachdenken, Akela?«

»Aus diesem Grund«, antwortete der Einsame Wolf. »Als das Fell von diesem gelben Dieb auf den Fels gehängt war, bin ich unsere Fährte zum Dorf zurückgegangen, in meinen Fußspuren geblieben, zur Seite abgebogen und habe mich immer wieder hingelegt, um die Fährte durcheinanderzubringen, falls jemand uns folgt. Aber als ich die Fährte so sehr verwirrt hatte, daß ich selbst sie kaum wiedererkannte, ist Mang die Fledermaus im Zickzack zwischen den Bäumen herbeigesaust und hat sich über mir hingehängt. Mang hat gesagt: ›Das Dorf von dem Menschen-Rudel, wo sie das Menschenjunge ausgestoßen haben, summt wie ein Hornissennest.‹«

»Das war ein großer Stein, den ich da geworfen habe«, kicherte Mowgli, der sich oft damit vergnügt hatte, reife Papayas in ein Hornissennest zu werfen und zum nächsten Teich zu rennen, ehe die Hornissen ihn erwischten.

»Ich habe Mang gefragt, was er gesehen habe. Er hat gesagt, daß die Rote Blume am Tor des Dorfes blüht und daß Männer mit Gewehren um sie her sitzen. Nun weiß ich aber, weil ich guten Grund dazu habe« – Akela blickte auf die alten trockenen Narben auf seiner Lende und Flanke hinab –, »daß Menschen Gewehre nicht zum Spaß tragen. Bald, Kleiner Bruder, wird ein Mann mit einem Gewehr unserer Fährte folgen – wenn er nicht jetzt schon auf ihr ist.«

»Aber warum sollte er denn? Die Menschen haben mich ausgestoßen. Was wollen sie denn noch mehr?« sagte Mowgli verärgert.

»Du bist ein Mensch, Kleiner Bruder«, erwiderte Akela. »Es ist nicht *unsere* Sache, die der Freien Jäger, dir zu sagen, was deine Brüder tun oder warum.«

Er hatte eben Zeit, die Pfote emporzureißen, ehe das Häutemesser tief in den Boden darunter schnitt. Mowgli schlug so schnell zu, daß ein normales menschliches Auge ihm nicht hätte folgen können, aber Akela war ein Wolf; und selbst ein Hund, der von seinem Vorfahren, dem wilden Wolf, sehr weit entfernt ist, kann aus tiefem Schlaf aufgeweckt werden von einem Karrenrad, das seine Flanke berührt, und er kann unverletzt fortspringen, ehe dieses Rad sich weiter gedreht hat.

»Beim nächsten Mal«, sagte Mowgli ruhig, wobei er das Messer wieder in die Scheide steckte, »sprich vom Menschen-Rudel und von Mowgli in *zwei* Atemzügen – nicht in einem.«

»Phff! Das ist ein scharfer Zahn«, sagte Akela; er beschnupperte den Schnitt, den die Klinge im Boden hinterlassen hatte. »Aber das Leben mit dem Menschen-Rudel hat dein Auge verdorben, Kleiner Bruder. Während du zugestoßen hast, hätte ich einen Hirsch töten können.«

Bagheera sprang auf die Füße, reckte den Kopf so hoch er konnte, schnüffelte und versteifte sich bis in die letzte Biegung seines Körpers. Grauer Bruder folgte seinem Beispiel schnell, wobei er sich ein wenig weiter links hielt, um den Wind zu bekommen, der von rechts wehte, während Akela fünfzig Yards windauf sprang und sich, halb niedergekauert, ebenfalls versteifte. Mowgli schaute neidisch zu. Er konnte so gut Dinge riechen wie nur sehr wenige Menschen, aber er hatte es nie zu der haarfeinen Empfindlichkeit einer Dschungelnase gebracht; und seine drei Monate im verräucherten Dorf hatten ihn schlimm zurückgeworfen. Er befeuchtete jedoch seinen Finger, rieb ihn an der Nase und stand aufrecht, um den Obergeruch mitzubekommen, der zwar der schwächste, aber der genaueste ist.

»Mensch!« grollte Akela; er ließ sich auf die Hinterbacken sinken.

»Buldeo!« sagte Mowgli; er setzte sich. »Er folgt unserer Spur, und da drüben ist das Sonnenlicht auf seinem Gewehr. Schaut!«

Es war nicht mehr als ein Spritzer Sonnenlicht, einen Sekundenbruchteil lang, auf den Messingklammern der alten Towermuskete, aber mit genau diesen Blitzen blinkt nichts im Dschungel, außer wenn die Wolken über den Himmel rasen. Dann mag ein Stück Glimmer oder ein kleiner Teich oder sogar ein feinpoliertes Blatt wie ein Heliograph blitzen. Aber dieser Tag war wolkenlos und still.

»Ich habe gewußt, daß die Menschen folgen würden«, sagte

Akela triumphierend. »Nicht umsonst habe ich das Rudel geführt.«

Die vier Jungen sagten nichts, sondern rannten bergab, die Bäuche an den Boden gepreßt, und schmolzen ins Dorngestrüpp und Unterholz, wie ein Maulwurf in einen Rasen schmilzt.

»Wohin geht ihr, und ohne etwas zu sagen?« rief Mowgli.

»*Hsch!* Noch vor dem Mittag rollen wir seinen Schädel her!« antwortete Grauer Bruder.

»Kommt zurück! Zurück und wartet! Menschen essen keine Menschen!« schrie Mowgli.

»Wer wollte denn eben noch ein Wolf sein? Wer hat das Messer nach mir geworfen, weil ich ihn für einen Menschen gehalten habe?« sagte Akela, als die vier Wölfe mürrisch zurückkehrten und sich zu Mowglis Füßen niederlegten.

»Muß ich etwa für alles, was ich tun will, Gründe angeben?« sagte Mowgli wütend.

»Mensch ist das! So spricht ein Mensch!« murmelte Bagheera in seinen Bart. »Genauso haben die Männer bei den Käfigen des Königs in Udaipur geredet. Wir im Dschungel wissen, daß der Mensch von allen der Schlaueste ist. Wenn wir aber unseren Ohren trauten, dann wüßten wir, er ist von allen der Närrischste.« Er hob seine Stimme und setzte hinzu: »Hierbei hat das Menschenjunge recht. Menschen jagen im Rudel. Einen zu töten, solange wir nicht wissen, was die anderen tun, ist schlechtes Jagen. Kommt, wir wollen sehen, was dieser Mensch mit uns vorhat.«

»Wir kommen nicht mit«, knurrte Grauer Bruder. »Jage allein, Kleiner Bruder. *Wir* wissen, was wir wollen. Inzwischen hätten wir längst den Schädel herbringen können.«

Mowgli hatte nacheinander seine Freunde angeschaut; seine Brust hob und senkte sich, und seine Augen waren voller Tränen. Er ging vorwärts zu den Wölfen, ließ sich auf ein Knie nieder und sagte: »Weiß ich denn nicht, was ich will? Schaut mich an!«

Sie schauten, unbehaglich, und wenn ihre Augen fortwanderten, rief er sie wieder und wieder zurück, bis das Haar sich überall auf ihren Körpern sträubte und sie an allen Gliedern zitterten, während Mowgli starrte und starrte.

»Also«, sagte er, »wer von uns fünf ist der Führer?«

»Du bist der Führer, Kleiner Bruder«, sagte Grauer Bruder, und er leckte Mowglis Fuß.

»Dann folgt«, sagte Mowgli, und die vier folgten ihm auf den Fersen, mit eingezogenen Schwänzen.

»Das kommt davon, wenn man mit dem Menschen-Rudel lebt«, sagte Bagheera; er glitt hinter ihnen bergab. »Im Dschungel gibt es nun mehr als nur das Dschungelgesetz, Baloo.«

Der alte Bär sagte nichts, aber er dachte viele Dinge.

Mowgli durchquerte geräuschlos den Dschungel, immer in rechten Winkeln zu Buldeos Pfad, bis er, als er das Unterholz teilte, den alten Mann sah, der mit der Muskete auf der Schulter die zwei Nächte alte Fährte entlangtrabte.

Ihr werdet euch erinnern, daß Mowgli das Dorf mit der schweren Last von Shere Khans frischem Fell auf den Schultern verlassen hatte, während Akela und Grauer Bruder hinterhertrabten, so daß die dreifache Fährte sehr deutlich eingedrückt war. Bald kam Buldeo an die Stelle, zu der Akela wie erwähnt zurückgegangen war, um alles zu verwischen. Dann setzte er sich nieder und hustete und knurrte, lief im Dschungel hierhin und dorthin, um die Fährte wieder aufzunehmen, und die ganze Zeit hätte er einen Stein über die hinwegwerfen können, die ihn beobachteten. Niemand kann so leise sein wie ein Wolf, wenn er nicht gehört werden will; und Mowgli, wenn die Wölfe auch der Meinung waren, er bewege sich sehr tapsig, konnte kommen und gehen wie ein Schatten. Sie umringten den alten Mann, wie eine Schule von Tümmlern einen Dampfer bei voller Fahrt umringt, und dabei redeten sie sorglos miteinander, denn ihre Sprache beginnt unterhalb des tiefsten Punktes der Skala, die unausgebildete Menschen hören können. [Jenseits des höchsten Punktes beginnt das hohe Quieken von Mang, der Fledermaus, das sehr viele Leute überhaupt nicht wahrnehmen können. Bei dieser Note beginnt alle Vogel- und Fledermaus- und Insektensprache.]

»Das ist besser als jedes Töten«, sagte Grauer Bruder, während Buldeo sich bückte und spähte und keuchte. »Er sieht aus wie ein verlorenes Schwein im Dschungel unten am Fluß. Was sagt er?« Buldeo murmelte böse vor sich hin.

Mowgli übersetzte.

»Er sagt, daß ganze Rudel von Wölfen um mich her getanzt haben müssen. Er sagt, daß er in seinem ganzen Leben nie so eine Fährte gesehen hat. Er sagt, daß er müde ist.«

»Er wird ausgeruht sein, ehe er sie wieder aufnimmt«, sagte Bagheera kühl, während er um einen Baumstamm glitt, bei dem Blindekuhspiel, in dem sie sich nun befanden. »Was macht das dürre Ding *jetzt?*«

»Er ißt oder bläst Rauch aus dem Mund. Menschen spielen immer mit ihren Mündern«, sagte Mowgli; und die stillen Verfolger sahen, wie der alte Mann eine Wasserpfeife füllte und entzündete und an ihr sog, und sehr genau merkten sie sich den Geruch des Tabaks, damit sie wenn nötig Buldeo auch in der dunkelsten Nacht erkennen konnten.

Dann kam ein kleiner Trupp Köhler den Pfad herab, und natürlich blieben sie stehen, um mit Buldeo zu reden, dessen Jagdruhm mindestens zwanzig Meilen ringsumher reichte. Sie ließen sich alle nieder und rauchten, und Bagheera und die anderen kamen näher und sahen zu, während Buldeo die Geschichte von Mowgli, dem Teufelskind, von einem Ende zum anderen zu erzählen begann, mit Zusätzen und Erfindungen. Wie er selbst in Wirklichkeit Shere Khan getötet hatte; und wie Mowgli sich in einen Wolf verwandelte und mit ihm den ganzen Nachmittag kämpfte und sich wieder in einen Jungen verwandelte und Buldeos Gewehr verhexte, so daß, als er es auf Mowgli richtete, die Kugel um die Ecke flog und einen von Buldeos eigenen Büffeln tötete; und wie das Dorf, das ihn ja als den tapfersten Jäger von Seoni kannte, ihn losgeschickt hatte, um dieses Teufelskind zu töten. Aber in der Zwischenzeit würde sich das Dorf mit Messua und ihrem Mann beschäftigt haben, die zweifellos Vater und Mutter dieses Teufelskindes waren; und man hatte sie in ihrer eigenen Hütte verbarrikadiert, und bald würde man sie foltern, damit sie gestanden, daß sie Hexe und Zauberer waren, und dann würde man sie lebendig verbrennen.

»Wann?« sagten die Köhler, denn sie wollten sehr gern bei dieser Zeremonie anwesend sein.

Buldeo sagte, vor seiner Rückkehr werde nichts geschehen, weil das Dorf wolle, daß er zuerst den Dschungeljungen töte.

Danach werde man Messua und ihren Mann beseitigen und ihre Länder und Büffel unter den Dorfbewohnern aufteilen. Messuas Mann habe übrigens einige besonders schöne Büffel. Hexer auszurotten sei ganz ausgezeichnet, meinte Buldeo; und Leute, die Wolfskinder aus dem Dschungel aufnähmen, gehörten natürlich zur schlimmsten Sorte von Hexern.

Aber, sagten die Köhler, was würde geschehen, wenn die Engländer davon hörten? Die Engländer, so hätten sie gehört, seien ein völlig verrücktes Volk und ließen ehrliche Bauern nicht in Ruhe und Frieden Hexen töten.

Ach, sagte Buldeo, der Obmann des Dorfs werde berichten, Messua und ihr Mann seien an Schlangenbissen gestorben. *Das* habe man längst abgesprochen, und nun sei nur noch das Wolfskind zu töten. Sie hätten nicht zufällig etwas von einem derartigen Geschöpf gesehen?

Die Köhler blickten sich vorsichtig um und dankten ihren Sternen dafür, nichts gesehen zu haben; sie hätten jedoch keinen Zweifel, daß ein so tapferer Mann wie Buldeo ihn finden würde, wenn überhaupt jemand dies könne. Die Sonne werde bald untergehen, und sie wollten sich auf den Weg zu Buldeos Dorf machen und diese böse Hexe sehen. Buldeo sagte, es sei zwar seine Pflicht, das Teufelskind zu töten, aber er könne es nicht zulassen, daß eine Gruppe unbewaffneter Männer ohne seine Eskorte durch den Dschungel wandere, aus dem jeden Moment der Wolfsdämon auftauchen könne. Er wolle sie daher begleiten, und wenn das Kind des Zauberers auftauchen sollte – also, er würde ihnen schon zeigen, wie der beste Jäger von ganz Seoni mit solchen Dingen fertig würde. Der Brahmane, sagte er, habe ihm einen Zauber gegen das Geschöpf mitgegeben, der alles völlig sicher mache.

»Was sagt er? Was sagt er? Was sagt er?« wiederholten die Wölfe alle paar Minuten; und Mowgli übersetzte, bis er in der Geschichte zu der Stelle mit der Hexe kam, die ein wenig zu hoch für ihn war, und dann sagte er, daß der Mann und die Frau, die so gut zu ihm gewesen seien, in der Falle säßen.

»Stellt der Mensch dem Menschen Fallen?« sagte Bagheera.

»Das behauptet er. Ich kann das Gerede nicht verstehen. Sie sind allesamt verrückt. Was haben denn Messua und ihr Mann mit mir zu schaffen, daß man sie in eine Falle sperrt; und was hat all dieses Gerede über die Rote Blume zu bedeuten? Ich muß mir das ansehen. Was immer sie mit Messua vorhaben, sie werden es nicht tun, bis Buldeo zurückkommt. Und deshalb ...« Mowgli dachte angestrengt nach; seine Finger spielten mit dem Schaft des Häutemessers, während Buldeo und die Köhler sehr tapfer im Gänsemarsch davongingen.

»Ich gehe ganz schnell zurück zum Menschen-Rudel«, sagte Mowgli schließlich.

»Und die da?« sagte Grauer Bruder; hungrig schaute er hinter den braunen Rücken der Köhler her.

»Sing sie nach Hause«, sagte Mowgli mit einem Grinsen; »ich möchte nicht, daß sie am Dorftor sind, bis es ganz dunkel ist. Könnt ihr sie halten?«

Grauer Bruder bleckte verächtlich seine weißen Zähne. »Wir können sie im Kreis herumhetzen wie angepflockte Ziegen – wenn ich mich mit Menschen auskenne.«

»Das ist nicht nötig für mich. Singt ein wenig für sie, damit sie nicht so allein sind auf dem Weg, und, Grauer Bruder, der Gesang muß nicht besonders lieblich sein. Geh mit ihnen, Bagheera, und hilf ihnen bei dem Lied. Wenn die Nacht ganz hereingebrochen ist, dann treffen wir uns am Dorf – Grauer Bruder kennt die Stelle.«

»Es ist kein leichtes Jagen, wenn man für ein Menschenjunges arbeitet. Wann soll ich schlafen?« sagte Bagheera gähnend, aber seine Augen zeigten, daß er über diese Abwechslung entzückt war. »Ausgerechnet ich soll nackten Männern etwas vorsingen! Aber wir wollen es versuchen.«

Er senkte den Kopf, damit der Klang weit trug, und rief ein langes, langes »Gut Jagen« – ein Mitternachtsruf am Nachmittag, der für den Anfang furchtbar genug war. Mowgli hörte hinter sich den Schrei grollen und steigen und fallen und in einer unheimlichen Form von Wimmern sterben, und er lachte vor sich hin, während er durch den Dschungel rannte. Er konnte die Köhler sehen, die sich in einem Knäuel zusammendrängten; der Gewehrlauf des alten Buldeo zitterte, wie ein Bananenblatt, in sämtliche Himmelsrichtungen gleichzeitig. Dann ließ Grauer Bruder den Schrei für das Bocktreiben ertönen, *Ya-la-hi! Ya-*

laha!, mit dem das Rudel den Nilghai, das große blaue Rind, vor sich herhetzt, und der Schrei schien von den letzten Enden der Erde zu kommen, näher und näher und näher, bis er in einem jäh abgebrochenen Kreischen endete. Die anderen drei antworteten, bis selbst Mowgli hätte schwören können, daß das volle Rudel mit vollem Schrei dabei war, und dann brachen alle in den großartigen Morgengesang des Dschungels aus, mit jeder Wende und Schleife und Verzierung, die ein tiefkehliger Rudelwolf kennt. Dies ist eine grobe Wiedergabe des Gesangs, aber ihr müßt euch ausmalen, wie es klingt, wenn es die Nachmittagsstille des Dschungels durchbricht:

One moment past our bodies cast
  No shadow on the plain;
Now clear and black they stride our track,
  And we run home again.
In morning hush, each rock and bush
  Stands hard, and high, and raw:
Then give the Call: ›*Good rest to all*
  That keep the Jungle Law!‹

Now horn and pelt our peoples melt
  In covert to abide;
Now, crouched and still, to cave and hill
  Our Jungle Barons glide.
Now, stark and plain, Man's oxen strain,
  That draw the new-yoked plough;
Now, stripped and dread, the dawn is red
  Above the lit *talao*.

Ho! Get to lair! The sun's aflare
  Behind the breathing grass:
And creaking through the young bamboo
  The warning whispers pass.
By day made strange, the woods we range
  With blinking eyes we scan;
While down the skies the wild duck cries
  ›*The Day – the Day to Man!*‹

The dew is dried that drenched our hide
  Or washed about our way;

And where we drank, the puddled bank
  Is crisping into clay.
The traitor Dark gives up each mark
  Of stretched or hooded claw;
Then hear the Call: ›*Good rest to all*
  That keep the Jungle Law!‹

[Vor einem Moment warfen unsere Leiber
  keinen Schatten auf die Ebene;
nun schreiten sie klar und schwarz auf unserer Fährte,
  und wir laufen wieder heim.
In der Morgenstille steht jeder Fels und Busch
  hart und hoch und rauh;
dann gebt den Ruf: »*Gutes Rasten allen*
  die das Dschungel-Gesetz achten!«

Horn und Pelz schmelzen nun unsere Völker
  in die Deckung, um auszuharren;
nun gleiten, geduckt und still, zu Höhle und Berg
  unsere Dschungel-Fürsten.
Nun plagen sich schier und deutlich die Ochsen des Menschen,
  die den neubejochten Pflug ziehen;
nun ist, entblößt und furchtbar, der Morgen rot
  über dem erhellten *talao*.

Ho! Los ins Lager! Die Sonne flammt
  hinter dem atmenden Gras;
und knirschend durch den jungen Bambus
  zieht das warnende Geflüster.
Durch Wälder schweifen wir, die der Tag fremd gemacht hat,
  spähen mit zwinkernden Augen;
während himmelab die Wildente schreit:
  »Der Tag – der Tag dem Menschen!«

Der Tau ist getrocknet, der unser Fell tränkte
  oder um unseren Weg wusch;
und wo wir tranken, wird das lachenbedeckte
  Ufer zu sprödem Lehm.
Der Verräter Dunkel liefert jedes Zeichen aus
  von gereckter oder verhüllter Kralle;
darum hört den Ruf: »*Gutes Rasten allen,*
  die das Dschungel-Gesetz achten!«]

Aber keine Übersetzung kann die Wirkung wiedergeben, noch die gellende Verachtung, mit der die vier jedes einzelne Wort ausstießen, während sie die Bäume krachen hörten, als die Männer hastig in die Äste hinaufkletterten und Buldeo mit dem Absingen von Beschwörungen und Zaubersprüchen begann. Dann legten sie sich nieder und schliefen, denn wie alle, die von ihren eigenen Anstrengungen leben, neigten sie zu methodischem Vorgehen; und ohne Schlaf kann keiner gut arbeiten.

Inzwischen brachte Mowgli die Meilen hinter sich, neun in der Stunde, schwungvoll und begeistert darüber, daß er nach all den Monaten des Eingesperrtseins unter Menschen noch so kräftig war. In seinem Kopf war nur ein Gedanke, Messua und ihren Mann aus der Falle zu befreien, wie immer diese auch aussah; denn für Fallen empfand er ein natürliches Mißtrauen. Später würde er, das versprach er sich, dem Dorf allgemein seine Schulden bezahlen.

Es herrschte bereits Zwielicht, als er die wohlbekannten Weidegründe sah und den *dhâk*-Baum, wo Grauer Bruder auf ihn gewartet hatte, an dem Morgen, da er Shere Khan tötete. So zornig er auch auf die ganze Brut und Gemeinschaft des Menschen war, stieg ihm doch etwas jäh in die Kehle und ließ ihn die Luft anhalten, als er die Dächer des Dorfs betrachtete. Er bemerkte, daß alle ungewöhnlich früh von den Feldern heimgekommen waren und daß sie sich alle, statt ans abendliche Kochen zu gehen, unter dem Dorfbaum versammelt hatten und plauderten und schrien:

»Menschen müssen immer anderen Menschen Fallen stellen, sonst sind sie nicht zufrieden«, sagte Mowgli. »Letzte Nacht war es Mowgli – aber das scheint schon viele Regenzeiten her zu sein. Diese Nacht sind es Messua und ihr Mann. Morgen, und viele Nächte danach, wird wieder Mowgli an der Reihe sein.«

Er kroch an der Außenseite der Mauer entlang, bis er zu Messuas Hütte kam, und durch das Fenster blickte er in den Raum. Dort lag Messua, geknebelt und an Händen und Füßen gebunden, schwer atmend und ächzend; ihr Mann war an die buntbemalte Bettstatt gebunden, die auf die Straße führende Tür der Hütte war versperrt, und drei oder vier Leute saßen dort und wandten ihr den Rücken zu.

Mowgli kannte die Sitten und Gebräuche der Dorfleute ziemlich gut. Er sagte sich, solange sie essen und reden und rauchen konnten, würden sie nichts anderes tun; aber sobald sie gegessen hatten, würden sie beginnen, gefährlich zu werden. Buldeo mußte bald ankommen, und wenn seine Eskorte ihre Pflicht getan hatte, würde Buldeo eine sehr interessante Geschichte erzählen können. Deshalb kletterte Mowgli durch das Fenster, beugte sich über den Mann und die Frau, zerschnitt ihre Riemen, zog die Knebel heraus und sah sich in der Hütte nach ein wenig Milch um. Messua war halb wahnsinnig vor Schmerz und Furcht (man hatte sie den ganzen Morgen geschlagen und gesteinigt), und Mowgli legte ihr gerade rechtzeitig die Hand auf den Mund, um sie an einem Schrei zu hindern. Ihr Mann war nur verwirrt und wütend; er saß da und zupfte Staub und Dreck aus seinem zerwühlten Bart.

»Ich wußte – ich habe gewußt, daß er kommen würde«, schluchzte Messua schließlich. »Jetzt weiß ich, daß er wirklich mein Sohn ist!«, und sie preßte Mowgli ans Herz. Bis dahin war Mowgli völlig gefaßt gewesen, aber nun begann er am ganzen Leib zu zittern, und das überraschte ihn ungeheuer.

»Weshalb diese Riemen? Warum haben sie dich gebunden?« fragte er nach einer Pause.

»Um uns zu töten, weil wir dich zum Sohn gemacht haben – was sonst?« sagte der Mann verdrossen. »Schau! Ich blute.«

Messua sagte nichts, aber es waren *ihre* Wunden, die Mowgli betrachtete, und sie hörten ihn mit den Zähnen knirschen, als er das Blut sah.

»Wessen Werk ist das?« sagte er. »Dafür ist ein Preis zu entrichten.«

»Das Werk des ganzen Dorfs. Ich war zu reich. Ich hatte zu viel Vieh. *Deshalb* sind sie und ich Zauberer, weil wir dich aufgenommen haben.«

»Ich verstehe es nicht. Messua soll die Geschichte erzählen.«

»Ich habe dir Milch gegeben, Nathoo; erinnerst du dich?« sagte Messua scheu. »Weil du mein Sohn warst, den der Tiger geholt hat, und weil ich dich sehr geliebt habe. Sie haben gesagt, daß ich deine Mutter bin, die Mutter eines Teufels, und deshalb den Tod verdiene.«

»Und was ist ein Teufel?« sagte Mowgli. »Den Tod kenne ich schon.«

Der Mann blickte düster auf, aber Messua lachte. »Schau!« sagte sie zu ihrem Mann, »ich habe es gewußt – ich habe doch gesagt, daß er kein Zauberer ist. Er ist mein Sohn – mein Sohn!«

»Sohn oder Zauberer, was wird es uns nützen?« antwortete der Mann. »Wir sind schon so gut wie tot.«

»Drüben ist der Weg zum Dschungel.« – Mowgli deutete durch das Fenster. »Eure Hände und Füße sind frei. Geht jetzt.«

»Wir, mein Sohn, kennen den Dschungel nicht so gut wie ... wie du«, begann Messua. »Ich glaube nicht, daß ich weit gehen kann.«

»Und die Männer und Frauen würden uns verfolgen und uns wieder herschleppen«, sagte der Mann.

»Hm!« sagte Mowgli; mit der Spitze seines Häutemessers kitzelte er seine Handfläche. »Ich habe nicht den Wunsch, jemandem aus diesem Dorf zu schaden – *noch.* Aber ich glaube nicht, daß sie dich aufhalten werden. Sie werden bald sehr viel anderes haben, über das sie nachdenken müssen. Ah!« Er hob den Kopf und lauschte dem Schreien und Trampeln draußen. »Dann haben sie also Buldeo schließlich heimkommen lassen?«

»Er ist heute morgen ausgeschickt worden, um dich zu töten«, rief Messua. »Hast du ihn getroffen?«

»Ja – wir – ich habe ihn getroffen. Er hat eine Geschichte zu erzählen; und während er sie erzählt, haben wir Zeit, um viel zu erledigen. Aber zuerst will ich herausfinden, was sie vorhaben. Überlegt euch, wohin ihr gehen wollt, und sagt es mir, wenn ich zurückkomme.«

Er sprang durch das Fenster und lief wieder die Außenseite der Dorfmauer entlang, bis er in Hörweite der Menge um den Pipal-Baum kam. Buldeo lag auf dem Boden, keuchte und ächzte, und alle stellten ihm Fragen. Sein Haar hing ihm auf die Schultern; vom Bäumeklettern waren seine Hände und Beine abgeschürft, und er konnte kaum sprechen, aber er war sich der Wichtigkeit seiner Stellung sehr bewußt. Von Zeit zu Zeit sagte er etwas über Teufel und singende Teufel und magische Verzauberung, nur um der Menge einen Vorgeschmack auf das Kommende zu geben. Dann rief er nach Wasser.

»Bah!« sagte Mowgli. »Geplapper – Geplapper! Reden, Reden! Menschen sind Blutsbrüder der *Bandar-log*. Jetzt muß er sich den Mund mit Wasser auswaschen; jetzt muß er Rauch ausblasen; und wenn all das erledigt ist, bleibt die Geschichte immer noch zu erzählen übrig. Es sind sehr kluge Leute – Menschen. Sie werden keinen zurücklassen, um Messua zu bewachen, bis ihre Ohren von Buldeos Geschichten vollgestopft sind. Und – ich werde genauso träge wie sie!«

Er schüttelte sich und glitt zurück zur Hütte. Als er eben das Fenster erreicht hatte, spürte er eine Berührung an seinem Fuß.

»Mutter«, sagte er, denn diese Zunge kannte er gut, »was machst *du* hier?«

»Ich hörte meine Kinder in den Wäldern singen, und ich bin dem gefolgt, den ich am liebsten habe. Kleiner Frosch, ich möchte sehr gern diese Frau sehen, die dir Milch gegeben hat«, sagte Mutter Wolf, ganz naß vom Tau.

»Sie haben sie gebunden und wollen sie töten. Ich habe die Riemen zerschnitten, und sie geht mit ihrem Mann durch den Dschungel.«

»Auch ich werde folgen. Ich bin alt, aber noch nicht zahnlos.« Mutter Wolf stellte sich auf die Hinterläufe und blickte durch das Fenster ins Dunkel der Hütte.

Nach einer Minute ließ sie sich geräuschlos fallen, und alles, was sie sagte, war: »Ich habe dir deine erste Milch gegeben; aber Bagheera sagt die Wahrheit: Am Ende geht der Mensch zu Menschen.«

»Vielleicht«, sagte Mowgli mit einem sehr unfrohen Gesichtsausdruck; »aber heute nacht bin ich von dem Weg weit entfernt. Warte hier, aber zeige dich ihr nicht.«

»*Du* hast nie Angst vor *mir* gehabt, Kleiner Frosch«, sagte Mutter Wolf; sie zog sich ins hohe Gras zurück und machte sich geschickt unsichtbar.

»Und jetzt«, sagte Mowgli fröhlich, als er sich wieder in die Hütte schwang, »sitzen sie alle um Buldeo herum, der ihnen das erzählt, was sich gar nicht ereignet hat. Wenn seine Rede beendet ist, sagen sie, wollen sie ganz bestimmt herkommen mit der Roten … mit Feuer und euch beide verbrennen. Und dann?«

»Ich habe mit meinem Mann gesprochen«, sagte Messua.

»Kaniwara ist dreißig Meilen von hier, aber in Kaniwara finden wir vielleicht die Engländer …«

»Und was für ein Rudel sind sie?« sagte Mowgli.

»Ich weiß es nicht. Sie sollen weiß sein, und man sagt, daß sie das ganze Land regieren und nicht zulassen, daß Leute einander ohne Zeugen verbrennen oder schlagen. Wenn wir diese Nacht dorthin gelangen können, dann leben wir. Wenn nicht, sterben wir.«

»Dann lebt. Niemand geht diese Nacht durch die Tore hinaus. Aber was macht *er* da?« Messuas Gatte grub auf Händen und Knien in einer Ecke der Hütte die Erde auf.

»Es ist das wenige, was er an Geld hat«, sagte Messua. »Wir können sonst nichts mitnehmen.«

»Ah ja. Das Zeug, das von Hand zu Hand geht und nie wärmer wird. Braucht man es denn auch außerhalb dieses Orts?« sagte Mowgli.

Der Mann blickte zornig auf. »Er ist ein Narr, kein Teufel«, murmelte er. »Mit dem Geld kann ich ein Pferd kaufen. Wir sind zu zerschunden, um weit zu gehen, und in einer Stunde ist das Dorf hinter uns her.«

»Ich sage, sie werden *nicht* folgen, bis ich es so will; aber ein Pferd ist ein guter Gedanke, denn Messua ist müde.« Ihr Mann stand auf und verknotete die letzten Rupien in seinem Hüfttuch. Mowgli half Messua durchs Fenster, und die kühle Nachtluft belebte sie, aber im Sternenlicht sah der Dschungel sehr düster und furchtbar aus.

»Ihr kennt den Weg nach Kaniwara?« flüsterte Mowgli.

Sie nickten.

»Gut. Denkt nun daran, daß ihr keine Angst haben müßt. Und ihr braucht nicht schnell zu gehen. Nur – nur mag es ein bißchen Gesang geben im Dschungel, hinter und vor euch.«

»Meinst du, wenn wir nicht Angst davor hätten, verbrannt zu werden, würden wir es wagen, eine Nacht im Dschungel zu verbringen? Es ist besser, von Tieren getötet zu werden als von Menschen«, sagte Messuas Mann; aber Messua schaute Mowgli an und lächelte.

»Ich sage euch«, fuhr Mowgli fort, ganz als wäre er Baloo, der einer dummen Welpe zum hundertsten Mal ein altes Dschungel-gesetz wiederholt – »ich sage euch, daß kein Zahn im Dschungel gegen euch gebleckt ist; kein Fuß im Dschungel ist gegen euch erhoben. Weder Mensch noch Tier wird euch aufhalten, bis ihr in Sichtweite von Kaniwara gelangt. Eine Wache wird um euch sein.« Schnell wandte er sich Messua zu; dabei sagte er: »*Er* glaubt es nicht, aber wirst du es glauben?«

»Ja, natürlich, mein Sohn. Mensch, Geist oder Wolf des Dschungels, ich glaube.«

»*Er* wird Angst haben, wenn er meine Leute singen hört. Du wirst wissen und verstehen. Geht nun, und geht langsam, denn Hast ist nicht nötig. Die Tore sind verschlossen.«

Schluchzend warf Messua sich Mowgli zu Füßen, aber er hob sie sehr rasch auf, mit einem Schauern. Dann hing sie an seinem Hals und belegte ihn mit allen Segensworten, die sie nur fand, aber ihr Mann blickte mißgünstig über seine Felder und sagte: »*Wenn* wir nach Kaniwara kommen und ich das Ohr der Engländer gewinnen kann, werde ich ein solches Gerichtsverfahren über den Brahmanen und den alten Buldeo und die anderen bringen, daß es das Dorf bis auf die Knochen abnagen wird. Für meine unbestellten Felder und meine ungefütterten Büffel werden sie mich zweimal bezahlen. Ich will eine große Gerechtigkeit haben.«

Mowgli lachte. »Ich weiß nicht, was Gerechtigkeit ist, aber – komm in der nächsten Regenzeit und sieh, was noch übrig ist.«

Sie gingen fort zum Dschungel, und Mutter Wolf sprang aus ihrem Versteck auf. »Folge ihnen!« sagte Mowgli. »Und sorge dafür, daß der ganze Dschungel weiß, diese beiden sind sicher. Gib ein wenig Laut. Ich will Bagheera rufen.«

Das langgedehnte, leise Jaulen stieg und fiel, und Mowgli sah, wie Messuas Mann zusammenzuckte und sich umdrehte, halb entschlossen, zur Hütte zurückzulaufen.

»Geh weiter«, rief Mowgli fröhlich. »Ich habe doch gesagt, es wird Gesang geben. Dieser Ruf wird euch bis Kaniwara folgen. Es ist die Gunst des Dschungels.«

Messua trieb ihren Mann voran, und die Dunkelheit schloß sich um sie und Mutter Wolf, als Bagheera fast unter Mowglis Füßen auftauchte; er zitterte vor Wonne über die Nacht, die das Dschungel-Volk toll macht.

»Ich schäme mich für deine Brüder«, sagte er schnurrend.

»Was? Haben sie für Buldeo nicht süß gesungen?« sagte Mowgli.

»Zu gut! Zu gut! Sie haben sogar *mich* meinen Stolz vergessen lassen, und bei dem Zerbrochenen Riegel, der mich befreite: Ich bin singend durch den Dschungel gezogen, als ob ich im Frühling zum Liebeswerben unterwegs wäre! Hast du uns nicht gehört?«

»Ich war hinter anderem Wild her. Frag Buldeo, ob er das Lied gemocht hat. Aber wo sind die vier? Ich will nicht, daß einer vom Menschenrudel diese Nacht die Tore verläßt.«

»Was brauchen wir dazu die vier?« sagte Bagheera; er trat von einem Fuß auf den anderen, seine Augen loderten, und er schnurrte lauter als je zuvor. »Ich kann sie allein halten, Kleiner Bruder. Ist es endlich ein Töten? Das Singen und der Anblick der Männer, wie sie auf die Bäume klettern, haben mich sehr bereit gemacht. Wer ist der Mensch, daß wir uns um ihn sorgen sollten – der nackte braune Gräber, der Haarlose und Zahnlose, der Erde-Esser? Ich bin ihm den ganzen Tag gefolgt – zu Mittag – im weißen Sonnenlicht. Ich habe ihn in Herden getrieben, wie die Wölfe den Hirsch. Ich bin Bagheera! Bagheera! Bagheera! Wie ich mit meinem Schatten tanze, so habe ich mit diesen Männern getanzt. Schau!« Der große Panther sprang, wie ein Kätzchen nach einem über ihm entlangwirbelnden toten Blatt springt; er schlug rechts und links in die leere Luft, die unter den Hieben sang, landete lautlos und sprang wieder und wieder hoch, wobei sein halbes Schnurren und halbes Knurren an Wucht gewann, wie in einem Kessel grollender Dampf. »Ich bin Bagheera – im Dschungel – in der Nacht, und meine Stärke ist in mir. Wer soll meinem Hieb widerstehen? Menschenjunges, mit einem Streich meiner Tatze könnte ich deinen Kopf so platt schlagen wie einen toten Frosch im Sommer!«

»Dann schlag!« sagte Mowgli, im Dialekt des Dorfes, *nicht* in der Sprache des Dschungels, und die menschlichen Worte brachten Bagheera jäh zum Halt, zurückgeschleudert auf Hinterbakken, die unter ihm bebten, sein Kopf genau auf der Höhe von Mowglis. Wieder starrte Mowgli, wie er die rebellischen jungen Wölfe angestarrt hatte, voll in die beryllgrünen Augen, bis das rote Lohen hinter ihrem Grün ausging wie das Licht eines

Leuchtturms, der zwanzig Meilen über See entfernt abgeschaltet wird; bis die Augen sanken – und der große Kopf mit ihnen –, tiefer und tiefer sanken und die rote Raspel der Zunge über Mowglis Innenrist rieb.

»Bruder – Bruder – Bruder!« flüsterte der Junge; stetig und leicht streichelte er vom Nacken den wogenden Rücken abwärts. »Sei ruhig, sei ruhig! Es ist der Fehler der Nacht, nicht dein Fehler.«

»Die Gerüche der Nacht waren es«, sagte Bagheera zerknirscht. »Diese Luft schreit mir laut zu. Aber wie kannst *du* das wissen?«

Natürlich ist die Luft um ein indisches Dorf herum voll von jeder Art Gerüchen, und für ein Geschöpf, das nahezu all sein Denken mit der Nase erledigt, sind Gerüche so aufpeitschend wie Musik oder Drogen für Menschen. Mowgli besänftigte den Panther noch einige Minuten, und wie eine Katze am Feuer legte er sich nieder, die Pfoten unter die Brust gezogen und die Augen halb geschlossen.

»Du bist aus dem Dschungel und *nicht* aus dem Dschungel«, sagte er schließlich. »Und ich bin nur ein schwarzer Panther. Aber ich liebe dich, Kleiner Bruder.«

»Sie reden sehr lange, da unter dem Baum«, sagte Mowgli, ohne den letzten Satz aufzunehmen. »Buldeo muß viele Geschichten erzählt haben. Bald müßten sie herkommen, um die Frau und ihren Mann aus der Falle zu zerren und in die Rote Blume zu stoßen. Sie werden diese Falle leer finden. Hoh! Hoh!«

»Nein, hör zu«, sagte Bagheera. »Es ist jetzt kein Fieber mehr in meinem Blut. Sie sollen *mich* dort finden! Kaum einer würde sein Haus verlassen, nachdem er mir begegnet ist. Es ist nicht das erste Mal, daß ich in einem Käfig bin; und ich glaube nicht, daß sie *mich* mit Schnüren binden werden.«

»Dann geh schlau vor«, sagte Mowgli lachend; denn er begann, so verwegen zu werden wie der Panther, der in die Hütte geglitten war.

»Hah!« knurrte Bagheera. »Dieser Ort stinkt nach Mensch, aber hier ist ein Bett genau wie das, was man mir in den Käfigen des Königs in Udaipur als Lager gab. Ich lege mich jetzt hin.«

Mowgli hörte die Streben der Pritsche unter dem Gewicht des großen Tieres knacken. »Bei dem Zerbrochenen Riegel, der mich befreite, sie werden glauben, daß sie Großwild gefangen haben! Komm und setz dich neben mich, Kleiner Bruder; wir wollen ihnen zusammen ›Gutes Jagen‹ singen!«

»Nein; ich habe einen anderen Gedanken im Bauch. Das Menschen-Rudel soll nicht wissen, welchen Anteil ich an dem Vergnügen habe. Mach du dein eigenes Jagen. Ich will sie nicht sehen.«

»So sei es«, sagte Bagheera. »Ah, jetzt kommen sie!«

Die Konferenz unter dem Pipal-Baum war lauter und lauter geworden, am anderen Ende des Dorfs. Sie endete in wildem Gellen, und Männer und Frauen stürzten die Straße herauf, schwenkten Keulen und Bambus und Sichel und Messer. Buldeo und der Brahmane waren an der Spitze, aber die Menge folgte ihnen dicht auf den Fersen, und sie schrien: »Die Hexe und der Zauberer! Wir wollen sehen, ob heiße Münzen sie geständig machen! Brennt die Hütte über ihren Köpfen nieder! Wir wollen es ihnen zeigen, Wolfsteufel zu beherbergen! Nein, prügelt sie zuerst! Fackeln! Mehr Fackeln! Buldeo, mach die Gewehrläufe heiß!«

An dieser Stelle gab es ein kleines Problem mit dem Türverschluß. Man hatte ihn sehr gut befestigt, aber die Menge riß ihn einfach ab, und das Licht der Fackeln strömte in den Raum wo, lang auf dem Bett ausgestreckt, die Pfoten gekreuzt und leicht über eines der Enden heraushängend, schwarz wie die Hölle und schrecklich wie ein Dämon, Bagheera lag. Eine halbe Minute herrschte entsetztes Schweigen, während die Vorderreihen der Menge sich ihren Weg von der Schwelle zurück frei rissen und stießen, und in dieser Zeit hob Bagheera den Kopf und gähnte – kunstvoll, sorgsam und prahlerisch –, wie er zu gähnen pflegte, wenn er einen Gleichrangigen beleidigen wollte. Die befransten Lippen zogen sich zurück und nach oben; die rote Zunge kräuselte sich; der Unterkiefer sackte und sackte, bis man den heißen Schlund halb hinabsehen konnte; und die riesigen Fangzähne waren bis zum Zahnfleisch entblößt; dann klackten sie aneinander, die oberen und die unteren, wie stahlbesetzte Sicherungsriemen um die Kanten eines Geldkastens schnappen. Im nächsten Moment war die Straße leer; Bagheera sprang zurück durch das Fenster und stand neben Mowgli, während ein gellender, kreischender Sturzbach von Menschen übereinander trampelte und -stolperte in ihrer panischen Hast, zu ihren eigenen Hütten zu gelangen.

»Sie werden sich nicht rühren, bis der Tag kommt«, sagte Bagheera ruhig. »Und jetzt?«

Die Stille des Nachmittagsschlafs schien über das Dorf gekommen zu sein; aber als sie lauschten, konnten sie das Geräusch von schweren Kornkisten hören, die über Lehmböden geschleift und an die Türen geschoben wurden. Bagheera hatte völlig recht; das Dorf würde sich bis zum Tagesanbruch nicht rühren. Mowgli saß still und grübelte, und sein Gesicht wurde finsterer und finsterer.

»Was habe ich denn getan?« sagte Bagheera schließlich; geduckt kam er zu Mowglis Füßen.

»Nichts, nur viel Gutes. Bewache sie jetzt bis zum Tag. Ich schlafe.« Mowgli lief fort in den Dschungel, fiel wie ein Toter auf einen Felsen und schlief und schlief sich durch den ganzen Tag und wieder zurück durch die Nacht.

Als er erwachte, war Bagheera neben ihm, und zu seinen Füßen lag ein frisch getöteter Bock. Bagheera schaute neugierig zu, als Mowgli sich mit seinem Häutemesser an die Arbeit machte und sich dann umwandte, das Kinn in der Hand.

»Der Mann und die Frau sind sicher bis in Sichtweite von Kaniwara gekommen«, sagte Bagheera. »Deine Lagermutter hat Chil, den Geier, die Nachricht überbringen lassen. Am Abend ihrer Befreiung haben sie noch vor Mitternacht ein Pferd gefunden und sind sehr schnell gegangen. Ist das nicht gut?«

»Das ist gut«, sagte Mowgli.

»Und dein Menschen-Rudel im Dorf hat sich nicht bewegt, bis die Sonne diesen Morgen hoch stand. Dann haben sie ihr Essen gegessen und sind schnell in ihre Häuser zurückgerannt.«

»Sie haben dich nicht zufällig gesehen, oder?«

»Das könnte schon sein. Ich habe mich im Morgengrauen vor dem Tor im Staub gewälzt, und vielleicht habe ich mir auch selbst ein kleines Lied gesungen. Jetzt, Kleiner Bruder, ist nichts mehr zu tun. Komm jagen mit mir und Baloo. Er hat neue Bienenstöcke, die er dir zeigen will, und wir alle möchten dich zurückhaben, so wie früher. Leg dieses Gesicht ab, das sogar mir angst macht! Der Mann und die Frau werden nicht in die Rote Blume gesteckt werden, und im Dschungel ist alles wohl. Stimmt das etwa nicht? Laß uns das Menschen-Rudel vergessen.«

»Sie werden sehr bald vergessen sein. Wo weidet Hathi heute nacht?«

»Wo es ihm gefällt. Wer weiß schon, was der Schweigsame tut? Aber warum? Was gibt es denn, was Hathi tun kann, aber wir nicht?«

»Sag ihm und seinen drei Söhnen, sie sollen hierher zu mir kommen.«

»Aber wirklich und wahrhaftig, Kleiner Bruder, es ist nicht – es gehört sich nicht, zu Hathi ›Komm‹ und ›Geh‹ zu sagen. Bedenke, er ist der Herr des Dschungels, und ehe das Menschenrudel den Ausdruck auf deinem Gesicht änderte, hat er dich die Meisterworte des Dschungels gelehrt.«

»Das ist alles eins. Jetzt habe ich ein Meisterwort für ihn. Sag ihm, er soll zu Mowgli dem Frosch kommen; und wenn er zuerst nicht hören will, dann sag ihm, er soll kommen wegen der Verwüstung der Felder von Bhurtpur.«

»Die Verwüstung der Felder von Bhurtpur.« Bagheera wiederholte es zwei- oder dreimal, um sicher zu sein. »Ich gehe. Schlimmstenfalls kann Hathi zornig werden, und ich würde das Jagen eines ganzen Mondes dafür geben, ein Meisterwort zu hören, das den Schweigsamen zwingt.«

Er ging fort und ließ Mowgli zurück, der wütend mit seinem Häutemesser in die Erde stieß. Mowgli hatte in seinem ganzen Leben kein Menschenblut gesehen, bis er auf den Riemen, mit denen man sie gebunden hatte, Messuas Blut sah und – was ihm viel wichtiger war – roch. Messua war gut zu ihm gewesen, und sofern er überhaupt etwas von Liebe wußte, liebte er Messua so vollständig, wie er den Rest der Menschheit haßte. Aber so abgründig er sie auch verachtete, ihr Gerede, ihre Grausamkeit und ihre Feigheit, konnte er sich doch für nichts, das der Dschungel zu bieten hatte, dazu bringen, ein Menschenleben zu nehmen und wieder diesen schrecklichen Ruch von Blut in der Nase zu haben. Sein Plan war einfacher, aber weit gründlicher; und er lachte vor sich hin, als er daran dachte, daß ihm ausgerechnet eine der Geschichten des alten Buldeo, abends unter dem Pipal-Baum erzählt, diese Idee in den Kopf gesetzt hatte.

»Es *war* ein Meisterwort«, flüsterte Bagheera in sein Ohr. »Sie waren am Fluß beim Essen, und sie haben gehorcht, als ob sie Ochsen wären. Schau, so kommen sie jetzt!«

Hathi und seine drei Söhne waren in ihrer gewöhnlichen Art angekommen, ohne jedes Geräusch. Der Schlamm des Flusses war noch frisch auf ihren Flanken, und Hathi kaute nachdenklich den grünen Stamm eines jungen Pisangbaumes, den er mit den Stoßzähnen aus dem Boden gebrochen hatte. Aber jede Linie seines riesigen Körpers zeigte Bagheera, der Dinge sehen konnte, wenn sie ihm vor Augen kamen, daß sich hier nicht der Herr des Dschungels an ein Menschenjunges wandte, sondern daß einer, der sich fürchtete, zu einem kam, der keine Angst hatte. Seine drei Söhne schaukelten Seite an Seite hinter ihrem Vater.

Mowgli hob kaum den Kopf, als Hathi ihn mit »Gut Jagen« begrüßte. Bevor er zu sprechen begann, ließ er ihn sehr lange schwanken und wiegen und von einem Fuß auf den anderen treten; und als er den Mund öffnete, sprach er zu Bagheera, nicht zu den Elefanten.

»Ich will eine Geschichte erzählen, die mir von dem Jäger erzählt wurde, den ihr heute gejagt habt«, sagte Mowgli. »Sie betrifft einen Elefanten, alt und weise, der in eine Falle geriet, und der spitze Pfahl in der Grube hat ihm eine lange Wunde beigebracht, von kurz über dem Fuß bis zum Kamm der Schulter, und ein weißes Zeichen zurückgelassen.« Mowgli streckte jäh seine Hand aus, und als Hathi sich im Mondlicht drehte, zeigte sich eine lange weiße Narbe auf seiner schieferfarbenen Seite, als hätte man ihn mit einer glühenden Peitsche geschlagen. »Männer sind gekommen, um ihn aus der Falle zu nehmen«, fuhr Mowgli fort, »aber er hat die Fessel zerbrochen, denn er war stark, und er ist fortgegangen, bis seine Wunde geheilt war. Dann ist er nachts im Zorn zu den Feldern dieser Jäger gekommen. Und nun erinnere ich mich, daß er drei Söhne hatte. Diese Dinge haben sich vor vielen, vielen Regenzeiten ereignet und sehr weit entfernt – auf den Feldern von Bhurtpur. Was geschah diesen Feldern bei der nächsten Ernte, Hathi?«

»Sie wurden von mir und meinen drei Söhnen abgeerntet«, sagte Hathi.

»Und was war mit dem Pflügen, das dem Ernten folgt?« sagte Mowgli.

»Es gab kein Pflügen«, sagte Hathi.

»Und die Menschen, die von den grünen Saaten auf der Erde leben?« sagte Mowgli.

»Sie sind fortgegangen.«

»Und die Hütten, in denen die Menschen schliefen?« sagte Mowgli.

»Wir haben die Dächer in Stücke gerissen, und der Dschungel hat die Wände verschlungen«, sagte Hathi.

»Und was noch?« sagte Mowgli.

»So viel guten Boden, wie ich in zwei Nächten von Ost nach West abschreiten kann, und vom Norden zum Süden so viel, wie ich in drei Nächten abschreiten kann, hat der Dschungel genommen. In fünf Dörfer haben wir den Dschungel hineingelassen; und in diesen Dörfern und auf ihrem Boden, dem Weidegrund und dem weichen Ackerland, gibt es heute keinen Menschen, der sein Essen aus der Erde nimmt. Das war die Verwüstung der Felder von Bhurtpur durch mich und meine drei Söhne; und nun frage ich, Menschenjunges, wie die Nachricht darüber zu dir gelangt ist?« sagte Hathi.

»Ein Mensch hat es mir erzählt, und nun sehe ich, daß sogar Buldeo die Wahrheit sagen kann. Es war gut gemacht, Hathi mit der weißen Narbe; aber das zweite Mal wird es besser gemacht werden, weil ein Mensch da ist, um euch zu leiten. Du kennst das Dorf des Menschen-Rudels, das mich ausgestoßen hat? Sie sind träge, vernunftlos und grausam; sie spielen mit ihren Mündern, und sie töten den Schwächeren nicht zum Essen, sondern zum Vergnügen. Wenn sie ganz satt sind, würden sie ihre eigene Brut in die Rote Flamme stoßen. Das habe ich gesehen. Es ist nicht gut, daß sie hier noch länger leben. Ich hasse sie!«

»Dann töte«, sagte der jüngste von Hathis drei Söhnen; er pickte ein Grasbüschel auf, staubte es an seinen Vorderbeinen ab und warf es fort, während seine kleinen roten Augen verstohlen von einer Seite zur anderen lugten.

»Was habe ich von weißen Knochen?« antwortete Mowgli ärgerlich. »Bin ich denn ein Wolfsjunges, daß ich mit wundem Kopf in der Sonne spielen soll? Ich habe Shere Khan getötet, und sein Fell modert auf dem Ratsfelsen; aber – aber ich weiß nicht, wohin Shere Khan gegangen ist, und mein Bauch ist noch immer leer. Jetzt will ich das nehmen, was ich sehen und berühren kann. Laß den Dschungel in dieses Dorf ein, Hathi!«

Bagheera erschauerte und kauerte nieder. Er konnte, wenn es zum Schlimmsten kam, einen schnellen Sturm die Dorfstraße hinunter verstehen und Hiebe rechts und links in eine Menge oder geschicktes Töten von Männern, wenn sie im Zwielicht pflügten; aber dieser Plan, ein ganzes Dorf mit Vorbedacht aus den Augen von Mensch und Tier zu tilgen, erschreckte ihn. Nun begriff er, warum Mowgli nach Hathi geschickt hatte. Keiner außer dem langlebigen Elefanten konnte solch einen Krieg planen und durchführen.

»Sie sollen rennen, wie die Menschen von den Feldern von Bhurtpur gerannt sind, bis wir das Regenwasser als einzigen Pflug haben und das Geräusch des Regens auf den dicken Blättern anstelle des Schnarrens ihrer Spindeln – bis Bagheera und ich im Haus des Brahmanen lagern und der Bock aus der Zisterne hinter dem Tempel trinkt! Laß den Dschungel ein, Hathi!«

»Aber ich – aber wir haben keinen Streit mit ihnen, und das rote Rasen eines großen Schmerzes ist nötig, ehe wir die Plätze niederreißen, wo Menschen schlafen«, sagte Hathi zweifelnd.

»Seid ihr denn die einzigen Grasesser im Dschungel? Treibt eure Leute hin. Laßt den Hirsch und das Schwein und den Nilghai sich darum kümmern. Ihr braucht nicht einmal eine Handbreit eurer Haut sehen zu lassen, bis die Felder nackt sind. Laß den Dschungel ein, Hathi!«

»Es wird kein Töten geben? Meine Zähne waren rot bei der Verwüstung der Felder von Bhurtpur, und ich will diesen Geruch nie mehr wecken.«

»Ich auch nicht. Ich möchte nicht einmal ihre Knochen auf der reinen Erde liegen haben. Laß sie gehen und eine neue Lagerstatt finden. Hier können sie nicht bleiben. Ich habe das Blut der Frau, die mir Essen gab, gesehen und gerochen – der Frau, die sie ohne mich getötet hätten. Nur der Geruch von frischem Gras auf ihren Türschwellen kann diesen Geruch wegnehmen. Er brennt in meinem Mund. Laß den Dschungel ein, Hathi!«

»Ah!« sagte Hathi. »So hat die Narbe von dem Pfahl auf meiner Haut gebrannt, bis wir die Dörfer unter dem Wachsen des Frühlings haben sterben sehen. Nun verstehe ich. Dein Krieg soll unser Krieg sein. Wir werden den Dschungel einlassen!«

Mowgli hatte kaum Zeit, Luft zu holen – er zitterte am ganzen Körper vor Wut und Haß –, ehe der Platz, wo die Elefanten gestanden hatten, leer war, und Bagheera sah ihn voller Entsetzen an.

»Bei dem Zerbrochenen Riegel, der mich befreite!« sagte der Schwarze Panther schließlich. »Bist *du* das nackte Ding, für das ich im Rudel gesprochen habe, als alles jung war? Herr des Dschungels, wenn meine Kraft mich verläßt, dann sprich für mich – sprich für Baloo – sprich für uns alle! Wir sind Welpen vor dir! Geknickte Zweige unter dem Fuß! Kitze, die ihre Mutter verloren haben!«

Der Gedanke an Bagheera als verirrtes Kitz brachte Mowgli völlig aus der Fassung, und er lachte und schnappte nach Luft und schluchzte und lachte wieder, und schließlich mußte er in einen Teich springen, um aufhören zu können. Dann schwamm er immer im Kreis herum und tauchte über und unter die Streifen des Mondlichts wie der Frosch, sein Namensvetter.

Inzwischen hatten Hathi und seine drei Söhne sich aufgemacht, jeder in eine Himmelsrichtung, und schritten schweigend die Täler eine Meile entfernt hinab. Zwei Tagesmärsche gingen sie weiter und weiter – das heißt, sechzig lange Meilen – durch den Dschungel; und jeder Schritt, den sie machten, und jeder Schlenker ihrer Rüssel wurde bekannt und bemerkt und beredet, von Mang und Chil und dem Affenvolk und allen Vögeln. Dann begannen sie zu grasen, und etwa eine Woche lang aßen sie gelassen. Hathi und seine Söhne sind wie Kaa, der Felspython. Sie hasten niemals, bis sie müssen.

Am Schluß dieser Zeit – und keiner wußte, wer damit angefangen hatte – lief ein Gerücht durch den Dschungel, daß in diesem und jenem Tal besseres Essen und Wasser zu finden sei. Die Schweine – die natürlich für ein volles Mahl bis ans Ende der Welt laufen – setzten sich als erste in Kompanien in Bewegung, schlurften über die Felsen, und die Hirsche folgten, mit den kleinen wilden Füchsen, die von den Toten und Sterbenden der Herde leben; und die wuchtigen Nilghai bewegten sich auf gleicher Höhe mit den Hirschen, und die wilden Büffel der Sümpfe kamen hinter den Nilghai. Die letzte Kleinigkeit hätte die verstreuten, schweifenden Herden umkehren lassen, die grasten und schlenderten und tranken und wieder grasten; aber sobald irgendwo Aufregung herrschte, erhob sich jemand und besänftigte sie. Einmal war es Sahi das Stachelschwein, voll von Geschichten über gutes Essen nur ein bißchen weiter geradeaus; ein andermal war es Mang, der munter schrie und ein Tal hinab flatterte, um zu zeigen, daß es ganz leer war; oder Baloo, das Maul voller Wurzeln, watschelte eine schwankende Reihe entlang und brachte sie täppisch auf den richtigen Weg zurück, indem er sie halb erschreckte, halb stieß. Sehr viele Geschöpfe schraken zurück oder liefen fort oder verloren das Interesse, aber es blieben sehr viele übrig, die vorwärts gingen. Ungefähr nach weiteren zehn Tagen sah die Sache so aus: Die Hirsche und die Schweine und die Nilghai wogten immer wieder in einem Kreis mit acht oder zehn Meilen Radius herum, während die Fleischesser um den Rand des Kreises plänkelten. Und der Mittelpunkt dieses Kreises war das Dorf, und rings um das Dorf reiften die Ernten, und in den Feldern saßen Männer auf etwas, was sie *machans* nannten – Plattformen wie Taubenstangen, bestehend aus vier Pfosten mit Querstöcken an der Spitze –, um Vögel und andere Diebe zu verscheuchen. Dann wurden die Hirsche nicht mehr ermuntert; die Fleischesser waren dicht hinter ihnen und zwangen sie nach vorn und nach innen.

Es war eine dunkle Nacht, als Hathi und seine drei Söhne aus dem Dschungel herunterglitten und die Pfosten der *machans* mit ihren Rüsseln zerbrachen; sie fielen wie geknickte Schierlingsstengel in der Blütezeit, und die Männer, die von ihnen herabtaumelten, hörten gleich neben sich das tiefe Gurgeln der Elefanten. Dann brach die Vorhut der verwirrten Hirscharmeen los und überflutete die Weidegründe des Dorfs und die gepflügten Felder; und die wühlenden Wildschweine mit ihren scharfen Hufen kamen mit ihnen, und was die Hirsche übrigließen, das verdarben die Schweine, und von Zeit zu Zeit rüttelte ein Wolfsalarm die Herden auf, und sie stürmten verzweifelt hin und her, wobei sie die junge Gerste zertraten und die Böschungen der Bewässerungskanäle einebneten. Vor Morgengrauen ließ der Druck auf die Außenseite des Kreises an einer Stelle nach. Die Fleischesser hatten sich zurückgezogen und einen Weg nach Süden freigegeben, und Herde um Herde von Hirschen floh dort entlang. Andere, die kühner waren, legten sich ins Dickicht, um ihr Mahl in der nächsten Nacht zu beenden.

Aber die Arbeit war so gut wie getan. Als die Dorfleute sich morgens umschauten, sahen sie, daß ihre Ernten verloren waren. Und das bedeutete den Tod, wenn sie sich nicht davonmachten, denn sie lebten jahraus, jahrein so nah am Hungertod, wie der Dschungel ihnen nahe war. Als sie die Büffel zum Grasen hinausschickten, fanden die hungrigen Tiere, daß die Hirsche die Weidegründe kahlgefressen hatten, und deshalb wanderten sie in den Dschungel und zogen mit ihren wilden Verwandten davon; und als die Dämmerung kam, lagen die drei oder vier Ponies des Dorfs mit eingeschlagenen Köpfen in ihren Ställen. Nur Bagheera konnte diese Hiebe verteilt haben, und nur Bagheera konnte auf den Gedanken gekommen sein, den letzten Kadaver dreist auf die Straße zu zerren.

Die Dorfleute hatten nicht den Mut, in dieser Nacht Feuer auf den Feldern zu machen; also brachen Hathi und seine drei Söhne zur Nachlese unter den Überresten auf, und wo Hathi Nachlese hält, braucht man nichts mehr zu suchen. Die Menschen beschlossen, bis zur Regenzeit von ihrem eingelagerten Saatgetreide zu leben und dann als Knechte zu arbeiten, bis sie das verlorene Jahr aufholen konnten; aber während der Getreidehändler an seine gutgefüllten Kornkästen dachte und an die Preise, die er beim Verkauf verlangen würde, rissen Hathis scharfe Stoßzähne eine Ecke aus seinem Lehmhaus und sprengten die große, mit Kuhdung bedeckte Korbtruhe, in der das kostbare Gut lag.

Als man diesen letzten Verlust entdeckte, war es an dem Brahmanen, etwas zu sagen. Er hatte zu seinen eigenen Göttern gebetet, ohne Antwort. Es könne sein, sagte er, daß das Dorf unabsichtlich irgendeinen der Götter des Dschungels beleidigt habe, denn ohne Zweifel sei der Dschungel gegen sie. Deshalb schickten sie nach dem Obmann des nächsten Stamms von wandernden Gonds – kleine, kluge und sehr schwarze Jäger, die im tiefen Dschungel leben und deren Väter der ältesten Rasse Indiens entstammen – die Ureinwohner und Urbeherrscher des Landes. Sie hießen den Gond mit dem willkommen, was sie noch hatten, und er stand auf einem Bein, den Bogen in der Hand, mit zwei oder drei Giftpfeilen in seinem Haarknoten, und halb furchtsam, halb verächtlich musterte er die ängstlichen Dorfleute und ihre verwüsteten Felder. Sie wollten wissen, ob seine Götter – die alten Götter – ihnen zürnten und welche Opfer darzubringen seien.

Der Gond sagte nichts, sondern hob eine Ranke der *Karela* auf, der Schlingpflanze, die den bitteren wilden Kürbis hervorbringt, und flocht sie hin und her über die Tempeltür, vor dem Antlitz des starrenden roten Hindugottes. Dann schob er seine Hand in die leere Luft in Richtung der Straße nach Kaniwara und ging zurück zu seinem Dschungel und sah, wie die Dschungel-Völker hindurchzogen. Er wußte, daß, wenn der Dschungel sich bewegt, nur Weiße ihn vielleicht aufhalten können.

Es war nicht nötig, ihn zu fragen, was er meinte. Der wilde Kürbis würde wachsen, wo sie ihren Gott verehrt hatten, und je eher sie sich in Sicherheit brachten, desto besser.

Aber es ist schwierig, ein Dorf aus seiner Verankerung zu reißen. Sie hielten aus, solange ihnen noch irgendeine Sommerspeise blieb, und sie versuchten, im Dschungel Nüsse zu sammeln, aber Schatten mit lodernden Augen bewachten sie und wälzten sich sogar mittags vor ihnen herum; und wenn sie verängstigt wieder zu ihren Wänden zurückliefen, dann war an den Baumstämmen, die sie vor nicht einmal fünf Minuten passiert hatten, die Rinde vom Hieb einer großen kralligen Tatze gestreift und gemeißelt. Je mehr sie sich an ihr Dorf hielten, desto kühner wurden die wilden Tiere, die über die Weidegründe am Wainganga sprangen und brüllten. Sie hatten keine Zeit, die dem Dschungel zugewandten Rückwände der leeren Ställe auszubessern und zu verputzen; die Wildschweine trampelten sie nieder, und die Kletterpflanzen mit ihren knotigen Wurzeln drängten nach und reckten ihre Ellbogen über den neugewonnenen Boden, und hinter den Kletterpflanzen sträubte sich das harte Gras wie die Lanzen einer Trollarmee bei der Verfolgung eines abziehenden Gegners. Die unverheirateten Männer liefen als erste fort und verbreiteten nah und fern die Nachricht, daß das Dorf verloren sei. Wer könnte denn, sagten sie, gegen den Dschungel oder die Götter des Dschungels kämpfen, wenn sogar die Dorfkobra ihr Loch in der Plattform unter dem Pipal-Baum verlassen hatte? So schrumpfte ihr geringer Verkehr mit der Außenwelt, wie die ausgetretenen Wege über das offene Land seltener und schmaler wurden. Schließlich bekümmerte das nächtliche Trompeten von Hathi und seinen drei Söhnen sie nicht mehr; denn sie besaßen nichts, was man ihnen noch hätte rauben können. Die Pflanzen auf der Erde und die Saaten in der Erde waren ihnen genommen. Die vorgeschobenen Felder verloren bereits ihre Gestalt, und es war Zeit, sich der Mildtätigkeit der Engländer in Kaniwara anzuvertrauen.

Nach Art der Eingeborenen verschoben sie ihren Aufbruch von einem Tag zum anderen, bis die ersten Regenfälle sie überraschten und die ungeflickten Dächer eine Flut einließen, und auf den Weideflächen stand es knöcheltief, und nach der Hitze des Sommers brach alles Leben stürmisch hervor. Dann wateten sie hinaus – Männer, Frauen und Kinder – durch den blendenden heißen Morgenregen, aber natürlich wandten sie sich um zu einem letzten Abschiedsblick auf ihre Heimat.

Sie hörten, als noch die letzte beladene Familie, einer nach dem anderen, durch das Tor ging, das Krachen von fallenden Balken und Strohdächern hinter den Wänden. Einen Moment sahen sie einen schimmernden, schlangenartigen, schwarzen Rüssel, der sich erhob und modriges Dachstroh verstreute. Er verschwand, und dann hörten sie noch ein Krachen, gefolgt von einem Quieken. Hathi pflückte die Dächer der Hütten ab, wie man Wasserlilien pflückt, und ein abprallender Balken hatte ihn gepiekt. Das war alles, was er brauchte, um seine volle Kraft zu entfesseln, denn von allen Wesen im Dschungel ist der wütende wilde Elefant der böswilligste Zerstörer. Er trat rückwärts gegen eine Lehmwand, die unter dem Stoß zerbröckelte und dabei unter dem Sturzbach des Regens zu gelbem Schlamm zerschmolz. Dann drehte er sich um und röhrte und raste durch die engen Straßen, rammte die Hütten rechts und links, zerfetzte die schiefen Türen und zerdrückte die Traufen; dabei tobten seine drei Söhne hinter ihm her, wie sie bei der Verwüstung der Felder von Bhurtpur getobt hatten.

»Diese Schalen wird der Dschungel verschlingen«, sagte eine gelassene Stimme zwischen den Trümmern. »Es geht um die äußere Wand; sie muß umgelegt werden«, und Mowgli, dem der Regen über die bloßen Schultern und Arme strömte, sprang fort von einer Wand, die sich wie ein müder Büffel niederließ.

»Alles zu seiner Zeit«, keuchte Hathi. »Ah, wie rot meine Zähne in Bhurtpur waren! Zur äußeren Mauer, Kinder! Mit dem Kopf! Zusammen! Jetzt!«

Die vier preßten Seite an Seite; die äußere Mauer wölbte sich, riß und fiel, und die Dorfleute, von Grauen betäubt, sahen die wüsten, lehmverschmierten Köpfe der Zerstörer in der schartigen Bresche. Dann flohen sie, ohne Häuser und ohne Essen, das Tal hinab, während ihr Dorf zerfetzt und zerwühlt und zertrampelt hinter ihnen schmolz.

Einen Monat später war der Ort eine fleckige Kuppe, bedeckt von weichem, jungem Grün; und am Ende der Regenzeit schoß der tosende Dschungel an der Stelle empor, die keine sechs Monate zuvor noch unter dem Pflug gewesen war.

Die urbane Sehnsucht nach dem noblen Wilden Mann fand ihren populärsten Niederschlag im Pop-Mythos von Tarzan, dem wahrscheinlich bekanntesten Wildling dieses Jahrhunderts. Der Amerikaner Edgar Rice Burroughs gab damit 1912 einem tiefsitzenden Bedürfnis nach einer positiven Identifikationsfigur für die Rückkehr zum ursprünglichen Leben in der Wildnis die endgültige Gestalt. Statt Mowglis Wölfen sind es bei Tarzan Affen, die den Findling im Dschungel eines phantastischen Afrika aufziehen, das mehr Ähnlichkeit hat mit einem Fantasy-Reich des ultimaten Abenteuers als mit dem Kontinent der Landkarte. Tarzan herrschte ungebrochen über seinen Dschungel der Phantasie und trat einen Siegeszug durch die Medien an. Aus dem Fortsetzungsroman wurden rasch Comics und dann Filme. Für die Sonntagsseiten amerikanischer Tageszeitungen zeichnete Bruce Hoggarth dann ab 1937 einen Tarzan, der in seiner an der Renaissance orientierten Idealgestalt zur überzeugendsten Inkarnation der Traumfigur wurde.

EDGAR RICE BURROUGHS / BRUCE HOGGARTH

Tarzan

»… und so wurde der junge Lord Greystoke zum König der Menschenaffen.«

Ist Tarzan eine simplifizierte Idealgestalt, so beschreibt in der amerikanischen Literatur der Nobelpreisträger Ernest Hemingway (1899–1961) in seinen kunstvoll lakonischen Geschichten die tödliche Tragik der männlichen Sehnsucht nach Ursprünglichkeit und Wildheit in einer domestizierten Welt. Seine scheiternden Helden finden nur im Tod zur Vereinigung mit dem Wilden – ein Weg, dem er vielleicht mit seinem eigenen Selbstmord gefolgt ist.

ERNEST HEMINGWAY

Das kurze glückliche Leben des Francis Macomber

»... Angst weg wie durch Operation. Etwas anderes wuchs an ihrer Stelle. Das Wesentlichste, was ein Mann hatte. Machte ihn zum Mann.«

Es war jetzt Essenszeit, und sie saßen alle unter dem doppelten grünen Sonnendach des Speisezeltes und taten, als sei nichts passiert.

»Was möchten Sie, Limonensaft oder Zitrone?« fragte Macomber.

»Ich trinke einen Gimlet«, sagte Robert Wilson zu ihm.

»Ich möchte auch einen Gimlet. Ich brauche irgend etwas«, sagte Macombers Frau.

»Das ist wohl das Gegebene«, stimmte Macomber zu. »Sagen Sie ihm, er soll drei Gimlets machen.«

Der Küchenboy hatte schon damit angefangen; er hob die Flaschen aus den leinenen Kühlsäcken, die Feuchtigkeit in dem Wind ausschwitzten, der durch die Bäume blies, die die Zelte beschatteten.

»Was soll ich ihnen wohl geben?« fragte Macomber.

»Ein Pfund ist reichlich«, sagte Wilson. »Sie wollen sie doch nicht verwöhnen.«

»Wird der Aufseher es verteilen?«

»Zweifellos.«

Francis Macomber war vor einer halben Stunde im Triumph auf den Armen und Schultern des Kochs, der Boys, des Abhäuters und der Träger vom Rand des Lagers zu seinem Zelt getragen worden. Die Gewehrträger hatten nicht an dieser Kundgebung teilgenommen. Als die eingeborenen Boys ihn am Eingang seines Zeltes niedersetzten, hatte er ihnen allen die Hand geschüttelt und ihre Glückwünsche entgegengenommen, war dann ins Zelt gegangen und hatte auf seinem Bett gesessen, bis seine Frau hereinkam. Sie sprach nicht mit ihm, als sie hereinkam, und er verließ das Zelt, um sich draußen in dem tragbaren Waschgestell Gesicht und Hände zu waschen und um dann zum Speisezelt hinüberzugehen und sich auf einem bequemen Segeltuchstuhl in den leichten Wind und den Schatten zu setzen.

»Nun haben Sie Ihren Löwen«, sagte Robert Wilson zu ihm, »und einen verdammt guten dazu.«

Mrs. Macomber blickte rasch zu Wilson hinüber. Sie war eine außerordentlich hübsche und gepflegte Frau, deren Schönheit und gesellschaftliche Stellung vor fünf Jahren für die Anpreisung eines Schönheitsmittels, das sie nie benutzt hatte – versehen mit ihrer signierten Fotografie –, mit fünftausend Dollar bewertet worden war. Sie war seit elf Jahren mit Francis Macomber verheiratet.

»Es ist ein guter Löwe, nicht wahr?« sagte Macomber. Seine Frau blickte jetzt ihn an. Sie blickte beide Männer an, als ob sie sie nie vorher gesehen hätte.

Einen, nämlich Wilson, den weißen Jäger, hatte sie bestimmt niemals zuvor richtig gesehen. Er war etwa mittelgroß, hatte aschblondes Haar, einen borstigen Schnurrbart, ein sehr rotes Gesicht und außerordentlich kalte blaue Augen mit weißlichen Fältchen in den Winkeln, die sich komisch vertieften, wenn er lächelte. Er lächelte sie jetzt an, und sie blickte von seinem Gesicht weg auf seine Schultern, die sich unter der losen Jacke, die er trug, rundeten, und auf die vier großen Patronen, die in Schlaufen steckten, wo die linke Brusttasche hätte sein sollen, auf seine großen braunen Hände, seine alte Hose, seine sehr schmutzigen Schaftstiefel und dann wieder auf sein rotes Gesicht. Ihr fiel auf, daß das Ziegelrot seines Gesichts an der weißen Linie haltmachte, die der Rand seines Tropenhelms, der jetzt an einem Haken der Zeltstange hing, hinterlassen hatte.

»Also auf den Löwen!« sagte Robert Wilson. Wieder lächelte er ihr zu, und ohne zu lächeln, sah sie auf seltsame Art ihren Mann an.

Francis Macomber war sehr groß, sehr gut gewachsen – wenn man nichts gegen ein derartig langes Gestell einzuwenden hatte –, dunkel, sein Haar war wie bei einem Seemann kurz geschoren; er war ziemlich schmallippig, und man fand ihn gut aussehend. Er hatte die gleichen Safarisachen an, wie Wilson sie trug, nur daß seine neu waren; er war fünfunddreißig Jahre alt, hielt sich sehr gut in Form, bewährte sich auf dem Sportplatz, hielt eine Reihe Großwild- und Angelrekorde und hatte sich eben in aller Öffentlichkeit als Feigling erwiesen.

»Auf den Löwen!« sagte er. »Ich kann Ihnen niemals genug danken für das, was Sie getan haben.«

Margaret, seine Frau, sah von ihm weg und wieder zu Wilson hin. »Reden wir nicht von dem Löwen«, sagte sie.

Wilson sah, ohne zu lächeln, zu ihr hinüber, und jetzt lächelte sie ihn an. »Es war ein sehr merkwürdiger Tag«, sagte sie. »Sollten Sie nicht auch mittags unter dem Sonnendach Ihren Hut tragen? Sie haben mir das selbst gesagt.«

»Kann ihn ja aufsetzen«, sagte Wilson.

»Wissen Sie, daß Sie ein sehr rotes Gesicht haben, Mr. Wilson?« sagte sie zu ihm und lächelte wieder.

»Vom Trinken«, sagte Wilson.

»Das glaube ich nicht«, sagte sie. »Francis trinkt eine Menge, aber sein Gesicht ist niemals rot.«

»Heute ist es rot.« Macomber versuchte einen Scherz zu machen.

»Nein«, sagte Margaret. »Meines ist heute rot. Aber Mr. Wilsons ist immer rot.«

»Muß die Rasse sein«, sagte Wilson. »Hören Sie, können Sie nicht lieber meine Schönheit als Gesprächsstoff aus dem Spiel lassen?«

»Ich habe doch gerade erst damit angefangen.«

»Schluß damit, ja?« sagte Wilson.

»Es wird schwierig werden mit der Unterhaltung«, sagte Margaret.

»Sei nicht so dumm, Margot«, sagte ihr Mann.

»Gar nicht schwierig«, sagte Wilson. »Er hat einen Mordskerl von einem Löwen gekriegt.«

Margaret sah sie beide an, und beide merkten, daß sie nahe am Weinen war. Wilson hatte es schon eine ganze Weile kommen sehen, und er fürchtete sich davor. Macomber fürchtete sich längst nicht mehr davor.

»Ich wollte, es wäre nicht passiert. Ach, ich wollte, es wäre nicht passiert«, sagte sie, stand auf und ging auf ihr Zelt zu. Sie weinte lautlos, aber man konnte sehen, wie ihre Schultern unter dem rosafarbenen, lichtechten Hemd, das sie trug, bebten.

»Frauen verlieren leicht mal die Fassung«, sagte Wilson zu dem großen Mann. »Hat nichts auf sich. Überreizte Nerven und dies und jenes.«

»Nein«, sagte Macomber. »Das hängt mir jetzt für den Rest meines Lebens an.«

»Unsinn. Trinken wir'n Schluck von dem Rattengift«, sagte Wilson. »Vergessen Sie die ganze Geschichte. Hat nichts auf sich.«

»Man kann's versuchen«, sagte Macomber. »Ich werde jedoch nicht vergessen, was Sie für mich getan haben.«

»Gar nichts«, sagte Wilson. »Was für ein Unsinn!«

So saßen sie da im Schatten, wo das Lager aufgeschlagen war, unter einigen breitkronigen Akazien, hinter ihnen eine geröllbedeckte Klippe und ein Grasstreifen, der bis zum Ufer eines geröllgefüllten Flußbettes vor ihnen reichte, und Wald jenseits davon – saßen bei ihrem guttemperierten Limonensaft und vermieden, einander anzusehen, während die Boys den Tisch zum Essen deckten. Wilson spürte, daß die Boys jetzt im Bilde waren, und als er Macombers Privatboy neugierig seinen Herrn anblicken sah, als er ein paar Schüsseln auf den Tisch stellte, fuhr er ihn auf Suaheli an. Der Bursche wandte sich mit ausdruckslosem Gesicht ab.

»Was haben Sie ihm gesagt?« fragte Macomber.

»Gar nichts. Sagte ihm, er solle sich sputen, sonst würde ich dafür sorgen, daß er fünfzehn von der besten Sorte kriegt.«

»Was heißt das, Schläge?«

»Es ist ganz gesetzwidrig«, sagte Wilson. »Man soll ihnen Geldstrafen aufbrummen.«

»Werden sie immer noch ausgepeitscht?«

»O ja. Es könnte Stunk geben, falls sie sich beklagen sollten, aber sie tun's nicht. Ist ihnen lieber als Geldstrafen.«

»Wie merkwürdig«, sagte Macomber.

»Gar nicht merkwürdig eigentlich«, sagte Wilson. »Was würden Sie lieber tun, 'ne Tracht Prügel einstecken oder Ihr Gehalt einbüßen?«

Dann war er verlegen, weil er das gefragt hatte, und ehe Macomber antworten konnte, fuhr er fort: »Wissen Sie, wir haben alle jeden Tag unsere Prügel einzustecken – so oder so.«

Das machte es nicht besser. Weiß Gott, dachte er, ich bin ein Diplomat, wahrhaftig.

»Ja, wir stecken unsere Prügel ein«, sagte Macomber und sah ihn immer noch nicht an. »Die Geschichte mit dem Löwen tut mir schrecklich leid. Es braucht doch nicht herauszukommen, wie? Ich meine, niemand wird davon erfahren, nicht wahr?«

»Sie meinen, ob ich es im *Mathaiga Club* erzählen werde?« Wilson sah ihn jetzt kalt an. Das hatte er nicht erwartet. Also ist er ein verdammter Scheißkerl und nicht nur ein verdammter Feigling, dachte er. Ich hatte ihn auch ganz gern bis heute. Aber wie soll man sich bei so 'nem Amerikaner auskennen?

»Nein«, sagte Wilson. »Ich bin Berufsjäger. Wir reden nie über unsere Kundschaft. Da können Sie ganz beruhigt sein. Es verstößt aber gegen den guten Ton, uns um Verschwiegenheit zu bitten.«

Es war ihm jetzt klar, daß es viel einfacher sein würde, glatt zu brechen. Er würde dann allein essen und konnte bei seinen Mahlzeiten ein Buch lesen. Sie würden allein essen. Er würde mit ihnen auf sehr förmlicher Basis die Safari durchführen – wie nannten es doch die Franzosen? – *considération distinguée* –, und es würde verdammt viel einfacher sein, als diesen ganzen Gefühlskitsch mitmachen zu müssen. Er würde ihn beleidigen und einen klaren Bruch herbeiführen. Dann konnte er beim Essen ein Buch lesen und immer noch ihren Whisky trinken. Das war die stehende Redensart, wenn eine Safari schiefging. Man traf einen anderen weißen Jäger und fragte: »Wie geht denn die Sache«, und der antwortete: »Hm, ich trinke immer noch ihren Whisky«, und man wußte, daß alles in die Brüche gegangen war.

»Es tut mir leid«, sagte Macomber und sah ihn mit seinem amerikanischen Gesicht an, das jungenhaft bleiben würde, bis es ältlich wurde, und Wilson musterte sein seemännisch kurz geschorenes Haar, seine schönen, ganz leicht ausweichenden Augen, seine gutgeschnittene Nase, die schmalen Lippen und die hübsche Mundpartie. »Es tut mir leid, daß ich das nicht wußte. Es gibt eine Menge Sachen, die ich nicht weiß.«

Was sollte man da machen? dachte Wilson. Er war fest entschlossen, rasch und sauber zu brechen, und da entschuldigte sich dieser Tölpel, nachdem er ihn gerade beleidigt hatte. Er machte noch einen Versuch. »Haben Sie keine Sorge, daß ich reden könnte«, sagte er. »Ich muß mein Brot verdienen. Sie wissen doch, in Afrika verfehlt keine Frau je ihren Löwen, und kein Weißer nimmt Reißaus.«

»Ich hab Reißaus genommen wie ein Hase«, sagte Macomber.

Tja, in drei Teufels Namen, was sollte man mit einem Mann anfangen, der so redete? überlegte Wilson.

Wilson sah Macomber mit seinen flachen blauen Augen an – den Augen eines Maschinengewehrschützen –, und der andere lächelte ihm zu. Er hatte ein nettes Lächeln, wenn man nicht bemerkte, wie sehr seine Augen verrieten, wenn er sich verletzt fühlte.

»Vielleicht kann ich's mit einem Büffel wieder wettmachen«, sagte er. »Das wird das nächste für uns sein, nicht wahr?«

»Morgen früh, wenn Sie wollen«, sagte Wilson zu ihm. Vielleicht hatte er sich geirrt. War anständig, es *so* zu nehmen! Man konnte wahrhaftig auch nicht das geringste bei so einem Amerikaner voraussagen. Er war wieder ganz für Macomber. Wenn man den Morgen vergessen könnte! Aber natürlich, das konnte man nicht. Der Morgen war ungefähr so scheußlich gewesen wie nur möglich.

»Da kommt die Memsahib«, sagte er. Sie kam von ihrem Zelt auf sie zu und sah erfrischt und vergnügt und ganz reizend aus. Sie hatte ein ebenmäßiges, ovales Gesicht, so ebenmäßig, daß man sie leicht für dumm halten konnte. Aber sie war nicht dumm, dachte Wilson, nein, dumm war sie nicht.

»Wie geht es dem schönen rotgesichtigen Mr. Wilson? Fühlst du dich besser, Francis, meine Zierde?«

»Ja, danke«, antwortete Macomber.

»Ich bin mit der ganzen Geschichte fertig«, sagte sie und setzte sich an den Tisch. »Was macht es denn schon aus, ob Francis sich aufs Löwenschießen versteht oder nicht? Das ist nicht sein Geschäft; das ist Mr. Wilsons Geschäft. Mr. Wilson ist wirklich sehr eindrucksvoll beim Schießen. Nicht wahr, Sie schießen doch alles?«

»Aber ja, alles«, sagte Wilson, »einfach alles.« Die sind, dachte er, die Allerhärtesten auf der ganzen Welt, die Härtesten, die Grausamsten, die Raubtierhaftesten und die Reizvollsten, und während sie hart geworden sind, sind ihre Männer schlapp geworden oder ihre Nerven sind in die Brüche gegangen. Oder kommt es vielleicht daher, daß sie sich Männer aussuchen, die sie lenken können? In dem Alter, in dem sie heiraten, können sie aber noch nicht soviel wissen, dachte er. Er war dankbar, daß er seine Erfahrungen mit amerikanischen Frauen bereits hinter sich hatte, denn diese hier war sehr anziehend.

»Wir gehen morgen früh auf Büffel«, sagte er zu ihr.

»Ich komme mit«, sagte sie.

»Nein, das werden Sie nicht.«

»Doch, ich komme. Nicht wahr, ich kann, Francis?«

»Warum willst du nicht im Lager bleiben?«

»Um keinen Preis«, sagte sie. »So was wie heute möchte ich mir um keinen Preis entgehen lassen.«

Als sie fortging, dachte Wilson, als sie wegging, um zu weinen, da schien sie ein verdammt anständiges Frauenzimmer zu sein. Sie schien zu verstehen, zu begreifen, verletzt zu sein seinetwegen und auch um ihrer selbst willen und zu wissen, worum es eigentlich ging. Sie ist zwanzig Minuten weg, und jetzt ist sie wieder da, von Kopf bis Fuß emailliert mit jener amerikanischen Weibergrausamkeit. Es sind die verfluchtesten Weiber der Welt. Wahrhaftig die allerverfluchtesten.

»Morgen werden wir dir ein neues Schauspiel bieten«, sagte Francis Macomber.

»Sie werden nicht mitkommen«, sagte Wilson.

»Sie irren sich«, antwortete sie ihm. »Und ich möchte *so* gern sehen, wie Sie sich wieder produzieren. Heute morgen waren Sie wunderbar. Das heißt, falls es wunderbar ist, Köpfe zu zerschießen.«

»Hier kommt das Essen«, sagte Wilson. »Sie sind sehr vergnügt, was?«

»Warum nicht; ich bin nicht hier herausgekommen, um mich zu langweilen.«

»Nun, langweilig war es nicht«, sagte Wilson. Er konnte das Geröll im Fluß sehen und jenseits das hohe Ufer mit den Bäumen, und er dachte an den Morgen zurück.

»O nein«, sagte sie, »es war entzückend. Und morgen – Sie können sich nicht vorstellen, wie ich mich auf morgen freue!«

»Das ist Elen, was er Ihnen serviert«, sagte Wilson.

»Das sind die großen, kuhartigen Dinger, die wie Hasen hüpfen, nicht wahr?«

»So kann man sie beschreiben«, sagte Wilson.

»Es ist sehr gutes Fleisch«, sagte Macomber.

»Hast du es geschossen, Francis?«

»Ja.«

»Die sind nicht gefährlich, nicht wahr?«

»Nur wenn sie auf einen rauffallen«, sagte Wilson.

»Was bin ich froh.«

»Warum nicht mit den Weibergemeinheiten ein bißchen aufhören, Margot?« sagte Macomber, während der das Antilopensteak schnitt und etwas Kartoffelbrei, Sauce und Karotten auf die nach unten zeigende Gabel häufte, die das Stück Fleisch aufspießte.

»Könnte ich wohl«, sagte sie, »da du es so hübsch ausgedrückt hast.«

»Heute abend wollen wir den Löwen mit Sekt begießen«, sagte Wilson. »Es ist mittags ein bißchen zu heiß.«

»Ach, der Löwe«, sagte Margaret. »Den Löwen hatte ich ganz vergessen.«

Na, sie nimmt ihn *tüchtig* hoch, und ob! dachte Robert Wilson bei sich, oder ist das vielleicht ihre Art, gute Miene zum bösen Spiel zu machen? Wie soll sich eine Frau benehmen, wenn sie entdeckt, daß ihr Mann ein verdammter Feigling ist? Sie ist verflucht grausam, aber grausam sind sie alle. Sie haben das Kommando, natürlich, und um zu kommandieren, muß man manchmal grausam sein. Dennoch, ich hab ihren verdammten Terror satt.

»Nehmen Sie noch etwas Elenantilope?« sagte er höflich zu ihr.

Später an jenem Nachmittag fuhren Wilson und Macomber mit dem eingeborenen Chauffeur und den zwei Gewehrträgern im Auto hinaus. Mrs. Macomber blieb im Lager. Zum Ausgehen sei es zu heiß, sagte sie, und sie würde am frühen Morgen mit ihnen kommen. Als sie losfuhren, sah Wilson sie unter dem großen Baum stehen; sie war eher hübsch als schön in ihrem zart-rosigen Khaki, dem dunklen Haar, das sie nach hinten aus der Stirn gezogen und im Nacken in einem tiefen Knoten zusammengefaßt hatte, und einem Gesicht, das so frisch aussah, als ob sie in England wäre. Sie winkte ihnen zu, als sich das Auto durch das hohe Gras der Niederung in Bewegung setzte und sich zwischen den Bäumen hindurch zu den kleinen, mit Gebüsch bestandenen Hügeln hinaufwand.

Im Gebüsch fanden sie eine Herde Impalas, und sie verließen das Auto und pirschten einen alten Widder mit großen, weitgespreizten Hörnern an, und Macomber erlegte ihn mit einem sehr beachtlichen Schuß, der den Bock aus einer Entfernung von beinah zweihundert Metern umwarf und die Herde wild losjagen und sie mit hochgezogenen Läufen in langen Sätzen eines über des anderen Rücken springen ließ – in Sätzen, unwahrscheinlich und schwebend, wie die, die man manchmal in Träumen macht.

»Das war ein anständiger Schuß«, sagte Wilson. »Sie sind nur ein kleines Ziel.«

»Taugt das Gehörn was?« fragte Macomber.

»Es ist hervorragend«, sagte Wilson zu ihm. »Wenn Sie so schießen, wird alles glattgehen.«

»Glauben Sie, daß wir morgen Büffel finden werden?«

»Die Aussichten sind gut. Sie äsen früh am Morgen, und mit ein bißchen Glück können wir sie im freien Gelände erwischen.«

»Ich möchte diese Löwengeschichte gern aus der Welt schaffen«, sagte Macomber. »Es ist nicht sehr angenehm, wenn die eigene Frau sieht, daß man so etwas macht.«

Ich würde meinen, es ist noch weit unangenehmer, so etwas zu tun, oder wenn man's getan hat, darüber zu reden, dachte Wilson, ob die Frau es sieht oder nicht sieht. Aber er sagte: »Ich würde nicht mehr daran denken. Jeden kann der erste Löwe umschmeißen. Das ist jetzt vorbei.«

Aber an jenem Abend, nach dem Essen und einem Whisky-Soda am Feuer vorm Schlafengehen, als Francis Macomber auf seinem Feldbett unter dem Moskitonetz lag und auf die nächtlichen Geräusche horchte, war es nicht vorbei. Es war weder vorbei noch fing es an. Es war da, genauso, wie es sich zugetragen hatte, mit einigen unauslöschlich eingeprägten Einzelheiten, und er schämte sich hundserbärmlich darüber. Aber stärker noch als Scham fühlte er kalte, aushöhlende Angst in sich. Die

Angst war noch da, wie ein kaltes, schleimiges Loch in all der Leere, wo früher einmal sein Selbstvertrauen gewesen war, und sie erregte ihm Übelkeit. Sie war jetzt immer noch da in ihm.

Es hatte die Nacht vorher angefangen, als er aufgewacht war und den Löwen brüllen hörte, irgendwo oben am Fluß. Es war ein tiefer Ton, und zum Schluß war so was wie ein hustendes Grunzen, und das klang, als ob er direkt vor dem Zelt war, und als Francis Macomber in der Nacht aufwachte und es hörte, hatte er Angst. Er konnte seine Frau ruhig im Schlaf atmen hören. Da war niemand, dem er sagen konnte, daß er Furcht hatte, niemand, der sich mit ihm fürchtete, und da lag er allein und kannte das Somali-Sprichwort nicht, das sagt, daß ein tapferer Mann immer dreimal vor einem Löwen Angst hat: wenn er zum erstenmal seine Spur sieht, wenn er ihn zum erstenmal brüllen hört und wenn er ihm zum erstenmal gegenübersteht. Dann, als sie, ehe die Sonne aufgegangen war, bei Laternenlicht draußen im Speisezelt Frühstück aßen, brüllte der Löwe wieder, und es kam Francis vor, als ob er dicht am Rand des Lagers sei.

»Scheint ein alter Knabe zu sein«, sagte Wilson und blickte von seinen Bücklingen und seinem Kaffee auf. »Hören Sie, er hustet!«

»Ist er sehr nahe?«

»Eine Meile oder so stromaufwärts.«

»Werden wir ihn sehen?«

»Wir werden ihn sehen.«

»Daß sein Brüllen so weit trägt! Es klingt, als ob er mitten im Lager wäre.«

»Trägt verdammt weit«, sagte Robert Wilson. »Es ist merkwürdig, wie es trägt. Hoffentlich ist es eine jagdbare Katze. Die Boys sagen, es gäbe hier herum einen sehr großen.«

»Falls ich zum Schuß komme«, fragte Macomber, »wo soll ich hintreffen, um ihn zu stoppen?«

»Aufs Blatt«, sagte Wilson. »Ins Genick, wenn's geht. Schießen Sie aufs Rückgrat. Schießen Sie ihn nieder.«

»Hoffentlich kann ich den Schuß richtig anbringen«, sagte Macomber.

»Sie schießen sehr gut«, sagte Wilson zu ihm. »Lassen Sie sich Zeit. Nehmen Sie ihn genau aufs Korn. Der erste Treffer zählt.«

»Wie weit wird es sein?«

»Kann man nicht sagen. Der Löwe hat da mitzureden. Würde nicht schießen, wenn er nicht nah genug ist, so daß Sie ihn sicher haben.«

»Auf weniger als neunzig Meter?« fragte Macomber.

Wilson blickte ihn kurz an.

»Neunzig ist ungefähr richtig. Kann sein, daß Sie ihn ein wenig kürzer angehen müssen. Würde keinen Schuß von viel weiter weg riskieren. Neunzig ist 'ne anständige Schußweite. Da können Sie ihn treffen, wo immer Sie wollen. Da kommt die Memsahib.«

»Guten Morgen«, sagte sie. »Sind wir hinter dem Löwen her?«

»Sobald Sie mit Ihrem Frühstück fertig sind«, antwortete Wilson. »Wie fühlen Sie sich?«

»Großartig«, sagte sie. »Ich bin furchtbar aufgeregt.«

»Ich will nur mal gehen und sehen, ob alles fertig ist.« Wilson stand auf. Während er wegging, brüllte der Löwe wieder. »Alter Krakeeler«, sagte Wilson. »Dem werden wir ein Ende machen.«

»Was ist los, Francis?« fragte ihn seine Frau.

»Nichts«, sagte Macomber.

»Doch, es ist etwas«, sagte sie. »Worüber regst du dich auf?«

»Über gar nichts«, sagte er.

»Sag mir ...« sie sah ihn an, »fühlst du dich nicht wohl?«

»Es ist dies verdammte Gebrüll«, sagte er. »Weißt du, es ging die ganze Nacht durch.«

»Warum hast du mich nicht geweckt?« sagte sie. »Ich hätte es zu gern gehört.«

»Ich muß das verdammte Biest schießen«, sagte Macomber jämmerlich.

»Na, deswegen bist du doch hier draußen, nicht?«

»Ja, aber ich bin nervös. Das Gebrüll von dem Biest fällt mir auf die Nerven.«

»Also dann schieß ihn tot, wie Wilson sagte, und mach dem Gebrüll ein Ende.«

»Jawohl, Liebling«, sagte Francis Macomber. »Es klingt einfach, nicht wahr?«

»Du hast doch nicht Angst, oder doch?«

»Natürlich nicht. Aber ich bin nervös von dem Gebrüll die ganze Nacht über.«

»Du wirst ihn ganz fabelhaft erledigen«, sagte sie. »Ich weiß, du wirst. Ich bin schon wahnsinnig gespannt darauf, es zu sehen.«

»Frühstücke fertig und wir brechen auf.«

»Es ist noch nicht hell«, sagte sie. »Dies ist eine lächerliche Zeit.«

Gerade da brüllte der Löwe. Eine brusttiefe, stöhnende, plötzlich kehlige und anschwellende Schwingung schien die Luft zu erschüttern und endete in einem Seufzer und einem schweren, brusttiefen Grunzen.

»Es klingt, wie wenn er direkt hier im Lager wäre«, sagte Macombers Frau.

»Weiß Gott«, sagte Macomber. »Ich hasse diesen verdammten Lärm.«

»Es ist sehr eindrucksvoll.«

»Eindrucksvoll? Es ist grauenhaft.«

Eben da erschien Robert Wilson wieder; er trug seine kurze, häßliche, erschreckend großkalibrige .505 Gibbs und grinste.

»Kommen Sie«, sagte er. »Der Gewehrträger hat Ihre Springfield und die große Büchse. Es ist alles im Auto. Haben Sie Ihre Vollmantelgeschosse?«

»Ja.«

»Ich bin bereit«, sagte Mrs. Macomber.

»Müssen diesem Gebrüll ein Ende machen«, sagte Wilson. »Gehen Sie nach vorn. Die Memsahib kann hier hinten mit mir sitzen.«

Sie kletterten in das Auto, fuhren los und im ersten grauen Tageslicht zwischen den Bäumen hindurch, flußaufwärts. Macomber öffnete den Verschluß seiner Büchse und sah, daß er Vollmantelgeschosse darin hatte, schloß die Kammer und sicherte. Er sah, wie seine Hand zitterte. Er tastete in der Tasche nach weiteren Patronen und fuhr mit den Fingern über die Patronen in den Schlaufen vorn in seiner Jacke. Er drehte sich um, Wilson zu, der auf dem Rücksitz in dem türlosen kastenartigen Auto neben seiner Frau saß; beide grinsten vor Aufregung, und Wilson beugte sich vor und flüsterte:

»Sehen Sie die Vögel einfallen? Bedeutet, daß der alte Bursche seine Beute verlassen hat.«

Am jenseitigen Flußufer sah Macomber Geier über den Bäumen kreisen und plötzlich senkrecht niederstoßen.

»Gut möglich, daß er hier entlangkommen wird, um zu saufen, ehe er sich zur Ruhe legt«, flüsterte Wilson. »Halten Sie die Augen auf.«

Sie fuhren langsam an der hohen Böschung des Flusses entlang, die hier tief in sein geröllgefülltes Bett einschnitt, und sie wanden sich bei der Fahrt zwischen großen Bäumen hindurch. Macomber beobachtete das gegenüberliegende Ufer, als er fühlte, daß Wilson seinen Arm packte. Das Auto hielt.

»Da ist er«, hörte er flüstern. »Geradeaus und nach rechts. Steigen Sie aus und schießen Sie. Es ist ein wunderbarer Löwe.«

Jetzt sah Macomber den Löwen. Er stand, fast in ganzer Länge sichtbar, das mächtige Haupt erhoben und ihnen zugewandt. Der frühe Morgenwind, der ihnen entgegenwehte, bewegte gerade seine dunkle Mähne, und der Löwe sah riesenhaft aus, scharf umrissen im grauen Morgenlicht auf der Uferböschung mit seinem schweren Blatt und dem tonnenförmigen, ebenmäßig gewölbten Rumpf.

»Wie weit ist er?« fragte Macomber und hob die Büchse.

»Ungefähr siebzig. Steigen Sie aus und schießen Sie.«

»Warum nicht von hier – wo ich bin – schießen?«

»Man schießt sie nicht vom Auto aus«, hörte er Wilson ihm ins Ohr sagen. »Steigen Sie aus. Der bleibt da nicht den ganzen Tag stehen.«

Macomber stieg über die geschwungene Öffnung neben dem Vordersitz auf das Trittbrett und hinunter auf den Boden. Der Löwe stand immer noch da und blickte majestätisch und kühl auf diesen Gegenstand hin, den seine Augen nur als Umriß wahrnahmen – massig ausladend wie ein Riesen-Rhino. Ihm wurde keine Menschenwitterung zugetragen, und er beobachtete den Gegenstand und bewegte sein mächtiges Haupt ein wenig von einer Seite zur andern. Dann, während er den Gegenstand furchtlos beobachtete, jedoch zögerte, mit diesem Gegenüber das Ufer hinabzugehen, um zu trinken, sah er, wie sich die Gestalt eines Mannes davon ablöste, und er wandte das schwere

Haupt und setzte in Sprüngen der Deckung der Bäume zu, als er ein berstendes Krachen hörte und den Einschlag einer .30–06, 220-grain-kalibrigen, massiven Patrone fühlte, die sich in seine Flanke einbiß und mit jäher, heißer, siedender Übelkeit seinen Magen aufschlitzte. Er trabte schwerfällig, großpfotig, verwundet, pralleibig, schwankend durch die Bäume dem hohen Gras und der Deckung zu, und das Krachen kam noch einmal, ging an ihm vorbei und zerriß die Luft. Dann krachte es noch einmal, und er fühlte den Schlag, als er seine unteren Rippen traf und weiter aufschlitzte, und Blut plötzlich heiß und schaumig im Maul, und er galoppierte dem hohen Gras zu, wo er sich niederkauern konnte und nicht gesehen werden würde und wo sie das krachende Ding nahe genug heranbringen mußten, daß er lossetzen und den Mann, der es hielt, erwischen konnte.

Als Macomber aus dem Auto stieg, hatte er nicht überlegt, wie dem Löwen zumute war. Er wußte nur, daß seine Hände zitterten, und als er sich vom Auto entfernte, war es ihm fast unmöglich, seine Beine in Bewegung zu setzen. Sie waren steif in den Oberschenkeln, aber er konnte fühlen, wie die Muskeln flogen. Er hob die Büchse, zielte auf die Stelle zwischen Kopf und Schultern des Löwen und drückte ab. Nichts geschah, obgleich er am Abzug zog und abdrückte, bis er glaubte, sein Finger würde zerbrechen. Dann wurde ihm klar, daß noch gesichert war, und während er die Büchse senkte, um die Sicherung vorzuschieben, bewegte er sich noch einen starren Schritt vorwärts, und der Löwe, der seine Silhouette jetzt von der Silhouette des Autos losgelöst sah, wandte um und setzte sich in Trab, und als Macomber Feuer gab, hörte er einen Aufschlag, der besagte, daß die Kugel gesessen hatte, aber der Löwe lief weiter. Macomber schoß wieder, und alle sahen die Kugel hinter dem trabenden Löwen Erde aufwerfen. Er schoß nochmals und dachte daran, tiefer zu zielen, und alle hörten die Kugel auftreffen, und der Löwe ging in Galopp über und war im hohen Gras, bevor er noch repetieren konnte.

Macomber stand da, und sein Magen drehte sich um; seine Hände, die noch die schußbereite Springfield hielten, bebten, und seine Frau und Robert Wilson standen bei ihm. Neben ihm standen die Gewehrträger und plapperten auf Wakamba.

»Ich hab ihn getroffen«, sagte Macomber. »Ich hab ihn zweimal getroffen.«

»Sie haben ihn weidwund geschossen und dann noch irgendwo weiter vorn getroffen«, sagte Wilson ohne Begeisterung. Die Gewehrträger sahen sehr ernst aus. Sie schwiegen jetzt.

»Vielleicht haben Sie ihn getötet«, fuhr Wilson fort. »Wir müssen eine Weile warten, ehe wir hingehen, um es festzustellen.«

»Was meinen Sie damit?«

»Er soll sich erst ins Wundbett niedertun, bevor wir ihm nachspüren.«

»Hm«, sagte Macomber.

»Es ist ein verdammt starker Löwe«, sagte Wilson aufgeräumt, »er hat sich nur einen schlechten Platz ausgesucht.«

»Warum ist er schlecht?«

»Man sieht ihn erst, wenn man ganz dicht an ihn heran ist.«

»Hm«, sagte Macomber.

»Kommen Sie, los«, sagte Wilson. »Die Memsahib kann hier im Auto bleiben. Wir wollen gehen, uns die Schweißfährte besehen.«

»Bleib hier, Margot«, sagte Macomber zu seiner Frau. Sein Mund war ganz trocken, und es fiel ihm schwer, zu reden.

»Warum?« fragte sie.

»Wilson sagt es.«

»Wir wollen es uns mal besehen«, sagte Wilson. »Bleiben Sie hier. Von hier aus können Sie sogar besser sehen.«

»Schön.«

Wilson sprach auf Suaheli mit dem Fahrer. Er nickte und sagte: »Jawohl, Bwana.«

Dann gingen sie das steile Ufer hinunter und durch den Fluß, kletterten über und um das Geröll herum und das andere Ufer hinauf und gingen dann daran entlang, bis sie die Stelle fanden, wo der Löwe getrabt war, als Macomber zum erstenmal gefeuert hatte. Die Gewehrträger zeigten mit Grashalmen im kurzen Gras auf den dunklen Schweiß, der sich zwischen den Uferbäumen verlief.

»Was werden wir tun?« fragte Macomber.

»Keine große Auswahl«, sagte Wilson. »Wir können das Auto

nicht rüberbringen. Das Ufer ist zu steil. Wir wollen ihn ein bißchen steif werden lassen, dann werden Sie und ich hineingehen und nach ihm suchen.«

»Kann man nicht das Gras in Brand setzen?« fragte Macomber.

»Zu frisch.«

»Kann man nicht die Treiber schicken?«

Wilson sah ihn prüfend an. »Natürlich kann man«, sagte er. »Aber es riecht ein bißchen nach Mord. Wir wissen, daß der Löwe getroffen ist, nicht wahr? Man kann einen unverletzten Löwen jagen – er wird sich vor einem Geräusch herbewegen –, aber ein krankgeschossener Löwe greift an. Man kann ihn erst sehen, wenn man direkt dran ist. Er wird sich völlig flach machen in einer Deckung, von der Sie nicht denken würden, daß sie einen Hasen verbergen könnte. In so 'nen Zirkus kann man nicht gut halbwüchsige Jungens hineinschicken. Irgendwer kriegt bestimmt was ab.«

»Und die Gewehrträger?«

»Oh, die gehen mit uns. Es ist ihre *shauri.* Verstehen Sie, die haben sich dazu verpflichtet. Sehr glücklich sehen sie jedoch nicht aus, was?«

»Ich will da nicht hineingehen«, sagte Macomber. Es war heraus, bevor er wußte, daß er's gesagt hatte.

»Ich auch nicht«, sagte Wilson sehr munter. »Haben aber tatsächlich keine Wahl.« Dann, nachträglich, warf er einen flüchtigen Blick auf Macomber und sah auf einmal, wie er zitterte, und den jämmerlichen Ausdruck auf seinem Gesicht.

»Selbstverständlich brauchen Sie nicht hineinzugehen«, sagte er. »Dafür bin ich ja angeheuert, nicht wahr? Darum bin ich auch so teuer.«

»Wollen Sie sagen, daß Sie da allein reingehen würden? Warum ihn nicht dort lassen?«

Robert Wilson, der sich nur mit dem Löwen und dem Problem, das er bot, beschäftigt hatte und der gar nicht an Macomber gedacht hatte, außer um vielleicht zu bemerken, daß er ein Angsthase war, hatte plötzlich ein Gefühl, als ob er in einem Hotel die falsche Tür geöffnet und etwas Peinliches gesehen hätte.

»Was wollen Sie damit sagen?«

»Warum ihn nicht einfach dort lassen?«

»Sie meinen, uns vormachen, daß er nicht getroffen ist?«

»Nein, einfach lassen.«

»Das tut man nicht.«

»Warum nicht?«

»Erstens hat er bestimmt Schmerzen. Zweitens könnte irgendwer anderes zufällig auf ihn stoßen.«

»Ach so.«

»Aber Sie brauchen gar nichts damit zu tun zu haben.«

»Ich möchte aber«, sagte Macomber. »Wissen Sie, ich hab's nur mit der Angst.«

»Ich werde vorangehen, wenn wir reingehen«, sagte Wilson, »und Kongoni wird der Spur folgen. Halten Sie sich hinter mir und ein bißchen seitwärts. Sehr möglich, daß wir ihn knurren hören. Wenn wir ihn sehen, schießen wir beide. Machen Sie sich keinerlei Sorgen. Ich decke Sie die ganze Zeit. Wissen Sie, tatsächlich sollten Sie vielleicht lieber nicht gehen. Es ist wahrscheinlich viel besser. Warum gehen Sie nicht hinüber zu der Memsahib, während ich die Sache eben erledige?«

»Nein, ich möchte gehen.«

»Schön«, sagte Wilson. »Aber gehen Sie nicht hinein, wenn Sie nicht wollen. Dies ist jetzt meine *shauri,* nicht wahr?«

»Ich möchte gehen«, sagte Macomber.

Sie saßen unter einem Baum und rauchten.

»Wollen Sie hinübergehen und sich mit der Memsahib unterhalten, während wir warten?« fragte Wilson.

»Nein.«

»Ich geh eben mal hinüber und sag ihr, sie soll Geduld haben.«

»Gut«, sagte Macomber. Er saß da mit trockenem Mund, ein hohles Gefühl im Magen, schwitzte unter den Armen und suchte den Mut aufzubringen, Wilson zu sagen, daß er allein hineingehen und den Löwen ohne ihn erledigen solle. Er konnte nicht wissen, daß Wilson wütend war, weil er den Zustand, in dem er sich befand, nicht eher bemerkt und ihn zu seiner Frau zurückgeschickt hatte. Während er so dasaß, kam Wilson zurück. »Hier ist Ihre große Büchse«, sagte er. »Nehmen Sie sie. Ich glaube, wir haben ihm genug Zeit gelassen. Kommen Sie.«

Macomber nahm die große Büchse, und Wilson sagte:

»Bleiben Sie hinter mir und ungefähr vier Meter rechts, und tun Sie genau, was ich Ihnen sage.« Dann sprach er auf Suaheli mit den beiden Gewehrträgern, die wie ein Bild des Trübsinns aussahen. »Wir wollen gehen«, sagte er.

»Kann ich einen Schluck Wasser haben?« fragte Macomber. Wilson redete mit dem älteren Gewehrträger, der eine Wasserflasche am Gürtel trug, und der Mann hakte sie los, schraubte den Verschluß ab und reichte sie Macomber, der sie nahm und dem auffiel, wie schwer sie schien und wie haarig und abgenutzt der Filzüberzug in seiner Hand war. Er hob sie in die Höhe, um zu trinken, und blickte gerade vor sich hin, auf das hohe Gras mit den flachkronigen Bäumen dahinter. Eine Brise wehte ihnen entgegen, und das Gras wogte leise im Wind. Er blickte den Gewehrträger an, und er konnte sehen, daß der Gewehrträger auch Angst hatte.

Dreißig Meter tiefer im Gras lag der große Löwe flach hingestreckt am Boden. Seine Ohren waren angelegt, und seine einzige Bewegung war ein schwaches Aufundabzucken seines langen, schwarzquastigen Schwanzes. Er stellte sich, sobald er diese Deckung erreicht hatte, und die Wunde in seinem vollen Leib ließ ihn erbrechen, und die Wunde in der Lunge, die ihm jedesmal, wenn er atmete, ein dünnes, schaumiges Rot ins Maul trieb, schwächte ihn. Seine Weichen waren naß und heiß, und Fliegen waren auf den kleinen Öffnungen, die die Kugeln in sein lehmfarbenes Fell gemacht hatten, und seine großen gelben, von Haß verengten Augen blickten starr vor sich hin und zuckten nur, wenn der Schmerz beim Atmen kam und seine Pranken sich in die ausgedörrte Erde gruben. Alles in ihm, Schmerz, Übelkeit, Haß und alle ihm verbliebene Kraft verdichteten sich zum Sprung. Er konnte die Männer sprechen hören, und er wartete und preßte sein ganzes Sein in diese Vorbereitung zum Angriff – die Männer sollten nur das Gras betreten. Als er ihre Stimmen hörte, steifte sich sein Schwanz und zuckte auf und nieder, und als sie den Rand des Grases betraten, gab er ein hustendes Grunzen von sich und griff an.

Kongoni, der alte Gewehrträger an der Spitze, hielt die Schweißspur im Auge. Wilson beobachtete das Gras auf irgendeine Bewegung hin, die große Büchse schußbereit. Der zweite Gewehrträger blickte vorwärts und lauschte; Macomber war dicht hinter Wilson mit schußbereiter Büchse; sie hatten gerade das Gras betreten, als Macomber das bluterstickte, hustende Grunzen hörte und den rauschenden Ansturm im Gras sah. Das nächste, was er wußte, war, daß er rannte, wild rannte, in Panik, ins Freie, dem Fluß zu.

Er hörte das *ca-ra-wong!* von Wilsons großer Büchse und nochmals in einem zweiten Krachen *carawong!,* und sich umwendend, sah er den Löwen, der jetzt grausig aussah, als sei der halbe Kopf weg, am Saum des hohen Grases auf Wilson zukriechen, während der rotgesichtige Mann den Verschluß an der kurzen, häßlichen Büchse betätigte und sorgfältig zielte und noch ein vernichtendes *carawong!* aus der Mündung kam, und der kriechende, schwere gelbe Rumpf des Löwen erstarrte und das riesige, verstümmelte Haupt nach vorn glitt, und Macomber, der allein in der Lichtung, in die er gelaufen war, stand und ein geladenes Gewehr in der Hand hielt, wußte, während zwei schwarze Männer und ein weißer Mann voller Verachtung auf ihn zurückblickten, daß der Löwe tot war. Er ging auf Wilson zu, und seine Länge wirkte wie ein nackter Vorwurf, und Wilson sah ihn an und sagte:

»Wollen Sie Aufnahmen machen?«

»Nein«, sagte er.

Das war alles, was irgendwer gesagt hatte, bis sie beim Auto angelangt waren. Dann hatte Wilson gesagt:

»Prachtkerl von einem Löwen. Die Boys werden ihn abhäuten. Wir können genausogut hier im Schatten bleiben.«

Macombers Frau hatte ihn nicht angesehen, noch er sie, und er hatte neben ihr auf dem Rücksitz gesessen, während Wilson auf dem Vordersitz saß. Einmal hatte er hinübergelangt und die Hand seiner Frau genommen, ohne sie anzublicken, und sie hatte ihre Hand weggezogen. Als er über den Fluß blickte, wo die Gewehrträger den Löwen abhäuteten, konnte er sehen, daß sie das Ganze hatte mitansehen können. Während sie dasaßen, langte seine Frau nach vorn und legte ihre Hand auf Wilsons Schulter. Er wandte sich um, und sie beugte sich über den niedrigen Sitz vornüber und küßte ihn auf den Mund.

»Aber was denn?« sagte Wilson und wurde röter als seine gewohnte Ziegelfarbe.

»Mr. Robert Wilson«, sagte sie. »Der schöne, rotgesichtige Mr. Robert Wilson.«

Dann setzte sie sich wieder neben Macomber und blickte hinweg über den Fluß dorthin, wo der Löwe lag mit hochstehenden, weißmuskeligen, sehnengezeichneten, nackten Vorderpranken und weißem, aufgetriebenem Bauch, als die Schwarzen ihm die Haut abschabten. Schließlich brachten die Gewehrträger das Fell herüber, naß und schwer, und kletterten mit ihm hinten hinein, nachdem sie es, bevor sie einstiegen, zusammengerollt hatten, und das Auto fuhr los. Niemand hatte irgend etwas gesagt, bis sie im Lager zurück waren.

Das war die Geschichte mit dem Löwen. Macomber hatte weder gewußt, wie dem Löwen zumute war, bevor er lossetzte, noch dabei, als ihm das unglaubliche Geschmetter der .505 mit einem Mündungsdruck von zwei Tonnen ins Maul geschlagen, noch was ihn danach weiter vorwärts getrieben hatte, als das zweite aufschlitzende Krachen ihm das Hinterteil zerschmetterte und er auf das krachende, explodierende Ding, das ihn vernichtet hatte, losgekrochen kam. Wilson wußte etwas davon und gab dem nur Ausdruck, indem er sagte: »Mordskerl von einem Löwen!« Aber Macomber wußte auch nicht, was Wilson den Dingen gegenüber empfand. Er wußte nicht, was seine Frau empfand; er wußte nur, daß er für sie erledigt war.

Er war schon häufiger für seine Frau erledigt gewesen, aber es dauerte nie an. Er war sehr wohlhabend und würde später noch viel wohlhabender sein, und er wußte, daß sie ihn jetzt nicht mehr verlassen würde. Das war eine von den wenigen Sachen, die er wirklich wußte. Das wußte er, und über Motorräder wußte er Bescheid – das war das Früheste –, über Autos, über Entenjagd, über Forellen-, Lachs- und Hochseefischerei, über Erotik in Büchern, in vielen, zu vielen Büchern, über alle Ballspiele, über Hunde, nicht viel über Pferde, über das Zusammenhalten seines Geldes, über die meisten anderen Dinge, mit denen man sich in seiner Welt abgab, und daß ihn seine Frau nicht verlassen würde. Seine Frau war eine große Schönheit gewesen, und in Afrika war sie immer noch eine große Schönheit, aber zu Hause war sie keine so große Schönheit mehr, daß sie ihn hätte verlassen und es hätte besserhaben können, und sie wußte es, und er wußte es. Sie hatte die Chance, ihn zu verlassen, verpaßt, und er wußte es. Wenn er sich besser auf Frauen verstanden hätte, würde sie wahrscheinlich angefangen haben, sich Gedanken zu machen, daß er eine andere schöne Frau nehmen würde, aber sie wußte auch über ihn zu viel, um sich seinetwegen zu beunruhigen. Außerdem hatte er immer eine große Duldsamkeit gezeigt, was das Netteste an ihm zu sein schien, falls es nicht das Unheimlichste war.

Alles in allem galten sie für ein verhältnismäßig glückliches Ehepaar, eines von jenen, über dessen Auseinandergehen häufig Gerüchte umlaufen, die aber nie Wirklichkeit werden, und – wie der Berichterstatter im Gesellschaftsteil sich ausdrückte: sie bereicherten ihre so viel beneidete und ewig anhaltende romantische Liebesgeschichte um mehr als die Würze des *Abenteuers* mit dieser *Safari* in dem, was als »dunkelstes Afrika« galt, bis die Martin Johnsons es auf der Filmleinwand in helles Licht gerückt hatten, wo sie *Old Simba,* dem Löwen, dem Büffel und *Tembo,* dem Elefanten, nachjagten und außerdem Ausstellungsstücke für das Naturkunde-Museum sammelten. Derselbe Berichterstatter hatte mitgeteilt, daß es mit ihnen bereits dreimal *auf der Kippe* gestanden hatte, was auch stimmte. Aber sie vertrugen sich immer wieder. Ihre eheliche Verbindung hatte eine zuverlässige Grundlage: Margaret war zu schön, als daß Macomber sich von ihr hätte scheiden lassen, und Macomber hatte zu viel Geld, als daß Margaret ihn je verlassen würde.

Es war jetzt gegen drei Uhr morgens, und Francis Macomber, der eine kurze Zeit über geschlafen hatte, nachdem er aufgehört hatte, über den Löwen nachzudenken, wachte auf und schlief wieder ein und erwachte plötzlich, im Traum geängstigt von dem blutköpfigen Löwen, der über ihm stand, und als er hinhorchte, während sein Herz hämmerte, merkte er, daß seine Frau nicht auf dem anderen Feldbett im Zelt war. Er lag zwei Stunden mit diesem Wissen wach.

Nach Ablauf dieser Zeit kam seine Frau ins Zelt, hob ihr Moskitonetz hoch und kroch behaglich ins Bett.

»Wo bist du gewesen?« fragte Macomber in der Dunkelheit.

»Hallo«, sagte sie. »Bist du wach?«

»Wo bist du gewesen?«

»Ich war gerade mal draußen, um Luft zu schöpfen.«

»Den Teufel hast du das getan!«

»Was möchtest du denn, daß ich sage, Liebling?«

»Wo bist du gewesen?«

»Draußen, Luft schöpfen.«

»Das ist eine neue Bezeichnung dafür. Was für eine Hure du bist.«

»Na und du bist ein Feigling.«

»Gut«, sagte er, »und was macht's?«

»Macht gar nichts, was mich anlangt. Aber bitte, wir wollen nicht reden, Liebling; ich bin so schläfrig.«

»Du glaubst, daß ich alles einstecke.«

»Ich weiß, du tust es, mein Süßer.«

»Das werde ich nicht.«

»Bitte, Liebling, wir wollen nicht reden. Ich bin so furchtbar schläfrig.«

»Es sollte nichts dergleichen passieren; du hattest es versprochen.«

»Ja, aber nun ist es eben passiert«, sagte sie sanft.

»Du hast gesagt, daß, wenn wir die Reise machen würden, nichts dergleichen vorkommen würde. Du hattest es versprochen.«

»Ja, Liebling, so hatte ich's auch vor. Aber das gestern hat die Reise verdorben. Wir brauchen doch darüber nicht zu reden, nicht wahr?«

»Du wartest nicht lange, wenn du im Vorteil bist, was?«

»Bitte, wir wollen nicht sprechen. Ich bin so schläfrig, Liebling.«

»Ich werde aber sprechen.«

»Du brauchst keine Rücksicht auf mich zu nehmen, weil ich schlafen werde.« Und sie schlief.

Sie waren alle drei vor Tageslicht am Frühstückstisch, und Francis Macomber stellte fest, daß er von allen Männern, die er gehaßt hatte, Robert Wilson am meisten haßte.

»Gut geschlafen?« fragte Wilson mit seiner kehligen Stimme, während er sich eine Pfeife stopfte.

»Und Sie?«

»Großartig«, erwiderte der weiße Jäger.

Du unverschämter Scheißkerl, dachte Macomber.

Also hat sie ihn geweckt, als sie reinkam, dachte Wilson und sah sie beide mit seinen flachen, kalten Augen an. Na, warum sieht er nicht zu, daß seine Frau bleibt, wo sie hingehört? Wofür hält er mich denn, für einen verdammten Gipsheiligen? Soll *er* sehen, daß sie bleibt, wo sie hingehört. Ist seine eigene Schuld!

»Glauben Sie, daß wir Büffel finden werden?« fragte Margaret und schob eine Schüssel mit Aprikosen beiseite.

»Möglich«, sagte Wilson und lächelte sie an. »Warum bleiben Sie nicht im Lager?«

»Für nichts in der Welt«, sagte sie.

»Warum bestimmen Sie nicht, daß sie im Lager bleibt?« sagte Wilson zu Macomber.

»Bestimmen Sie's doch«, sagte Macomber kalt.

»Lassen wir alles Bestimmen beiseite«, und zu Macomber gewandt, »auch alle Albernheiten, Francis«, sagte Margaret ganz freundlich.

»Sind Sie bereit, aufzubrechen?« fragte Macomber.

»Jederzeit«, sagte Wilson. »Wollen Sie, daß die Memsahib mitgeht?«

»Spielt es eine Rolle, ob ich will oder nicht?«

Scheiße, dachte Robert Wilson. Verdammte Scheiße. Also so wird's jetzt sein. Na, dann *wird* es eben so sein.

»Macht keinen Unterschied«, sagte er.

»Und Sie, Sie möchten bestimmt nicht lieber mit ihr im Lager bleiben und mich gehen und Büffel jagen lassen?« fragte Francis Macomber.

»Kann ich nicht tun«, sagte Wilson. »Würde nicht so'n Unsinn reden, wenn ich Sie wäre.«

»Ich rede keinen Unsinn. Es kotzt mich an.«

»Häßliches Wort, ›ankotzen‹.«

»Francis, versuche bitte, vernünftig zu reden«, sagte seine Frau.

»Ich rede verdammt zu vernünftig«, sagte Macomber. »Hat man je solchen Saufraß gegessen?«

»Mit dem Essen was nicht in Ordnung?« fragte Wilson ruhig.

»Nicht mehr als mit allem übrigen.«

»Ich würde mich zusammenreißen, junger Mann«, sagte Wilson sehr ruhig. »Der eine Boy, der bei Tisch bedient, versteht ein bißchen Englisch.«

»Zum Teufel mit ihm.«

Wilson stand auf, paffte seine Pfeife, schlenderte davon und sprach ein paar Worte auf Suaheli mit dem einen Gewehrträger, der dastand und auf ihn wartete. Macomber und seine Frau blieben am Tisch sitzen. Er starrte auf seine Kaffeetasse.

»Wenn du eine Szene machst, verlasse ich dich, Liebling«, sagte Margaret ruhig.

»Nein, das wirst du nicht.«

»Du kannst es ja versuchen und sehen.«

»Du wirst mich nicht verlassen.«

»Nein«, sagte sie. »Ich werde dich nicht verlassen, und du wirst dich benehmen.«

»Mich benehmen? Feine Art zu reden. Ich mich benehmen!«

»Ja, dich benehmen.«

»Warum versuchst *du* nicht, dich zu benehmen?«

»Ich habe es so lange versucht, so sehr lange.«

»Ich hasse dieses rotgesichtige Schwein«, sagte Macomber. »Sein Anblick ekelt mich an.«

»Er ist wirklich *sehr* nett.«

»Halt den Mund!« Macomber brüllte beinah. Gerade da fuhr das Auto vor und hielt vor dem Speisezelt, und der Fahrer und die beiden Gewehrträger stiegen aus. Wilson kam herüber und blickte auf die Eheleute, die am Tisch saßen.

»Wird auf Jagd gegangen?« fragte er.

»Ja«, sagte Macomber und stand auf. »Ja.«

»Lieber was Wollenes mitnehmen, wird kühl im Auto sein«, sagte Wilson.

»Ich werde meine Lederjacke holen«, sagte Margaret.

»Der Boy hat sie«, sagte Wilson zu ihr. Er kletterte vorne zu dem Fahrer, und Francis Macomber und seine Frau saßen, ohne zu sprechen, auf dem Rücksitz.

Hoffentlich kommt der alberne Kerl nicht auf den Gedanken, mir eine Kugel durch den Kopf zu jagen, dachte Wilson bei sich. Frauen sind eine wahre Pest auf Safari.

Das Auto knirschte beim Bergabfahren und überquerte im grauen Tageslicht den Fluß an einer steinigen Furt und kletterte dann im Zickzack das steile Ufer hinan, wo auf Wilsons Anordnung tags zuvor ein Weg geschaufelt worden war, so daß sie in das parkartige, bewaldete, wellige Gelände auf dem jenseitigen Ufer gelangen konnten.

Ein guter Morgen, dachte Wilson. Es lag starker Tau, und während sich die Räder durch das Gras und das Gebüsch bewegten, konnte er den Geruch der zermalmten Farnwedel riechen. Es war ein Duft wie von Verbenen, und er liebte diesen Frühmorgenduft von Tau und zermalmtem Farnkraut und das Aussehen der Baumstümpfe, die im Dunst des frühen Morgens schwarz hervortraten, als das Auto seinen Weg durch das ungebahnte, parkartige Gelände nahm. Er hatte sich die beiden auf dem Rücksitz jetzt aus dem Kopf geschlagen und dachte an Büffel. Die Büffel, hinter denen er her war, hielten sich tagsüber in einem dichten Sumpf auf, wo man unmöglich zum Schuß kommen konnte, aber nachts ästen sie draußen im offenen Gelände, und wenn er mit dem Auto zwischen sie und ihren Sumpf kommen konnte, würde Macomber im Freien eine gute Chance haben. Er wollte nicht mit Macomber in dichter Deckung Büffel jagen. Er wollte überhaupt nicht und nichts, weder Büffel noch irgend etwas anderes mit Macomber jagen, aber er war Berufsjäger und war schon mit allerhand Käuzen auf die Jagd gegangen. Wenn sie heute Büffel kriegten, dann kamen nur noch Rhinos dran, und der arme Kerl hatte sein gefährliches Wild hinter sich, und alles konnte wieder angenehmer werden. Er würde mit der Frau nichts mehr zu schaffen haben, und Macomber würde auch darüber hinwegkommen. Allem Anschein nach hatte er auf diesem Gebiet schon allerlei durchgemacht. Armer Teufel! Er wußte aber wohl, wie man darüber hinwegkam. Na, es war seine eigene Scheißschuld; so ein blöder Kerl!

Er, Robert Wilson, nahm auf Safari ein doppelt breites Feldbett mit, um alles, was der Zufall für ihn abwarf, beherbergen zu können. Er jagte mit einer bestimmten Sorte Kundschaft, einer internationalen, draufgängerischen Sportclique, wo die Frauen glaubten, daß sie nicht auf ihre Kosten gekommen waren, wenn sie jenes Feldbett nicht mit dem weißen Jäger geteilt hatten. Er verachtete sie, wenn er von ihnen weg war, obschon er manche von ihnen zur Zeit gern genug gemocht hatte, aber er verdiente durch sie seinen Lebensunterhalt, und ihre Maßstäbe waren seine Maßstäbe während der Zeit, für die sie ihn engagierten.

Es waren seine Maßstäbe, in allem, bis aufs Jagen. Er hatte seine eigenen Maßstäbe, wenn es ums Schießen ging, und sie hatten ihnen gerecht zu werden oder sich einen andern zum Jagen zu suchen. Er wußte auch, daß sie ihn alle deswegen respektierten. Dieser Macomber war jedoch ein Sonderling. Verflucht, und ob! Und die Frau. Tja, die Frau. Ja, die Frau. Hm, die Frau. Na, das war für ihn erledigt. Er sah sich nach ihnen um. Macomber saß wütend und finster da. Margaret lächelte ihm zu. Sie sah heute jünger aus, unschuldiger und frischer und nicht so berufsmäßig schön. Was in ihrem Herzen vorgeht, weiß Gott, dachte Wilson. Sie hatte vergangene Nacht nicht viel gesprochen. Dabei war es ein Vergnügen, sie anzusehen.

Das Auto kletterte eine leichte Anhöhe hinan und fuhr weiter zwischen den Bäumen hindurch und dann hinaus auf eine grasige, prärieartige Lichtung und hielt sich am Rande im Schatten der Bäume, und der Fahrer fuhr langsam, und Wilson blickte aufmerksam über die Prärie hin und den ganzen jenseitigen Saum entlang. Er ließ den Wagen halten und musterte die Lichtung mit seinem Jagdglas. Dann gab er dem Fahrer ein Zeichen, weiterzufahren, und das Auto bewegte sich langsam vorwärts; der Fahrer wich den Warzenschweinlöchern aus und umfuhr die von Ameisen erbauten Lehmburgen. Dann, als er über die Lichtung blickte, wandte sich Wilson plötzlich um und sagte: »Weiß Gott, da sind sie.«

Und als er dorthin blickte, wo Wilson hinzeigte, während das Auto vorwärts setzte und Wilson in schnellem Suaheli mit dem Fahrer sprach, sah Macomber drei riesige schwarze Tiere, die in ihrer Länge und Schwerfälligkeit fast zylindrisch, wie große schwarze Tankwagen, aussahen, sich im Galopp am äußersten Rand der offenen Prärie entlangbewegten. Sie bewegten sich in steifnackigem, steifleibigem Galopp, und er konnte die hochgeschwungenen, breiten schwarzen Hörner auf ihren Köpfen sehen, als sie mit vorgestreckten Köpfen galoppierten, mit Köpfen, die sich nicht bewegten.

»Es sind drei alte Bullen«, sagte Wilson. »Wir schneiden ihnen den Weg ab, bevor sie den Sumpf erreichen.«

Das Auto fuhr mit toller Siebzig-Kilometer-Geschwindigkeit quer durch das freie Gelände, und während Macomber hinsah, wurden die Büffel größer und größer, bis er die graue, haarlose, räudige Erscheinung des einen Riesenbullen sehen konnte und wie sein Nacken ein Teil seiner Schultern war, und das glänzende Schwarz seiner Hörner, als er etwas hinter den anderen hergaloppierte, die in jener steten, stampfenden Gangart aneinandergereiht waren, und dann, während das Auto schwankte, als ob es gerade aus der Bahn geraten wäre, kamen sie ganz nahe, und er konnte die stampfende Riesenhaftigkeit des Bullen sehen und den Staub in seinem spärlich behaarten Fell, den breiten Buckel aus Horn und seine vorgestreckte, breitnüstrige Schnauze, und er hob seine Büchse, als Wilson rief: »Nicht vom Auto aus, Sie Idiot!«, und er hatte keine Angst, nur Haß auf Wilson, während die Bremsen griffen und das Auto schleuderte und es seitwärts pflügend fast zum Stehen kam und Wilson auf der einen Seite und er auf der andern hinaussprangen, und er taumelte, als seine Füße die noch unter ihm wegsausende Erde berührten, und dann schoß er auf den Bullen, als der sich entfernte, hörte, wie die Kugeln in ihn einschlugen, und schoß seine Büchse leer auf ihn, während der Büffel sich stetig entfernte, und zum Schluß fiel es Macomber ein, seine Schüsse vorn aufs Blatt zu placieren, und als er herumfummelte, um nachzuladen, sah er den Bullen am Boden.

Er sah ihn am Boden knien und den schweren Kopf hin und her werfen, und die beiden anderen sah er noch galoppieren, und er schoß auf den Leitbüffel und traf ihn. Er feuerte noch einmal und fehlte, und er hörte das Krachen, als Wilson schoß, und sah, wie der Leitbulle vornüber aufs Maul rutschte.

»Nehmen Sie den andern«, sagte Wilson. »Jetzt schießen Sie!«

Aber der andere Bulle entfernte sich stetig in gleichförmigem Galopp, und er verfehlte ihn und warf Erdspritzer auf, und Wilson fehlte, und der Staub hob sich in einer Wolke, und Wilson schrie: »Kommen Sie, er ist zu weit weg!« und packte ihn am Arm, und sie waren wieder im Auto; Macomber und Wilson hingen zu beiden Seiten und schleuderten schwankend über den unebenen Boden und holten mit dem gleichmäßigen, stampfenden, schwernackigen, vorwärts galoppierenden Bullen auf.

Sie waren hinter ihm, und Macomber lud sein Gewehr, ließ Patronen zu Boden fallen; der Verschluß klemmte; er beseitigte die Ladehemmung, und dann waren sie fast auf gleicher Höhe mit dem Bullen, als Wilson »Halt!« brüllte, und das Auto schlitterte so, daß es sich beinahe um sich selber drehte, und Macomber fiel vornüber auf die Füße, spannte und hielt so viel vor, daß er gerade noch in den galoppierenden, runden schwarzen Rükken zielen konnte, zielte und schoß noch einmal, noch einmal und noch einmal, und die Kugeln, die alle einschlugen, schienen dem Bullen anscheinend nichts anzuhaben. Dann schoß Wilson, das Krachen betäubte ihn, und er sah, wie der Bulle taumelte, Macomber schoß noch einmal; er zielte sorgfältig, und er ging nieder, auf die Knie.

»Gut«, sagte Wilson. »Saubere Arbeit. Das wären die drei.«

Macomber fühlte eine trunkene Freude.

»Wie oft haben Sie geschossen?« fragte er.

»Genau dreimal«, sagte Wilson. »Sie haben den ersten Bullen geschossen, den größten. Ich half Ihnen die beiden anderen erledigen. Hatte Angst, daß sie in Deckung gelangen würden. Erledigt haben Sie sie. Hab nur ein bißchen aufgeräumt. Sie haben verflucht gut geschossen.«

»Kommen Sie zum Auto«, sagte Macomber. »Ich möchte etwas trinken.«

»Müssen erst den Büffel da erledigen«, sagte Wilson. Der Büffel war auf den Knien, und er warf wütend den Kopf hin und her und fauchte in brüllender Wut, als sie sich ihm näherten.

»Passen Sie auf, daß er nicht hochkommt«, sagte Wilson. Dann: »Stellen Sie sich ein bißchen seitlich und treffen Sie ihn in den Hals, gerade hinterm Ohr.«

Macomber zielte sorgfältig auf die Mitte des riesigen, zuckenden, wutgetriebenen Halses und schoß. Auf den Schuß hin fiel der Kopf nach vornüber.

»Das tut's«, sagte Wilson. »Haben das Rückgrat gekriegt. Sehen toll aus, die Biester, was?«

»Jetzt wollen wir etwas trinken«, sagte Macomber. In seinem Leben hatte er sich nicht so wohl gefühlt.

Macombers Frau saß sehr weißgesichtig im Auto. »Du warst großartig, Liebling«, sagte sie zu Macomber. »Das war aber eine Fahrt.«

»War es holprig?« fragte Wilson.

»Es war furchtbar. Ich hab mich in meinem Leben nicht so gefürchtet.«

»Wir wollen alle etwas trinken«, sagte Macomber.

»Gewiß«, sagte Wilson. »Geben Sie der Memsahib die Feldflasche.« Sie trank den puren Whisky und schauderte ein bißchen, als sie schluckte. Sie reichte Macomber die Feldflasche, der sie Wilson reichte.

»Es war furchtbar aufregend«, sagte sie. »Ich hab schreckliches Kopfweh davon bekommen. Ich wußte aber nicht, daß man sie von Autos aus schießen darf.«

»Kein Mensch hat von Autos aus geschossen«, sagte Wilson kalt.

»Ich meine, sie mit Autos jagen.«

»Würde man auch für gewöhnlich nicht«, sagte Wilson. »Schien mir jedoch sportlich genug, während wir's taten. Riskierten mehr, derart quer über die Ebene voller Löcher und allem möglichen zu fahren, als zu Fuß zu jagen. Der Büffel hätte, wenn er's gewollt hätte, bei jedem Schuß auf uns losgehen können. Gaben ihm jede Chance. Würde es aber lieber keinem gegenüber erwähnen. Ist gesetzwidrig, falls Sie das meinen sollten.«

»Ich fand es sehr unfair«, sagte Margaret, »diese großen, hilflosen Dinger mit dem Auto zu jagen.«

»Fanden Sie?« sagte Wilson.

»Was würde geschehen, wenn man es in Nairobi erführe?«

»Erst mal würde ich meine Lizenz verlieren. Noch allerhand andere Unannehmlichkeiten sonst«, sagte Wilson und nahm einen Schluck aus der Flasche. »Ich wäre meinen Beruf los.«

»Wirklich?«

»Ja, wirklich.«

»Na«, sagte Macomber, und er lächelte zum erstenmal an diesem Tag, »jetzt kann sie Ihnen eins auswischen.«

»Du hast eine so reizende Art, Sachen zu sagen, Francis«, sagte Margaret Macomber. Wilson sah beide an. Wenn ein

Scheißkerl ein Miststück heiratet, dachte er, was für Dreckspatzen die wohl als Kinder haben werden? Er sagte aber nur: »Wir haben den einen Gewehrträger verloren. Haben Sie's bemerkt?«

»Weiß Gott, nein«, sagte Macomber.

»Da kommt er«, sagte Wilson. »Es ist ihm nichts passiert. Er muß runtergefallen sein, als wir den ersten Bullen hinter uns ließen.«

Der ältliche Gewehrträger kam auf sie zu; er humpelte in seiner gestrickten Mütze, seiner Khakijacke, seiner kurzen Hose und seinen Gummisandalen daher; er blickte finster vor sich hin und sah verärgert aus. Als er herankam, rief er Wilson auf Suaheli etwas zu, und alle sahen die Veränderung im Gesicht des weißen Jägers.

»Was hat er gesagt?« fragte Margaret.

»Daß der erste Bulle aufgestanden und in den Busch gezogen ist«, sagte Wilson ohne Ausdruck in der Stimme.

»Oh«, sagte Macomber bestürzt.

»Dann wird's genau werden wie mit dem Löwen«, sagte Wilson zu ihr. »Wollen Sie noch etwas trinken, Macomber?«

»Danke, ja«, sagte Macomber. Er erwartete, daß das Gefühl, das er beim Löwen gehabt hatte, wiederkommen würde, aber es kam nicht. Zum erstenmal in seinem Leben fühlte er sich wirklich völlig furchtlos. Anstelle von Furcht hatte er ein ausgesprochenes Gefühl ungemischter, froher Erregung.

»Wir wollen gehen und uns nach dem zweiten Bullen umsehen«, sagte Wilson. »Ich werde dem Fahrer sagen, daß er den Wagen in den Schatten fährt.«

»Was wollt ihr machen?« fragte Margaret Macomber.

»Uns den Büffel ansehen«, antwortete Wilson.

»Ich komme mit.«

»Kommen Sie.«

Zu dritt gingen sie hinüber zu der Stelle, wo der zweite Büffel schwarz in der Lichtung ragte, den Kopf vornüber auf dem Gras, die massiven Hörner weit geschwungen.

»Er hat ein sehr gutes Gehörn«, sagte Wilson. »Das ist dicht an die fünfzig Zoll Auslage.«

Macomber sah ihn begeistert an.

»Er sieht widerwärtig aus«, sagte Margaret. »Können wir nicht in den Schatten gehen?«

»Natürlich«, sagte Wilson. »Sehen Sie mal«, sagte er zu Macomber und zeigte mit der Hand. »Sehen Sie das Stück Busch da?«

»Ja.«

»Da ist der erste Bulle hineingegangen. Der Gewehrträger hat gesagt, daß der Bulle am Boden lag, als er vom Auto fiel. Er beobachtete uns, wie wir wie der Teufel davongepest sind und wie die beiden anderen Büffel galoppierten. Als er aufsah, war der Bulle auf den Beinen und blickte ihn an. Der Gewehrträger ist wie der Teufel gerannt, und der Bulle ist langsam in den Busch da hineingegangen.«

»Können wir ihm jetzt nach?« fragte Macomber begierig.

Wilson sah ihn prüfend an. Verdammt noch mal, wenn das nicht ein seltsamer Kauz ist, dachte er. Gestern ist ihm übel vor lauter Angst, und heute ist er ein ausgekochter Feuerfresser.

»Nein, wir wollen ihm Zeit lassen.«

»Bitte, laß uns in den Schatten gehen«, sagte Margaret. Ihr Gesicht war weiß, und sie sah elend aus.

Sie gingen zum Auto zurück, das unter einem einzelnen, weitausladenden Baum stand, und kletterten hinein.

»Sehr gut möglich, daß er da drinnen tot ist«, bemerkte Wilson. »Wollen bald mal nachsehen.«

Macomber verspürte ein wildes, unbändiges Glücksgefühl, das er nie zuvor gekannt hatte.

»Weiß Gott, das war eine Hatz!« sagte er. »Ich habe nie zuvor so ein Gefühl gehabt. War es nicht wunderbar, Margot?«

»Ich fand es scheußlich.«

»Warum?«

»Ich fand es scheußlich«, sagte sie bitter. »Widerwärtig.«

»Wissen Sie, ich glaube nicht, daß ich je wieder vor etwas Angst haben werde«, sagte Macomber zu Wilson. »Etwas ging in mir vor, nachdem wir den Büffel zuerst sahen und hinter ihm herliefen. Wie ein Damm, der bricht. Es war nichts als Aufregung.«

»So was reinigt die Leber«, sagte Wilson. »Verdammt komische Sachen, die einem Menschen so passieren.«

Macombers Gesicht strahlte. »Wissen Sie, irgend etwas ist wirklich mit mir passiert«, sagte er. »Ich fühl mich völlig anders.«

Seine Frau sagte nichts und musterte ihn seltsam. Sie saß weit zurückgelehnt auf dem Sitz, und Macomber saß vornüber gelehnt und redete mit Wilson, der sich halb umgedreht hatte und über die Lehne des Vordersitzes hinweg sprach.

»Wissen Sie, ich würde es gern noch einmal mit einem Löwen versuchen«, sagte Macomber. »Ich habe jetzt wirklich keine Angst vor ihnen. Schließlich, was können sie einem schon anhaben?«

»So ist es«, sagte Wilson. »Das Schlimmste, was er tun kann, ist einen töten. Wie geht es noch? Shakespeare. Verdammt gut. Sehen, ob ich mich erinnern kann. Hm, verdammt gut. Pflegte es mir seinerzeit selber vorzuzitieren. Warten Sie. ›Meiner Treu, was geht's mich an; ein Mann kann nur einmal sterben; wir schulden Gott einen Tod, und wie's auch gehen mag, wer dieses Jahr stirbt, braucht's im nächsten nicht mehr zu tun.‹ Verdammt schön, was?«

Er war sehr verlegen, nachdem er dies herausgebracht hatte, dem er nachgelebt hatte, aber er hatte schon vorher Menschen erwachsen werden sehen, und es ging ihm immer nahe. Es handelte sich nicht um ihren einundzwanzigsten Geburtstag.

Es hatte eines besonderen Jagdabenteuers bedurft, eines jähen Sturzes ins Handeln, ohne eine Gelegenheit, sich vorher Gedanken zu machen, um dies bei Macomber fertigzubringen, aber wodurch es auch geschehen sein mochte, geschehen war es ganz bestimmt. Sieh dir den Kerl jetzt an, dachte Wilson. Es liegt daran, daß manche so lange kleine Jungens bleiben, dachte Wilson. Manchmal ihr Leben lang. Ihre Körper sind noch jungenhaft, wenn sie fünfzig sind. Die berühmten amerikanischen »Knaben-Männer«. Verdammt komische Menschen. Aber er mochte diesen Macomber jetzt. Verdammt komischer Kerl. Bedeutete vielleicht auch das Ende des Hahnreitums. Na, das wäre verdammt gut. Verdammt gut. Der Kerl hatte wahrscheinlich sein Leben lang Angst gehabt. Ich weiß nicht, womit es anfing. Aber jetzt war's vorbei. Hatte keine Zeit gehabt, vor dem Büffel Angst zu haben. Das, und weil er dazu die Wut hatte. Auch das

Auto. Autos machten es zu etwas Alltäglichem. Würde jetzt ein verdammter Feuerfresser sein. Er hatte es im Krieg genauso funktionieren sehen. Eine größere Veränderung als je der Verlust der Jungfernschaft. Angst weg wie durch Operation. Etwas anderes wuchs an ihrer Stelle. Das Wesentlichste, was ein Mann hatte. Machte ihn zum Mann. Frauen kannten es auch. Keine Scheißangst.

Aus der Wagenecke blickte Margaret Macomber auf die beiden. Wilson hatte sich nicht verändert. Sie sah Wilson so, wie sie ihn tags zuvor gesehen hatte, als ihr zum erstenmal aufging, was seine große Begabung war. Aber sie sah jetzt die Veränderung in Francis Macomber.

»Kennen Sie das Glücksgefühl in bezug auf das, was geschehen wird?« fragte Macomber, der weiter seinem neuen Reichtum nachspürte.

»Man sollte nicht darüber reden«, sagte Wilson und sah in das Gesicht des anderen. »Viel schicker, zu sagen, daß man Angst hat. Wohlgemerkt, Sie werden auch noch Angst haben, und zwar wieder und wieder.«

»Aber Sie *kennen* dieses Glücksgefühl vor der Tat?«

»Ja«, sagte Wilson, »das gibt es. Tut aber nicht gut, über all das viel zu reden. Zerredet das Ganze. Das Beste von allem geht verloren, wenn man es zuviel beredet.«

»Ihr redet beide Quatsch«, sagte Margaret. »Nur weil ihr gerade ein paar hilflose Tiere mit dem Auto gejagt habt, redet ihr wie Helden.«

»Verzeihung«, sagte Wilson. »Ich hab zuviel geschwatzt.« Sie macht sich jetzt bereits Sorgen darüber, dachte er.

»Wenn du nicht weißt, worüber wir reden, warum mischst du dich dann ein?« fragte Macomber seine Frau.

»Du bist ja plötzlich furchtbar tapfer geworden«, sagte seine Frau geringschätzig. Aber ihre Geringschätzung war nicht echt. Sie hatte vor etwas große Angst.

Macomber lachte, ein sehr natürliches, herzhaftes Lachen. »Weißt du, ich bin's *wirklich*«, sagte er. »Ich bin's wirklich.«

»Ist es nicht ein bißchen spät?« sagte Margaret bitter. Denn sie hatte sich Jahre hindurch die größte Mühe gegeben, und daran, wie sie jetzt miteinander standen, war nicht einer allein schuld.

»Nicht für mich«, sagte Macomber. Margaret sagte nichts, sondern setzte sich in ihrem Sitz zurück.

»Glauben Sie, daß wir ihm jetzt Zeit genug gelassen haben?« fragte Macomber Wilson munter.

»Wir können mal nachsehen«, sagte Wilson. »Haben Sie noch Vollmantelgeschosse?«

»Der Gewehrträger hat welche.«

Wilson rief etwas auf Suaheli, und der ältere Gewehrträger, der einen der Köpfe abhäutete, richtete sich auf, holte eine Schachtel Vollmantelgeschosse aus der Tasche und brachte sie zu Macomber hinüber, der das Magazin füllte und die übrigen Patronen in die Tasche steckte.

»Sie könnten geradesogut mit der Springfield schießen«, sagte Wilson. »Sie sind an die gewöhnt. Wir wollen die Mannlicher bei der Memsahib im Auto lassen. Ihr Gewehrträger kann Ihnen Ihre schwere Büchse tragen. Ich hab diese verdammte Kanone. Jetzt lassen Sie mich Ihnen noch was über die Büffel da erzählen.« Er hatte dies bis zum Schluß aufgespart; er hatte Macomber nicht beunruhigen wollen. »Wenn ein Büffel angreift, kommt er mit erhobenem, vorgestrecktem Kopf auf einen zu. Der Buckel der Hörner schützt ihn gegen jede Art von Kopfschuß. Der einzige Schuß ist direkt ins Maul. Der einzige andere Schuß ist in die Brust oder, wenn Sie seitlich stehen, in den Hals oder aufs Blatt. Wenn sie erst einmal angeschossen sind, gehört allerhand dazu, sie zu töten. Versuchen Sie keine Kunststücke. Nehmen Sie den leichtesten Schuß, der sich Ihnen bietet. Sie sind jetzt mit dem Aushäuten von dem Kopf da fertig. Wollen wir losgehen?«

Er rief den Gewehrträgern etwas zu, die sich die Hände abwischten und herankamen. Der Ältere stieg hinten ein.

»Ich nehme nur Kongoni mit«, sagte Wilson. »Der andere kann aufpassen und die Vögel verscheuchen.«

Als das Auto langsam durch das freie Gelände auf die Insel von Bäumen und Unterholz zufuhr, die wie eine belaubte Zunge an einem ausgetrockneten Wasserlauf, der die offene Niederung schnitt, entlanglief, fühlte Macomber das Hämmern seines Herzens, und sein Mund war wieder trocken, aber es war Aufregung, nicht Angst.

»Hier ist die Stelle, wo er reingegangen ist«, sagte Wilson. Dann auf Suaheli zu dem Gewehrträger: »Nimm die Schweißfährte auf.«

Das Auto stand parallel zu dem Stück Busch. Macomber, Wilson und der Gewehrträger stiegen aus. Macomber blickte zurück und sah, daß seine Frau mit dem Gewehr neben sich ihn anblickte. Er winkte ihr zu, aber sie winkte nicht zurück.

Das Buschwerk vor ihnen war sehr dicht, und der Boden war trocken. Der ältliche Gewehrträger schwitzte heftig, und Wilson hatte den Hut tief ins Gesicht gezogen, und sein roter Nacken leuchtete dicht vor Macomber. Plötzlich sagte der Gewehrträger irgend etwas auf Suaheli zu Wilson und rannte vorwärts.

»Er ist tot da drinnen«, sagte Wilson. »Gute Arbeit«, und er wandte sich um und packte Macombers Hand, und während sie einander die Hände schüttelten und sich angrinsten, brüllte der Gewehrträger wie wild, und sie sahen ihn aus dem Busch herauskommen, seitwärts, schnell wie eine Krabbe, und den Bullen kommen, Nase geradeaus, festgeschlossenes Maul, bluttriefend, massigen Kopf vorgestreckt, im Angriff kommen, und die kleinen Schweinsaugen blutunterlaufen, als er sie anblickte. Wilson, der zuvorderst war, kniete und schoß, und Macomber, der bei dem Krachen von Wilsons Büchse den eigenen Schuß nicht hörte, sah, als er schoß, Stücke wie Schiefer von dem riesigen Hornwulst absplittern, und der Kopf schleuderte hin und her, und er schoß noch einmal auf die offenen Nüstern und sah wieder die Hörner rucken und die Splitter umherfliegen, und er sah jetzt Wilson nicht und zielte sorgfältig und schoß noch einmal, die riesige Masse des Büffels beinahe auf sich drauf und seine Büchse beinahe auf gleicher Höhe mit dem näher kommenden Kopf, der vorgestreckten Nase, und er konnte die kleinen, bösartigen Augen sehen, und der Kopf begann sich zu senken, und er fühlte einen plötzlichen, weißglühenden, blendenden Blitz in seinem Kopf explodieren, und das war alles, was er noch fühlte.

Wilson hatte sich etwas zur Seite geduckt, um einen Blattschuß anzubringen. Macomber hatte unbeweglich dagestanden und aufs Maul geschossen und immer eine Spur zu hoch geschossen und die schweren Hörner getroffen, sie zersplittert und abgebröckelt waren, als ob er ein Schieferdach getroffen hätte, und

Mrs. Macomber im Auto hatte mit der 6.5 Mannlicher auf den Büffel geschossen, als er gerade Macomber zu durchbohren schien, und hatte ihren Mann ungefähr fünf Zentimeter und ein bißchen seitlich über der Schädelbasis getroffen.

Francis Macomber lag jetzt mit dem Gesicht nach unten, keine zweieinhalb Meter von der Stelle, wo der Büffel niedergestreckt lag, und seine Frau kniete über ihm, mit Wilson neben sich.

»Ich würde ihn nicht umdrehen«, sagte Wilson.

Die Frau weinte hysterisch.

»Ich würde mich wieder ins Auto setzen«, sagte Wilson. »Wo ist die Büchse?«

Sie schüttelte den Kopf; ihr Gesicht war verzerrt. Der Gewehrträger hob die Büchse auf.

»Laß alles, wie's ist«, sagte Wilson. Dann: »Geh, hol Abdullah, damit er über die Art des Unfalls aussagen kann.«

Er kniete nieder, zog sein Taschentuch heraus und breitete es über Francis Macombers kurzgeschorenen Kopf, so wie er lag. Das Blut sickerte in die trockene, lockere Erde.

Wilson stand auf und sah den Büffel auf der Seite liegen, die Beine ausgestreckt, den dünnbehaarten Leib von Zecken krabbelnd. Prachtkerl von einem Bullen, vermerkte sein Verstand automatisch. Gut fünfzig Zoll oder mehr. Mehr. Er rief den Fahrer und hieß ihn eine Decke über die Leiche breiten und bei ihr bleiben. Dann ging er zum Auto hinüber, in dem die Frau weinend in einer Ecke saß.

»Das haben Sie ja fein gemacht«, sagte er mit tonloser Stimme. »Er *hätte* Sie auch verlassen.«

»Seien Sie still«, sagte sie.

»Natürlich ist es ein Unfall«, sagte er. »Das weiß ich.«

»Seien Sie still«, sagte sie.

»Machen Sie sich keine Sorgen«, sagte er. »Es wird ein gewisses Maß an Unannehmlichkeiten geben, aber ich werde ein paar Aufnahmen machen lassen, die beim Verhör sehr nützlich sein werden. Dann haben wir ja auch noch die Zeugenaussagen der Gewehrträger und des Fahrers. Es passiert Ihnen nichts.«

»Seien Sie still«, sagte sie.

»Gibt eine verdammte Menge zu erledigen«, sagte er. »Ich muß einen Lastwagen zum See schicken, um nach einem Flugzeug zu funken, das uns drei nach Nairobi bringen kann. Warum haben Sie ihn nicht vergiftet? So macht man's in England.«

»Seien Sie still. Seien Sie still. Seien Sie still!« schrie die Frau.

Wilson sah sie mit seinen flachen blauen Augen an.

»Jetzt bin ich fertig«, sagte er. »Ich war ein bißchen ärgerlich. Ich fing gerade an, Ihren Mann gern zu haben.«

»Ach bitte, seien Sie still«, sagte sie. »Bitte, bitte, seien Sie still.«

»So ist's besser«, sagte Wilson. »Bitte ist viel besser. Jetzt werde ich still sein.«

Wie Hemingway war Henry Miller (1891–1980) auf der Suche nach den eigenen mythischen Wurzeln, aber er suchte sein männliches Selbst in der Sexualität. Diese Suche nach Identität wird bei ihm zum intellektuellen Abenteuer – das Tasten nach Wurzeln, die Miller schmerzhaft vermißt, die er aber nur noch metaphorisch benennen kann. Der Kontakt mit den mythischen Urbildern des Mannes führt bei ihm zu einem vergnüglichen anarchistischen Wahnsinn, ohne den sich die Gegenwart nicht ertragen läßt.

HENRY MILLER

Die Brooklynbrücke

»An den Ufern des Großen Salzsees stehen die hingemordeten Büffel wie Gespenster und stürmen das Schlachthaus.«

Mein ganzes Leben lang habe ich mich mit Wahnsinnigen und Verbrechern sehr verwandt gefühlt. Praktisch habe ich mein ganzes Leben lang in Großstädten gewohnt. Ich bin unglücklich, und mir ist unbehaglich zumute, wenn ich nicht in einer Großstadt bin. Mein Gefühl für die Natur ist auf Wasser, Berg und Wüste beschränkt. Diese drei bilden eine Dreiheit, die für mich notwendiger ist als jede geistige Nahrung. Aber in der Großstadt bin ich mir eines anderen Elementes bewußt, das sie alle an Bezauberungskraft übertrifft: des Labyrinths. In einer fremden Stadt verloren zu sein, ist das größte Vergnügen, das ich kenne. Wenn man sich schließlich auskennt, ist alles verloren. Für mich ist die Großstadt das personifizierte Verbrechen, der personifizierte Irrsinn. Hier fühle ich mich zu Hause. Wenn ich zum Beispiel im Kino eine große chinesische Stadt sehe und mir vorstelle, ich wäre mitten in dieser Anarchie und diesem Durcheinander, dann kommen mir die Tränen in die Augen. Sie ist für mich wie eine Zufluchtsstätte. Gleichviel um welche Sprache es sich handelt, ich kann mich mit dem Großstadtmenschen verständigen. Wir sind Brüder, wir verstehen einander. Wandern wir nicht einer gemeinsamen Wirklichkeit entgegen – einer Wirklichkeit, die ihren Ursprung im Verbrechen hatte?

Um nur den kleinsten Schritt vorwärts zu kommen, muß man beinahe bis ganz zum Anfang zurückgehen. Jeder Mensch greift, wenn er den gerechten Tod verdient hat, welcher der Reife vorangeht, auf seine Kindheit zurück, um Erleuchtung und Nahrung zu finden. Dann wird sein Schlummer durch prophetische, beunruhigende Träume gestört; er nimmt seine Zuflucht zum Schlaf, um lebendiger aufzuwachen. So beginnt er, zweifellos unbewußt, sich an den Zustand der Vernichtung zu gewöhnen, welcher der Preis für die Erfüllung ist. Er beginnt in vollem Bewußtsein zu leben, um den langen, ununterbrochenen Tod, der am Ende steht, zu genießen – den Tod, den nur sehr wenige Menschen erfahren haben. Die Erinnerung nimmt einen neuen Charakter an, der fast identisch mit dem des wachen Lebens ist. Die Erinnerung hört auf, ein endloser Güterzug zu sein. Es ist ein einziges Bewußtsein – dasselbe für Traum, Erinnerung und waches Leben. Jede Regung schließt sich zum Kreis und quillt aus einer unerschöpflichen Quelle.

In den heftigen Träumen und Geschichten, die das Schreiben meines Buches *Schwarzer Frühling* begleiteten, scheint ein Bild mit größerem Glanz und stärkerer Leuchtkraft als jedes andere wiedergekehrt zu sein: die Brooklynbrücke. Für mich bedeutete die Brooklynbrücke genau das, was für D. H. Lawrence der Regenbogen war. Nur während Lawrence die helle Zukunft suchte, die der Regenbogen zu verheißen schien, suchte ich ein Bindeglied, das mich an die Vergangenheit heften würde. Die Brücke war für mich ein Mittel, mich wieder in den allgemeinen Strom einzuordnen. Sie war weit haltbarer und dauerhafter als der Regenbogen, und gleichzeitig machte sie Hoffnung und Sehnsucht zunichte. Sie ermöglichte mir, die beiden ererbten Ströme zu verbinden, die zwischen Tod und Irrsinn zirkulieren. Von nun an konnte ich einen Fuß fest in China und den anderen in Mexiko auf den Boden setzen. Ich konnte ruhig zwischen dem Wahnsinnigen und dem Verbrecher meinen Weg gehen. Ich war sicher in meiner Zeit verankert, und doch stand ich über ihr und war über sie hinaus.

Soweit ich zurückdenken kann, wehrten sich meine Vorfahren dagegen, im Geschirr zu gehen. Die Käuze und Ungeheuer, die man noch am Stammbaum hängen sehen kann, zeugen von einem beständigen heftigen Bemühen, neue Sprossen zu treiben. Sie alle, sogar die Dichter und Musiker, ja sogar die lächerlichen kleinen Schneider, waren Wanderer, Bahnbrecher, Forscher, Seefahrer und Siedler. Auf der weiblichen Linie sollen sie mongolischen, auf der männlichen patagonischen Ursprungs gewesen sein. Die beiden Ströme teilten sich und ließen in jeder Ecke und in jedem Winkel der Erde ihre Spuren zurück. Schließlich vermengten sie sich und bildeten die in meinem Buch *Schwarzer Frühling* beschriebene geheimnisvolle Insel der Blutschande. Dieses Eiland von George Insel war ganz von Amphibienmenschen bevölkert, von denen die Atlantiden ein Zweig sind. Ihre Besonderheit bestand darin, daß sie nur die Kleider der Toten trugen.

In George Insel wurden der Baum und das menschliche Gerippe eins. Das Ergebnis, das über 25000 Jahre zu seiner Ausbrütung gebraucht hatte, ging in einem Vorstadtwirtshaus vor sich. Schließlich kamen die Angehörigen der Familie, die sich mit anderen Völkerschaften vermischt hatten, mit denen, die nur innerhalb des Familienkreises geheiratet hatten, zusammen – das heißt, die als Chinesen über die Bering-Straße gekommenen Menschen begegneten in diesem Vorstadtwirtshaus ihren Brüdern aus Atlantis, die in einem amphibischen Trancezustand über den Meeresboden gewandert waren. George Insel kam wie ein Krater inmitten des Stillen Ozeans aus den Tiefen empor. Er ließ seine Abstammung hinter sich. Er war gerade wie ein Totempfahl und rein verrückt vom Vordersteven bis zum Heck. Kaum hatte er eine Arbeit als Leichenbestattergehilfe angenommen, da stürzte er sich auf einen saftigen Kadaver, weidete ihn aus und eignete sich die Leichentücher an. Als er zur Weihnachtszeit mit Postkarten hausierte, wurde sein Bart schneeweiß und glitzerte wie Glimmer.

Wenn ich über die Brooklynbrücke hin und her ging, wurde mir alles kristallklar. Sobald ich den Eingang der Brücke hinter mir hatte und mich über dem Fluß endlich im Gleichgewicht befand, klappte auch die ganze Vergangenheit ohne Lücke zusammen. Das hielt vor, solange ich über dem Wasser blieb, in den tintenschwarzen Strudel hinunterblickte und alle Dinge auf den Kopf gestellt sah. Nur in Augenblicken äußerster Seelennot, wenn, wie man so sagt, alles verloren schien, nahm ich meine Zuflucht zu der Brücke. Immer wieder war alles unwiderruflich verloren. Die Brücke war die Todesharfe, das seltsam geflügelte Wesen ohne Auge, das mich zwischen den beiden Ufern in der Schwebe hielt.

Ich träumte sehr lebhaft auf der Brücke, oft so lebhaft, daß ich mich beim Erwachen in Nevada oder Mexiko oder einem gottvergessenen Ort wie Imperial City befand. Das Gefühl, das mich einmal in dem letztgenannten Ort überkam, läßt sich nicht beschreiben. Ein wirklich beispielloses Gefühl der Trostlosigkeit, und das um so mehr, als es grundlos war. Ich befand mich plötzlich in diesem gottverlassenen Ort an der pazifischen Küste im Körper eines Mannes, der meinen Namen trug, und als ich ziellos vom einen Ende der Stadt zum anderen wanderte, hatte ich das ganz deutliche Gefühl, nicht zu diesem Körper zu gehören, der mir als Behausung zugewiesen war. Es war entschieden nicht mein Körper. Er war mir vielleicht aus Mitleid geliehen worden, aber er war nicht ich. Es war weniger Schrecken, als vielmehr Trostlosigkeit, was ich empfand. Ich, der ich litt – wo war ich in jenem Augenblick in dieser Welt? Hier war ich aus mir unbekannten Gründen bequem in einen Körper eingekapselt, der durch eine fremde Stadt wanderte. Das dauerte einen ganzen Nachmittag. Es war eine vielleicht kurze Zeitspanne, in der mich, nach den Voraussagen der Astrologen, der Wahnsinn bedrohte. Es ging kein Kampf damit einher, keine große Qual. Es war einfach ein völlig trostloser Zustand. In der Tat war »Ich« während dieser Zeit nicht da. Das »Ich« war nur ein trübes, dunkles Wissen um ein Ego, ein vorübergehend im Zaum gehaltenes Bewußtsein während einer kritischen Planetenkonjunktion, in der mein Schicksal für mich entschieden wurde. Es war das Skelett eines Ego, der erstarrte Wolkengeist des eigenen Ich.

Nicht lange nachher erwachte ich eines Nachts, zog mich automatisch an, ging zum Telegraphenamt hinunter und sandte an mich selbst die telegraphische Aufforderung, nach Hause zu kommen. Am nächsten Tag saß ich im Zug nach New York, und als ich daheim ankam, erwartete mich das Telegramm.

Wieder in meiner eigenen Haut, vergegenwärtigte ich mir ohne die geringste Beunruhigung, daß mir eine lange Bußezeit bevorstand. Man entrinnt nicht so wunderbarer Weise, ohne einen Preis dafür zu bezahlen. Eine vor der Zeit erfolgte Seelenrettung ist bedeutungslos. Oft hatte ich auf der Brücke Selbstmord begangen. Aber ebenso häufig fand ich wieder zurück und rang mit denselben Rätseln. Es hat auf lange Sicht nicht viel zu bedeuten, ob man wirklich stirbt oder nicht. Man muß schließlich doch zum Leben zurückkehren, um es voll und ganz bis zur letzten bedeutungsvollen Neige durchzuleben. Das lernte ich schließlich verstehen, als die Brücke aufhörte, ein Ding aus Stein und Stahl zu sein, und in mein Bewußtsein als ein Symbol einging.

Während des inneren Wandlungsprozesses wurde die große Strömung, die den Stammbaum 25000 Jahre oder noch länger beseelt hatte, polarisiert. Die Schrecken und Wahnideen, die ihn ausgehöhlt hatten, der wie ein Gärungsstoff an der Wurzel des Baumes nagende Tod und der das Laub wie die Luft selber umhüllende Wahnsinn verloren ihre Wirkungskraft. Das sonderbare welke Eiland der Blutschande, George Insel, begann aufzublühen wie eine Magnolie. George Insel begann zu träumen wie eine Pflanze in einer schwülen Nacht. Er bettete den Leichnam auf Eis, legte sich in den gepolsterten Sarg des Leichenbestattungsinstituts und fing an, leise, schlafbefangen und überlegend zu träumen.

Was George Insel träumte, das träumten die Menschen von Mexiko vor ihm. Es ist ein Traum, den die Nordamerikaner abzuschütteln versuchen, was ihnen aber nie gelingen wird, denn der ganze Kontinent ist verdammt. Eine Zeitlang, als die Mongolen aus dem Nordwesten hereinströmten und sich in den unbewohnten Körpern der Mexikaner einmieteten, schien es fast, als sei der Traum eine Fabel. Aber heute kann man in der engelhaften Haltung des amerikanischen Mörders die amphibischen Schlafwandler erkennen, die das Mittelmeerbecken in der blinden Suche nach Frieden verließen. In dem sanften, friedlichen Lächeln des Mörders, des nordamerikanischen Mörders, kann man den Keim des Künstlertyps entdecken, der seinerzeit von der Flut ausgelöscht wurde. Was man Geschichte nennt, ist nur die Erdbebentabelle der Explosionen und inneren Entladungen, die zu einer bestimmten Zeitspanne in der dunklen Vergangenheit durch die Fehlgeburt eines neuen und ersprießlichen Menschentyps verursacht wurden. Diese Vergangenheit wirkt ebenso wie die Zukunft, die sie auflösen wird, unbarmherzig auf das Bewußtsein des heutigen Menschen ein. Der Mensch unserer Tage wird auf der Oberfläche seiner eigenen Flut mitgerissen. Seine wachsten Momente sind in ihrer Art und Beschaffenheit nicht verschieden von dem Stoff, aus dem Träume gebildet werden. Sein Leben ist der schaumgekrönte Kamm einer langen Flutwelle, die im Begriffe ist, sich an den Ufern eines unbekannten Kontinents zu brechen. Er hat seine eigenen Trümmer vor sich hergeschwemmt. Er wird in einer stetig gewachsenen Woge zerschellen.

Darum bin ich, wenn ich den wohltemperierten amerikanischen Schrecktraum betrachte, entzückt über die Aussicht, die Trümmer, die sich an den Gestaden dieses George Insel genannten isolierten Eilands der Blutschande aufgehäuft haben, neu zu ordnen. Ich sehe unter zahllosen anderen Dingen eine verwelkte Blume vom Todestal, ein Stück Quarz von den *Bad Lands,* eine Glasperle der Navajo-Indianer, ein rostiges Hackmesser aus dem Schlachthaus, einen Tropfen Serum aus dem Krebsforschungsinstitut, eine Laus vom Barte eines Juden, eine Straße mit Namen *Myrtle Avenue,* eine Stadt, die ganz aus Zelluloid, eine andere, die aus Cellophan besteht, eine Kornfrucht, die wie getrocknete Gehirne aussieht und *Grape Nuts* genannt wird, und so weiter. Im toten Mittelpunkt der Trümmer steht gründlich überholt und ventiliert die Brooklynbrücke. Auf einem Turm sitzt Tante Melia und flicht ihr Haar, auf dem anderen sitzt George Insel, bewaffnet mit einer Einbalsamierungsspritze. Hell leuchtend bricht der Tag an, und an den Hebekranen unten in der Marinewerft schaukeln steif und lustig die Toten. Tante Melia geht es augenblicklich so gut, daß sie nur die Hand nach ihm auszustrecken braucht, wenn sie sich den Mond wünscht, wie sie es manchmal tut. Alles ist aufs geschmackvollste hergerichtet, alles vorgedacht, prädisponiert, vorverdaut und vorgeplant. Das Nordlicht ist in vollem Schwunge, und der Himmel ist nur eben ein ungemein antiseptisches, mit Petersilie und Kümmel bestreutes Omelett. Es war ein schöner Tag für alle, Gott eingeschlossen. Kein Anzeichen von Regen, keine Andeutung von Blut oder Pestilenz. Das Wetter wie der Himmel werden ad infinitum so bleiben. Unter dem Flußbett arbeiten ein paar armselige tausend Menschen mit Nietmaschinen geduldig an der Zugrunderichtung ihrer Lungen. Sonst ist es sehr großartig. Ich gehe auf der Brücke hin und her mit dem friedlichen Lächeln des nordamerikanischen Mörders. Meine Seelenqual ist durch ein elastisches Dauertragband abgestützt. Sollte ich Blut spucken müssen, so ist an meinem Rosenkranz ein handlicher kleiner Becher befestigt, den ich einmal im Einheitspreisladen gekauft habe. Die Schlachtschiffe gehen in Linie zu Schießübungen. Sie müssen bald in Aktion treten, oder sie werden verschrottet. Die Konteradmirale nehmen das Besteck auf; auch sie treten in Aktion wie die anderen Helden. Jedermann wird mit der größten Heldenhaftigkeit sterben, einschließlich dem Groß-Dalai-Lama von Tibet. Salvador Dalí reinigt seine Pinsel; er fühlt sich ein wenig der Zeit voraus.

Aber seine Zeit kommt: Die Luft wird bald von Mutterkuchen, geflügelten Ringelblumen und mit Menschenaugen verzierten Spucknäpfen erfüllt sein. In Yukatan laufen die Gummisammler Amok. Zur Verzweiflung getrieben, kauen die Gebrüder Wrigley ihren eigenen Gummi. An den Ufern des Großen Salzsees stehen die hingemordeten Büffel wie Gespenster auf und stürmen das Schlachthaus. Und doch ist der Himmel so glänzend wie ein Omelett, bei dem jedes Schnipselchen Petersilie fest an seinem Platz ist. *Ein wundervoller Tag für jedermann, Gott eingeschlossen.*

Die Nordamerikaner fürchten zwei Dinge: Tod und Irrsinn. Im Grundtypus sind diese Ängste anscheinend gebannt worden. Der Mörder ist ein Mensch ohne Nerven und ohne Schuldbewußtsein. Er geht seinem Geschäft in einem Trancezustand nach. Auf dem elektrischen Stuhl legt er die gleiche Unbekümmertheit an den Tag wie in einem Friseurladen, ja sogar eine noch größere, denn beim Friseur kann ihn der Tod überraschen, während der elektrische Stuhl eine garantiert sichere Kapitalanlage ist. Der Mensch im Tiefschlaf kann immer und immer wieder getötet werden – kein Schmerz, kein Schreck sind damit verbunden. Aber der Teil des Menschen, der wach ist und dem zu gewissen Zeiten der Eintritt in den Körper verwehrt wird, bringt zur rechten Zeit einen unsichtbaren Herrn des Hauses hervor, der die Atmosphäre mit Angst sättigt. So bewegt sich der ganze Kontinent wie eine schwimmende Eisscholle einem tropischen Sturm zu, in dem die Spannung aufgelöst werden soll.

Als ich in ihm war und zu ihm gehörte, hatte ich das Gefühl, die übrige Welt sei verrückt. Wenn ein ganzer Kontinent am Treiben ist, so scheint es, als hätte er eine bestimmte Richtung. Steht man aber am Heck und merkt plötzlich, daß kein Steuer vorhanden ist, dann überkommt einen ein ganz anderes Gefühl.

Und wenn man sehr lange so dasteht, springt man unweigerlich in die Tiefe. Genau das geschah mit mir. Ich sprang im Badeanzug hinunter und kappte das Ankertau. Auf dem tiefsten Grund fühlte ich schließlich, daß ich auf festem Boden stand. Als ich mit wässerigen Augen durch die Meerestiefe schaute, sah ich die Sohlen und Absätze der Leute über mir, die auf dem dünnen Eis Schlittschuh liefen. Es war genau so, als wären sie bereits im Himmel, nur daß Engel keine Maschinenpistolen tragen. Aber sie alle schienen den seligen Gesichtsausdruck von Gestorbenen zu haben. Sie warteten nur noch auf die Sense, die sie niedermähen sollte.

Als ich die lange Wasserreise machte, entdeckte ich ein paar Dinge, die meine Vorfahren mir erfolglos einzuhämmern versucht hatten. Ich entdeckte, daß man ganz leicht, fast überhaupt nicht atmen muß. Auch entdeckte ich, daß man nachgeben, schmerzliche Umwege machen, mit dem Strom schwimmen muß. Ich kam dahinter, daß man eine Menge Zeit damit vergeuden muß, sich auf dem Rücken treiben zu lassen, daß man sich um die Gunst höchst primitiver Menschen bemühen, völlig willfährig und kraftlos, eine rückgratlose, willenlose Null sein muß – um das andere Ufer zu erreichen.

Das andere Ufer! Vor allem muß man vergessen lernen, daß es ein anderes Ufer gibt. Denn das Ufer ist immer da, *wenn es notwendig ist.* Ganz wie man im Traum der Vernichtung dadurch entgeht, daß man aufwacht, so ist bei der Unterwasserreise das Ufer immer in erreichbarer Nähe, sobald man sich entschließt, sich an den Schuhbändern hinaufzuziehen. Der Irrsinn überkommt einen nur, wenn man zweifelt, daß man sich an den Schuhbändern hochziehen *kann.*

Der uns alle erwartende Tod ist der Verlust des Gedächtnisses, der unvermeidlich den Träumer befällt, welcher sich im entscheidenden Augenblick zu erwachen weigert. Ganze Menschenrassen sind in dieser Weise im Schlaf dahingerafft worden, so daß der Tod beinahe eine Gewohnheit geworden ist. Und ebenso ist es denjenigen ergangen, die sich auf die große Reise begeben haben – denen, meine ich, die aufgebrochen sind, um an die Grenze einer anderen Wirklichkeit zu gelangen –, wenn sie ein Stück weit auf dem Weg nach drüben plötzlich den Glauben und mit ihm einen Halt sogar in der dürftigsten Art von Wirklichkeit verloren haben.

Des längsten Lebens erfreuen sich die Büffel, die in Joch und Geschirr gespannt sind. *Die* Menschen haben aufgehört zu sterben, die mit ihrem Schicksal zufrieden sind. Das große weibliche Prinzip des Nachgebens führt zu einem Gleichgewicht, das den Kosmos ständig sich behaupten und der Weltordnung eingereiht sein läßt. Nicht Ziegelsteine und Mörtel, auch keine Stahlbalken sind nötig, um das Universum an seinem Ort zu halten, denn alles, was ist, befindet sich an seinem Ort.

Kein Mensch im Zustand der Gnade, das heißt, im vollkommenen Gleichgewicht, möchte auch nur ein Jota anders sein, als er ist. Hinter ihm, ihn stützend wie ein Gewölbe, stehen seine Vorfahren – vor ihm, immer geheimnisvoll ins Inferno zurückweichend, sind die Mütter. Er muß ganz, ganz leise atmen, damit er nicht die dünne Verbindung mit seinen Vorfahren zerreißt, die ihn über der Leere in der Schwebe hält. Er muß an die wunderbare Macht seines eigenen Atems glauben, wenn er vermeiden will, wieder in die Mühle von Geburt und Wiedergeburt zu geraten. Die Mütter liegen unaufhörlich in den Wehen, ihre Lenden sind ständig geschwellt von gemeinen Hoffnungen und Zweifeln. Nichts kann der Qual der Geburt ein Ende setzen, es sei denn, man ist innerlich mit der wunderbaren Natur seines eigenen Ich einverstanden. Solange die Menschen ihre eigenen Kräfte verleugnen, werden die Mütter im Dienste des Todes bleiben.

Es gibt sprechende Fische und Pflanzen, die Menschen lebendig verschlingen können. Es gibt Diamanten, die nachts während eines heftigen Sturmes entstanden sind. Ebenso gibt es Sterne, die noch nicht in unseren Gesichtskreis getreten sind und sich zur gegebenen Zeit ohne die geringste Hilfe wissenschaftlicher Instrumente anmelden werden. Betrachtet man in einer kaltklaren Nacht den sternenbesäten Himmel, so kann man auf zwei Arten denken, von denen jede richtig ist, je nach der eigenen inneren Einstellung. Man kann denken: *Wie fern! Wie unfaßbar!* Und man kann auch denken: *Wie nah! Wie warm! Wie völlig begreiflich!* Tante Melia war besessen vom Mond, mit beiden Händen griff sie ständig nach ihm. Ich erinnere mich an das erste Mal, wie sie nach ihm griff, an dem Abend, an dem sie den Verstand verlor. Nie schien mir der Mond so fern. Und doch nicht hoffnungslos fern! Ewig außer Reichweite, aber nur um Haaresbreite sozusagen. Zwanzig Jahre später sah ich Jupiter durch einen Feldstecher. Jupiter ist nach der Beschreibung der Astrologen meine mir günstig gesonnene planetarische Gottheit. Welch einzigartiges Gesicht hat Jupiter! Nie habe ich etwas so Strahlendes, von Licht Berstendes und etwas gleichzeitig so Feuriges und Kaltes gesehen. Als ich in jener Nacht vom Dach meines Freundes herunterkam, waren alle Sterne plötzlich näher an mich herangerückt. Und sie verblieben so, einige astronomische Lichtmeilen näher – und wärmer, strahlender und wohlwollender. Wenn ich jetzt zu den Sternen emporblicke, weiß ich, daß sie alle, jeder einzelne von ihnen, bewohnt sind, einschließlich der sogenannten toten Planeten, wie unsere Erde. Das von ihnen ausstrahlende Licht ist das ewige Licht, das Schöpfungsfeuer. Dieses Feuer ist nur für diejenigen kalt und fern, die von ihren eigenen warmen Eingeweiden mit verrückten Präzisionsinstrumenten wegblicken.

Das Buch, von dem ich spreche, war eine Art musikalische Aufzeichnung in alphabetischer Sprache von einem neuen Bewußtseinsbereich, das ich erst jetzt zu erforschen beginne. Seitdem habe ich den Äquator überschritten und mit den neptunischen Mächten meinen Frieden geschlossen. Die ganze südliche Hemisphäre liegt enthüllt da und wartet darauf, kartographisch aufgenommen zu werden. Hier haben völlig neue Aspekte Geltung. Die Vergangenheit ist, obschon unsichtbar, nicht tot. Die Vergangenheit zittert wie ein am Rande eines kalten Pokals haftender riesiger Wassertropfen. Ich stehe in meiner nächsten Nähe inmitten eines weiten Lichtfeldes. Ich schildere jetzt nur, was allen Menschen vor und nach mir bekannt ist, die in ähnlichem Verhältnis zu sich selber stehen. Es ist mir unmöglich, etwas zu sagen, was nicht gelebt worden ist, etwas, was über meine Haarspitzen hinausgeht.

Meine mexikanische Inkarnation ist zu Ende, mein nordamerikanisches Leben vorüber. Der Mörder, der Fanatiker und der Wahnsinnige in mir sind tot.

Für die tiefsitzende Angst vor dem Archaischen, den alten Instinkten des Jägers fand der englische Nobelpreisträger William Golding (geb. 1911) mit seinem Roman »Herr der Fliegen« einen überzeugenden Ausdruck. Eine Gruppe von zehn- bis zwölfjährigen Jungen strandet ohne Erwachsene auf einer menschenleeren Insel. Während sie zunächst versuchen, eine eigene kleine Zivilisation aufzubauen, erwachen die alten »teuflischen« Instinkte, und in ihren Herzen lockt sie ein »Herr der Fliegen« zurück zum atavistischen Wahnsinn der Vorzeit. Golding sieht den Menschen als mühsam gezähmte Bestie, die schnell wieder Blut wittert. Doch hinter seiner Angst vor den alten Mythen steckt ein überzeugendes Gespür dafür, wie stark diese mythischen Bilder von Geburt an in jedem sind.

WILLIAM GOLDING

Herr der Fliegen

»Stecht das Schwein, macht es tot, kurz und klein!«

Der erste Rhythmus, dem sie sich einfügten, war das langsame Schwingen vom Morgengrauen zum plötzlichen Abenddämmer. Sie nahmen die Freuden des Morgens, die helle Sonne, die wallende See und die reine Luft, als Stunden entgegen, in denen sich gut spielen ließ und das Leben so erfüllt war, daß man der Hoffnung nicht bedurfte und sie deshalb vergaß. Gegen Mittag, wenn die Lichtfluten fast senkrecht herabstürzten, überzog die vollen Farben des Morgens der Schmelzschleier der Perle und des Opals; und die Hitze stieß hernieder, als verleihe ihr die Höhe der am Himmel hängenden Sonne Schwerkraft, und sie duckten sich, eilten in den Schatten und lagerten sich oder schliefen gar.

Seltsames tat sich um die Mittagsstunde. Die glitzernde See stieg auf und zerwehte in Flügel unmöglichster Gestalt; das Korallenriff und die wenigen verkümmerten Palmen, die sich an die höhergelegenen Stellen anklammerten, schwammen auf zum Himmel, bebten, wurden auseinandergerissen und huschten wie Regentropfen an einem Draht dahin oder vervielfachten sich wie in einer sonderbaren Folge von Spiegeln. Manchmal erstand in der Ferne Land, wo kein Land war, und zerplatzte wie ein Blase, während sie noch hinschauten. Piggy tat das alles erfahren als »Spiegelung« ab; und da keiner auch nur das Riff erreichen konnte über die Wasserfläche, unter der die schnappenden Haie warteten, gewöhnten sie sich an diese rätselhaften Bilder und sahen sie bald nicht mehr, genausowenig, wie sie die wundersamen, zuckenden Sterne beobachteten. Um Mittag schmolzen die Trugbilder in den Himmel über, und die Sonne starrte herab wie ein zorniges Auge. Und dann, gegen Ende des Nachmittags, zerfloß die Spiegelung, und der Horizont wurde gerade und blau und straff, sowie die Sonne abstieg. Das war wiederum eine Zeit verhältnismäßiger Kühle, über der jedoch drohend das Hereinbrechen der Dunkelheit stand. Wenn die Sonne versank, fiel das

Dunkel auf die Insel herab wie ein Tuch, und bald zog Unruhe in die Hütten ein, und oben strahlten die fernen Sterne.

Gleichwohl machte es ihnen der herkömmliche nordeuropäische Wechsel von Arbeiten, Spielen und Essen den Tag hindurch unmöglich, sich restlos diesem neuen Rhythmus anzupassen. Der kleine Percival war schon bald am Anfang in eine der Hütten gekrochen und war zwei Tage nicht herausgekommen und hatte geredet, gesungen und geweint; schließlich dachten sie, er sei nicht ganz richtig, und lächelten darüber. Seitdem kränkelte er, hatte entzündete Augen und fühlte sich elend, ein Kind, das selten spielte und oft weinte.

Die Jüngeren hatten inzwischen die Sammelbezeichnung »die Kleinen« bekommen. Von Ralph abwärts waren alle Größenabstufungen vertreten; aber wenn es auch eine schwer bestimmbare mittlere Gruppe gab, zu der Simon, Robert und Maurice zählten, erkannte doch jeder ohne weiteres, wer zu den Großen gehörte und wer zu den Kleinen. Die Kleinen – das heißt diejenigen, die unzweifelhaft zu dieser Gruppe rechneten, alle so um die sechs herum – führten ein besonderes und gleichzeitig ereignisschweres Leben abseits von den andern. Essen war ihre Hauptbeschäftigung, sie pflückten ab, was sie erreichen konnten, und waren nicht wählerisch bei unreifen und verdorbenen Früchten. An Magenschmerzen und eine Art chronischer Diarrhöe waren sie jetzt gewöhnt. Im Dunkeln standen sie unsagbare Ängste aus und kuschelten sich aneinander. Neben Essen und Schlafen fanden sie Zeit zu ziellosem, wenig fesselndem Spiel im weißen Sand am klaren Wasser. Sie schrien nach ihrer Mutter weit seltener, als man hätte erwarten sollen; sie waren braungebrannt und starrten vor Schmutz. Sie folgten den Rufen des Muschelhorns einerseits, weil es Ralph war, der blies, und Ralph groß genug war, um sie mit der erwachsenen Welt der Autorität zu verbinden, und andererseits, weil sie die Versammlungen als lustige Unterhaltung betrachteten. Aber sonst kümmerten sie sich wenig um die Großen, und in ihrem heftig gefühlsbetonten Gemeinschaftsleben gehörten sie sich allein.

Sie hatten Sandburgen gebaut auf der Bank am kleinen Fluß. Diese Burgen waren etwa einen Fuß hoch und verziert mit Muscheln, welken Blumen und schönen Steinen. Um die Burgen herum zog sich ein Netz von Zeichen, Straßen, Mauern, Eisenbahnlinien, die alle erst Bedeutung annahmen, wenn man sie aus Bodennähe betrachtete. Die Kleinen spielten hier, wenn auch nicht restlos zufrieden, so doch mit gefesselter Aufmerksamkeit; und oft spielten sie zu zweit oder gar zu dritt gemeinsam das gleiche Spiel.

Henry war der größte der drei, die gerade hier spielten. Er war auch weitläufig mit jenem Jungen verwandt, dessen Gesicht mit dem Muttermal seit dem Abend des großen Feuers nicht mehr gesehen worden war; aber er war zu jung, um das zu verstehen, und hätte man ihm gesagt, der andere sei mit dem Flugzeug heimgeflogen, wäre ihm diese Nachricht nicht des Aufhebens wert oder zweifelhaft erschienen.

Henry war der Anführer an diesem Nachmittag, denn die beiden andern waren Percival und Johnny, die kleinsten auf der Insel. Haar, Haut – alles an Percival schien mausgrau, und nicht einmal seine Mutter hatte ihn besonders anziehend gefunden; Johnny war kräftig, blond und von Natur aus kriegerisch veranlagt. Im Augenblick war er folgsam, weil er bei der Sache war; und die drei Kinder knieten im Sand und spielten einträchtig.

Roger und Maurice kamen aus dem Wald. Sie waren abgelöst worden am Feuer und heruntergekommen, um zu baden. Roger ging voran, mitten durch die Burgen, zertrampelte die Türme, begrub die Blumen und kickte die feinen Steine zur Seite. Maurice folgte lachend und setzte das Zerstörungswerk fort. Die drei Kleinen hielten inne in ihrem Spiel und schauten auf. Zufällig waren gerade die Stellen, an denen ihnen lag, nicht berührt worden, so daß sie nicht aufbegehrten. Nur Percival begann zu wimmern und hatte das Auge voll Sand, und Maurice rannte davon. In seinem früheren Leben war Maurice gezüchtigt worden, weil er einem Schwächeren Sand ins Auge geworfen hatte. Jetzt konnte ihn die schwere Hand des Vaters nicht treffen, doch er spürte das Unbehagen des Missetäters. Tief in seinem Innern suchte er unsicher nach einer Entschuldigung. Er murmelte etwas von Schwimmen und setzte sich in Trab.

Roger blieb stehen und beobachtete die Kleinen. Er war nicht merklich dunkelhäutiger geworden als am ersten Tag, aber seine schwarze Mähne, die ihm in Nacken und Stirn hing, schien zu seinem finsteren Gesicht zu passen, und hätte man ihn früher für einen ungeselligen Einzelgänger halten können, so war jetzt an ihm etwas Abstoßendes. Percival hörte auf zu wimmern und spielte weiter, denn die Tränen hatten den Sand herausgewaschen. Johnny beobachtete ihn aus porzellanblauen Augen; dann begann er kleine Sandfontänen aufzuwirbeln, und jetzt weinte Percival wieder.

Als Henry, des Spiels müde, aufstand und den Strand entlangtrottete, folgte ihm Roger. Er blieb immer unter den Palmen und schlenderte wie zufällig in der gleichen Richtung. Henry ging in einem gewissen Abstand von den Palmen und dem Schatten, denn er war noch klein und wußte nicht um die gefährlichen Strahlen der Sonne. Er tappte den Strand hinunter und spielte am Wasser. Die mächtige Flut des Pazifik war im Kommen, und im Rhythmus von wenigen Sekunden schob sich das verhältnismäßig ruhige Wasser der Lagune eine Handbreit weiter vor. Kleine Wesen lebten da in jeder neuen Welle, durchsichtige Winzigkeiten, die sich mit dem Wasser über den heißen, trockenen Sand vortasteten. Mit unendlich kleinen Sinnesorganen erforschten sie das neue Revier. Vielleicht war jetzt Nahrung, wo beim letzten Streifzug keine war; Vogelkot, Insekten vielleicht, aller verstreute Abfall des Lebens zu Lande. Wie eine Myriade winziger Sägezähne kamen die durchsichtigen Wesen daher und fegten den Strand.

Das faszinierte Henry. Er stocherte mit einem Stöckchen, das selbst ein wellenzerfressener, sonnengebleichter Seevagabund war, und trachtete die Bewegungen der Strandkehrer zu lenken. Er machte kleine Rinnen, die die Flut anfüllte, und versuchte, Tierchen hineinzubekommen. Seine Hingabe an dieses Spiel war mehr als bloßes Glücksgefühl, als er spürte, daß er über lebende Wesen gebieten konnte. Er redete sie an, drängte sie, gebot ihnen. Die Flut trieb ihn zurück; seine Fußstapfen wurden zu Buchten, in denen die Tierchen sich einfangen ließen und ihm die Illusion der Herrschaft gaben. Er ging in die Hocke und beugte sich über das Wasser, Haarbüschel fielen ihm über Stirn und Augen, und die Nachmittagssonne schoß unsichtbare Pfeile herab.

Roger verharrte ebenfalls. Zuerst hatte er sich hinter einem großen Palmstamm verborgen; aber Henry war so offensichtlich von den Glastierchen in Anspruch genommen, daß er schließlich hervortrat. Er sah den Strand entlang. Percival war heulend fortgegangen und Johnny stolzer Besitzer der Burgen geworden. Er summte leise vor sich hin und warf mit Sand nach einem Percival, der nicht da war. Über Johnny hinweg fiel Rogers Blick auf die Plattform, und er sah es schimmernd aufsprühen, wenn Ralph und Simon und Piggy und Maurice in den Tümpel sprangen. Er lauschte angestrengt, aber er konnte sie nur gerade eben hören.

Eine Brise erfaßte den Palmensaum; die Wedel rauschten und flatterten hin und her. In sechzig Fuß Höhe über Roger lösten sich Nüsse in Bündeln von ihren Stämmen, faserige Klumpen, so dick wie Rugbybälle. Es bumste mehrmals hart auf, als sie um ihn her niederfielen, aber keine traf ihn. Roger bedachte nicht, daß er knapp einer Gefahr entronnen war, sondern blickte von den Nüssen zu Henry hinüber und wieder zurück.

Der Boden unter den Palmen war aufgeworfener Strand, und Generationen von Palmen hatten darin die Steine gelockert, die einmal auf dem Sand einer anderen Küste gelegen hatten. Roger bückte sich, hob einen Stein auf, zielte und warf nach Henry – traf absichtlich daneben. Der Stein, jenes Zeichen finsterer Urzeit, schlug fünf Meter rechts von Henry auf und fiel ins Wasser. Roger sammelte eine Handvoll Steine auf und begann zu werfen. Doch da war ein Raum um Henry, etwa sechs Meter im Durchmesser, in den er nicht zu werfen wagte. Unsichtbar, aber gebieterisch war hier das Tabu von früher. Das hockende Kind umgab der Schutz der Eltern und der Schule und der Polizei und des Gesetzes. Rogers Arm war durch eine Zivilisation gehemmt, die nichts von ihm wußte und in Trümmern lag.

Henry wunderte sich über das Aufplumpsen im Wasser. Er ließ die stummen Glastierchen sein und starrte gebannt wie ein Hühnerhund auf den Mittelpunkt der auseinanderstrebenden Wellenkreise. Die Steine fielen einmal hier, einmal dort, und Henry drehte sich um, aber jedesmal zu spät, um die Steine in der Luft zu sehen. Endlich sah er einen und lachte und schaute nach dem Gefährten aus, der ihn da neckte. Aber Roger war wieder hinter die Palme gesprungen, er lehnte sich an den Stamm, sein Atem ging rasch, und seine Augenlider zuckten.

Da hatte Henry genug von Steinen und schlenderte davon.

»Roger!«

Jack stand in zehn Metern Entfernung unter einem Baum. Als Roger die Augen aufschlug und ihn sah, kroch ein noch dunklerer Schatten unter seine schwarzbraune Haut; aber Jack hatte nichts gemerkt. Er war erregt und ungeduldig und winkte, so daß Roger auf ihn zutrat.

Wo der Fluß mündete, war ein Tümpel, ein kleiner See, von Sand eingedämmt und voller weißer Wasserlilien und nadelförmigem Schilf. Sam und Eric warteten hier, und Bill. Jack kniete im Schatten neben dem Tümpel und schlug zwei große Blätter auseinander, die er mitgebracht hatte. Das eine enthielt weißen Lehm und das andere roten. Daneben lag ein Stück Holzkohle, vom Feuer oben.

Jack erklärte Roger, worum es ging.

»Riechen tun sie mich nicht, aber sie sehen mich, glaub ich. So wie'n rötlicher Fleck, unter den Bäumen.«

Er rieb sich mit dem Lehm ein.

»Wenn ich bloß ein bißchen Grün hätte!«

Er sah mit seinem zur Hälfte zugeschmierten Gesicht auf und beantwortete Rogers verständnislosen Blick.

»Für die Jagd. Wie im Krieg. Tarnanstrich, weißt du. So wie wenn was aussehen soll wie was anderes –«

Er zappelte vor Ungeduld.

»– wie Falter auf'm Baumstamm.«

Roger hatte verstanden und nickte bedächtig. Die Zwillinge – man nannte sie jetzt der Einfachheit halber meist Samneric – kamen auf Jack zu und versuchten schüchtern wegen irgend etwas aufzubegehren. Jack scheuchte sie weg.

»Haltet die Klappe!«

Er verrieb das Stück Holzkohle zwischen die roten und weißen Flecke auf seinem Gesicht.

»Nein. Ihr zwei kommt mit mir.«

Er blickte kritisch in den Tümpel. Sein Spiegelbild mißfiel ihm. Er bückte sich, schöpfte das lauwarme Wasser und rieb sich das Geschmier vom Gesicht. Sommersprossen und sandfarbene Augenbrauen kamen wieder hervor.

Roger mußte wider Willen grinsen.

»Siehst nicht schlecht aus.«

Jack ging an sein neues Gesicht. Er machte eine Backe und eine Augenhöhle weiß, rieb dann Rot über die andere Gesichtshälfte und schmiß sich einen schwarzen Holzkohlestrich quer vom rechten Ohr links hinunter zum Kinn. Er suchte auf dem Wasser sein Abbild, aber sein Atem wellte den Spiegel.

»Samneric, holt mir mal eine Kokosnuß. Eine leere.«

Er kniete nieder und nahm die Wasserschale. Ein rundlicher Lichtfleck fiel auf das Gesicht, und in den Tiefen des Wassers ward es hell. Er war überrascht; was er sah, war nicht er selbst, sondern ein furchterweckender Fremdling. Er schüttete das Wasser aus, sprang auf und lachte erregt. Er stand neben dem Teich, und seinen sehnigen Körper krönte eine Maske, die die Blicke aller auf sich zog und sie erschreckte. Er begann herumzutanzen, und sein Lachen ging in blutdürstiges Knurren über. Er kapriolte auf Bill zu, und die Maske war etwas ganz Selbständiges, hinter dem Jack sich verbarg, von Scham und Befangenheit erlöst. Das Gesicht aus Rot und Weiß und Schwarz schwang durch die Luft und hüpfte Bill entgegen. Zuerst lachte Bill, dann verstummte er plötzlich und stolperte durch die Büsche davon.

Jack rannte auf die Zwillinge los.

»Die andern bilden eine Kette. Auf los!« – »Aber –«

»– wir –«

Auf los! Ich schleiche mich an und – zack!«

Ralph kletterte aus dem Tümpel und schlenderte den Strand hinauf und setzte sich in den Schatten unter den Palmen. Sein blondes Haar fiel ihm bis über die Augenbrauen, und er strich es zurück. Simon schwamm strampelnd im Wasser, und Maurice machte Kopfsprünge. Piggy ging ziellos hin und her, hob hier und da gedankenverloren etwas auf und ließ es wieder fallen. Die Felstümpel, die ihn immer anzogen, waren von der Flut bedeckt; bis die Flut zurückging, hatte er zu nichts Lust. Auf einmal sah er Ralph unter den Palmen; er ging auf ihn zu und hockte sich neben ihm nieder.

Piggys Shorts hingen in Fetzen, sein fleischiger Körper war hellbraun, und die Brille funkelte immer noch, wenn er etwas ansah. Er war der einzige auf der Insel, dessen Haar nicht zu wachsen schien. Die andern hatten dichte Mähnen, aber auf Piggys Kopf lag das Haar immer noch in dünnen Strähnen, als sei er von Natur aus kahlköpfig und müsse diese spärliche Bedeckung abschütteln wie ein junger Hirsch den Bast an seinem Gehörn.

»Ich hab über eine Uhr nachgedacht«, sagte er. »Wir könnten uns eine Sonnenuhr machen. Einfach einen Stock in den Sand gesteckt, und dann –«

Die Anstrengung, die betreffenden mathematischen Vorgänge wiederzugeben, war zu groß. Er ging statt dessen ein paar Schritte auf und ab.

»Ja, und ein Flugzeug und einen Fernsehapparat«, sagte Ralph mürrisch, »und eine Dampfmaschine.«

Piggy schüttelte den Kopf.

»Dazu braucht man viel Metall«, erwiderte er, »und wir haben keins. Aber einen Stock haben wir.«

Ralph drehte sich um und mußte unwillkürlich lächeln. Piggy ging einem auf die Nerven; mit seinen furchtbar vernünftigen Vorschlägen, seinem plumpen Körper und seinem Asthma war er einfach langweilig; aber es war ganz lustig, ihn aufzuziehen, wenn auch nur unabsichtlich.

Piggy bemerkte das Lächeln und mißdeutete es als Zustimmung. Unter den Großen hatte sich stillschweigend die Ansicht durchgesetzt, daß Piggy ein Außenseiter sei, nicht wegen seiner Aussprache, das war nicht ausschlaggebend, sondern weil er so dick war und Asthma und eine Brille und eine gewisse Abneigung gegen körperliche Arbeit hatte. Als er jetzt glaubte, daß Ralph seine Worte wohlwollend aufnahm, freute er sich und wollte die günstige Stimmung ausnutzen.

»Stöcke gibt's doch genug. Wir könnten alle eine Sonnenuhr haben. Dann wissen wir immer, wie spät es ist.«

»Da hätten wir aber auch was davon!«

»Du hast doch gesagt, wir sollen was tun. Damit wir gerettet werden können.«

»Ach, halt die Klappe.«

Ralph sprang auf und trottete zum Tümpel zurück, da machte Maurice gerade einen ungeschickten Sprung. Ralph war froh, von etwas anderem sprechen zu können, und als Maurice wieder an die Oberfläche kam, rief er ihm zu:

»Bauchplatscher! Bauchplatscher!«

Maurice warf Ralph, der sich geschmeidig ins Wasser gleiten ließ, einen kurzen grinsenden Blick zu. Ralph fühlte sich von allen Jungen hier am meisten zu Hause; aber heute hatte ihn das Wort Rettung, die nutzlose, alberne Erwähnung des Wortes Rettung verdrossen, und nicht einmal von den grünen Tiefen des Wassers und dem zitternden, goldenen Sonnenlicht kam ihm Trost. Anstatt sich im Wasser zu tummeln, schwamm er mit gleichmäßigen Stößen unter Simon hindurch, kletterte auf der anderen Seite wieder an Land und ließ sich naß glänzend wie ein Seehund in den Sand fallen. Unbeholfen wie immer erhob sich Piggy und trat neben ihn, so daß Ralph sich auf den Bauch rollte und vorgab, ihn nicht zu sehen. Die Spiegelungen waren zerflossen, und sein düsterer Blick folgte der straffen Linie des Horizonts. Im nächsten Augenblick war er auch schon aufgesprungen und schrie.

»Rauch! Rauch!«

Simon versuchte, sich im Tümpel aufzusetzen, und bekam den Mund voll Wasser. Maurice, der gerade zum Kopfsprung ansetzte, ließ sich auf die Fersen zurückschwingen, stürzte auf die Plattform los, schwenkte aber dann ab zu dem Gras unter den Palmen. Dort begann er seine zerfetzten Shorts anzuziehen, um für alles gerüstet zu sein.

Ralph hielt mit der einen Hand sein Haar zurück, die andere hatte er zur Faust geballt. Simon kletterte aus dem Wasser. Piggy rieb mit der Brille über seine Shorts und blinzelte auf das Meer hinaus. Maurice war mit beiden Beinen in das gleiche Hosenbein geraten – von allen verharrte nur Ralph unbeweglich.

»Ich kann kein' Rauch sehen«, sagte Piggy ungläubig. »Ich seh kein' Rauch, Ralph – wo ist denn Rauch?«

Ralph schwieg. Er hatte jetzt beide Hände über der Stirn verschränkt, damit das blonde Haar ihm nicht in die Augen fiel. Er beugte sich vor, und das Salz bleichte schon seine Haut.

»Ralph – wo ist das Schiff?«

Simon stand dabei und schaute von Ralph zum Horizont. Maurices Hose riß ächzend entzwei, und er ließ sie als Wrack liegen, rannte zum Wald und kam wieder zurück.

Der Rauch war ein dichter, kleiner Knäuel am Horizont, der

sich jetzt langsam aufringelte. Darunter war ein Tüpfelchen, vielleicht der Schornstein. Ralph war bleich im Gesicht.

»Die müssen unsern Rauch sehen«, sagte er vor sich hin.

Piggy hatte die Stelle jetzt entdeckt.

»Nicht viel zu sehen.«

Er wandte sich um und blickte angestrengt zum Berg hinauf. Ralph verfolgte weiter mit gierigen Augen das Schiff. In sein Gesicht strömte wieder Farbe. Simon stand schweigend neben ihm.

»Ich weiß, ich seh nicht gut«, sagte Piggy, »aber ist bei uns eigentlich Rauch?«

Ralph trat ungeduldig von einem Bein auf das andere, und sein Blick kam nicht von dem Schiff los.

»Der Rauch auf dem Berg.«

Maurice kam gerannt und starrte auf das Meer hinaus. Simon und Piggy sahen beide nach der Bergkuppe. Piggy kniff die Augen zusammen, aber Simon schrie auf, als habe er sich verletzt.

»Ralph! Ralph!«

Der Ton dieser Stimme ließ Ralph herumfahren.

»Jetzt sag mir mal«, fragte Piggy besorgt, »ist was von unserm Signal zu sehn?«

Ralph sah zurück auf den verwehenden Rauch am Horizont und dann hinauf zum Berg.

»Ralph – bitte! Sag doch, siehst du Rauch oben?«

Simon streckte ängstlich die Hand nach Ralph aus; aber Ralph schoß los, spritzte durch das flache Ende des Tümpels und rannte über den heißen, weißen Sand und unter die Palmen. Kurz darauf kämpfte er mit dem Buschwerk, das die Schneise schon wieder zu verschlingen drohte. Simon eilte ihm nach, dann Maurice. Piggy schrie.

»Ralph! Hör doch – Ralph!«

Dann rannte auch er los und stolperte über Maurices weggeworfene Hose, noch ehe er die Terrasse hinter sich gelassen hatte. Im Rücken der vier Jungen zog der Rauch ruhig dahinfließend den Horizont entlang; und am Strand bewarfen Henry und Johnny den kleinen Percival mit Sand, und Percival weinte wieder vor sich hin; und alle drei waren in völliger Unkenntnis des aufregenden Ereignisses.

Als Ralph das landwärtige Ende der Schneise erreicht hatte, erschöpfte er sich bereits mit keuchenden Flüchen. Er tat seinem Körper verzweifelte Gewalt an im Gewirr der schneidenden Schlingpflanzen, so daß das Blut an ihm herunterlief. Da wo der Berg steil anstieg, hielt er inne. Maurice war wenige Schritte hinter ihm.

»Piggys Brille!« rief Ralph, »wenn das Feuer aus ist, brauchen wir die ja –«

Er hörte auf zu rufen und schwankte auf den Füßen hin und her. Piggy war gerade erst zu sehen, wie er den Strand heraufstapfte. Ralph blickte zum Horizont, dann hinauf zum Berg. Sollte man lieber erst Piggys Brille holen, oder war das Schiff dann weg? Und wenn sie weiterkletterten und angenommen, das Feuer war ganz aus und sie mußten warten, bis Piggy herangekrochen kam, und das Schiff versank unterm Horizont? Ralph schwankte auf dem Gipfel höchster Not, Entschlußlosigkeit lähmte ihn, und er schrie auf.

»O Gott! O Gott!«

Simon kämpfte mit dem Strauchwerk und rang nach Luft. Sein Gesicht war verzerrt. Ralph stürzte weiter und wurde wild, als die Rauchsträhne dahinzog.

Das Feuer war tot. Sie sahen es gleich; sahen, was sie eigentlich schon unten am Strand gewußt hatten, als der Rauch der Heimat herüberwinkte. Das Feuer war ganz aus, rauchlos und tot; die Wächter waren fort. Ein Haufen frisches Brennholz lag bereit.

Ralph wandte den Blick zur See. Da dehnte sich der Horizont wieder unpersönlich wie zuvor, bar der kleinsten Spur von Rauch. Ralph stolperte die Felsen entlang, fing sich am Rand der roten Klippe auf und schrie zum Schiff hinaus:

»Komm zurück! Komm zurück!«

Er rannte hin und her die Klippe entlang, das Gesicht immer der See zugekehrt, und seine Stimme überschlug sich irre.

»Komm zurück! Komm zurück!«

Simon und Maurice kamen herauf. Ralph sah sie aus starren Augen an. Simon wandte sich ab und wischte sich die Nässe von den Wangen. Ralph holte aus der Tiefe seiner Seele das schlimmste Wort hervor, das er kannte.

»Sie haben das gottverdammte Feuer ausgehen lassen!«

Er sah die ungastliche Seite des Berges hinab. Piggy kam außer Atem herangekeucht, er wimmerte jetzt wie einer von den Kleinen. Ralph ballte die Faust und lief rot an. Die Härte seines Blicks, die Bitterkeit seiner Stimme wiesen ihnen die Richtung.

»Da sind sie.«

Eine Prozession war aufgetaucht, tief unten zwischen den Geröllhaufen am Uferrand. Einige trugen schwarze Mützen, aber sonst waren sie fast nackt. Wenn sie an eine ebene Stelle kamen, reckten sie im Verein Stöcke empor. Sie sangen; es hatte etwas mit dem Bündel zu tun, das die stolzen Zwillinge so vorsichtig trugen. Ralph fand sogar auf diese Entfernung Jack sofort heraus, den großen, rothaarigen, unvermeidlichen Anführer des Zuges.

Simons Blick wanderte nun von Ralph zu Jack, wie er von Ralph zum Horizont gewandert war, und was er sah, schien ihn zu erschrecken. Ralph sagte nichts mehr und wartete, während die Prozession näher kam. Den Singsang hörte man jetzt, konnte aber noch keine Worte verstehen. Hinter Jack gingen die Zwillinge mit einer großen Stange über den Schultern. Ein ausgenommenes Schwein baumelte von der Stange und schwankte heftig, wenn die Zwillinge über unebenes Gelände kletterten. Der Kopf des Schweins hing mit klaffendem Hals herab und schien auf dem Boden nach etwas zu suchen. Schließlich drangen die Worte des Chors über die Asche der brandgeschwärzten Bergsenke zu ihnen herauf.

»Stecht das Schwein! Macht es tot! Blut fließt rot!«

Doch als man die Worte gerade verstehen konnte, kam der Zug an den steilsten Teil des Berges, und bald war der Sang verstummt. Piggy schluckte weinerlich, und Simon gebot ihm ungeduldig Ruhe, als habe er in einer Kirche zu laut gesprochen.

Jack mit seinem lehmverschmierten Gesicht erreichte als erster den Gipfel und begrüßte Ralph aufgeregt mit seinem Speer.

»Da! Wir haben ein Schwein erlegt – wir haben uns angeschlichen – einen Kreis gemacht –«

Stimmen der Jäger fielen ein.

»Wir haben einen Kreis gemacht –«

»Wir sind rangekrochen –«

»Das Schwein hat gequiekt –«

Die Zwillinge standen da, und von dem Schwein, das zwischen ihnen baumelte, tropfte es schwarz auf den Fels. Sie schienen sich in ein einziges, breites, ekstatisches Grinsen zu teilen. Jack hatte zu viele Dinge auf einmal zu erzählen. Statt dessen hüpfte er ein, zwei Schritte, besann sich dann auf seine Würde und verharrte grinsend. Er bemerkte Blut an seinen Händen und verzog das Gesicht voll Abscheu, suchte nach etwas, womit er sie reinigen konnte, wischte sie dann an seinen Shorts ab und lachte.

Dann sprach Ralph.

»Ihr habt das Feuer ausgehen lassen –«

Jack stutzte, die Erwähnung dieses nebensächlichen Umstands war ihm lästig, aber er war zu glücklich, um sich aufzuregen. »Wir können das Feuer ja wieder anstecken. Du hättest bei uns sein sollen, Ralph! Es war ganz groß. Die Zwillinge sind umgerempelt worden –«

»Wir haben das Schwein getroffen –«

»Ich bin obendrauf gefallen –«

»Ich hab dem Schwein den Hals durchgeschnitten«, sagte Jack stolz, und doch wand er sich bei diesen Worten. »Kann ich deins mal haben, Ralph, für 'ne Kerbe in den Griff zu schneiden?«

Die Jungen schwatzten und hüpften umher. Die Zwillinge grinsten immer noch.

»Das Blut ist nur so geflossen«, sagte Jack lachend und schaudernd zugleich, »das hättest du sehen müssen!«

»Wir gehen jetzt jeden Tag auf Jagd –«

Ralph sprach wieder mit rauher Stimme. Er hatte sich nicht von der Stelle gerührt.

»Ihr habt das Feuer ausgehen lassen –«

Diese Wiederholung machte Jack unsicher. Er sah die Zwillinge an und dann Ralph.

»Wir haben sie gebraucht für die Jagd«, sagte er, »es wären sonst nicht genug gewesen zum Umzingeln.«

Er errötete schuldbewußt.

»Das Feuer ist erst seit ein, zwei Stunden aus. Wir können's ja wieder anstecken –«

Er bemerkte auf einmal Ralphs aufgeschundene Nacktheit und das finstere Schweigen der vier. Durch seine Freude großmütig gestimmt, suchte er sie an dem teilhaben zu lassen, was sich ereignet hatte. Sein Kopf schwirrte von Erlebnisbildern; Erinnerungen an die Erkenntnis, die über sie kam, als sie das zappelnde Schwein einkreisten, an das Wissen, daß sie etwas Lebendes überlistet, ihm ihren Willen aufgezwungen, ihm das Leben entrissen und es in sich eingesogen hatten wie einen langen, gierigen Trunk.

Er breitete die Arme aus.

»Das Blut hättest du sehen müssen!«

Die Jäger hatten sich ein wenig beruhigt, aber bei diesen Worten ging das Geplapper wieder los. Ralph schnickte sein Haar nach hinten. Er wies mit dem Arm auf den leeren Horizont. Seine Stimme war laut und schlug sie in Schweigen.

»Ein Schiff ist dagewesen –«

Jack sah sich zu vielen schrecklichen Folgerungen auf einmal gegenüber und wollte ihnen entgehen. Er legte seine Hand auf das Schwein und zog das Messer. Ralph ließ den Arm fallen, seine Hand war zur Faust geballt, und seine Stimme bebte.

»Ein Schiff ist dagewesen. Da hinten! Du hast gesagt, du sorgst fürs Feuer; und du hast's ausgehen lassen!« Er machte einen Schritt auf Jack zu und starrte ihn an.

»Vielleicht hätten sie uns gesehen. Und wir hätten heimfahren können –«

Das war zuviel für Piggy. Im tiefen Schmerz über seinen Verlust vergaß er seine Furchtsamkeit und begann laut und schrill herauszuschreien.

»Du mit deinem Blut, Jack Merridew! Du mit deiner Jagd! Wir hätten vielleicht heimfahren können –«

Ralph schob Piggy zur Seite.

»Ich war Anführer; und ihr habt mir gehorchen wollen. Aber ihr redet nur und könnt nicht mal Hütten bauen – und dann haut ihr ab und laßt das Feuer ausgehen –«

Er wandte sich ab und verstummte. Dann kam die Stimme wieder, halb erstickt:

»Ein Schiff ist dagewesen –«

Von den kleineren unter den Jägern begann einer zu jammern. Die schreckliche Wahrheit wurde nach und nach von allen erfaßt.

Jack verfärbte sich dunkelrot, während er an dem Schwein herumhackte und herumzerrte.

»Es war zu schwierig. Wir haben jeden gebraucht –«

Ralph drehte sich um.

»Du hättest alle haben können, wenn erst die Hütten fertig waren. Aber du hast ja jagen müssen –«

»Wir haben Fleisch gebraucht.«

Jack richtete sich auf, als er dies sagte, mit dem blutigen Messer in der Hand. Die beiden Jungen starrten einander an. Hier die glanzvolle Welt des Jagens, der Kriegskunst, der stolzen Heiterkeit, der Geschicklichkeit, dort die Welt der Sehnsucht und des durchkreuzten gesunden Menschenverstandes. Jack nahm das Messer in die linke Hand und schmierte sich das Blut auf die Stirn, als er sein verklebtes Haar zur Seite strich.

Piggy fing wieder an.

»Du hättest das Feuer nicht ausgehen lassen dürfen. Du hast gesagt, du willst für Rauch sorgen –«

Dieser Vorwurf gerade von Piggy und das zustimmende Jammern mehrerer Jäger machten Jack rasend. Der irre, stechende Blick verschleierte wieder seine Augen. Endlich konnte er an jemandem seine Wut auslassen, zuschlagen. Er trat einen Schritt vor und stieß Piggy die Faust in den Magen. Piggy sackte ächzend zusammen. Jack stand über ihm. Seine Stimme war bösartig vor Demütigung.

»Du hättest dafür gesorgt, was, Fatty?!«

Ralph ging einen Schritt auf ihn zu, und Jack schlug Piggy auf den Kopf. Piggys Brille flog davon und klirrte über das Gestein. Piggy schrie entsetzt auf.

»Meine Brille!«

Er tastete kriechend über die Felsen, aber Simon, der zuerst da war, hob sie ihm auf. Haß war um Simon her auf dem Berggipfel mit grausigem Flügelschlag.

»Das eine Glas ist kaputt.«

Piggy griff nach der Brille und setzte sie auf. Er sah Jack böse an.

»Ich brauch die Brille. Jetzt hab ich nur noch ein Auge. Wart du nur –«

Jack ging auf Piggy los, der davonkletterte, bis er hinter einem großen Felsen in Sicherheit war. Er streckte seinen Kopf über den Rand und blitzte Jack durch das eine Brillenglas an.

»Jetzt hab ich nur noch ein Auge. Wart du nur –!«

Jack ahmte das Gewimmer und Gekrabbel nach.

»Wart du nur – haaa!«

Piggy und seine Parodie, das war so lustig, daß die Jäger anfingen zu lachen. Jack fühlte sich ermutigt. Er äffte weiter Piggys Umhergekrabbel nach, und das Lachen schwoll zu stürmischer Hysterie an. Ralph spürte, wie seine Lippen wider Willen zitterten; er war wütend auf sich selbst, weil er nachgegeben hatte.

»Das war gemein«, knurrte er.

Jack ließ das Umhergekrieche sein und blickte Ralph ins Gesicht. Seine Stimme klang wie ein Schrei.

»Schon gut, schon gut!«

Er sah Piggy an, die Jäger, Ralph.

»Es tut mir leid. Mit dem Feuer, mein' ich. Also, ich –«

Er reckte sich auf.

»– ich bitte um Verzeihung.«

Aus dem Stimmengewirr sprach die Bewunderung der Jäger für diese vornehme Geste. Sie waren ganz der Meinung, daß Jack das Schickliche getan, sich selbst durch seine großmütige Abbitte ins Recht und Ralph irgendwie ins Unrecht gesetzt hatte. Sie erwarteten jetzt eine entsprechende schickliche Antwort.

Doch Ralphs Mund blieb stumm. Ihn erbitterte dieses geschickte Redemanöver Jacks, der an seinem Vergehen nicht genug zu haben schien. Das Feuer war aus, das Schiff fort. Sah das denn niemand? Zorn und nicht schickliche Worte hatte er zu geben.

»Das war gemein!«

Sie schwiegen auf dem Berg, während der irre Schleier über Jacks Augen fiel und wieder verschwand.

Ralphs letzte Worte waren ein unfreundliches Knurren.

»Also gut. Steckt das Feuer an.«

Sie hatten wieder etwas Sinnvolles zu tun, und die drückende Spannung ließ ein wenig nach. Ralph verharrte stumm und regungslos und blickte auf die Asche, in der er stand. Jack tat laut geschäftig. Er gab Befehle, sang, pfiff, warf dem erstarrten

Ralph Bemerkungen zu – Bemerkungen, die keine Antwort erforderten und ihm deshalb keine Zurückweisung einbringen konnten; und Ralph schwieg. Keiner, nicht einmal Jack, wollte ihn bitten, aus dem Weg zu gehen, und sie mußten schließlich das Feuer drei Meter weiter an einer Stelle anrichten, die weniger günstig war. So behauptete Ralph sein Führertum, und er hätte keine bessere Geste dazu wählen können, hätte er drei Tage lang nachgedacht. Gegen diese so unbestimmbare und so wirkungsvolle Waffe war Jack machtlos, und er kochte innerlich und wußte nicht warum. Als der Stapel fertig war, trennte sie eine hohe Wand.

Das Feuer war bereitet, und eine neue Zwangslage entstand. Jack hatte nichts zum Anzünden. Da ging zu seiner Überraschung Ralph auf Piggy zu und holte sich die Brille. Nicht einmal Ralph wußte, daß zwischen ihm und Jack ein Bindeglied gelöst und an anderer Stelle eingefügt worden war.

»Ich bring sie wieder zurück.«

»Ich komm auch mit.«

Piggy stand hinter ihm, eine einsame Insel in einem Meer von unbestimmter Farbe, während Ralph niederkniete und das Brennglas einrichtete. Sowie die Flamme emporschlug, streckte Piggy die Hand aus und nahm die Brille an sich.

Vor diesen märchenhaften Blüten aus Violett und Rot und Gelb schmolz der Unmut dahin. Sie wurden zu Jungen, die im Kreis um ein Lagerfeuer standen, und sogar Piggy und Ralph konnten sich dem nicht ganz entziehen. Es dauerte nicht lange, und einige rannten den Hang hinunter, um mehr Holz zu holen, während Jack an dem Schwein herumhackte. Sie versuchten, das ganze Schwein an einer Stange über das Feuer zu halten, aber die Stange verbrannte schneller, als das Fleisch briet. Schließlich spießten sie Fleischstücke auf Äste und hielten sie in die Flammen; und selbst jetzt wurden die Jungen nicht viel weniger gebraten als das Fleisch.

Ralph lief das Wasser im Munde zusammen. Er gedachte, kein Fleisch anzunehmen, aber die Mahlzeiten der vergangenen Tage, Früchte und Nüsse, hier ein Krebs und da ein Fisch – das ließ ihn schwach werden. Er nahm ein Stück halbrohen Fleisches entgegen und biß hinein wie ein Wolf.

Auch Piggy wässerte der Mund.

»Krieg ich keins?« sagte er.

Jack hatte ihn nur zappeln lassen wollen zum Beweis seiner Macht; aber Piggys Hinweis auf die Unterlassung forderte weitere Grausamkeit heraus.

»Du hast auch nicht mitgejagt.«

»Ralph auch nicht«, sagte Piggy gierig, »und auch Simon nicht.« Er gab nicht nach. »Ist ja kaum ein Gramm Fleisch dran an so 'nem Krebs!«

Ralph wurde unruhig. Simon, der zwischen den Zwillingen und Ralph saß, wischte sich den Mund und schob sein Stück Fleisch über den Felsen Piggy hin, der danach griff. Die Zwillinge kicherten, und Simon senkte vor Scham den Kopf.

Da sprang Jack auf, hieb einen großen Brocken Fleisch ab und warf ihn Simon vor die Füße.

»Da iß! Verdammt noch mal!«

Er starrte Simon durchbohrend an.

»Nimm's!«

Er machte eine Drehung auf dem Hacken, Mittelpunkt eines verblüfften Kreises von Jungen.

»Ich hab euch Fleisch beschafft!«

Zahllose, unsägliche Mißerfolge wirkten zusammen und ließen seinen Zorn mit elementarer, furchterregender Gewalt losbrechen. »Ich hab mich rangemacht – ich hab mich angeschlichen. Jetzt eßt alle – und ich –«

Langsam verdichtete sich die Stille auf dem Berggipfel, bis das Knistern des Feuers und das leise Zischen des bratenden Fleisches zu hören war.

Jack blickte in die Runde, aber er traf nicht auf Verständnis, sondern nur auf Respekt. Ralph stand auf der Asche des Signalfeuers, die Hände voll Fleisch, und blieb stumm.

Schließlich brach Maurice das Schweigen. Er sprach von dem, was allein die Mehrheit wieder zusammenführen konnte.

»Wo hast du das Schwein gefunden?«

Roger deutete nach der ungastlichen Seite.

»Sie waren da unten – am Wasser.«

Jack, der wieder zu sich fand, ertrug es nicht, daß ein anderer seine Geschichte erzählte. Er fiel schnell ein.

»Wir sind ausgeschwärmt. Ich ran, auf Händen und Knien. Speere konnten wir nicht nehmen, weil keine Widerhaken dran waren. Das Schwein ist abgehauen und hat vielleicht einen Lärm gemacht –«

»Dann ist es zurückgekommen und in den Kreis rein, und es hat geblutet –«

Alle sprachen erleichtert und erregt durcheinander.

»Wir haben dann den Kreis enger gemacht –«

Der erste Hieb hatte sein Hinterteil gelähmt, so konnten sie die Schlinge enger ziehen und schlagen und schlagen –

»Ich hab ihm den Hals durchgeschnitten –«

Die Zwillinge teilten sich immer noch in das gleiche Grinsen; sie sprangen auf und rannten umeinander. Die andern taten mit und grunzten wie das verendende Schwein und schrien.

»Eins vor die Birne!«

»Gib ihm Saures!«

Dann machte Maurice das Schwein und rannte quiekend in die Mitte, und die Jäger, weiterhin im Kreis stehend, taten, als schlügen sie ihn. Beim Herumhüpfen sangen sie:

»Stecht das Schwein! Macht es tot! Kurz und klein!«

Ralph beobachtete sie neidisch und grollend. Erst als sie ermüdeten und der Singsang verstummte, sprach er:

»Ich berufe eine Versammlung ein.«

Einer nach dem andern hielten sie inne und sahen ihn an.

»Mit dem Muschelhorn, Ich berufe eine Versammlung ein, und wenn es bis in die Nacht hinein dauert. Unten auf der Plattform. Ich gehe jetzt runter und blase.«

Er wandte sich um und ging davon, den Berg hinab.

Der japanische Schriftsteller Yukio Mishima (1925–1970) verkörpert in seinem Werk und seinem eigenen Leben das verzweifelte Ringen mit seinem männlichen Selbst, das sich schließlich nur noch in der Selbstvernichtung entfalten kann. 1970 stürmte Mishima an der Spitze einer erzkonservativen Kampfgruppe eine Kaserne der japanischen Armee, verkündete einen Aufruf zur Rückkehr zu den traditionellen Werten und beging den rituellen Selbstmord des Harakiri. Hans Eppendorfer hat sich diesem »wilden« Mann in seinem biographischen Essay »Der Magnolienkaiser« (1984), aus dem die nachfolgende Lebensbeschreibung entnommen wurde, vorsichtig angenähert. Mishima scheiterte in einer Welt, die ihren eigenen Mythen keinen Platz mehr lassen will, ohne sie wirklich aufgeben zu können.

HANS EPPENDORFER

Mishima – Fanatiker, Fantast, Faschist?

»Ich habe herausgefunden, daß der Weg des Samurai den Tod bedeutet.«

Mishima

Zwölf Jahre alt, veröffentlicht er seine ersten Gedichte in einer Schulzeitschrift. Fünfzehnjährig schreibt er folgendes Gedicht, das wie ein roter Faden auch seine späteren Werke durchzieht. Er hat es »Unheil« genannt:

»Abend für Abend stand ich am Fenster
und schaute aus nach Unerwartetem –
daß eine wilde Staubwolke des Schreckens
wie ein nächtlicher Regenbogen
sich von jenseits der Häuserfront heranschiebe.«

Yukio Mishima ist vierundzwanzig Jahre alt, als ihn 1949 sein Roman »Geständnis einer Maske« mit einem Schlag in Japan berühmt macht. Es ist ein autobiographischer Roman, der mit einer Schlußszene endet, die den Leser nicht überrascht: Der Erzähler beobachtet einen jungen Mann und hat nur noch Augen für ihn, so daß er die Existenz des Mädchens neben ihm total vergißt. Kimitake Hiraoka wurde 1925 geboren. Sein Förderer und Japanischlehrer Shimizu verlangt nach einem Pseudonym für den jungen Schriftsteller, nachdem 1944 seine erste Erzählung erschienen ist: »Hanazakri no mori – Der blühende Wald«. Hiraoka selbst kommt auf den Namen »Mishima«, was soviel bedeutet wie »Drei Inseln« und sich auf eine berühmte Gegend bezieht, von der man besonders gut den schneebedeckten Gipfel des Fuji-yama sehen kann. Shimizu kommt dann auf den Namen Yukio, was, von dem Wort »Yuki« abgeleitet, Schnee bedeutet. Nur die Schriftzeichen sind ungewöhnlich, sie sind klassisch-romantisch. Von da an tritt Hiraoka nur noch als Mishima auf, so daß die meisten Menschen bald nicht mehr wissen, daß es sich um ein Pseudonym handelt. Mishima ist ein schwaches, kränkelndes Kind. Im Zimmer seiner kranken, die ganze Familie beherrschenden Großmutter wächst er auf. Allein und isoliert vom alltäglichen Leben auf der Straße. Mit Jungen darf er nicht spielen, denn sie sind »zu wild und ungebärdig«, behauptet seine Großmutter und lädt hin und wieder einige Mädchen zum Tee ins Haus. Früh lernt Mishima Lesen und Schreiben, eingesperrt in einem Zimmer, in dem absolute Stille zu herrschen hat. Seine Einsamkeit macht ihn belesen, immer wißbegieriger. Er liest Radiguet, Wilde, Tanizaki, Gide, Thomas Mann und Rilke. Früh erfährt er, daß ihn nackte, kräftige und schweißige Männerkörper erregen. Körper von Männern, die draußen in jener Welt leben und arbeiten, die dem Jungen verboten ist. »Der Latrinenreiniger, die Jungfrau von Orleans, der Schweißgeruch des Soldaten, all das bildete einen Teil des Vorspiels zu meinem Leben.« Er liest viel, schreibt selber und liebt Heldengeschichten. Er sieht sich Bilder an, auf denen Krieger mit Drachen kämpfen, und ist eines Tages furchtbar enttäuscht, als man ihm erklärt, daß auf einem seiner Lieblingsbilder der Ritter eine Frau ist: Jeanne d'Arc. Das, was die Helden für ihn so faszinierend macht, ist ihr Tod. Immer wieder malt sich der junge Mishima die blutigsten Tode für seine Helden aus, erst das qualvolle Leiden, der grausame Kampf verklärt die Sterbenden. Schon sehr früh entdeckt er seine Leidenschaft für »Tod und Nacht und Blut«. Dann, älter geworden, sieht er eines Tages eine Abbildung des »Heiligen Sebastian« von Guido Reni. Die Hände gekreuzt, über seinem Kopf gefesselt, ein Pfeil steckt ihm in der linken Achselhöhle – für Mishima einer der erotischsten Körperteile. Zwei weitere Pfeile stecken im Bauch und in der rechten Seite. Es fließt kein Blut, der Körper »vibriert vor Lust«. Und doch ist der Heilige verwundet, ist sein Tod nahe. Dieses Bild erregt den Jungen dermaßen, daß er zum erstenmal masturbiert. Später auf der Schule verliebt er sich in seinen Mitschüler Omi, der in seiner körperlichen Entwicklung den Klassenkameraden voraus ist und von dem man sagt, daß »er ein großes Ding hat«. Man kann davon ausgehen, daß ein junger Schriftsteller sich bei seinem ersten Roman ganz besonders persönlich engagiert. Und selbst wenn dieser Roman nicht so auffällig autobiographisch angelegt wäre, würde man erkennen, daß hier nicht ein fiktiver Erzähler spricht, sondern der vierundzwanzigjährige Mishima selber. Er genießt seinen Erfolg. In den folgenden Jahren treibt er sich in der Subkultur Tokios herum, distanziert und beobachtend, Material sammelnd für seinen nächsten Roman.

Hierbei erfährt der intelligente Mishima, noch immer schwächlich und unnatürlich blaß, die Ablehnung durch die von ihm übertrieben geliebten und bewunderten schönen Jünglinge. Natürlich ein Stachel im Fleisch eines Narziß. Sein Roman »Verbotene Farben« erscheint in zwei Teilen 1951 und 1953, er ist langatmig und wirkt verworren. Die Erkenntnis, daß das Gesetz der Mehrheit den Heterosexuellen immer grausam recht gibt, verletzt ihn sehr. Er beugt sich diesem Gesetz ohne Lust und Kraft, sich dagegen aufzulehnen. Nie wieder taucht in seinen folgenden Arbeiten ein klares homosexuelles Thema auf, obwohl es überall immer wieder latent zu spüren ist. Mishima gibt es auf, »zu gestehen«, vorläufig jedenfalls. Auf Drängen seiner Familie (wie in Deutschland braucht auch in Japan »jeder anständige Mann eine Frau und eine Familie«) und um nach außen hin endgültig zu beweisen, daß er nicht homosexuell sei, heiratet er 1958. »Vielleicht sollte ein Mensch, der das Festland haßt, für immer an Land bleiben. Denn die Entfremdung vom Land auf den langen Schiffsreisen bringt den Menschen dazu, vom Land zu träumen. Und so begeht er den absoluten Fehler, sich nach etwas zu sehnen, was er verabscheut.«

Die Geschichte Mishimas ist auch die Geschichte Japans. In der Mitte des 19. Jahrhunderts erzwangen die westlichen Staaten die Öffnung des japanischen Marktes. Jahrhundertelang hatte Japan, von allen anderen Staaten isoliert, sein eigenes Leben geführt. In dieser Zeit wuchsen die Japaner, allen Standesunterschieden zum Trotz, noch enger zusammen und entwickelten ein eigenes Gefühl für ihre Kultur und ihre Traditionen. Dann kamen die »modernen, klugen Leute christlichen Glaubens« aus dem Westen, und es setzte eine tiefgreifende Umwandlung, selbstverständlich auch der Moral, ein. Wie oft schlugen die Eindringlinge entsetzt ihre Hände vor die Augen. Denn sie sahen große Phalli aus Stein vor den Eingängen zu den Dörfern, Bordelle, in denen Liebe und Sex nicht nur Geschäft, sondern auch Kunst und Kultur waren. Männer, die Männer und Knaben liebten, wilde Tempelorgien und reizvolle, erotische Bilderbücher, farbige Holzschnitte von der Hand und der Qualität eines Hokusai. Die Eindringlinge nahmen den Japanern schnell ihre sexuelle Freizügigkeit; die Japaner zerschlugen die Phalli, machten nur noch Geschäfte in den Bordellen und hörten auf, Männerliebe zu dulden. Als dann nach der Kapitulation 1945 die Coca-Cola-Kultur in Japan einmarschierte, wurde dieser Prozeß noch beschleunigt. Eines der Opfer dieser tiefgreifenden Umwandlungen ist Mishima. Denn in der Nachkriegszeit, in der man den Amerikanern – jedenfalls nach außen hin – alles recht machen wollte, war es ihm, trotz eines mutigen Anfangs, nicht möglich, als Homosexueller zu leben. Die Zeit der homosexuellen Emanzipation sollte erst noch kommen. Auf den äußeren Druck hin besann sich Mishima auf die Vergangenheit und auf das, was wir uns unter dem idealen klassischen Griechenland vorstellen. Für ihn lag es zeitlich nicht so unendlich weit zurück. Ähnlich zu sein dem japanischen Mittelalter mit seinen ästhetischen Idealen, den todesmutigen, edlen Kriegern und seiner feinfühligen Homosexualität, die sich deutlich von der amerikanischen Subkultur abhob. Immer mehr fühlte er sich zu den Traditionen der Samurai hingezogen. Er begann mit einem intensiven Bodybuilding, um endlich sein blasses Äußeres seinem eigenen Schönheitsideal näherzubringen. Er studierte auch die klassischen Künste der Samurai: Schwertkampf, Kendo und Judo. Und beschäftigte sich, mit verbissenem Eifer und ungeheurer Disziplin, mit den höchsten Tugenden der Samurai: absolute Loyalität gegenüber dem japanischen Kaiser und völlige Todesverachtung. Andererseits eignete er sich großes Wissen über die westlichen Kulturen an, las die Bücher deutscher Philosophen und die wichtigsten Werke der amerikanischen Literatur. Ehrgeizig wie er war, hoffte er immer wieder auf den Nobelpreis und war sehr enttäuscht, als ihn 1968 sein Kollege und Freund Kawabata zugesprochen bekam.

Mishimas dichteste und prägnanteste Sätze stehen im Zusammenhang mit Schmerz, Lust und Tod. In jedem seiner Bücher tauchen Stellen auf, in denen Sinnlichkeit durch Blut zur Ekstase gesteigert wird. Mishimas eigene Ästhetik lebt vom Schmerz und letztlich von der Zerstörung des Schönen. Zeitlebens mußte er sich den Vorwurf gefallen lassen, er idealisiere den Tod, ohne jemals selber Schmerz und Tod erfahren zu haben. Doch Mishima gestaltete seinen Tod in einer Art, die keine Zweifel offenließ.

Ende der sechziger Jahre entstanden an allen japanischen Universitäten linksradikale Studentengruppen. Einer der wenigen, die in dieser Zeit offen nationalbewußt und kaisertreu auftraten, war Mishima. Er schrieb sich als Mitglied der japanischen Selbstverteidigungs-Streitkräfte ein und sammelte junge Studenten um sich, die – wie er – konservativ dachten. 1968 gründete er die »tate no kai« (Schildgesellschaft). Oberstes Gebot war die absolute Treue gegenüber dem Tenno (Kaiser), dem Symbol für die kulturelle Einheit des japanischen Kaiserreichs. Dann kommt der denkwürdige 25. November 1970, der ganz Japan verschreckt. Von vier Mitgliedern seiner »tate no kai« begleitet, nimmt er im Hauptquartier der japanischen Armee den Oberbefehlshaber General Mashita gefangen und zwingt ihn, alle Soldaten der Garnison vor dem Hauptportal antreten zu lassen. Vom Balkon will Mishima eine Ansprache halten, um den Soldaten bewußt zu machen, daß sie von jeher das Herz Japans gewesen wären und jetzt nur noch ein Spielzeug in den Händen der Amerikaner seien. Die Soldaten lachen ihn aus. Er bricht seine Rede ab und zieht sich in das Büro des Generals zurück, um sich darauf vorzubereiten, ehrenvoll durch Harakiri zu sterben. Er umfaßt das Schwert mit beiden Händen, richtet sich in den Hüften ein wenig auf und neigt seinen Oberkörper über die Schwertspitze. Die Art, wie die Uniformjacke über der Schulter spannt, verrät, daß er alle Kraft aufbietet, als er die scharfe Klinge in die linke Bauchseite stößt. Sein Aufschrei zerreißt die Stille. Nur noch Keuchen ist hörbar. Er hält das Schwert mit der rechten Hand, als er es quer durch seinen Leib zu ziehen beginnt. Als Mishima verblutend am Boden liegt, versucht sein Gefolgsmann und Liebhaber Morita, ihm ritualgemäß den Kopf abzuschlagen. Mehrere Versuche mißlingen, bis einer der Kameraden für ihn einspringt und Mishima köpft. Wie vorher abgesprochen, versucht nun Morita Harakiri zu machen, aber er ist zu schwach und schafft es nicht, sich die Klinge in den Leib zu rammen. So stirbt auch er durch das Schwert eines Kameraden, der ihm den Kopf abschlägt. »Er hat den Verstand verloren«, schreibt die Presse über ihn. »Er war doch glücklich verheiratet und hatte zwei nette Kinder.«

Und mit einemmal wird nun ein Buch mit Interesse gelesen, das Mishima bereits 1967 veröffentlichte, nämlich seinen persönlichen Kommentar zum »Hagakure« (»Im Schatten der Blätter versteckt«), einem Lehrbuch für Samurai, in dem die Ratschläge des zum Samurai gewordenen Priesters Jocho Yamamoto (1659–1719) von seinem Schüler Tsuramoto Tshiro aufgezeichnet sind. Das »Hagakure« war noch während des Zweiten Weltkriegs eine beliebte Lektüre der Japaner, für die Kamikaze-Flieger galt es als Pflichtlektüre. Beim Einmarsch der Amerikaner wurden jedoch die meisten Exemplare verbrannt oder eingestampft, einige aber auch sorgsam versteckt. Mishima setzt sich in diesem Buch zum »Hagakure« auf seine Weise mit dem Krieg auseinander, nicht ohne auf harte Kritik zu stoßen, da man einen weiteren Hinweis auf eine faschistoide Gedankenwelt des Schriftstellers gefunden zu haben glaubte.

Literarisch ist dieses Buch nicht von großer Bedeutung, wichtig ist es, weil Mishima hier die Grundlage für seinen Tod und für seine Lebensform, die zu diesem Tod führt, formuliert. Mishima schlägt den Bogen von der für ihn noch lebendigen Zeit der Samurai hinüber in das Nachkriegsjapan und stellt sich gleichzeitig dar als einer, der den klassischen »Weg des Literaten und Kriegers« geht. Seine Interpretation gliedert sich in drei Hauptstränge: die Philosophie des Handelns, der Liebe und des Lebens. In einzelnen kurzen Abschnitten stellt er bestimmte Aspekte des umfangreichen Werkes heraus, die ihm persönlich wichtig sind, und kommentiert diese.

In Abschnitt 32 des ersten Buches findet sich der Satz: »Ich halte die äußerste Liebe für eine geheime Liebe.« Der Kommentar lautet: »Liebe heute wurde zu einer Romantik von Pygmäen. Die Gestalt der Liebe wurde belanglos, und erklärte Liebe ist selten. Die Liebe verliert ihren Spielraum: Liebende verlieren den Mut, Hindernisse zu übersteigen, die Leidenschaft, soziale Sittenbestimmungen zu verändern. Liebe verliert ihre eigentlich abstrakte Bedeutung. Das bedeutet: Der Liebhaber verliert die Freude, seinen Geliebten zu gewinnen oder zu verteidigen. Er verliert das weite Spektrum seiner menschlichen Gefühle. Die Kraft, das Objekt seiner Begierde zu idealisieren. So daß auch das Objekt seine Gestalt verliert. Liebe ist rückbezüglich, und wenn eine Person ihre Gestalt verkleinert, verringert sich im gleichen Maße die Gestalt des anderen. Überall hier in Tokio wuchert diese Art der pygmäischen Liebe.« Unter der Überschrift »Wahre Liebe kommt nur einmal im Leben« steht: »Auch bei der homosexuellen Liebe gilt: ›Ein treues Weib verheiratet sich niemals wieder.‹ Du kannst nur ein einziges Mal in deinem Leben eine echte Liebe erfahren. Geht es dir anders, bist du nicht besser als ein Strichjunge oder ein loses Frauenzimmer. Solche Geschäfte bringen einem Samurai nur Schmach.« Und ein wenig weiter heißt es: »Natürlich mußt du dich nicht auf einen Weg versteifen – Liebe mit Frauen oder Liebe mit Männern. Aber auch wenn du einen Mann liebst, mußt du deine Energie auf den Weg des Krieges ausrichten. Tust du das, dann läßt sich die homosexuelle Liebe sehr gut mit dem Leben eines Samurai vereinbaren.«

Ausdrücklich weist Mishima auf ein Gedicht zur geheimen Liebe hin, das sich im »Hagakure« finden läßt:

»Ich werde sterben für meine Liebe,
und die Wahrheit weiß nur der Rauch, der zurückbleibt –
der Name meines Liebhabers bleibt geheim bis zuletzt.«

Der am häufigsten zitierte Satz im »Hagakure« lautet:

»Ich habe herausgefunden, daß der Weg des Samurai Tod bedeutet.« Für Mishima war die Entscheidung, das Manuskript seinem Verlag zu geben, der erste Schritt zur Vorbereitung seines Freitodes.

»Beginne den Tag mit Sterben. An jedem Tag muß an der Loyalität gegenüber dem Tod gearbeitet werden. Man beginnt ihn mit stiller Meditation und stellt sich dabei die letzte Stunde vor in allen möglichen Variationen des Todes: durch Pfeil und Bogen, Gewehr oder Speer, geköpft durchs Schwert, ertränkt im Meer, durch Springen ins Feuer, durch Erdbeben, durch den Sturz vom Felsen, den Tod durch Krankheit, den unerwarteten Tod. So beginnt man den Tag mit Sterben.«

Mishimas Frau Yoko hört in der gemeinsamen Wohnung zusammen mit den beiden Kindern die Nachricht vom Harakiri ihres Mannes und fällt in Ohnmacht. Später wird ihr die Presse vereinzelt unterstellen, sie sei im Augenblick seines Todes beim Reiten gewesen.

Gibt dieser Tod wirklich mehr Rätsel auf als sein Leben? »Fanatiker, Fantast, Faschist?« In diesem Buch wird nach Fingerabdrücken gesucht, nach Fußspuren und Vorstellungen des Mannes, der sich Mishima nannte und dem das Rilke-Wort wichtig war: »Sei allem Abschied voran, als wäre er hinter dir.« Die Suche folgt nicht den Pfaden der Wissenschaft und Psychologie, da diese zu kurz sind – sie erreichen nicht die Feinstrukturen des Menschen. Das Wesen dieses Mannes, der zudem in einer fremden, fernen Kultur verwurzelt ist, kann nur durch Literatur anschaulich werden, selbst wenn diese Fiktion ist.

Mit »Rambo« kehrt in den achtziger Jahren eine psychopathische Inkarnation des Wilden Mannes in die populäre Kultur ein, die in der filmischen Verkörperung durch Sylvester Stallone zu einem Synonym brachialer Gewalt wird. Die naive Figur des edlen Wilden Tarzan ist zu einer Killermaschine mutiert, der man in Vietnam das Gemüt bis auf die atavistischen Jäger- und Überlebensinstinkte abgeschliffen hat. Doch die Gestalt aus dem Roman mit dem bezeichnenden Originaltitel »First Blood«, Erstes Blut, wird mit ihrem gewaltigen Erfolg zu einer Art blindem Sehnsuchtsträger, die Züge eines Erlösers annimmt. Nur mit dem archaischen Gerechtigkeitswillen und der blinden Kampfbereitschaft eines Rambo scheint die Gegenwart noch zu bewältigen. Rambos Tragik, die in den Filmen von der Action zugedeckt wird, kam dabei im Roman noch voll zu Geltung: Er versteht sich selbst nicht – sein Wilder Mann ist ihm nicht wirklich zugänglich. Als er von einem Sheriff schikaniert wird, flieht er in die Wildnis, wo er mit seinen unerbittlichen Verfolgern einen sinnlosen Privatkrieg beginnt.

DAVID MORRELL

Rambo

»Rambos Lächeln verschwand. Mein Gott, ich werde doch noch der Verlierer sein.«

Als Rambo die Baumgruppe und die Felsen erreichte, kam er nur mehr langsam vorwärts. Er mußte die Füße vorsichtig aufsetzen, um auf den Felsen nicht auszurutschen und sich vielleicht ein Bein zu brechen. So schnell es ging, eilte er am Fuß der Klippe entlang und suchte nach einer Stelle, wo er hinaufklettern konnte. Er fand einen Spalt, der einen Meter tief in einen Felsen hineinführte, der senkrecht nach oben anstieg, und begann hinaufzuklettern. Kurz vor dem Gipfel lagen die Vorsprünge, an denen er sich hochzog, weiter auseinander, und er mußte sich anklammern, so gut es ging. Aber dann wurde es wieder besser, und er arbeitete sich aus der Felsspalte heraus und stand auf ebenem Steinboden.

Wo er jetzt war, konnte er das laute Kläffen der Hunde hören. Er duckte sich und hielt Ausschau nach dem Hubschrauber. Er war nirgends zu sehen – nicht einmal zu hören –, und er bemerkte auch niemand, der ihn von einem der nahen Berggipfel oder von unten beobachtete. Er schlüpfte unter die Büsche auf der Felskuppe und kroch schnell nach rechts auf einen Vorsprung zu, der ihm einen guten Ausblick in die Schlucht bot. Dort blieb er liegen und beobachtete das abwechselnd grasige und bewaldete Gelände. Etwa eineinhalb Kilometer entfernt in der Schlucht sah er eine Gruppe Männer, die über eine weite Grasfläche von einem Waldstück zum anderen rannten. Auf die Entfernung wirkten sie klein und waren nur schwer zu erkennen. Er glaubte ungefähr zehn von ihnen ausmachen zu können. Die Hunde konnte er überhaupt nicht sehen, aber dem Bellen nach schienen es ziemlich viele zu sein. Aber es war nicht die Anzahl der Hunde, die ihm Sorgen machte, sondern die Tatsache, daß sie offenbar seine Spur aufgenommen hatten und ihm nachstellten. In ungefähr fünfzehn Minuten würden sie an der Stelle angekommen sein, wo er sich jetzt befand. Teasle hätte ihn seiner Berechnung nach nicht so schnell einholen dürfen. Er hätte noch Stunden entfernt sein müssen. Einer mußte dabeisein – vielleicht Teasle, vielleicht jemand anderer –, der sich in dem Gelände auskannte und wußte, wo er ihm den Weg abschneiden konnte, sobald er nur seine allgemeine Fluchtrichtung kannte.

Er lief zurück zu der Felsspalte, die er hinaufgeklettert war. Hier würde Teasle ihm nicht so leicht folgen können. Er legte sein Gewehr auf einem grasbewachsenen Erdhügel ab, wo kein Schmutz in den Lauf kommen konnte, und begann einen Felsblock an die Mündung der Spalte heranzuschieben. Der Felsblock war groß und sehr schwer, aber sobald er ihn in Bewegung gesetzt hatte, rollte er fast ganz durch sein Eigengewicht. Bald blockierte er die Mündung der Felsspalte vollkommen und ragte an einer Seite über die Klippe hinaus. Wer von unten heraufkam, konnte unmöglich über ihn hinüber- oder um ihn herumklettern. Bevor er heraufkommen konnte, mußte er den Felsblock zur Seite schieben, würde aber aus der Felsspalte heraus nicht die nötige Hebelwirkung aufbringen können. Er würde die Hilfe von mehreren Männern brauchen, für die aber wiederum in der engen Spalte kein Platz war. Es würde einige Zeit dauern, bis Teasle sich überlegt hatte, wie er sich den Weg frei machen konnte, und bis dahin würde Rambo längst weg sein.

Hoffentlich. Als Rambo wieder in die Schlucht hinunterblickte, war er erstaunt, wie schnell seine Verfolger vorwärtsgekommen waren, während er den Felsblock an seine Stelle gerollt hatte. Sie waren bereits bei den Büschen am Teich angekommen, wo er sich vorher versteckt hatte. Die Männer, die er nur in Miniaturgröße sehen konnte, hatten aufgehört, das Gebüsch abzusuchen, und beobachteten, wie die Hunde bellend im Kreise herumliefen. Irgend etwas mußte die Spur verwischt haben. Der angeschossene Hirsch! Als Rambo sich in die Büsche geworfen hatte, war etwas Hirschblut an seinen Kleidern klebengeblieben, und jetzt wußten die Hunde nicht, welcher der beiden Spuren sie folgen sollten: seiner oder der des Hirsches. Aber es dauerte nicht lange, bis sie sich entschlossen. Sobald er sah, wie sie seine Fährte aufnahmen und auf die Felsen hetzten, packte er sein Gewehr und begann in entgegengesetzter Richtung durch die Bäume und Büsche zu rennen. Wo das Unterholz zu dicht wurde, drehte er sich um und stieß sich rückwärts durchs Gebüsch. Dann rannte er vorwärts, bis er wieder an eine dichte Stelle kam, die er mit dem Rücken durchstoßen mußte. Er war noch immer schweißüberströmt von der Anstrengung, den Felsblock an den Spalt in der Klippe zu schieben. Der Schweiß stach ihm salzig in die Augen. Und jetzt schwitzte er noch mehr, als er sich durch eine dichte Wand von Nesseln vorarbeitete und sich dabei die Handknöchel blutig riß.

Schließlich hatte er es geschafft. Er brach aus dem dunklen Unterholz hervor und befand sich auf einem sonnenbeschienenen Abhang aus Felsen und Schiefer, wo er stehenblieb, um Atem zu schöpfen, und sich dann vorsichtig an die Kante heranschob. Er kam an eine Klippe, und weit unten lag ein dichter Wald, dessen Blätter in leuchtendem Rot, Orange und Braun leuchteten. Der Felsen war viel zu steil, um herunterzukommen.

Jetzt hatte er also einen Felsen vor sich und einen hinter sich, und das bedeutete, daß ihm nur noch zwei Richtungen blieben, die er einschlagen konnte. Wenn er nach Osten ging, kam er an den Ausgang der Schlucht. Aber wahrscheinlich hatte Teasle dort Leute postiert, die die Hänge absuchten für den Fall, daß er sich wieder dorthin zurückziehen würde. Ihm blieb also nur ein Ausweg: nach Westen, in die Richtung, die der Hubschrauber genommen hatte. Dorthin rannte er, kam wieder an einen steilen Abhang und saß in der Falle.

Mein Gott! Die Hunde bellten immer lauter, und er packte sein Gewehr mit beiden Händen. Er war wütend, daß er eine der einfachsten Grundregeln, die ihm beigebracht worden waren, mißachtet hatte: Wähle stets eine Route, auf der du nicht in eine Falle geraten kannst. Schneide dir niemals selbst den Weg ab. Herrgott! War sein Hirn im Krankenhausbett ebenso schlapp geworden wie sein Körper? Er hätte niemals diese Klippe hinaufklettern dürfen. Er verdiente es, gefangen zu werden. Er verdiente alles, was dieser Scheißkerl Teasle mit ihm anstellen würde. *Wenn er sich erwischen ließ.*

Das Bellen der Hunde kam immer näher. Der Schweiß brannte ihm auf dem Gesicht. Er berührte es mit der Hand, fühlte die harten Bartstoppeln und sah, daß die Hand blutig war, wo die Büsche und Nesseln sie zerkratzt und geschnitten hatten. Der Anblick des Blutes machte ihn noch wütender über sich selbst. Er hatte gedacht, daß es verhältnismäßig einfach sein würde, Teasle zu entkommen, und daß er – nach dem, was er im Krieg durchgemacht hatte – mit allem fertig werden könnte. Jetzt bedauerte er seine Selbstüberschätzung. Das Zittern, das ihn beim Angriff des Hubschraubers überkommen hatte, hätte ihm eine Warnung sein sollen. Aber er hatte so sehr darauf vertraut, daß er Teasle einfach abhängen könnte, daß er sich selbst eine Falle gestellt hatte und jetzt froh sein konnte, wenn er überhaupt davonkam, ohne noch mehr Blut lassen zu müssen. Es gab nur eines, was er jetzt noch tun konnte. Er lief am Rand der Klippe entlang, maß mit den Augen die Höhe ab und stoppte an der niedrigsten Stelle. Sechzig Meter.

Also los, sagte er sich. Es war dein verdammter Fehler. Jetzt zahl dafür.

Wir wollen doch mal sehen, ob du immer noch die Arschbakken zusammenkneifen kannst.

Er schob sich das Gewehr unter den Gürtel und in die Hose und zog daran, bis es ihm an der Seite hing, der Kolben unter der Achsel, der Lauf am Knie. Nachdem er sich vergewissert hatte, daß es nicht herausrutschen und unten auf den Felsen zerbrechen würde, legte er sich flach auf den Bauch, ließ sich über den Klippenrand gleiten und hing an den Händen. Seine Beine baumelten in der Luft. Einen Halt für die Füße gab es nicht.

Die Hunde kläfften hysterisch, als sie die verbarrikadierte Felsspalte erreichten.

*

Teasle mußte den Hubschrauber über Funk herbeigerufen haben, um ihn dazu zu verwenden, den Felsblock aus dem Wege zu räumen, und ihn die Felsenkette absuchen zu lassen, falls sich Rambo aus irgendeinem Grunde noch dort aufhielt. Rambo war schon zehn Körperlängen an der Felswand hinuntergeklettert, als er wieder das Dröhnen hörte, das immer näher kam. Seiner Schätzung nach hatte jede Körperlänge fast eine Minute beansprucht. Die wenigen Risse und winzigen Vorsprünge im Felsen, an denen er sich festhalten konnte, waren schwer zu finden, jeder Halt für die Füße mußte vorsichtig ausprobiert werden, ob er sein Gewicht tragen würde – und immer ein erleichtertes Aufatmen, wenn er hielt. Oft blieb er an den Händen hängen, so wie zu Anfang, während seine Füße gegen die Felswand trommelten und ins Leere traten. Die wenigen Vorsprünge lagen so weit auseinander, daß die Rückkehr nach oben, um vom Hubschrauber aus nicht gesehen zu werden, mindestens ebenso schwer gewesen wäre wie der bisherige Abstieg. Er wäre auch kaum wieder hinaufgekommen, ohne vom Hubschrauber bemerkt zu werden, also hatte es gar keinen Sinn, es zu versuchen. Er konnte ebensogut den Abstieg vollenden, in der Hoffnung, vielleicht doch nicht gesehen zu werden.

Die Felsblöcke unten am Boden erschienen ihm riesenhaft, wie durch eine Lupe betrachtet, und er versuchte sich vorzustellen, daß es nur eine Übung war wie damals beim Fallschirmjägerlehrgang. Aber es war keine Übung, und je näher der Hubschrauber herankam, um so hastiger wurde sein Abstieg. Er streckte sich der Länge nach aus und ließ sich herunterhängen, die Aufstützpunkte für seine Füße mit weniger Vorsicht wählend, während ihm der Schweiß im Gesicht juckte und ihm über Lippen und Kinn strömte. Sein kariertes Wollhemd hob sich rot gegen den grauen Felsen ab. Er betete, daß der Hubschrauberschütze es übersehen würde.

Aber es war ihm klar, daß er es sehen *mußte.*

Seine Finger klammerten sich an einen Riß im Felsen. Seine Fußspitzen preßten sich gegen einen zentimeterbreiten Vorsprung. Ein unwillkürliches Zittern durchfuhr seine Kehle, als einer der Schuhe abrutschte. Eine Kugel schlug dicht neben seiner Schulter in den Felsen ein, so daß er vor Schreck fast losließ. Er schüttelte den Kopf, um wieder klar sehen zu können, und setzte verzweifelt seinen Abstieg fort.

Er schaffte noch drei Vorsprünge, dann war es aus. Ka-rang! Die zweite Kugel prallte vom Felsen ab. Sie schlug höher, näher an seinem Kopf ein und erfüllte ihn mit Panik. Er wußte, daß er so gut wie tot war. Was ihn gerettet hatte, war das Rütteln des Hubschraubers, das dem Schützen das Zielen schwermachte. Die Geschwindigkeit, mit der der Pilot die Maschine heranflog, machte es noch schlimmer, aber bald würde er wissen, wie er vorgehen mußte, und den Hubschrauber ruhig in der Luft halten. Rambo zitterte vor Anstrengung am ganzen Leib, griff nach unten und packte mit der Hand einen kleinen Vorsprung, dann noch einen, streckte die Füße nach unten und tastete nach einem Halt.

Aber da war keiner. Er hing an seinen blutenden Händen, und der Hubschrauber stieß auf ihn herunter wie eine Libelle. Lieber Gott, halte ihn in Bewegung, damit er nicht richtig zielen kann! Ka-rang! Kleine Steinbrocken und Bleisplitter rissen ihm das Gesicht an der Seite auf. Er spähte auf die Felsblöcke dreißig Meter unter ihm. Der Schweiß brannte ihm in den Augen, so daß er kaum den mächtigen Nadelbaum erkennen konnte, dessen Krone nur drei Meter von ihm entfernt war. Oder fünf, oder acht. Er konnte es einfach nicht abschätzen.

Der Hubschrauber schwebte riesenhaft über ihm, und der Luftzug von den Rotorblättern war deutlich spürbar. Er zielte mit seinem Körper auf die Baumkrone, zog seine blutenden Finger aus dem Schlitz im Felsen und ließ sich fallen. Der Magen kam ihm hoch, und seine Kehle drohte in der plötzlichen Leere zu bersten, und es dauerte eine Ewigkeit, bis er durch die obersten Zweige brach und schließlich auf einem dicken Ast aufprallte.

Er war völlig benommen.

Er konnte nicht atmen. Er ächzte, und der Schmerz durchflutete seinen ganzen Körper. In der Brust und im Rücken pochte es, und er war überzeugt, daß man ihn angeschossen hatte.

Doch er war in Wirklichkeit nicht verletzt. Das Dröhnen des Hubschraubers dicht über dem Baum und die Kugel, die durch die Äste schlug, veranlaßten ihn, schleunigst weiterzukriechen. Er war ziemlich weit oben in dem Baum. Sein Gewehr hing immer noch zwischen Gürtel und Hose, aber der Aufschlag im Geäst hatte ihm die Waffe mit voller Wucht in die Seite gerammt und ihn fast gelähmt. Unter rasenden Schmerzen winkelte er den Arm an, packte das Gewehr und versuchte es herauszuziehen. Es ging nicht. Über ihm kreiste der Hubschrauber, um wieder in Schußposition zu kommen. Er zerrte mit aller Kraft an dem Gewehr und bekam es schließlich frei. Der Ast, auf dem er saß, schwankte gefährlich. Er verlor das Gleichgewicht. Die scharfe Borke kratzte ihm die Hüfte auf, und verzweifelt schlang er seinen Arm um den Ast über ihm. Der Ast knackte und bog sich, und Rambo hielt den Atem an. Wenn der Ast abbrach, würde er tief unten zwischen den Felsblöcken landen. Der Ast knackte nochmals, hielt aber, und Rambo holte tief Luft.

Aber das Motorengeräusch des Hubschraubers klang jetzt anders. Ruhiger. Gleichmäßiger. Der Pilot versuchte offensichtlich, ihn ruhig in der Luft zu halten. Rambo wußte nicht, ob sie ihn im Geäst sehen konnten, doch machte das keinen großen Unterschied. Die Baumkrone bot ein so kleines Ziel, daß sie ihn treffen mußten. Ihm blieb nicht die Zeit, sich einen stärkeren Ast zu suchen. Schon die nächste Kugel konnte ihn erledigen. In verzweifelter Hast schob er die Nadelzweige zur Seite, um die genaue Position des Hubschraubers feststellen zu können.

Dort hing er und wirbelte die Luft auf. Genau ihm gegenüber. Nur ein paar Meter über ihm. Der Schütze streckte den Kopf aus dem offenen Fenster der Pilotenkanzel. Als er zum nächsten Schuß anlegte, konnte Rambo sein rundes Gesicht mit der großen Nase deutlich sehen. Ein Blick war alles, was er brauchte. Fast instinktiv legte er das Gewehr mit geübter Bewegung über den Ast vor ihm und zielte.

Ein leichter Druck auf den Abzug. Treffer.

In der Pilotenkanzel griff sich der Schütze an sein Gesicht. Er war schon tot, bevor er noch den Mund öffnen und schreien konnte. Der Pilot hielt den Hubschrauber noch einen Moment lang ruhig in der Luft, als sei nichts geschehen. Gleich darauf riß er seinen Sicherheitsgurt auf und ließ sich zu Boden fallen, den Steuerknüppel noch immer in der Hand.

Rambo versuchte, ihn ins Visier zu bekommen. Zwar konnte er den Piloten nicht sehen, wußte jedoch ungefähr, wo er liegen mußte. Er zielte auf den Boden der Kanzel und war im Begriff zu feuern, als der Hubschrauber steil vor der Felswand aufstieg. Sein Vorderteil kam noch knapp über den oberen Felsrand, doch war sein Aufstiegswinkel so steil, daß er mit dem hinteren Teil auf der Klippe aufschlug. Rambo glaubte das Krachen von Metall zu hören, war sich aber nicht sicher. Der Hubschrauber schien eine Ewigkeit in der Luft zu hängen, doch dann überschlug er sich plötzlich nach rückwärts und prallte mit voller Wucht gegen den Felsen. In einem Gewirr von krachend abbrechenden Metallteilen und sich kreischend verbiegenden Luftschrauben stürzte er ab, und dann kam die Explosion. Mit ohrenbetäubendem Knall flammte ein Feuerball auf und erlosch gleich darauf. Die äußeren Äste des Baumes hatten Feuer gefangen. Der Gestank von Benzin und brennendem Fleisch stieg auf.

Rambo setzte sich sofort in Bewegung und begann den Baum hinunterzuklettern. Das Geäst war so dicht, daß er um den ganzen Stamm kreisen mußte, bis er eine Öffnung fand, durch die er sich zwängen konnte. Das Bellen der Hunde klang jetzt lauter und bedrohlicher. Sie schienen die Barrikade bewältigt zu haben und sich auf dem Kamm der Klippe zu befinden. Der Felsblock, der die Öffnung versperrte, hätte sie eigentlich länger aufhalten müssen. Rambo konnte nicht begreifen, wie Teasle und seine Leute ihn so schnell bewältigt hatten. Er packte sein Gewehr und ließ sich am Baum hinuntergleiten, ohne auf die spitzen Nadeln zu achten, die ihm Hände und Gesicht zerstachen. Die Brust schmerzte ihn. Es fühlte sich an, als seien mehrere Rippen gebrochen oder angeknickt, aber das durfte ihn jetzt nicht aufhalten. Das Kläffen der Hunde kam immer näher. Er mußte schneller herunterkommen – rutschend, gleitend, sich windend. Sein Wollhemd, das er über dem anderen trug, verfing sich an einem Ast, und er mußte es losreißen. Schneller. Diese verdammten Hunde! Er mußte schneller machen.

Weiter unten umgab ihn dicker schwarzer Rauch, der ihn zu ersticken drohte. Undeutlich konnte er durch den Rauch das brennende Wrack des Hubschraubers erkennen. Sechs Meter über dem Erdboden ging es nicht weiter. Keine Äste mehr. Der Baumstamm war zu dick, als daß er ihn hätte umfassen und heruntergleiten können. Er mußte springen. Es gab keine andere Möglichkeit. Von oben drang das Bellen der Hunde zu ihm. Er blickte auf die Steine und Felsblöcke unter sich und suchte sich eine Stelle aus, wo sich Erde, Treibsand und trockene, braune Kiefernnadeln in einer Kuhle zwischen den Felsen angesammelt hatten. Rambo lächelte, ohne sich dessen bewußt zu werden. Genau das hatte man ihm bei seinem Fallschirmjägertraining beigebracht, als er wochenlang Übungssprünge vom Turm machen mußte. Das Gewehr in der einen, hängte er sich mit der anderen Hand an den untersten Ast und ließ sich fallen. Er kam genau an der Stelle auf, die er sich ausgesucht hatte. Er ging in die Knie, rollte sich korrekt über die Schulter ab und kam auf die Füße, wie er es tausendmal geübt hatte. Erst als er aus dem beißenden Rauch, der den Baum umgab, herauskam und über die Felsblöcke hastete, wurden seine Brustschmerzen wieder schlimmer. Viel schlimmer. Sein Lächeln verschwand. Mein Gott, ich werde doch noch der Verlierer sein.

Er rannte über die Felsen einen Abhang hinunter und auf den Wald zu. So schnell er konnte und vor Schmerz keuchend. Vor ihm lag eine ebene Grasfläche; als er die Felsblöcke hinter sich gelassen hatte und über das Gras auf den Wald zulief, bellten die Hunde wie verrückt. Sie mußten die Stelle erreicht haben, wo er die Felswand hinuntergeklettert war.

Im nächsten Augenblick würden seine Verfolger auf ihn schießen. Hier auf offenem Gelände hatte er keine Chance. Er mußte unter die Bäume kommen. Er wandte jeden Trick an, den er je gelernt hatte, um seinen Verfolgern ein schlechtes Ziel zu bieten: Er duckte sich und schlug Haken, erwartete jeden Moment die Kugel im Rücken, bis er durch Büsche und Gestrüpp in den Wald vordrang, wo er weiterlief, über Wurzeln und Pflanzenstiele stolpernd, und schließlich hinfiel und keuchend auf dem feuchten, süßlich riechenden Waldboden liegen blieb.

Er konnte nicht begreifen, warum sie nicht auf ihn geschossen hatten. Schwer atmend lag er auf der Erde und versuchte die Schmerzen, die ihn bei jedem Atemzug durchzuckten, nicht zu beachten. Warum hatten sie nicht geschossen? Und dann verstand er warum: weil sie nicht oben angekommen waren. Sie waren immer noch unterwegs. Es hatte sich nur so angehört, als seien sie bereits oben. Er würgte, aber er erbrach nichts; er drehte sich auf den Rücken und starrte durch die herbstlichen Blätter den tiefblauen Himmel an. Was war nur los mit ihm? Er hatte sich noch nie derartig verkalkuliert.

Mexiko. Er sah einen warmen, von Wellen umspülten Strand vor sich. Los, weiter. Du mußt weiter. Er rappelte sich auf und machte sich auf den Weg, als er laute Männerstimmen und Hundegebell hinter sich hörte. Zweifellos waren sie jetzt oben angekommen. Er hielt an und lauschte. Immer noch schwer atmend, drehte er sich um und ging zurück in die Richtung, aus der er gekommen war.

Doch nicht genau in der gleichen Richtung. Das Gras, durch das er gekrochen war, war lang gewesen, und seine Spur würde vom oberen Felsrand deutlich erkennbar sein. Seine Verfolger würden zweifellos den Waldrand beobachten, und wenn er auf demselben Weg zurückging, könnte er sich durch eine Bewegung verraten. Also wandte er sich nach links zu einer anderen Stelle am Waldrand, wo sie ihn nicht erwarten würden. Wo der Baumbestand lichter wurde, legte er sich auf die Erde und kroch bis zum Waldrand. Sich hinter einem Busch verbergend sah er etwas Hübsches: Hundert Meter entfernt waren auf dem Gebirgskamm seine Verfolger und ihre Hunde deutlich zu erkennen. Alle liefen sie auf die Stelle zu, wo er hinuntergeklettert war. Die Hunde bellten und zogen den Hundeführer hinter sich her, der die Hauptleine umklammert hielt. Die anderen liefen hinter ihm drein und blieben von Zeit zu Zeit stehen, um einen Blick auf den brennenden Hubschrauber zu werfen. Seit Beginn der Hetzjagd hatten sie Rambo noch nicht aus der Nähe zu sehen bekommen. In der hellen Sonne schienen sie ganz nahe zu sein und wirkten eigenartig vergrößert. Er zählte sechs Hunde und zehn Männer, neun von ihnen in der grauen Polizeiuniform, die Teasles Leute trugen, und einer – der Hundeführer – in grüner Jacke und Hose. Die Hunde schnüffelten an der Stelle, wo er über den Felsrand geklettert war, und liefen im Kreis herum, um festzustellen, ob die Spur noch woandershin führte. Dann kehrten sie an den Felsrand zurück und kläfften enttäuscht. Der Mann in der grünen Kleidung war älter und auch größer als die anderen. Er beruhigte die Hunde, streichelte sie und sprach leise auf sie ein, wobei seine Worte für Rambo undeutlich hörbar waren. Einige der Polizisten hatten sich hingesetzt, andere standen herum und betrachteten das brennende Hubschrauberwrack oder deuteten auf den Wald, in dem er verschwunden war. Aber von allen interessierte Rambo nur einer, der unruhig hin und her ging und sich mit der Hand auf den Schenkel schlug. Teasle. Die untersetzte Gestalt, die herausgestreckte Brust und der gesenkte Kopf, den er wie ein Kampfhahn ruckartig von einer Seite zur anderen drehte, waren nicht zu verkennen. Ja, wie ein Hahn. Das ist genau das, was du bist, Teasle. Ein Gokkel.

Rambo mußte lächeln. Unter dem Busch, wo er lag, war es schattig, und die Rast tat ihm wohl. Er hob sein Gewehr an die Schulter und zielte auf Teasle, während dieser mit dem Mann in Grün sprach. Wie überrascht würde er sein, wenn ihn mitten im Wort eine Kugel in den Hals traf und auf der anderen Seite wieder austrat. Ein guter Witz! Rambo war so fasziniert von der Idee, daß er fast abgedrückt hätte.

Das wäre jedoch ein Fehler gewesen. Gewiß, er wollte ihn töten. Nach der Angst, die er ausgestanden hatte, als er zwischen dem Polizeiaufgebot und dem Hubschrauber in der Falle saß, waren ihm alle Mittel recht, um davonzukommen. Er dachte an die zwei Männer im Hubschrauber, die er getötet hatte, und es kam ihm zum Bewußtsein, daß ihn die Sache weniger berührte als der Tod von Galt. Er gewöhnte sich langsam wieder an den Tod.

Die Frage war, was den Vorrang hatte. Die Felswand würde Teasle nicht lange aufhalten. Vielleicht eine Stunde. Auch wenn er Teasle erschoß, würde man die Verfolgung nicht abbrechen. Sie hatten immer noch die Spürhunde, die ihm nachhetzen würden. Ja, die Hunde. Sie waren nicht bösartig wie die deutschen Schäferhunde, die er im Krieg gesehen hatte, aber immerhin waren sie von Natur aus Jäger und würden ihn vielleicht anfallen, wenn sie ihn einholten, statt ihn nur zu stellen, wozu sie als Jagdhunde abgerichtet waren. Also mußte er sie als erste erschießen. Erst dann würde er Teasle umlegen. Oder den Mann in Grün, falls er ihn vor Teasle zu Gesicht bekam. Nach der Art, wie er die Hunde führte, verstand er offensichtlich sein Geschäft. Sobald er und Teasle tot waren, würden die anderen ratlos sein und wahrscheinlich nach Hause gehen.

Ganz bestimmt verstanden sie nichts von dieser Art des Kämpfens. Rambo prustete verächtlich, als er sah, wie sie in voller Sicht auf dem Kamm herumstanden oder -saßen. Offenbar kam ihnen nicht einmal der Gedanke, daß er sich noch in der Nähe aufhalten könnte. Der Mann in Grün hatte Mühe, die Hunde zu beruhigen, die sich in den Leinen verwickelt hatten.

Er schnallte die Hauptleine auf und übergab drei der Hunde einem Polizisten. Rambo lag im kühlen Unterholz und schoß zwei von ihnen ab. Er hätte mit dem nächsten Schuß auch den dritten getroffen, wenn ihn der Mann in Grün nicht vom Felsrand zurückgerissen hätte. Die Polizisten schrien herum und begaben sich schleunigst außer Sichtweite. Die anderen Hunde spielten verrückt und versuchten jaulend, sich loszureißen. Schnell schoß Rambo noch einen ab. Ein anderer glitt aus und fiel über die Klippe. Statt loszulassen, versuchte der Polizist, der ihn an der Leine hielt, ihn wieder hochzuziehen, wobei er das Gleichgewicht verlor und ebenfalls abstürzte, wobei er den letzten Hund, den er noch an der Leine hatte, mit sich riß. Der Mann heulte noch einmal laut auf, bevor er tief unten auf den Felsen aufschlug.

1990 kehrte der Wilde Mann in anderer Gestalt in das Kino zurück. Zum erstenmal in diesem Jahrhundert war er verkörpert in einer populären Figur, die sich selbst versteht und deren Suche nach ihren Wurzeln von Selbsterkenntnis begleitet ist. Nach dem historischen Roman des Amerikaners Michael Blake, der sich nach eigenem Bekunden auch von Bly und Campbell anregen ließ, schuf Kevin Kostner den Film »Der mit dem Wolf tanzt«, in dem er selbst die Titelrolle spielt. Im Film sind es die Sioux, im Roman die Comanchen, bei denen der auf eigenen Wunsch während des amerikanischen Bürgerkrieges in den Westen versetzte Lieutenant Dunbar das ursprüngliche Leben und den Zugang zu seinen eigenen Archetypen findet. Dunbars respektvolle Begegnung mit den Großen Jägern ist die zur Zeit aktuellste Populärversion der Suche nach dem Wilden in uns und dem verantwortungsbewußten Umgang mit diesem Bild.

MICHAEL BLAKE

Der mit dem Wolf tanzt

»Er fühlte sich wie der einzige Mensch auf der Welt, ein König ohne Untertanen, der durch das grenzenlose Territorium seines Lebens streifte.«

Lieutenant Dunbar ritt durch den Bach, doch während Die-sich-mit-der-Faust-behauptet südwärts ritt, trabte er nach Norden.

Trotz der starken Hitze schwenkte er nach etwa einer Meile vom Bach ab. Er ritt in offenes Terrain, weil er hoffte, sich besser zu fühlen, wenn er von der Weite des Landes umgeben war.

Die Stimmung des Lieutenants war bedrückt.

Immer wieder sah er vor seinem geistigen Auge, wie sie die Laube verlassen hatte, und er versuchte eine Hoffnung zu finden, an die er sich klammern konnte. Aber da war etwas Endgültiges an ihrem Weggehen, und es gab ihm das schreckliche Gefühl, daß er etwas Wundervolles aus der Hand hatte gleiten lassen, als er gerade im Begriff gewesen war, es aufzuheben.

Der Lieutenant verwünschte sich, weil er ihr nicht nachgelaufen war. Wenn er ihr gefolgt wäre, dann würden sie in diesem Augenblick vielleicht glücklich miteinander reden, und das heikle Problem, was immer es war, würde gelöst sein und hinter ihnen liegen.

Er hatte ihr etwas über sich erzählen wollen. Jetzt kam es vielleicht niemals dazu. Er wünschte sich, wieder mit ihr in der Laube zu sein. Statt dessen irrte er hier draußen herum wie eine verlorene Seele unter glühender Sonne.

Er war noch nie so weit nördlich des Camps gewesen, und es überraschte ihn, wie radikal sich die Landschaft veränderte. Dies waren richtige Hügel, die vor ihm aufragten, nicht nur Beulen in der Prärie. Und durch die Hügel schnitten tiefe, zerklüftete Canyons.

Die Hitze und eine ständige Selbstkritik führten dazu, daß er sich benommen fühlte. Eine knappe Meile voraus sah er den Schatten eines dunklen Canyons. Dorthin lenkte er Cisco.

Die Wände der Schlucht ragten hoch und steil empor, und der

Schatten, der auf Pferd und Reiter fiel, war sofort erfrischend. Als er jedoch über den Canyongrund ritt, der von Felsbrocken übersät war, nahm die Schlucht etwas Bedrohliches an. Die Felswände rückten enger zusammen. Er spürte, daß Cisco nervös wurde, und in der völligen Stille des Nachmittags wurde ihm bewußt, daß sein Herz schneller schlug.

Lieutenant Dunbar hatte plötzlich das sichere Gefühl, etwas aus alter Zeit betreten zu haben. Vielleicht etwas Böses.

Als er mit dem Gedanken spielte, umzukehren, verbreiterte sich der Canyon vor ihm. Weit voraus sah er inmitten der jetzt breiten Schlucht eine Gruppe von Balsampappeln, auf deren Wipfeln der Sonnenschein schimmerte.

Nach ein paar Biegungen des Canyons trabte Cisco plötzlich auf eine große, natürliche Lichtung, wo die Balsampappeln standen. Selbst auf dem Höhepunkt des Sommers war es hier bemerkenswert grün, und obwohl Dunbar keinen Wasserlauf sehen konnte, war ihm klar, daß es hier Wasser geben mußte.

Der Buckskin hob den Kopf und witterte. Er war ebenfalls durstig, und Dunbar gab ihm die Zügel frei. Cisco schlug einen Bogen um die Baumgruppe und hielt hundert Schritte weiter am Fuß einer kahlen Felswand, die das Ende des Canyons bildete.

Zu seinen Füßen war eine kleine Quelle, vielleicht zwei Meter im Durchmesser und mit einer Schicht von Blättern und Algen bedeckt. Bevor der Lieutenant absitzen konnte, stieß Cisco die Nüstern durch diese Schicht auf der Wasseroberfläche und soff gierig.

Als der Lieutenant sich neben seinem Pferd hinkniete und sich am Rand der Quelle auf die Hände niederließ, erregte etwas seine Aufmerksamkeit. Da war eine Felsspalte am Fuß der Wand. Sie führte in den Hügel und war am Eingang so hoch, daß man hindurchgehen konnte, ohne sich bücken zu müssen.

Lieutenant Dunbar tauchte seinen Mund neben Cisco ins Wasser und trank schnell. Er streifte dem Pferd das Zaumzeug vom Kopf, legte es neben die Quelle und trat in die dunkle Felsspalte.

Darin war es wunderbar kühl. Das Erdreich unter seinen Füßen war weich, und so weit er sehen konnte, war die Felsspalte leer. Als sein Blick über den Boden schweifte, wußte er jedoch, daß hier Menschen gewesen waren. Asche von unzähligen Feuern war auf dem Boden verstreut.

Die Decke wurde niedriger, und als der Lieutenant sie berührte, stellte er fest, daß sie mit dem Ruß Tausender Feuer bedeckt war.

Immer noch ein wenig benommen, setzte er sich hin.

Er blickte zurück auf dem Weg, den er genommen hatte. Der etwa hundert Schritte entfernte Eingang wirkte jetzt wie ein Fenster. Cisco graste zufrieden neben der Quelle. Hinter ihm schimmerte der Sonnenschein auf den Blättern der Balsampappeln. Als ihn die Kühle einhüllte, wurde Lieutenant Dunbar plötzlich von Müdigkeit übermannt. Er legte sich mit dem Rücken auf die glatte, sandige Erde, verschränkte die Hände unter dem Kopf und schaute zur Decke empor.

Die Felsendecke war geschwärzt von Rauch, und darunter waren verschwommen Markierungen zu erkennen. Tiefe Furchen waren ins Gestein geschnitten, und als er sie genauer betrachtete, erkannte er, daß sie von menschlicher Hand stammten.

Trotz seiner Müdigkeit war er fasziniert von den Markierungen. Er bemühte sich, einen Sinn darin zu erkennen, wie ein Sterngucker sich anstrengen mag, um den Umriß des Sternbilds Stier zu erkennen.

Die Markierungen direkt über ihm konnte er plötzlich deuten. Es war ein Büffel, primitiv gemalt, aber mit allen wesentlichen Einzelheiten. Selbst der kleine, aufgerichtete Schwanz war zu sehen.

Neben dem Büffel war ein Jäger. Er hielt einen Stock, höchstwahrscheinlich eine Lanze. Sie war auf den Büffel gerichtet.

Er konnte nicht mehr gegen den Schlaf ankämpfen. Bevor ihm die schweren Lider zufielen, kam ihm noch der Gedanke, daß die Quelle vielleicht verdorben war.

Als er die Augen geschlossen hatte, konnte er immer noch den Büffel und den Jäger sehen. Der Jäger war vertraut. Er war kein genaues Duplikat, aber sein Gesicht ähnelte dem von Weiser Vogel, das über Hunderte von Jahren überliefert worden war.

Dann war er der Jäger.

Und dann schlief er ein.

Die Bäume hatten die Blätter verloren.

Flecken von Schnee bedeckten den Boden.

Es war sehr kalt.

Ein großer Kreis unzähliger einfacher Soldaten wartete reglos mit dem Gewehr bei Fuß.

Er ging von einem zum anderen, starrte in ihre blaugefrorenen Gesichter, suchte nach Anzeichen von Leben. Keiner nahm ihn zur Kenntnis.

Er fand seinen Vater bei ihnen. Die vielsagende Arzttasche hing von einer Hand wie eine natürliche Verlängerung seines Körpers. Er sah den Spielkameraden, der ertrunken war. Er sah den Besitzer des Stalls in seiner Heimatstadt, der die Pferde schlug, als sie aus der Reihe traten. Er sah General Grant, still wie eine Sphinx und mit einer Feldmütze auf dem Kopf. Er sah den Mann mit den wäßrigen Augen und dem Kragen eines Priesters. Er sah eine Prostituierte, deren totes Gesicht mit Rouge und Puder verschmiert war. Er sah seine Grundschullehrerin mit dem gewaltigen Busen. Er sah das liebe Gesicht seiner Mutter und die gefrorenen Tränen auf ihren Wangen.

Diese große Armee seines Lebens zog vor seinen Augen vorbei, als würde sie niemals enden.

Da waren Geschütze, große Kanonen auf Rädern.

Jemand kam zu dem wartenden Kreis von Soldaten.

Es war Zehn Bären. Er ging geschmeidig in der bitteren Kälte, und nur eine Decke hüllte seine knochigen Schultern ein. Er wirkte wie ein Tourist bei einer Besichtigung, als er vor einer der Kanonen stehenblieb. Eine kupferfarbene Hand tauchte aus der Decke auf. Zehn Bären wollte das Kanonenrohr betasten.

Das große Geschütz donnerte, und Zehn Bären verschwand in einer Rauchwolke. Sein Torso überschlug sich langsam in der Winterluft. Wie Wasser aus einem Schlauch spritzte Blut aus der Stelle, wo seine Taille gewesen war. Sein Gesicht war ausdruckslos. Seine Zöpfe flatterten langsam von seinen Ohren fort.

Andere Kanonen donnerten, und wie Zehn Bären flogen die Tipis seines Lagers fort. Sie drehten sich in der Luft wie schwere Papierkegel, und als sie wieder zur Erde fielen, bohrten sie sich mit den Spitzen in den hartgefrorenen Boden.

Die Armee war jetzt gesichtslos. Wie eine Horde fröhlich Badender, die an einem heißen Tag zum Wasser läuft, strömten die Soldaten hinab zu dem Volk, das nicht mehr von den Tipis verborgen wurde.

Babys und kleine Kinder wurden als erste zur Seite geschleudert. Sie flogen hoch in die Luft. Die Zweige der kahlen Bäume stachen durch ihre kleinen Körper. Die Kinder krümmten sich, und ihr Blut rann am Baumstamm hinab, während die Armee ihr Werk fortsetzte.

Sie öffneten die Männer und Frauen, als wären es Weihnachtsgeschenke: Sie schossen in ihre Köpfe und hoben die Schädeldecken ab; schlitzten Bäuche mit Bajonetten auf; teilten ungeduldig die Haut; trennten Glieder ab und schüttelten sie aus.

In jedem Indianer war Geld. Silbermünzen strömten aus ihren Gliedern. Geldscheine quollen aus ihren Bäuchen. Gold war in ihren Schädeln wie Bonbons in Gläsern.

Die große Armee zog mit Wagen davon, die hoch mit Reichtümern beladen waren. Einige der Soldaten liefen neben den Wagen her und rafften zusammen, was von den übervollen Wagen fiel.

Kämpfe entbrannten in den Reihen der Armee, und noch lange nach ihrem Verschwinden waren die Kampfgeräusche wie Gewitterdonner jenseits der Berge zu hören.

Ein Soldat wurde zurückgelassen. Traurig und benommen ging er über das Schlachtfeld, das von Leichen übersät war.

Der Soldat war er – John Dunbar.

Die Herzen der zerstückelten Leute schlugen noch. Sie klopften unisono einen Rhythmus, der wie Musik klang.

Er schob die Hand unter seinen Uniformrock und beobachtete, wie sie sich unter seinem eigenen Herzschlag hob und senkte. Er sah seinen Atem vor dem Gesicht frieren. Bald würde er ebenfalls erfroren sein.

Er legte sich zwischen die Leichen, und als er sich ausstreckte, kam ein langes, klagendes Seufzen über seine Lippen. Anstatt schwächer zu werden, wurde es stärker. Es hallte über das Schlachtfeld, immer schneller, immer lauter, und gab ihm eine Botschaft, die er nicht verstehen konnte.

Lieutenant Dunbar war völlig durchgefroren.

Es war dunkel.

Wind pfiff durch die Felsspalte.

Der Lieutenant sprang auf, stieß sich den Kopf an der Felsendecke und sank auf die Knie zurück. Er blinzelte benommen und sah silbriges Licht durch den Eingang der Felsspalte schimmern. Mondschein.

In Panik lief Dunbar aus der Felsspalte. Er duckte sich und hielt eine Hand über den Kopf, um sich nicht zu stoßen. Als die Decke höher war und er aufgerichtet stehen konnte, rannte er noch schneller weiter und wurde erst langsamer, als er im hellen Mondschein auf der Lichtung stand.

Cisco war verschwunden.

Der Lieutenant pfiff hoch und schrill.

Nichts.

Er ging weiter in den Canyon hinein und pfiff von neuem. Etwas bewegte sich zwischen den Bäumen. Dann hörte er ein leises Schnauben, und Cisco kam aus dem Dunkel in den Mondschein.

Dunbar griff nach dem Zaumzeug, das er neben der Quelle liegengelassen hatte. In diesem Augenblick nahm er eine Bewegung in der Luft wahr. Er schaute hin und erhaschte gerade noch einen Blick auf eine Eule, die über Ciscos Kopf hinwegflog, steil emporstieg und schließlich zwischen den Zweigen der größten Balsampappel verschwand.

Der Flug der Eule hatte etwas beunruhigend Unheimliches, und er mußte die gleiche Wirkung auf Cisco haben, denn als Dunbar zu ihm ging, zitterte das kleine Pferd vor Furcht.

Sie verließen den Canyon, und als sie wieder auf der offenen Prärie waren, fühlten sie sich erleichtert wie ein Schwimmer, der nach langem, langem Tauchen wieder an die Wasseroberfläche kommt.

Lieutenant Dunbar gab Cisco die Zügel frei, und der Buckskin trug ihn in leichtem Galopp über das Gras, das silbrig im Mondschein schimmerte.

Der Ritt belebte Dunbar. Es war faszinierend, wach und lebendig zu sein und den sonderbaren, beunruhigenden Traum hinter sich zu lassen. Es war gleichgültig, wodurch der Traum entstanden war und was er bedeutete. Die Bilder waren zu frisch und zu stark, um sie jetzt geistig zu verarbeiten. Er verbannte die Halluzination und widmete sich anderen Gedanken, während er dem Trommeln von Ciscos Hufen lauschte.

Ein Gefühl der Macht stieg in ihm auf und wuchs mit jeder Meile, die er zurücklegte. Er spürte es in Ciscos mühelosem Galopp, und er fühlte es im Einklang mit sich selbst: Er war eins mit seinem Pferd und der Prärie, und er kehrte in das Camp zurück, das jetzt sein Heim war. Im Unterbewußtsein wußte er, daß es ein klärendes Gespräch mit Die-sich-mit-der-Faust-behauptet geben und der groteske Traum irgendwo in der Linie seiner Zukunft eingereiht werden mußte.

Im Augenblick waren diese Dinge jedoch unbedeutend. Sie bedrohten ihn nicht im geringsten, denn er war durchdrungen von dem Gefühl, daß er sein bisheriges Leben abgeschlossen und mit seiner Vergangenheit reinen Tisch gemacht hatte. Die Zukunft war so offen wie der Tag, an dem er geboren worden war, und das versetzte ihn in Hochstimmung. Er fühlte sich wie der einzige Mensch auf der Welt, ein König ohne Untertanen, der durch das grenzenlose Territorium seines Lebens streifte.

Er war froh, daß sie Comanchen waren und keine Kiowas, denn er erinnerte sich jetzt an ihren Spitznamen, den er irgendwann in der abgestorbenen Vergangenheit gehört oder gelesen hatte.

Die Könige der Prärie, so wurden die Comanchen genannt. Und er war einer von ihnen.

In einem Anfall von Träumerei ließ er die Zügel sinken und legte die Arme über Kreuz auf den Brustharnisch.

»Ich bin Der-mit-dem-Wolf-tanzt!« rief er laut. »Ich bin Der-mit-dem-Wolf-tanzt!«

Weiser Vogel, Wind im Haar und verschiedene andere Männer saßen um ein Feuer, als Lieutenant Dunbar in dieser Nacht eintraf.

Der Medizinmann hatte sich Sorgen gemacht und einen kleinen Trupp losgeschickt, der den weißen Soldaten in allen Himmelsrichtungen suchen sollte. Es gab aber keinen allgemeinen

Alarm. Alles wurde in aller Stille abgewickelt. Die Krieger waren unverrichteter Dinge zurückgekehrt, und Weiser Vogel hatte die Sache aus seinen Gedanken verbannt. Wenn es um Dinge ging, die über seine Einflußsphäre hinausgingen, vertraute er stets auf die Weisheit des Großen Geistes.

Er war beunruhigt über das gewesen, was er aus der Miene und dem Verhalten von Die-sich-mit-der-Faust-behauptet geschlossen hatte, als über das Verschwinden des weißen Soldaten gesprochen worden war. Als er den Namen Der-mit-dem-Wolf-tanzt erwähnt hatte, war ihm aufgefallen, daß sie sich unbehaglich fühlte, als hätte sie etwas zu verbergen.

Er sagte sich, daß er auch darauf keinen Einfluß hatte. Wenn etwas Bedeutendes zwischen den beiden geschehen war, dann würde es zu gegebener Zeit enthüllt werden. Weiser Vogel war erleichtert, als er den Buckskin und seinen Reiter zum Feuer kommen sah.

Der Lieutenant zügelte Cisco, saß ab und begrüßte die Männer am Feuer auf Comanche. Sie erwiderten den Gruß und warteten ab, ob er irgend etwas Bedeutsames über sein Verschwinden sagen würde.

Dunbar stand vor ihnen wie ein nicht eingeladener Gast und drehte Ciscos Zügel in den Händen, während er sie anschaute. Jeder sah ihm an, daß er etwas überlegte.

Nach ein paar Sekunden richtete er den Blick auf Weiser Vogel, und der Medizinmann fand, daß er den Lieutenant niemals so ruhig und selbstbewußt gesehen hatte.

Dunbar lächelte. Es war ein leichtes Lächeln voller Selbstvertrauen.

In perfektem Comanche sagte er: »Ich bin Der-mit-dem-Wolf-tanzt.«

Dann wandte er sich vom Feuer ab und führte Cisco hinab zum Bach, damit er ausgiebig saufen konnte.

Die Rückkehr zum Wilden Mann

Männliches Selbstverständnis aus dem Mythos

Während sich in der Literatur des 20. Jahrhunderts ein Bedürfnis nach Rückbesinnung auf mythische Bilder artikulierte, gewann die Beschäftigung mit dem Mythos jenseits von sehnsuchtsvoller Beschwörung und dem manipulativen Mißbrauch zur Massenbeeinflussung in der zweiten Hälfte dieses Jahrhunderts wieder eine seriöse Grundlage, die sich auf C. G. Jung und die amerikanische Mythenforschung eines Joseph Campbell berufen konnte. In der intensiven Begegnung mit den Kulturen des Ostens entdeckte der westliche Mensch mythische Bedürfnisse neu, die ihm seine eigene Kultur längst nicht mehr befriedigen konnte. Ein neuer Respekt vor den Kulturen der Naturvölker, in denen man nicht länger nur eine überwundene Primitivität, sondern vor allem eine ursprüngliche Lebensweisheit erkannte, erlaubte auch den Wert des Mythos für den Alltag zu erkennen. Der Feminismus begann sich auf die mythischen Wurzeln weiblicher Eigenständigkeit zu berufen und wies damit auch dem Mann einen Weg zu einem neuen mythischen Selbstverständnis – einen Weg, auf dem Robert Bly einige Schritte weiterführt.

In der Begegnung mit dem geistigen Meister, wie ihn die spirituellen Wege des Ostens kennen, findet der westliche Mann ein Bild für ein ureigenes Bedürfnis, für das seine eigene Kultur keinen Ausdruck mehr zuläßt. Die verbreitete Hinwendung zu den asiatischen Lebensphilosophien und Religionen, in denen mythische Bilder selbstverständliche Lebendigkeit haben, entspringt auch dem Wunsch, einen Blick in die Tiefen der eigenen Seele werfen zu können. Karlfried Graf Dürckheim (1896–1988) beschreibt das Bedürfnis nach männlichen Leitbildern auf dem Hintergrund der jahrtausendealten Zen-Tradition und weist damit den Weg zu einem neuen männlichen Selbstverständnis.

KARLFRIED GRAF DÜRCKHEIM

Der Ruf nach dem Meister

»Es gibt den inneren Meister!«

I. Durch alle Zeiten

1. Der Meister als Archetyp

Alle Urgestalten des menschlichen Lebens gewinnen ihre besondere Bedeutung jeweils auf dem Hintergrund der Welt, in der sie erscheinen. Sie haben ihren jeweils besonderen Sinn und Stellenwert im Rahmen eines historisch konkreten Ganzen, so auch die Figur des Meisters.

Der Meister bedeutet etwas anderes im Osten als im Westen, und hier wie dort etwas anderes im Laufe der Jahrhunderte. Immer hängt seine Erscheinung auch eng mit einer religiösen Tradition zusammen. So stellt er etwas anderes dar im Buddhismus, im Hinduismus oder im Raum des Christentums. So aber, wie wir von keiner der uns fernen Religionen auch nur etwas verstehen könnten, wenn nicht in jeder von ihnen, wenn auch in jeweils besonderer Abwandlung, etwas allen Menschen Zugedachtes zum Ausdruck käme, so können wir auch vom Meister nur darum Allgemeines aussagen, weil in all seinen historischen Erscheinungen etwas ihnen Gemeinsames zum Ausdruck kommt.

Jeder Mensch ist eine besondere Erscheinungsform des uns alle beseelenden *Lebens.* Jeder Mensch ist in seiner Zeit, an seinem Ort und kraft seines Wesens und seiner Stufe eine ganz bestimmte Erscheinung im Ganzen des sich manifestierenden göttlichen Seins. In jedem von uns tritt *Leben* in einmaliger Gestalt und besonderem Bewußtsein hervor. In allen Abwandlungen der Menschenwelt aber erscheint doch immer, das Sein mehr oder weniger offenbarend, die eine Idee: *der Mensch.* Und ebenso gibt es auch durch alle seine geschichtlichen Erscheinungsformen hindurch *die* »Idee des Meisters« als einer Höchstform menschlicher Manifestation des göttlichen Seins. »Der

Meister«, das meint den Mensch gewordenen Ausdruck des *»Großen Lebens«* – das sich durch alle Widerstände hindurch, die es im kleinen Leben des Menschen gewöhnlich verdunkeln und verschleiern, in einem Menschen durchgesetzt hat, schöpferisch-erlösend. Im Meister gewinnt das überweltliche *Leben* eine es in besonderer Weise offenbarende und fortzeugende Form in der menschlichen Welt.

Der Meister ist ein Archetyp menschlichen Seins. Was bedeutet das?

Es gibt gewisse Wurzelphänomene und Quellen, Urformen und Grundgestalten menschlichen Lebens, die sich überall finden, wo menschliches Leben erscheint. Immer ist es eingespannt zwischen Leben und Tod, Sinn und Unsinn, Einsamkeit und Geborgenheit, Kindheit und Erwachsensein, Individuum und Gemeinschaft etc. Immer schwingt es zwischen Ausgang und Heimgang, zwischen Yang und Yin, ist gespannt zwischen den Polen des Männlichen und des Weiblichen, zwischen Tag und Nacht, Himmel und Erde, Bewußtsein und Unbewußtsein.

Überall, wo menschliches Leben ist, gibt es Zeugen und Empfangen, Verheißung und Not, Freud und Leid, Sicherheit und Angst, Schutz und Gefahr, Sattheit und Hunger, Wachen und Schlaf, Krankheit und Heilung. *In all diesen Gegensätzen erscheint das* LEBEN.

Das *Leben* ist nicht dies oder das, sondern ein Übergegensätzliches, das sich in allen Gegensätzen darlebt. Es ist das Ganze, das die Widersprüche in sich birgt und übergreift. Es ist das Übergreifende, das sich im Kampf und Spiel der Gegensätze manifestiert, weiterschreitet von Gestalt zu Gestalt, im ewigen Wandel der Formen. Der Fülle und Einheit des Lebens innewohnend ist die geheime Ordnung, ist das Gesetz. So erscheinen immer ähnliche Grundsituationen, die gleichen Sackgassen, Blockaden, Zusammenbrüche, Aufbrüche und Durchbrüche zu neuem Aufstieg.

In der unendlich scheinenden Vielfalt seiner Erscheinungen, von Kräften und Gegenkräften, begegnen wir dem Menschen in immer gleichen Urgestalten menschlichen Daseins. Wir finden ihn als Vater, Mutter, Kind, Jüngling und Mädchen, finden ihn in ähnlichen Ständen als Bauer, Handwerker, Lehrer, Soldat,

Arzt und Priester – wiederkehrende Träger menschlicher Gemeinwesen.

Wo immer der Mensch allein ist, fragt er nach dem, der sich ihm zugesellt. Wo immer er in Not ist, sucht er den, der ihm hilft. In jeder Sackgasse verlangt er nach dem, der ihm den Ausweg zeigt. Zu jeder Urnot des Lebens gehört eine rettende Macht. Wiederkehrenden Nöten, Sehnsüchten und Hoffnungen entsprechen zugehörige Gestalten helfender Figuren. Eine solche ist auch der Meister.

Der Meister als Archetyp ist die Urantwort auf eine Urnot, in die der Mensch auf einer bestimmten Stufe seiner Entwicklung gerät. Er ist diese Antwort als Weiser des Weges zur Erfüllung der dem Menschen innewohnenden Verheißung. In unseren Tagen kommt eine schnell wachsende Zahl von Menschen in diese Not und in die Ahnung dieser Verheißung. Und darum ertönt von allen Seiten der Ruf nach dem Meister.

Welche Not, welche Verheißung ist am Werk, wo immer nach dem Meister gefragt wird? Welche Gegensätzlichkeit wird durch sein Wirken geklammert, welche Zerreißprobe mit seiner Hilfe überstanden, welches neue Leben durch ihn entbunden, welcher Weg durch ihn gewiesen?

2. Mittler zwischen Himmel und Erde

Die Grundnot, die nach dem Meister ruft, ist die, die dem Menschen aus seiner zweifachen Herkunft erwächst. Es ist die Not aus der Gegensätzlichkeit seines irdischen und himmlischen Ursprungs und das Leiden aus der Verlorenheit an die Welt. Der Meister verkörpert die Verheißung eines Wiedereinswerdens mit dem überweltlichen Sein, und dies nicht nur in einem hoffnungserfüllten Glauben, sondern in realer Erfahrung und auf dem Weg verwandelnder Übung. Dem Urmenschen wie dem Kinde ist die zweifache Herkunft noch nicht bewußt. Seine Doppelnatur ist noch vom Ur-Einen übergriffen, Himmel und Erde, Jenseits und Diesseits in der Gestimmtheit des Lebens noch ineinander verwoben. Doch einmal kommt dann der Bruch.

Soweit unsere Kenntnis in die Zeiten und Räume zurückreicht, überall finden wir, daß der Mensch sein Dasein in der Spannung zweier Wirklichkeiten erlebt: die eine, in der er sich kraft seiner eigenen Erfahrungen und dem Erfahrungsschatz und der Überlieferung seiner Gemeinschaft mehr oder weniger auskennt und als Herr der Lage fühlt, und eine andere, die die ihm bekannte Wirklichkeit dieser Welt unheimlich durchwittert und für ihn nicht in der gleichen Weise faßbar und beherrschbar ist – sondern ungreifbar und doch tief eingreifend in sein Leben. Immer ist eine Wirklichkeit da, die jenseits der Grenzen seiner Macht liegt und sich dem Zugriff seiner natürlichen Kräfte entzieht – unberechenbar, bald segenspendend, bald gefährlich.

Zu allen Zeiten gab es Menschen, die über den anderen zu stehen schienen, kraft einer besonderen Fühlung, die sie offenbar zu dieser anderen Dimension hatten, und dank der Mittel, über die sie anscheinend verfügten, mit den Mächten der höheren Wirklichkeit in Kontakt zu treten – sei es, daß sie wußten, wie der Mensch sich zu seinem Heil ihnen gegenüber zu verhalten hatte oder wie er sie durch besondere Übungen und Opfer günstig stimmen konnte. Denn darüber hat es nie einen Zweifel gegeben: Diese andere Wirklichkeit war die stärkere, sowohl als bedrohliche wie als helfende Macht. Sie war und blieb die übergreifende, die letztlich maßgebende, sowohl als Grundgefährdung des Daseins wie als Hoffnung und richtunggebende Verheißung eines besseren, eines leidfreien Lebens. Immer aber schien das Verhalten der »Mächte« in irgendeinem Zusammenhang mit dem Verhalten des Menschen zu stehen. Und so stellte sich immer von neuem die Frage: Was ist der Weg zum rechten Kontakt mit den überweltlichen Mächten, der Weg zur Teilhabe an ihrer Macht, das rechte Mittel zum Glück, das sie zu spenden vermögen? Was ist der Weg zur Fühlungnahme, ja vielleicht sogar zur Einswerdung mit der anderen, der überweltlichen Wirklichkeit? Das ist die uralte Frage. Vielfältig die Ebenen und Weisen, in denen der Mensch, je nach der Stufe seines Geistes und der Art seiner Tradition, das Überweltliche zu verstehen, sich günstig zu stimmen oder selbst zu erreichen gesucht hat. Die Mannigfaltigkeit der Religionen gibt davon Zeugnis.

Was immer der besondere Inhalt der *Religionen* und in ihnen die Rolle des Glaubens war, für die lebendige *Religiosität* blieb auf die Dauer nur von Bedeutung, was der Gläubige vom Göttlichen am eigenen Leibe erfuhr, sowie das, was er selbst zur Einswerdung mit ihm zu tun vermochte. Immer gab es die drei Fragen: Was ist der Weg? Was ist der Preis? Was ist die »Übung«? Das sind drei Fragen nach dem, der weiß und der führt. In ihnen spiegelt sich auch in unserer Zeit in neuer Weise die uralte Sehnsucht nach dem Mittler zwischen Erde und Himmel. Das ewige Verlangen, eine Lösung der Urspannung zu finden, die zwischen unserem raumzeitlich bedingten Leben und dem überweltlichen Leben, dem göttlichen Sein, besteht, bekundet sich heute im Ruf nach dem Meister.

3. Von der Urangst zum initiatischen Wissen

Gewaltig ist die Entwicklung vom Lebensgefühl eines Menschen, der sich den dämonischen Mächten, die sein Leben umspielen, ausgesetzt weiß und versucht, sie selbst oder durch einen Mittelsmann durch Beschwörung und Opfer günstig zu stimmen, bis hin zum Glauben an einen persönlichen Gott, der kraft seiner Liebe die Welt aus der Macht des Bösen erlöst.

Gewaltig ist die Entwicklung aus den Lebens- und Bewußtseinsformen des magischen und mythischen Denkens über das mentale zum integralen Bewußtsein, darin alle vergangenen Stufen sich finden.* Und welche Spanne zwischen der Vorstellung vom Menschen als einem nichtssagenden Staubkorn im All und der Vorstellung vom Menschen, der das makrokosmische Universum in sich selbst in mikrokosmischer Spiegelung trägt und in sich die Verheißung verspürt, die Fülle des Ganzen in sich bewußt und durch sich in menschlich-übermenschlicher Weise offenbar werden zu lassen.

Welcher Abstand zwischen einer von Angst durchzogenen Vorstellung vom Schicksal, die den Feind des Menschen nur in äußeren Mächten sucht, zu der, in der der Mensch den Widersacher seiner möglichen Erfüllung in sich selber entdeckt. So zwischen dem Medizinmann, der die fernen Götter mit blutigen Opfern gewinnt, und dem, in dem sich die Kluft zwischen Diesseits und Jenseits im eigenen Inneren schließt; zwischen dem, der in Leiden und Not nur Gegenmächte des Lebens sieht, und dem,

---

* Vgl. Jean Gebser, »Ursprung und Gegenwart«, Deutsche Verlagsanstalt Stuttgart.

der sie als Helfer erkennt auf dem Weg zur Einswerdung des Menschen mit dem, der über ihm und »jenseits« ist, jenseits nicht nur dieses Lebens, sondern jenseits von Leben und Tod.

In den Weisen, das Verhältnis von Diesseits und Jenseits zu sehen, spiegeln sich die Ebenen und Stufen menschlicher Bewußtwerdung des *Lebens*. So auch in dem die Menschen unserer Zeit unterscheidenden Gegensatz zwischen denen, die im Greifbaren, Tatsächlichen verhaftet, an gegenständliche Erfahrungen gebunden sind, zu denen, die es vermögen, auch das nur der inneren Schau Zugängliche zu erspüren und ernst zu nehmen; so auch zwischen denen, deren maßgebliche Wirklichkeit in Theorie und Praxis auf das im gegenständlichen Bewußtsein Faßbare und technisch zu Meisternde beschränkt ist, und den anderen, die die Realität des Überraumzeitlichen als maßgebend erfahren. Dies ist nur dem inständlichen Bewußtsein zugänglich, ist weder zu begreifen noch zu meistern, das Wissen darum aber die Voraussetzung allen meisterlichen Tuns. In der greifbaren Wirklichkeit ist es mehr verhüllt als offenbar. Es zeigt sich nur dem inneren Auge.

Heute tritt der Unterschied zwischen zwei Gruppen deutlich hervor: Die einen begnügen sich für ihre Entwicklung mit lernbarem Wissen, Können und Wohlverhalten in der äußeren Welt, die anderen suchen darüber hinaus ihr inneres Reifen zum wahren Selbst, das nicht ein Mehr an weltlichem Wissen, Können und Haben voraussetzt und vermittelt, sondern ein Mehr an Fühlung mit dem überweltlichen Sein. Dies erfordert ein andersgeartetes Wissen, das aufgrund von Erfahrungen in das Geheimnis des *Seins* hineinreicht und den Weg in sich hat, dorthin zu gelangen. Es ist das »initiatische« Wissen. Initiare meint den Weg zum Geheimen öffnen.* Träger, Vermittler und Vollstrecker dieses Wissens ist der Meister!

4. Zeitloses Wissen – Die Große Tradition

Es gibt ein zeitbedingtes und ein überzeitliches Wissen. Das Wissen, das der Beherrschung der Welt dient, entwickelt sich stetig

* Vgl. J. Evola, »Über das Initiatische«, Antaois. Bd. VI/2 1964, E. Klett Verlag Stuttgart.

weiter. Eine Erkenntnis überholt die andere. Was gestern entdeckt wurde, genügt heute nicht mehr. Aber das Wissen eines Laotse ist eine Weisheit, die heute so gültig ist wie zu seiner Zeit.

Im Weisheitsgut der Menschheit, das sich auf sein inneres Werden und auf sein Verhältnis zum Überweltlichen bezieht, ist etwas lebendig, das unabhängig ist von Raum und Zeit, etwas, das sich im Gewand raumzeitlich bedingter Erscheinungen und Gegensätze sowohl bekundet als auch verhüllt – aber durch alle Schalen hindurch schimmert das überraumzeitliche LEBEN. Dieses überweltliche Wesen aller Dinge, das ewig Gültige, aber Verborgene, für den, der Augen hat, doch durch alle Erscheinungen Hindurchleuchtende, ist in einem Urwissen und Ur-Gewissen enthalten, das dem Menschen eingeboren ist und zu dem er erwachen kann. Die in ihm enthaltene Wahrheit lebt in dem, was man die »Große Tradition« nennt, die, selber zeitlos, sich durch alle Zonen und Zeiten fortsetzt.

Die Große Tradition betrifft das sich in Erfahrungen immer erneuernde Urwissen um die Bedingungen, unter denen das *Sein* sich im Menschen verhüllt hat, aber auch um die Bedingungen, unter denen es wiederum in ihm und durch ihn Gestalt gewinnen kann in der Welt. Sie begegnet uns im erleuchteten Wissen der Weisen und der Meister und im Kerngehalt, in den Schöpfungsmythen und der Erlösungssehnsucht aller großen Religionen.

Die »Große Tradition« ist der Ausdruck für die immer wieder ans Licht des Bewußtseins gelangende Wahrheit von dem durch alle Verstellungen hindurch zu seiner weltlichen Erfüllung im Menschen drängenden überweltlichen LEBEN. Die »Große Tradition« ist die Geschichte des sich selbst entfremdenden und wieder suchenden göttlichen Seins, das im Raum des Bedingten, im Aufstand der Widerwelt, im Widerspruch seiner sterblichen Geschöpfe und vor allem im Bewußtsein des Menschen in die Verborgenheit gerät, aber im Menschen kraft des in seinem Wesen unauslöschlich glühenden Seinsfunkens wieder zu sich selbst erwachen und zurückfinden kann – nun in der Helligkeit eines neuen Bewußtseins. In der Wahrheit dieser gewesenen und bevorstehenden Geschichte bewegt sich das initiatische Wissen und das in ihm wurzelnde Tun der Meister. In ihm werden alle Gegensätze aufgehoben, die die Gemüter in ihrer raumzeitlichen Bedingtheit in verschiedene Räume, Rassen, Charaktere, Entwicklungs- und Bewußtseinsstufen trennen. Dies gilt auch für den Unterschied zwischen Ost und West.

Unüberbrückbar scheinen zunächst die Gegensätze zwischen dem abendländischen Ja zur Gestalt, zur Person, zur Geschichtlichkeit unseres Daseins und der östlichen Lebensauffassung, die zu all dem mehr oder weniger nein sagt und die Wahrheit letztlich im gestaltlosen, unpersönlichen und übergeschichtlichen *All*-Einen sucht. Aber es gibt die höhere Wahrheit, in der die Gegensätzlichkeit von Ost und West als eine Spannung in uns selbst, das heißt als innermenschliches Lebensthema erkannt wird, darin die Gegensätze als Pole begriffen werden, deren dialektische Spannung das lebendige Ganze, je nach der Betonung des einen oder des anderen, in verschiedener Weise bewegt. Eine solche Betrachtung kann die unterschiedliche Eigenart als andere Akzentuierung der Pole verstehen. Dann wird echte Begegnung zwischen Ost und West und auch zwischen Christentum und Buddhismus aber erst richtig sinnvoll; denn sie kann sowohl zu vertieftem Verständnis füreinander als auch zu einer Ausprägung des jeweils Besonderen führen, die wissender und fruchtbarer ist. Die Urwahrheit des LEBENS erscheint immer im Gewand weltbedingter und daher verschiedener Erscheinungen. Sie selbst ist aber übergegensätzlicher Natur, und diese Wahrheit lebt in jedem Meister. Deshalb auch vermitteln die wirklichen Meister aller geistigen Traditionen etwas, das universal gültig ist.*

5. Der Weise und der Meister

Zwei Figuren gibt es, in denen die Urwahrheit des *Lebens* in der Menschenwelt Gestalt gewinnen kann: den Weisen und den Meister. Historisch wirkliche Gestalten sind sie nur dort, wo sie aus der Tiefe des überweltlichen Seins heraus *Verwandelte* sind. Beide wissen sich bei aller Bedingtheit in der Welt im Grunde

* Vgl. zum Thema: Die Große Tradition: René Guénon, »Der König der Welt«, O. W. Barth, »L'homme et son devenir« selon le Vedanta, und »Aperçus sur l'initiation«, Les Éditions traditionelles, Paris 1947, 1953.

doch von aller Bedingtheit frei. Sie haben die Grundnöte des menschlichen Daseins: die Angst, die Verzweiflung, die Trostlosigkeit, überwunden.

Der Meister ist der Weise, in dem das LEBEN nicht nur lebendig ist als die Kraft, die ihn selbst zu einer höheren Stufe des Menschseins verwandelt, sondern zugleich als die Kraft, die ihn befähigt, diese Verwandlung auch in anderen zu entbinden. Der Meister ist nicht nur der Homo divinans, sondern auch der Homo faber. Im Meister wie im Weisen ist LEBEN als Transzendenz nicht nur innerlich gewußt oder in einem Glauben lebendig, sondern ist in einem Prozeß fortschreitender Bewußtwerdung und Verwandlung gegenwärtig. Im Meister ist das Überweltliche als Erfahrung präsent, im Wissen geklärt und als verwandelnde Kraft am Werk.

Zum Weisen und zum Meister tritt zu allen Zeiten ein Dritter hinzu. In ihm gewinnt die Bewußtwerdung des Lebens Gestalt vor allem als *Wissen.* Es ist der »Große Wissende«. Es ist der Gelehrte (im indischen Raum heißt er der Pandit), nicht im Sinne unseres Wissenschaftlers; denn sein Interesse gilt dem Wissen, das den Verstand übergreift. Ohne selbst ein vollends Verwandelter zu sein, kann er doch das »esoterische Wissen« anderen vermitteln.

So muß er auch etwas vom Weisen und etwas vom Meister haben, aber er lebt als Sucher und Forscher, vertieft in die geheimen Dinge, die verborgenen Gesetze, den Ursinn der Bilder. Vielleicht war C. G. Jung ein solcher Wissender.

Der Weise wie der Meister haben einen höheren Rang als der gewöhnliche Mensch. Sie leben als Menschen auf einer übermenschlichen Ebene. Wenn wir etwas von ihrem Wesen und ihrer Wirklichkeit ahnen können, so nur, weil in jedem von uns etwas lebt, das als Verheißung, Urwissen und Auftrag auch den Horizont des gewöhnlichen Menschen überschreitet: der innere Meister! Der Kern des Menschen ist immer auch das Potential zum großen Wissenden, zum Weisen und zum Meister. Die Ahnung dieses Potentials ist heute im Wachsen begriffen. Sie ist die lichte Antriebsquelle der inneren Verwandlungsbewegung, in der der abendländische Geist sich heute befindet; die dunkle ist das verhinderte Potential.

Die Aufhebung traditioneller Normen geschieht heute in einem radikaleren Ausmaß und in einem anderen Sinne als je zuvor. Gegensatz und Zusammenprall beschränken sich nicht auf die Spannung zwischen dem Menschen, der einseitig weltbezogen die Wirklichkeit rational und technisch zu meistern versucht, und dem anderen, der die Erfüllung seines religiösen Lebens in der Innerlichkeit eines weltabgewandten Glaubens sucht. Der Gegensatz spannt sich heute zwischen diesen beiden einerseits und andererseits denen, die die Wirklichkeit des Göttlichen in der Welt und die Wahrheit des Weltlichen in Gott zu erfahren, zu gründen und zu gestalten suchen. Der traditionelle Gegensatz zwischen Glaube und Wissen ist überholt. Er gehört zu einer Stufe des menschlichen Bewußtseins, die von den Fortgeschrittenen unserer Zeit überwunden wird. Die Meister aller Zeiten, auch die christlichen Meister, hatten diese Schwelle überschritten. Das Verlangen nach innerer Erfahrung und wesenhafter Verwandlung aufgrund persönlicher Fühlung mit der Transzendenz geht quer durch alle Fronten. Diesem Verlangen zu entsprechen ist ewige Aufgabe des Meisters. Für den westlichen Menschen aber wird Meister nur sein können, wer den Gegensatz von Innerlichkeit und Welt nicht zugunsten einer alles Weltliche aufhebenden Innerlichkeit löst, sondern in einer Verfassung einlöst, in der der »Geist Fleisch werden« kann und die Welt vom Überweltlichen her in ihrer Geschichtlichkeit und Mannigfaltigkeit verwesentlicht wird.

II. In unseren Tagen

1. Die Frage

Was kann ich dazu tun, daß das, was ich da erlebte, wiederkommt, nein, mehr, daß ich mit dem, was ich da erlebte, in Verbindung bleiben kann –

Was hast du erlebt?

Das weiß ich nicht – ich weiß nur, daß es gewaltig war – Es zittert alles noch in mir nach.

Schön? Gut?

Ganz jenseits von Schön und Gut. Es war einfach ›Das‹!

Was heißt das?

Das, worauf es ankommt. Gewaltig, groß – unbeschreibliche Fülle – Licht – Liebe, alles in eins!

Ein Erlebnis also!

Viel mehr als ein Erlebnis – »Erlebnis«, das klingt so »subjektiv«. Es war viel mehr. Es war eine Präsenz – eine Gegenwart, ich weiß nicht, von wem oder was, eine Gegenwart, die mir geschah –

Und du –

Ich war plötzlich ein anderer, völlig frei – ganz ich selbst und in mir und zugleich mit allem verbunden. Ich wußte nichts mehr und zugleich alles, und so geladen mit Kraft – und über alle Maßen glücklich. Ich war einen Augenblick ganz ich selbst, nein, überhaupt nicht mehr »ich« und doch so, wie noch nie und viel, viel mehr –

Und was hattest du vorher gemacht?

Nichts. – Es kam über mich aus heiterem Himmel, ergriff mich, übermannte mich, leerte mich völlig aus, füllte mich, trieb mich in mich hinein, vernichtete mich und holte mich wieder heraus – über mich hinaus. – Es ist alles ganz unsagbar.

Und warst du verwirrt, die Welt um dich, wie war die?

Verwirrt? Überhaupt nicht! So klar wie noch nie. Mehr als das, ich sah, was ich noch nie gesehen hatte –

Was?

In die Dinge hinein – durch sie durch – auf ihren »Kern«. Kann es nicht beschreiben. Alles hatte einen ganz anderen Sinn. – Alles war genau das, was es war und zugleich viel mehr, ganz etwas anderes, und gerade dadurch ganz es selbst.

Und du –

Genau so! Ganz etwas anderes, ein ganz anderer und gerade darin ganz ich selbst. Ich gehörte nicht mehr mir.

Und jetzt –

Ja, und jetzt! Jetzt suche ich jemanden, der mir das alles erklärt. Nein – wozu erklären – bestätigen, mir das »abnimmt« – mehr noch, mich führt. Ich *weiß,* in der Richtung liegt es!

Was?

Der Sinn. Die Bestimmung. Das, wozu wir überhaupt da sind. – Ich brauche jemanden, der das kennt, der »weiß« und …

2. Wer fragt nach dem Meister?

Tausendfach werden heute solche Gespräche geführt. Von wem eigentlich? Zusammenfassend kann man sagen: Es ist der Mensch, der den Einbruch von etwas Neuem erlebt hat, von etwas, das ihn zutiefst berührt hat – wundersam und unbegreiflich, beglückend, aber auch verpflichtend und voller Verheißung, etwas, das ihn nicht mehr losläßt. Und nun verlangt er nach jemandem, der ihn versteht und ihm hilft, einer zu werden, der dem entspricht, was er da erlebt hat! Er verlangt nach dem Meister.

Der Meister ist die Antwort auf eine Frage, die sich in einer ganz bestimmten inneren Situation, aber auch erst auf einer bestimmten Stufe der menschlichen Entwicklung stellt. Oft weil der Mensch in eine Sackgasse geriet, in eine innere Not, mit der er aus seiner Weisheit und Macht nicht mehr fertig wird und in der ihm auch sein religiöser Glaube nicht mehr hilft. Oft ahnt er etwas und sucht etwas, das ihm zuinnerst zugedacht und aufgegeben ist und zugleich die eigentliche Erfüllung seines Lebens sein könnte. Er ahnt es aufgrund einer besonderen Erfahrung. Irgendwie ist der Mensch mit dem überweltlichen Sein, mit dem Göttlichen, in Fühlung gekommen in einer Weise, die ihn für sein zukünftiges Leben zwingend nach innen und auf einen neuen Weg verweist. Was eigentlich geschah, weiß er selber nicht, er weiß nur, daß es darum geht, in einen Dauerkontakt mit dem zu kommen, was ihn da berührt hat. Und dann fragt er nach jemandem, der ihm zeigt, wie man das macht. Er weiß, es kann nicht der Vater, nicht die Mutter sein, auch nicht ein Arzt, ein Pädagoge oder Psychotherapeut, auch der Priester ist es nicht – wer ist es? Und diese Frage zielt ebenso auf den *Meister*.

3. Wer stellt die Frage?

Oft sind es junge Menschen, die nie an etwas geglaubt haben. Und plötzlich haben sie etwas erfahren, das sie auf die Knie zwang und zugleich einen ganz neuen Horizont eröffnete. Oft sind es junge Menschen, die bisher ausgesprochen antireligiös, rein materialistisch, kommunistisch oder maoistisch »gedacht«, aber auch gelebt und gewirkt, Dinge zerstört, ja getötet haben, und plötzlich erfahren sie etwas, das sie durchfährt wie ein Blitz, etwas, das ihr weltanschauliches Konzept zerschlägt. Plötzlich stimmt alles nicht mehr, und sie fragen jetzt in anderer Weise und nach etwas ganz anderem.

Oft sind es Menschen – sie finden sich in allen Ständen und auf jedem Bildungsniveau –, die ihren »Glauben« aufgegeben haben. Aber in wachsendem Maße fühlen sie ein Unbehagen, weil »da etwas fehlt«. Sie sind nicht nur der Kirche untreu geworden, sondern aus Angst, in ihren Kinderglauben zurückzufallen, verdrängen sie alles, was daran erinnert. So verdrängen sie auch alles, was sie trotz allem ganz unmittelbar in einer numinosen Qualität berührt. Aber auf die Dauer geht das nicht. Und einmal übermannt es sie, und nun suchen sie jemanden, der sie, wie sie sagen, »meinetwegen wieder annabelt« – nur ganz anders muß es sein!

Oft sind es Opfer einer radikalen Psychoanalyse. Diese hat sie seinerzeit nicht nur von einem Pseudo-Gott befreit, sondern hatte sie auch seinstaub gemacht. Hierzu gehören nicht selten alte Analytiker, darunter viele Freudianer, denen eine Analyse mehr als nur den Glauben »heruntergeräumt« hatte. So haben sie jahrelang möglichst religionsfern gearbeitet, um dann in wachsendem Maße zu spüren, daß bei ihnen etwas in der Tiefe nicht in Ordnung ist. Sie sind zur Ehrlichkeit erzogen und müssen sich nun zugeben, daß sie ein schlechtes Gewissen haben. Und dann kann die Bedrängnis so groß werden, daß sie nach jemandem suchen, der ihnen insgeheim ein neues Tor zur verschütteten Tiefe öffnet.

Oft sind es alte Leute, die endlich angefangen haben, die Ketten zu lockern, mit denen sie tausend Dinge festhalten und tausend Dinge sie festhalten, die für sie die Welt bedeuteten. Und eines Tages, in einer gnadenvollen Stunde, spüren sie: »Wenn ich alles loslassen könnte, könnte noch einmal alles anders werden.« Solches kann in einsamer Stille geschehen, bisweilen aber auch nach einem großen Auftritt, in dem der in seinem Ich verhärtete Mensch, noch einmal anspruchsvoll auf sein Alter pochend, außer sich geratend, sich gegen die Nächsten aufbäumte und dann zusammenbrach. Und plötzlich fühlte er sich in eine große Freiheit gestellt, die ihm von ganz woanders her geschenkt wurde. Was war das? Wer kann ihm das erklären? Wer kann dieses Glück festigen?

Bisweilen sind es Menschen, die versucht hatten, sich das Leben zu nehmen. Unmittelbar vor ihrem Tod – das Gift begann schon zu wirken – oder unmittelbar nach ihrem Erwachen – noch ist das Ich nicht ganz da – hatten sie sich in einer anderen Welt befunden. Losgelöst von ihrem Welt-Ich, hatten sie ihr eigentliches Wesen und die Große Freiheit erlebt. Die unerhörte Erfahrung schwingt in ihnen nach. Sie ahnen, daß ihnen da das Kleinod des Lebens gereicht wurde, aber wissen nicht, wie damit umzugehen und wie es zu bewahren. Und nun fragen sie nach dem, der ihnen diese Große Erfahrung erklären, bewahren, vertiefen und fruchtbar machen kann.

Oft sind es heute auch Jugendliche, die mit Hilfe von Drogen außergewöhnliche Zustände erlebten, Augenblicke von beglükkender Größe und ungeahnter Weite. Sie waren befreit von den Begriffsschranken und Tabus der Welt. Sie haben da etwas erfahren, das nun als »gültig« in ihnen fortlebt. Niemand kann ihnen die Überzeugung rauben, daß sie da etwas erlebt haben, was hinter den gewöhnlichen und banalen Erfahrungen des Lebens liegt und »lohnender« ist als alles, was sie in ihrem gewöhnlichen Bewußtsein erfahren. Aber dann geht es ihnen nicht gut. Sie sind skeptisch geworden gegen das Mittel, die Droge, die ihnen dieses Erlebnis vermittelte. War es der falsche Eingang? Gibt es andere Wege? Wo ist der Mensch, der ihnen den legitimen Zugang eröffnet?

Es gibt heute auch harte Männer aus der Wirtschaft, Industrie oder Politik, die, sei es an der Grenze eines Zusammenbruchs oder während eines Zusammenbruchs, ein »seltsames Erlebnis« hatten. Genau in dem Augenblick, in dem sie als der mächtige Mann in der Welt zu Boden gingen, kam in ihnen etwas anderes hoch. Etwas Wunderbares, überwältigend Gutes, aus ihnen selbst! Was war *das?* Sie schämen sich, davon zu sprechen, ja, schämen sich lange vor sich selbst, daß »so etwas« sie übermannen konnte. Sie trauen auch nicht recht ihrer inneren Stimme, die ihnen sagt: »Du, das ist es, worum es sich eigentlich lohnt.« Aber dann läßt es ihnen doch keine Ruhe, und eines Tages suchen sie nach dem, der sie versteht und ihnen weiterhilft.

Oft sind es heute auch Priester. Sie stehen treu zu ihrem Glauben, sind als Seelsorger unermüdlich um ihre Mitmenschen bemüht, leben in ihrer Ordensgemeinschaft einen gottgefälligen Tag der Arbeit und des Betens, lesen täglich die heilige Messe – und trotzdem haben sie keine rechte Fühlung mehr zum Göttlichen; bisweilen können sie nicht mehr beten. Sie sind wie ausgetrocknet. Nun leiden sie unter ihrer unwahren Situation, schämen sich ihrer falschen Fassade und befinden sich in großer innerer Unruhe und Not. Und dann kann es geschehen, daß eines Tages die »andere Dimension« in sie einbricht, vielleicht beim Schälen eines Apfels oder beim Stolpern über einen Stein im Garten – und für einen Augenblick erfahren sie sich in der Fülle des Seins! Sie stehen vor einem Rätsel und oft dann vor der bangen Frage: Wie ordnet sich das, was sie da erfuhren, in ihr religiöses System ein? Plötzlich erleben sie den Unterschied zwischen Bekenntnis und Erfahrung. Aber wie fügt sich das, was sie erfuhren, ihrem Glauben ein? Und warum ist das, was sie soeben erfuhren, diese völlig unbeschreibliche Befreiung und Beglükkung, nicht schon längst als Frucht ihres Glaubenslebens gekommen? Sollten sie die Quelle des Heils zu sehr »draußen« gesucht haben? Und dann suchen sie nach dem, der ihnen weiterhilft; denn sie fühlen, daß ihnen offenbar eine innere Entwicklung fehlt, eine Reifung, eine Verwandlung, die zu fördern etwas anderes verlangt als fromme Betrachtung, Treue zum Bekenntnis und »Festigung im Glauben«.

Sie alle, die solche Erfahrungen machen und denen es geschenkt war, sie nicht zu verraten und als bloßes Gefühl von sich zu weisen, und die es vermochten, sie nicht in ein vorhandenes »System« einzuordnen, sondern fähig waren, sie als solche ernst zu nehmen, befinden sich auf der Schwelle zu einer grundsätzlich neuen, wirklich neuen Möglichkeit sinnerfüllten Lebens. Viel mehr Menschen, als man zu glauben bereit ist, befinden sich heute an dieser Schwelle. Oft werden sie, wenn sie die Schwelle nicht überschreiten können, krank. Das LEBEN staut sich in ihnen, kann nicht heraus; dann geraten sie voller verdrängter Aggressionen in Depressionen und kennen sich nicht mehr aus – nur das Licht des Erfahrenen leuchtet noch schwach in ihrem Inneren. Dann suchen sie nach dem, der um den Weg weiß, der aus der Sackgasse heraus in ein neues Leben hinein führt. Zu wem sollen sie gehen? Nicht zum Arzt, der als Arzt nichts davon versteht, sich wahrscheinlich für nicht zuständig erklärt, ihnen vielleicht ein Beruhigungsmittel verschreibt oder sie dem Psychiater überweist. Sie fürchten aber auch den Psychologen oder Psychotherapeuten, der womöglich die köstlichste ihrer Erfahrungen auf etwas anderes »zurückführt« oder sie als Illusion, Inflation oder Projektion deklariert. Nichts ist schrecklicher und heilloser, als in einer solchen Situation einem Menschen in die Hände zu fallen, der, weil er selbst diese Erfahrung nicht kennt, das hier Geschehene fehldeutet, z. B. eine Gotteserfahrung, die in der Tat vorübergehend einmal die Grenzen »normalen« Verhaltens sprengen kann, als »Manie«. Man will aber auch nicht zum Priester-Seelsorger in der Befürchtung, er könnte die Gültigkeit der Erfahrung von seinem theologischen Standort bezweifeln, sie als etwas nur »Natürliches«, nur »Subjektives« abtun oder gar versuchen, den Rat- und Hilfesuchenden wieder zurückzuholen in den Schoß von Mutter Kirche, der man, wie man meinte, doch gerade entwuchs. Man sucht jemand ganz anderen – man sucht den Meister.

4. Die den Ruf nach dem Meister entbindende Erfahrung

Die Erfahrungen und Situationen, die den Ruf nach dem Meister auslösen, sind von sehr verschiedener Art und Tiefe. Es können ganz zarte Seinsfühlungen sein, die doch mit einem Schlage in dem dafür Bereiten das große Verlangen nach der Einswerdung mit dem Großen Unbekannten wecken können. Es können auch »Große Erfahrungen« sein von alles überwältigender Macht, Erfahrungen, in denen über allen Zweifel hinaus die »andere Dimension« als Befreiung, Verheißung und Verpflichtung erlebt wird. Anlaß zu solchem Geschehen können Grenzsituationen sein, in denen der Mensch wirklich am Ende seiner Weisheit und Kraft ist, wirklich am Ende, besonders wenn ihm auch jeder religiöse Glaube abhanden gekommen ist.

Anlaß zu einer ersten Seinsfühlung kann die Begegnung mit einem Menschen sein, ein Wort, eine Frage, eine Gebärde, ein Blick, der durch und durch geht – und es ist geschehen. Völlig unerwartet ist etwas Neues in das Leben eingebrochen und insgeheim eine Entscheidung gefallen, deren sich der Betroffene vielleicht noch gar nicht bewußt ist.

Es kann ein Satz in einem Buch sein, ein Gedanke, den man zum ersten Male aufnimmt, oder auch ein Spruch, den man schon oft gehört und gelesen hat, und auf einmal ist es wie ein mächtiger Glockenschlag, und unüberhörbar und verpflichtend antwortet im Hörenden selbst ein großer Ton.

Es kann auch irgendein ganz banales Ereignis sein, ein kleines Unglück, ein verstauchter Fuß, eine Fieberphantasie, der Anblick spielender Kinder. Bisweilen ist es auch ein Traum, ein sexuelles Erlebnis, eine Szene in einem Film oder heute ein LSD-Trip, immer das gleiche: Der Mensch hat einen Blick in eine andere Wirklichkeit getan und fühlt sich aus einer anderen Welt angesprochen. In diesen Erlebnissen finden sich, wenn sie fruchtbar nachwirken, als charakteristische Züge wieder: Die Qualität des Numinosen und die Erfahrung einer überweltlichen Kraft, Verpflichtung und Verheißung im Erleben einer immanenten Transzendenz. Gewiß sind diese Züge nicht notwendig als solche bewußt, aber sie sind in diesem Erleben, das dem Leben eine neue Wendung gibt, enthalten. Die Voraussetzung dafür, daß solches geschieht, ist, daß der Mensch, ohne es zu wissen, zu einem Vorgang herangereift ist, den er nicht bewußt »machen« kann und zu dem er von seinem gewöhnlichen Ich her nicht in der Lage wäre. Es ist der Akt, in dem er sich der Transzendenz öffnet. Dazu ist es notwendig, daß der Grenzwall, der ihn vom Divinen trennt, einbricht. Dieser Wall ist das Ganze des Gewohnten, ist sein bisheriges Ich mit seinen eingefleischten Denkformen, seinem verhärteten Anspruch auf ungestörtes Leben, auf einsehbaren Sinn und auf gesicherte Geborgenheit, alles aufgehoben in einem festen Gefüge von Bekanntem. Daß diese Wand, die dem Menschen an seinem wahren Reifen und Werden verhindert, einmal durchstoßen werden kann und daß der Mensch es zuläßt, ist gewiß nie sein Verdienst. Er macht es nicht selbst. Etwas anderes bricht herein und kommt auf ihn zu. Es ist Gnade. Es ist Folge der Präsenz einer anderen Dimension, die so verschieden ist von allem gewöhnlich in der Welt Erfahrenen, daß sie überweltlich genannt werden muß. Was der Mensch hier erlebt, geht über das hinaus, was seinem welt- und selbstbewußten Ich bekannt ist, und doch kommt es aus einer Wirklichkeit, die offenbar in ihm ist. Es ist die Wirklichkeit seines *Wesens*. Dies sein Wesen ist die Weise, in der das überweltliche Sein in ihm anwesend ist und in ihm und durch ihn offenbar werden möchte in der Welt. Sein Einbruch in die gewohnte Welt ist Gnade, aber man muß ihr Wirken zulassen können, und dazu kann man sich bereiten! Das ist der Sinn geistlicher Übung.

Die den Ruf nach dem Meister entbindende Erfahrung ist immer eine Begegnung mit diesem Wesen, also mit einem Einbruch der dem Menschen immanenten Transzendenz in sein Bewußtsein. Sie tritt überraschend und unbegreifbar in sein Innesein, aber eindrucksvoll und beglückend genug, um ihn zu veranlassen, nach dem zu suchen, der ihn bleibend mit ihr verbindet, wesensgerecht und weltkräftig zugleich.

Die Befreiung und Beglückung, die die erste Berührung mit dem Überweltlichen Sein dem Menschen beschert, ist meist auch eine erlösende Antwort auf die Grundnöte des menschlichen Daseins.

Drei Nöte sind es, die das Leben des Menschen beschatten, die das natürliche Ich nicht ertragen und nicht annehmen kann. Die *Vernichtung,* der *Widersinn* und die *Einsamkeit.*

Die Vernichtung, sei es die physische oder die soziale, kann den Menschen »sterben lassen vor Angst«. Das Absurde als Enttäuschung, Ungesetzlichkeit und Ungerechtigkeit kann ein Maß erreichen, das jeden Glauben vernichtet, jeden Sinn auslöscht, darin der Mensch lebt. Solches aushalten zu müssen, kann den Menschen bis an die Grenze des Wahnsinns in die Verzweiflung treiben. Der Tod des Nächsten, der Verrat von Freunden, der Ausschluß aus der Gemeinschaft kann eine Einsamkeit erzeugen, die über die Kraft geht. Nun kann es in einer Grenzsituation, in der das Unannehmbare, sei es als drohende Vernichtung, als Widersinn oder totale Einsamkeit, unausweichlich da ist, geschehen, daß es dem Menschen gegeben wird, das zu können, was er als natürliches Ich nicht vermag: »Ja« zum Unannehmbaren zu sagen – vielleicht nur für den Bruchteil einer Sekunde, aber es genügt! Denn da kann es geschehen: Für einen Augenblick hat die dichte Kruste, die den Menschen in seine

Endlichkeit einschließt, einen Riß, und das Unendliche strömt ein. Und aus dem Wesen heraus, das das Überweltliche verkörpert, ist der Mensch auf eine andere Ebene gehoben. Er hat das Wunder erlebt: im Ja zur Vernichtung ein *Leben,* das jenseits ist von Leben und Tod, also mit Vernichtung gar nichts mehr zu tun hat; im Annehmen des Widersinns einen *Sinn,* der jenseits ist von Sinn und Unsinn, und im demütigen Hinnehmen der Verlassenheit eine *Geborgenheit,* die jenseits ist von Geborgenheit und Verlassenheit in der Welt. Das bedeutet: Er hat sich erfahren in der ihm immanenten Transzendenz. Er hat sich erfahren in seinem persönlichen Wesen als in seiner Teilhabe an einem überpersönlichen und universalen LEBEN, das sich ihm in seiner überweltlichen *Fülle* als übermenschliche *Kraft,* in seiner *Gesetzlichkeit* als unbegreiflicher *Sinn,* in seiner *Einheit* als überpersönliche *Liebe* gezeigt hat.

Das sind Erfahrungen von solcher Gewalt, daß es seltsam genug ist, daß nicht jeder, der sie macht, eine »metanoïa«, eine Umkehr erfährt. Aber wer ist dazu vorbereitet, solche Augenblicke in der rechten Weise aufzunehmen? Ja, wer ist bereit, sie überhaupt ernst zu nehmen? Heute ist es endlich soweit. Der Mensch unserer Tage, der die Grenzen seiner rationalen Weisheit erfährt, der flachen Genüsse überdrüssig, aufsässig geworden ist gegenüber der einseitigen Bezogenheit auf Erfolg und Leistung, sehnt sich nun nach etwas ganz anderem. Er *muß* es finden. Und endlich ist er auch bereit für die Erfahrung, in der sich das Wesen befreit und er der Transzendenz nicht nur unverbindlich begegnet, sondern als einer Macht, die, indem sie ihn aus seiner Weltnot befreit, zugleich auf anderer Ebene in verheißungsvoller Weise verpflichtet.

Wenn in solchen Erfahrungen das überweltliche Sein, das göttliche LEBEN – der Gläubige wird sagen Christus, Gott – in den Raum des Bewußtseins einbricht, ist das so unbegreiflich, überraschend und überwältigend, daß der »gewöhnliche«, unvorbereitete Mensch es so einfach nicht annehmen kann. Und er fragt sich, ob er selbst noch normal ist. Bei der Mehrzahl der Menschen versandet die große Welle, die sie einen Augenblick lang ergriff, in verständlichem Zweifel. Aber es gibt auch die anderen. Immer häufiger gibt es die, die so unausweichlich getroffen sind, daß es sie dann doch nicht losläßt: Und dann rufen sie nach dem Meister.

Man gewinnt heute den Eindruck, daß in der heranwachsenden Generation mehr als in der vergangenen der Mensch sein Wesen sucht und zu ihm erwacht. Immer größer scheint die Zahl der Jugendlichen, in denen die Haut, die sie vom Wesen trennt, so dünn, und die Macht, mit der dieses hervordrängt, so groß ist, daß wenig genügt, und es kommt zu einem oft gefährlichen Ausbruch. Es genügt eine Kleinigkeit, und die ihrem Wesen nicht gemäße, von ihrer Weltsituation her erzwungene Form bricht ein. Was nun geschieht, hat bisweilen den Anschein eines schizophrenen Schubes. Der junge Mensch führt wirre Reden oder spürt sich plötzlich als Jesus Christus, oder er wird handgreiflich und schlägt um sich und ist anscheinend reif für die psychiatrische Klinik. Wenn er dann wirklich dort landet, als Verrückter aufgenommen oder behandelt wird, ist oft eine entscheidende Chance seines Lebens vertan; denn in Wahrheit war es ein Ausbruch seines Wesens, der behutsam hätte in rechte Bahnen geführt werden müssen. Was aber in solch tragischen Fällen in einer Weise hochkommt, die in der Tat oft schwer zu meistern ist, kennzeichnet eine Situation, in der heute sich viele befinden. Sie sind reif zum Eintritt in einen neuen Raum und bedürfen des Wissenden, der sie mutig, behutsam und mit Verständnis hinübergeleitet in das ihnen zugedachte eigentliche Leben.

5. Wo sind die Meister?

Wo sind die Meister, nach denen wir heute verlangen? Während der Ferne Osten die Tradition der Meister kennt, kennt das Abendland den Meister nicht als eine selbstverständlich in das Gefüge der Gesellschaft hineingehörende zentrale Figur. Warum nicht? Weil sich offenbar die existentielle Frage, auf die der Meister die Antwort ist, nicht in dem Maße stellte, daß sie die Entwicklung der Meisterfigur begünstigte, forderte oder gar erzwang. Was sind die Gründe?

Der Mensch des Westens ist im allgemeinen mehr als der des Ostens durch die Welt engagiert, der Mensch des Ostens mehr durch die Frage nach seinem inneren Werden. Den Menschen des Westens treibt es, mehr als den des Ostens, die Welt in Angriff zu nehmen und seine Kräfte an ihr zu messen. Er steht im Ja zur geschichtlichen Wirklichkeit und empfindet den Auftrag zur Gestaltung der Welt. Sich durchzusetzen in der Welt, etwas Tüchtiges in ihr zu leisten, sie zu gestalten im gültigen Werk, das ist dem westlichen Menschen ein natürliches Anliegen und der maßgebende Auftrag. Um ihn zu erfüllen, genügen, so scheint es, Wissen, Können, Zucht und Wohlverhalten in der Gemeinschaft. Und die innermenschliche Not? Sie hat in beschränktem Umfang ihren Platz im mitmenschlichen Dasein und ist aufgenommen im Reich des erlösenden Glaubens; aber die Bewährung im Glauben hat nicht notwendig etwas zu tun mit innermenschlichem Reifen! Die innere Not kann sich lösen im Gefühl der Geborgenheit in einer gültigen göttlichen Macht, im Frieden der Seele und in der Verheißung der Erlösung eines die Welt überwindenden höheren Lebens. Wo dieser Glaube lebendig ist, sich auswirkt und herrscht, stellt sich die Frage nach dem inneren Weg im Sinne des initiatischen Weges nicht, und auch nicht die Frage nach dem ihn weisenden Meister.

Die beiden Säulen, auf denen die Existenz des westlichen Menschen ruhte: Erkenntnis und Gestaltung der Welt – Geborgenheit im Glauben, ließen im Menschen bis auf wenige Ausnahmen zwei Dinge unentwickelt: das verantwortliche Bewußtsein für die Möglichkeit und Verpflichtung zu innermenschlichem Reifen überhaupt und für die Möglichkeit und den Auftrag zu einer innermenschlichen Entwicklung, in der ein erweitertes Bewußtsein den Menschen *erfahren* läßt, was er bislang nur im frommen Glauben besaß. Die Folge ist, daß maßgebende Menschen, führende Kräfte in der Welt, der Wirtschaft und Politik, aber auch der Kirche, in einem kaum glaublichen Maß der Reife ermangeln und überhaupt kein Organ für dieses Defizit besitzen. Sie sind unsachlich, ichbefangen, herrschsüchtig, unfrei, kritikscheu, angstbesessen, emotionell und kontaktarm. Das zeigt: Es fehlt ihnen die tragende Fühlung und Verbundenheit mit ihrem *Wesen.* Die Lebensweisheit des Ostens (und nicht nur des Ostens) gründet aber in nichts anderem als in dieser Fühlung. Und wenn der Osten als Blüten seiner Kultur nicht Werke bezeichnet, sondern seine »gereiften Alten«, so macht dieses den Unterschied zweier Lebensauffassungen und ihrer Folgen deutlich. Ein Zeichen der für den westlichen Menschen – auch den »Gebildeten« – charakteristischen Unreife ist das Hängengebliebensein in den alles umschließenden Fesseln des gegenständlichen Bewußtseins. Eine Folge dieser Unentwickeltheit des Bewußtseins ist der fehlende Zugang zum Wesen und zu der es offenbarenden transzendenten *Erfahrung.* Eben dieser Mangel bedeutet eine Gefährdung des Glaubens. Denn wo dieser von der Ratio in Frage gestellt und vom Zweifel berührt wird, kann ihn nur die Erfahrung der Wesenswurzel in der »Transzendenz« von Grund auf erneuern.

Der Unterschied zwischen Ost und West wird nur dann richtig und fruchtbar gesehen, wenn er nicht als ein völkerpsychologisches, sondern als ein innermenschliches Problem gesehen wird. »Transzendenz als Erfahrung« und der von ihr ausgehende, um sie kreisende und in ihr mündende initiatische Weg, der die östliche Meistertradition kennzeichnet, ist als Potential im westlichen Menschen genauso vorhanden wie im östlichen. Er ist nur im Schatten des in einer Offenbarung gründenden Glaubens und der Gaben zur Gestaltung und Meisterung der Welt nicht in maßgebender Weise in die Erscheinung getreten. Der Augenblick ist aber gekommen, wo dieses zu geschehen hat und geschehen wird. Es geht um die Wendung von einer einseitigen Orientierung am »Objektiven«, an dem gemessen der Mensch mit seinen Gefühlen und Wesensanliegen zu etwas nur »Subjektivem« abgewertet wird, zur Anerkennung des Menschen als »Subjekt«, zu dessen Reifung und Vollendung anderes erforderlich ist als die Fähigkeit zur Selbsterhaltung und Dienstleistung in der Welt.

So wie die Reifung des Menschen zu seinem wahren Selbst nicht ohne Fühlung mit seinem tiefsten Kern, dem Wesen, das selbst nicht von der Welt her bedingt ist, möglich ist, so wirkt sich umgekehrt das Innewerden des Kernes, wie wir es heute erleben, in dem Verlangen nach echter Selbstwerdung und Führung auf dem Wege aus. Die Not unerfüllter Wesenheit läßt sich, wenn sie einmal als solche bewußt wird, weder durch mehr Erfolg in der Welt noch durch ein Zurück in den Glauben beheben, denn sie entspringt ja aus der Situation, in der der Mensch seine

Erfüllung nicht mehr in weltlicher Leistung findet und sein Glaube ihn nicht mehr trägt. So ist das Verlangen nach Führung auf dem inneren Weg unabweisbar geworden. Was aber tun, wenn es keine Meister gibt? Darauf ist dreierlei zu antworten.

Derjenige, den die Not aus dem Wesen wirklich an die Grenze treibt, findet den Meister! Es ist eine eigentümliche Erfahrung, daß große Not ihren Helfer erzeugt. Immer wieder geschieht es, daß der in seiner Wesensverzweiflung um Rat und Hilfe Suchende einen Menschen als Helfer konstelliert, einfach aus der Größe seiner Not und der Kraft seines Fragens. Er erhält eine meisterliche Antwort oder Weisung von jemandem, der gewiß kein Meister ist. In der Tiefe seines Menschseins angerufen, antwortet er aus ihr heraus auf die in Not geratene Tiefe des anderen, ohne viel zu überlegen, und gibt die rechte Antwort; das heißt: Nicht er gibt sie, sie wird ihm eingegeben, und er gibt sie weiter. Die Not des einen und die Bereitschaft des anderen spannte eine geheimnisvolle Saite zwischen ihnen – und ein Dritter führte den Bogen –, das gab den erlösenden Klang. So kann man sagen: Der Nächste kann unser Meister sein, wenn wir ihn nur in der rechten Weise rufen.

Es gibt auch, mehr als wir wissen, Menschen, die aufgrund ihrer eigenen Entwicklung und Erfahrung, wenn sie sich ihrer nur bewußt wären und sich dazu trauten, meisterlich zu wirken vermöchten. Unter denen, die lange mit der Führung und Betreuung von Menschen zu tun haben, z. B. unter Psychotherapeuten, finden sich immer auch solche, die zumindest ein Stück weit auf dem Weg führen könnten, wenn sie sich überhaupt der hier vorliegenden Thematik und der damit gegebenen Möglichkeit und Aufgabe bewußt wären und den Mut hätten, sie zu übernehmen, d. h. den Schritt vom Therapeuten zum »Guru« zu wagen. Die Voraussetzungen hierfür sind freilich andere als diejenigen, die bislang in der Vorbereitung zu den Berufen gegeben werden, die es mit Menschenführung und Menschenbetreuung zu tun haben. Denn wer unter den Erziehern, Ärzten und Priestern hat in der Zeit seiner Ausbildung etwas über den inneren Menschen erfahren und über seinen Auftrag zur Reife und über die Möglichkeit zu echter Selbstwerdung kraft seiner Fühlung mit seinem Wesen und der ihm innewohnenden Transzendenz?

Die Therapie unserer Zeit kennt bislang nur die *pragmatische* Heilkunst, die dem Leiden an der Welt begegnet, d. h. dem Leiden an der Unfähigkeit, den Forderungen des Lebens in der Welt zu genügen. Wer aber weiß dem anderen Leiden zu genügen, dem Leiden an der Unfähigkeit, den Forderungen des Wesens zu genügen? Wer weiß um das Leiden an der Getrenntheit vom Wesen und dem in ihm verkörperten Sein? Dies ist das eigentliche Leiden unserer Zeit. Seine Heilung erfordert eine *initiatische* Heilkunst. In ihr geht es darum, zu lernen, wieder eins zu werden mit dem eigenen Wesen, mit ihm eins zu bleiben und aus ihm zu leben.* Hier aber müßte der Therapeut die Voraussetzungen dafür haben, sich als Guru zu bewähren, als Meister! Sich dazu zu bilden, dazu verpflichtet ihn unsere Zeit!

Die wichtigste Antwort auf die Frage: »Wo sind unter uns die Meister?« lautet jedoch: »In uns selbst.« Es gibt den *inneren* Meister.

---

* Vgl. Maria Hippius, »Am Faden von Zeit und Ewigkeit« in »Transzendenz als Erfahrung«, O. W. Barth Verlag, Weilheim 1966.

Vorschläge zu einem neuen männlichen Selbstverständnis bezieht der amerikanische Franziskanerpater Richard Rohr (geb. 1943) bereits aus der direkten Rückbesinnung auf männliche Mythen. Für ihn ist Jesus ein Urbild des Wilden Mannes. Rohr hat in einer Reihe von Vorträgen, denen der folgende Auszug entnommen ist, Männern den Weg zu einer neuen Verantwortlichkeit gewiesen, die das Wilde als Wurzel der eigenen Schöpferkraft und nicht als Kraft der Zerstörung erkennt.

RICHARD ROHR

Schöpfer des Lebens

»Tiefe Männlichkeit und tiefe Weiblichkeit liegen nicht mehr im Streit miteinander. Sie sind fähig, einander zu erkennen, anzunehmen und zu lieben.«

Männliche Energie und geistliche Vaterschaft

Im ersten Vortrag habe ich versucht, das Problem zu beschreiben. Jetzt möchte ich versuchen, etwas klarer zu definieren, was ich mit »männlicher Energie« meine. Das Problem besteht vor allem in einer Fehlanzeige: Das, was ich meine, *fehlt* vielen Männern und vielen Kulturen. Und weil es fehlt, kann es auch nicht tradiert werden. Deshalb haben wir uns mit der Vater-Sohn-Beziehung beschäftigt. Wir sind sozusagen um etwas betrogen worden und müssen uns fragen, wie wir das, was uns fehlt, erwerben und an unsere Söhne weitergeben können. Deshalb suchen wir insgeheim nach Modellen, Vorbildern, Vaterfiguren – auch wenn wir das oft nicht zugeben. Es fällt uns Männern ja so schwer, Mangel einzugestehen. Wir empfinden das als entwürdigend und demütigend, wenn wir zugeben: Wir sehnen uns nach einer Vaterfigur.

Interessanterweise kennen fast alle Weltreligionen diese Art von Beziehung und ermutigen ihre Anhänger dazu, sich nach einem geistigen Führer umzusehen. In den östlichen Religionen gibt es die Figur des persönlichen Gurus. In der russischen Kirche wirken bis heute die »Starzen« als Seelenführer. Für Menschen, die ihre geistliche Entwicklung wirklich ernst nehmen, muß es offenbar so etwas wie eine Mentor-Schüler-Beziehung geben, ein Meister-Jünger-Verhältnis. Es ist offensichtlich, wie ernst diese Beziehung im Neuen Testament genommen wird. Jesus redet ständig von seiner Beziehung zum Vater. Zugleich sehen wir die starke Beziehung, die er zu seinen Jüngern hat. Drei Jahre lang lebt er als Meister mit ihnen – Tag und Nacht. In dieser Zeit vermittelt er ihnen nicht in erster Linie Gedanken und Lehren, Prinzipien und moralische Richtlinien – sondern »Energie«. Vielleicht überstrapaziere ich dieses Wort etwas. Aber ich bin überzeugt, daß es *Energien* anderer Menschen sind, die uns mehr anziehen oder abstoßen als irgend etwas sonst. Zwei Menschen können haargenau dasselbe sagen oder für dieselben Dinge einstehen. Dem einen hören wir zu, vom anderen wenden wir uns ab. Denn entweder geht von einem Menschen eine Energie aus, die einladend und anziehend auf uns wirkt – oder eine, die uns klein macht und abstößt. Weil unsere Gesellschaft so stark auf das Rationale eingestellt ist, machen wir uns diesen Zusammenhang nicht mehr bewußt. Dennoch geschieht es – freilich unterhalb der Oberfläche. Vor allem Männer sind auf diese Zusammenhänge kaum eingestellt. Wenn wir deshalb von »weiblicher Intuition« reden, dann hat das einen wahren Kern. Weibliche Energie zielt auf Beziehung, während männliche Energie auf Abgrenzung gerichtet ist. Das Weibliche in einer Frau, aber auch in einem »androgynen« Mann, in einem Mann, der die erste Reise gemacht hat, ist fähig, solche Energien aufzunehmen und auf sie zu reagieren, mit ihnen umzugehen. Diese Art von Sensibilität kann man nicht aus Büchern lernen. Es ist Übungssache. Dabei geht es darum, das eigene Unbewußte immer mehr darauf einzustimmen, daß es auf andere Dinge achten kann als auf das Rationale, daß es lernt, zwischen den Zeilen zu lesen und hinter die Oberfläche zu blicken. Was sagt der andere – und was meint er wirklich? Es geht nicht darum, daß wir in andere ständig alles mögliche hineininterpretieren. Es geht vielmehr um genaues, sensibles Hören. Das können viele Frauen weit besser als Männer. Wenn wir das lernen, dann hat das den Sinn, geistlich zu wachsen, fähiger zu werden, geistliche Realitäten zu erfassen und damit umzugehen. Ich meine, in der westlichen Welt herrscht heute eine fast vollständige geistliche Blindheit, eine Unfähigkeit, Gut und Böse klar zu unterscheiden. Statt dessen floriert die Bereitschaft, auf Täuschungen und Lügen hereinzufallen. Wir glauben den Lügen der Regierenden, der Systeme und Institutionen. Wenn wir zu geistlicher Urteilsfähigkeit vorstoßen wollen, dann ist solche Sensibilisierung ein notwendiger erster Schritt.

»Männliche Energie« bedeutet, daß wir nicht nur fähig sind,

innere Zusammenhänge zu erfassen – sondern daß wir fähig werden, all dem etwas Eigenes entgegenzusetzen. Ich versuche, mit einigen Begriffen das zu umschreiben, was ich unter »männlicher Energie« verstehe.

Eine neue Intelligenz

Männliche Energie besitzt eine bestimmte Art von Intelligenz. Sie schätzt *Vernunft* und *Klarheit.* Jede Begabung kann zum Segen oder zur Sünde benützt werden, zum Guten wie zum Bösen. Die Gabe der Intelligenz zum Beispiel ist etwas, womit sich Männer zum Teil übermäßig identifiziert haben. Wenn man sich mit einer Gabe überidentifiziert, dann wird sie zum Fluch. Viele Menschen werden dadurch innerlich zerstört, daß sie ihre starke Seite überziehen. Männer haben die Vernunft vergöttert. Vergötzte gute Gaben werden zu Dämonen. Wir haben nicht einmal den gesamten Kopf, das ganze Hirn vergötzt, sondern nur die linke Hirnhälfte. Die linke Hirnhälfte ist wissenschaftlichen Untersuchungen zufolge die analytische Seite des Denkvermögens. Die linke Hirnhälfte denkt polar: entweder – oder. Sie denkt nicht synthetisch bzw. in Zusammenhängen. Sie ist unfähig, ein Sowohl-Als-auch zu erfassen. Die linke Seite ist absolut, scheinbar logisch – aber in Wirklichkeit ideo-logisch. Die linke Seite ist intelligent, aber nicht weise. Es gibt viele sehr kluge Leute, die kein bißchen weise sind. Solche Leute können drei Doktorhüte haben – aber ich würde mich ihnen mit wirklichen Lebensfragen niemals anvertrauen. Ihr Denken mag spezialisiert sein, aber es ist auch sehr begrenzt, nicht ganzheitlich. Östliche Völker haben die rechte Hirnhälfte weit mehr gefördert als wir. Ohne diese rechte Seite kann es kein geistliches Leben geben. Wir müssen diese rechte Seite neu entdecken und entfalten. Es ist fast unmöglich, geistliche Einsichten durch Analyse zu gewinnen. Die rechte Hirnhälfte gewinnt Erkenntnis durch Betrachtung, durch Meditation, durch Bilder und Symbole. In unseren Träumen ist die rechte Hirnhälfte am Werk. Deshalb ist es so wichtig, daß wir auf unsere Träume achten und es lernen, ihre Botschaft zu verstehen.

Man hat uns beigebracht, daß Träume Schäume sind,

»Quatsch«, bedeutungslos. Träumer und Visionäre gelten als gefährliche Spinner in einer überrationalen Welt. Aber alle geistlichen Traditionen der Welt haben gewußt, wie wichtig Träume sind – mit Ausnahme des »aufgeklärten Westens« der letzten zweihundert Jahre. Es ist kein Zufall, daß unsere westliche Welt geistlich so oberflächlich und hohl geworden ist. Wir haben einige der wichtigsten Straßen ins Reich des Geistes blokkiert. An die Stelle geistlicher Erfahrungen sind weitgehend Gesetze und Institutionen getreten. Die meisten westlichen Kirchen, einschließlich der katholischen, sind im Grunde sehr durchrationalisierte Gebilde, auf Funktionalität ausgerichtet. Die Kirche ist aufgebaut wie eine große Firma. Man kann in ihr Karriere machen oder absteigen, sie hat ihre eigenen Belohnungen und Strafen. Das ist einer der Gründe, weshalb so viele Menschen, vor allem Männer, die Kirche nicht ernst nehmen. Sie spüren, daß das eigentlich auch nicht viel anders läuft als das, was sie tagtäglich in ihrer Firma erleben. Manchmal sogar schlimmer: Dasselbe System wird mit frommer Sauce übergossen und dadurch besonders ungenießbar. Die Chefs, das sind die Pfarrer. Ernst zu nehmende Funktionen für Laien gibt es kaum. Vor allem gibt es keine Ziele. Die Kirche erscheint kaum noch als wanderndes Gottesvolk, als Gemeinschaft, die unterwegs ist ins Reich Gottes. Es dreht sich alles um sich selbst und immer wieder um dasselbe. Wir haben der Welt wenig Aufregendes oder Neues mitzuteilen.

Vollmacht und Idiotie

Männliche Energie hat etwas mit *Autorität* zu tun, mit Vollmacht – allerdings mit »barmherziger Autorität«. Beides gehört zusammen: autoritativ – und zugleich einfühlsam zu sein. Männliche Energie ist »gezähmt«, aber zugleich zielgerichtet; direktiv, aber zugleich nuanciert; fordernd, aber zugleich vergebend. Sie ist eine innere Autorität, die aber bewußt auf die Außenwelt einwirkt. Männliche Energie ist kreativ, aber zugleich auch bereit, etwas durchzuziehen. All das sind Umschreibungen, die in sich nicht vollständig sind. Weitere Begriffe: resolut, entschlußfreudig, arbeitsorientiert, sachlich, bereit zum Dienst. Ferner

Durchhaltevermögen und Einsatz für die Gemeinschaft. Es geht immer um mehr als um den eigenen kleinen Radius, zum Beispiel die eigene Familie.

Das griechische Wort »Idiot« bedeutet ursprünglich: jemand, der so selbstbezogen ist, daß er an anderen Menschen und an der Gesellschaft überhaupt nicht interessiert ist. Die griechische *polis,* der Stadtstaat, war der Ort, wo sich ein Mann bewährte: im Einsatz für das Ganze. Vielleicht ist das einer der Gründe, warum Männer am Stammtisch sitzen und immerhin über Politik *reden.* Gott sei Dank gibt es als Balance dazu die weibliche Energie, die sagt: »Deine Weltpolitik in Ehren, lieber Mann, aber paß auf, daß du deine kleine Welt dabei nicht ganz aus den Augen verlierst.« Weibliche Energie versucht, ein Zuhause zu schaffen, für Wärme und Harmonie zu sorgen.

Viele Familien haben sich mit »falscher Weiblichkeit« beschieden. Männer meinen, der Sinn ihres Lebens bestünde darin, das Eigenheim zu pflegen. Das ist – nach griechischen Maßstäben – Idiotie.

Wenn man die großen mittelalterlichen Städte Europas ansieht mit ihren großen Plätzen und Brunnen und Kathedralen und dann nach Amerika zurückkehrt, fällt einem die Differenz besonders auf. Der »amerikanische Traum« besteht letztlich nicht darin, ein echtes Gemeinwesen, eine herrliche Stadt zu bauen – sondern zu gewährleisten, daß jeder sein eigenes Häuschen hat. Gegenüber dem mittelalterlichen katholischen Denken, das darauf ausgerichtet war, eine Gottesstadt zu bauen, kann ich das nur als Verarmung empfinden: Ich baue *mein* Haus, achte auf *mein* Wohnviertel (Behinderte und Ausländer werden in Gettos abgeschoben). Auch das sehe ich als einen Ausdruck dafür, daß es uns an männlicher Energie fehlt. Der *echte* Mann begreift, daß es nur einen Weg gibt, die eigene Familie zu schützen: indem er die gesamte Menschheitsfamilie schützt. Aber es gibt nur wenige Männer, die diesen Blick überhaupt noch haben oder darüber reden.

Schöpferische Freiheit

Männliche Energie ist *Freiheit zu,* nicht nur *Freiheit von* etwas. Wofür setzen wir unsere Freiheit ein? Wir nehmen das Wort »Freiheit« in den westlichen Demokratien so schnell und leicht in den Mund. Unsere politischen Freiheiten sind kein Garant für innere Freiheit. Die wichtigste Befreiung findet selten statt: die Befreiung vom eigenen Egoismus. Wir haben uns in unserer Kultur tyrannische Egos zugelegt, die permanent gepäppelt und beachtet werden wollen. Unser Ego muß sich wohl fühlen, unser Ego pocht auf seine Rechte – und dann kommt lange nichts. Männlichkeit bedeutet Verantwortung. Wer über seine Rechte redet, muß auch über seine Verantwortung reden. Was ist unsere Verantwortung für die Zukunft der Welt, für die Gesellschaft, für unsere Stadt, für die Kirche, für die Armen? Viele von uns stellen diese Fragen nicht, weil uns kaum jemand vorgemacht hat, daß und wie man so fragt.

Männliche Energie geht Risiken ein, sie ist nicht nur zielstrebig, sondern risikofreudig. Ziele kann man sich auch stecken, um sich selbst auszuweichen. Wagnisse, die man aus innerer Überzeugung eingeht, verbinden die Innenwelt und die Außenwelt.

Männliche Energie ist schöpferisch. Jesus sagt Joh. 5, 17: »Mein Vater ist bis heute am Werk, und ebenso bin ich am Werk.« Neulich hat ein Mitglied unserer Gemeinschaft in einer Predigt gesagt: »Wenn man lange genug bei Gott rumhängt, beginnt Gott abzufärben.« Man arbeitet nicht mehr aus irgendeinem moralischen Leistungsdruck heraus oder weil »man« als Christ dies oder jenes tun sollte. Wenn man mit jemandem zusammenlebt, dann färbt dessen Energie ab. Wenn man mit Gott lebt, dann beginnt Gott abzufärben. Das Wesen Gottes ist aber *Kreativität, Schöpferkraft.* Wer mit Jesus lebt, für den wird das, was Jesus will, immer mehr das, was er selbst auch will. Jesus nennt das, was er will, das »Reich Gottes«. Dieses »Reich« ist das größte nur denkbare Ziel, denn es umfaßt alles: Menschen, Tiere, Natur, die gesamte Schöpfung. Wenn man das mit jenem passiven, kleinkarierten Christentum vergleicht, zu dem man uns erzogen hat, dann sieht man leicht den Unterschied. Erst wenn man weiß: »Ich und der Vater sind eins«, kann man große Risiken eingehen. Dann muß man nicht immer der liebe, brave Junge sein. Dann muß man nicht ständig seinen Bückling vor dem System machen.

Die Versuchung Jesu in der Wüste zeigt das sehr plastisch. Er war dreißig Jahre alt geworden. So lange hatte es auch für ihn gedauert, bis er hören konnte, daß sein Vater zu ihm sagte: »Du bist mein geliebter Sohn.« Das geschah bei seiner Taufe im Jordan. Jetzt wußte er, was er war. Von diesem Zeitpunkt an hatte er die Freiheit, mit großer Entschiedenheit loszuziehen und sich den Versuchungen siegreich zu stellen. Er hatte dem Bösen etwas Stärkeres entgegenzusetzen.

Der innere Ort, wo wir hören können, daß wir gerufen und bestätigt sind vom Vater, jenes Selbstbewußtsein, das die meisten mystischen und geistlichen Autoren die »Seele« nennen – das ist der Ausgangspunkt. Es ist der Ort, wo ich und der Vater eins sind. Wir haben es versäumt, Menschen an ihren geistlichen Personkern, an ihre eigene Mitte heranzuführen. Wir haben Kirchgänger produziert, aber nur wenige geistliche Persönlichkeiten.

Der kürzlich verstorbene Jesuit und Theologieprofessor *Karl Rahner* sagt sinngemäß: Im nächsten Jahrhundert wird die Volkskirche tot sein. Die Christen, die die jetzt bestehende Kirche überleben werden, das werden »Mystiker« sein. – Vielleicht ist das etwas übertrieben. Aber worauf Rahner hinaus will, ist wohl dies: Wenn die Kirche mehr und mehr anfängt die Wahrheit zu sagen (und die katholische Kirche in Amerika beginnt gerade damit, auch wenn sie dadurch in Gegensatz gerät zur bestehenden weltlichen Macht), dann wird es immer weniger opportun werden, Mitglied dieser Institution zu sein. In manchen Ländern geschieht das bereits. Dennoch ist die Kirche gerade in Amerika und Europa noch immer ein Phänomen der gutbürgerlichen Mittelschicht. Aber wenn wir wirklich beginnen, Jesus und das Evangelium beim Wort zu nehmen, dann wird das auf die Dauer beängstigend – oder sinnlos. Ohne echte Spiritualität werden auch die Rituale der Kirche immer sinnentleerter. Deshalb werden Menschen nötig sein, denen es um geistliches Leben geht und nicht nur darum, in irgendeinem Kirchenvorstand oder Pfarrgemeinderat mitzumischen.

Tun vor Sein

Männliche Energie hat »Biß«, ist offensiv. Deshalb reden wir vom »wilden Mann«. Männliche Energie zieht das Tun dem bloßen Sein vor. Es ist kein Wunder, daß die Theologie der Befreiung viele traditionelle Christen so in Panik versetzt. Diese Theologie will sich nicht mit religiösen Theorien zufriedengeben, es geht ihr um die Praxis. Was geht vor in der Welt? Wir müssen uns mit den Fakten und Realitäten auseinandersetzen und fragen: Was bedeutet das Evangelium angesichts der Realitäten dieser Welt?

In meinem Studium wurde mir eine *deduktive* Theologie vermittelt. Wir begannen mit Grundprinzipien, die *Thomas von Aquin* im Mittelalter an der Pariser Universität formuliert hatte. Von diesen Prinzipien wurde dann abgeleitet, wie die Wirklichkeit auszusehen habe. Das hatte den Vorteil, daß wir dadurch eine gemeinsame, geschlossene Weltsicht und -interpretation bekamen. Es hat mindestens dreihundert Jahre gedauert, bis man gemerkt hat, daß achtundneunzig Prozent der Menschheit mit diesen Prinzipien schlicht und einfach nichts anfangen konnten.

Ich war Mitglied einer Kommission des Franziskanerordens über Mission und Evangelisation in Rom. Dort haben wir Statistiken über die Probleme der europäischen Kirchen durchgearbeitet. Die Kirche in Europa ist in einem erbarmungswürdigen Zustand. Ganze drei Prozent der Italiener unter fünfunddreißig identifizieren sich ernsthaft mit der römisch-katholischen Kirche. Und trotzdem tun wir noch immer so, als würden wir zum ganzen Volk reden und als würden die Leute uns noch zuhören – nur weil da noch immer die herrlichen alten Kathedralen stehen. Sicherlich würde der Durchschnittsitaliener sagen: Ich bin katholisch. Aber für die Lebenspraxis bedeutet diese Aussage so gut wie gar nichts. Wir leben im Zeitalter des praktischen Atheismus.

Deshalb müßten wir als Leute der Kirche endlich ehrlich werden. Gottes Weg in der Inkarnation Jesu war ein *induktiver* Weg. Wir müssen aufhören, im Himmel anzufangen Prinzipien aufzustellen und die Wirklichkeit daraus abzuleiten. Wir müssen statt dessen beginnen, die Zeichen der Zeit zu sehen und zu deuten – so wie es das 2. Vatikanische Konzil empfohlen hat. Wir müssen lernen, die Realität zu lesen, unser eigenes Herz, unsere eigene Erfahrung.

Und wir müssen lernen, all dem zu vertrauen.

Wenn ich Seminare mit Priestern halte, gibt es nichts, was sie mehr in Aufruhr versetzt und ihnen mehr angst macht, als wenn ich sage: »Traut euch selbst!« Zigmal ist mir gesagt worden: »Das habe ich noch nie in meinem Leben gehört!« Kein Wunder, daß solche Pfarrer nicht fähig sind, ihre Gemeinden zu Selbstvertrauen und Eigenständigkeit zu führen. Man hat uns vom ersten Tag im Priesterseminar an beigebracht: »Ihr könnt euch selbst nicht über den Weg trauen. Eure Gedanken und Gefühle sind gefährlich und bedeutungslos. Und alles, was Spaß macht, ist wahrscheinlich eine Todsünde. Deshalb: Finger weg davon!« Aber wohin soll es führen, wenn man schon mit völlig negativen Voraussetzungen beginnt, mit Angst und Mißtrauen? Deshalb möchte ich diese Erlaubnis aussprechen: »Habt Selbstvertrauen.« Es gibt Schlimmeres in der Welt, als Fehler zu machen. Mit welchem Recht sagen wir den Menschen, daß Fehler so schrecklich sind? In Wirklichkeit sind Fehler der einzige Weg, um zu lernen und zu reifen. Ich habe noch nie eine reife, weise Persönlichkeit getroffen, die nicht auch einmal tief in ein paar Sackgassen geraten war.

Männlichkeit bedeutet Tat. Wir lernen durch Tun – und natürlich dadurch, daß wir das, was wir tun, hinterher auswerten. Ich möchte das Reflektieren nicht madig machen. Aber wenn man ewig Engagement vermeidet, um sich die Finger nicht schmutzig zu machen und ja keinen Fehler zu begehen, gibt es auch nichts Neues unter der Sonne. In unserer Gemeinschaft gab es einige Leute, die ewig am Rand standen, ewig auf Beobachterposten, ewig alles kritisch hinterfragten – und sich nie auf irgend etwas wirklich einließen. Diese Leute taten immer so, als ob sie sofort einsteigen würden, wenn erst einmal ihre kritischen Fragen beantwortet wären. Unsere Gemeinschaft ist jetzt dreizehn Jahre alt. Aber einige Leute stehen immer noch am Rand und stellen noch immer ihre Fragen von außen. Für manche wird das zum Lebensstil. Aber letztlich lähmt sie diese Haltung, macht sie gewissermaßen unfähig zur »Inkarnation«, unfähig, Risiken einzugehen, unfähig, wirklich zu leben. Es gibt immer *noch eine* ungelöste Vorüberlegung, *ein weiteres* Wenn und Aber, bevor sie sich auf die Realitäten einlassen können.

Von solchen Leuten geht niemals irgend etwas aus; sie bringen selbst nichts auf die Beine.

Schöpfung vor Bewahrung

Gott, der Vater, wird im ersten Buch Mose ganz am Anfang als der Schöpfer vorgestellt. Ein Schöpfer ist jemand, der etwas zum Leben bringt, der etwas »losmacht«. Männliche Energie ist schöpferisch – nicht nur bewahrend. Beide Energien sind nötig, um Leben zu ermöglichen. Aber zu viele Menschen sind damit beschäftigt, Leben zu bewahren, das sich in Wirklichkeit gar nicht ereignet. Das geschieht sowohl in der Kirche als auch in der Gesellschaft. Jedermann versucht, den Status quo aufrechtzuerhalten, das »Gute« zu bewahren. Ich bin oft nicht sicher, ob wir dieses »Gute« überhaupt haben. Die gesamte Stimmung unserer amerikanischen Gesellschaft ist konservativ in diesem negativen Sinne. Konservativismus entsteht, wenn man meint, jetzt hätte man's. Leute, die es »weit gebracht« haben, können sich solchen Konservativismus leisten. Denn Veränderungen könnten ihnen ihren Platz da oben streitig machen. Menschen, die am Rand stehen oder ganz unten, können sich den Luxus einer konservativen Lebenshaltung nicht leisten. Sie müssen auf die Veränderung drängen.

Schöpfung muß notwendigerweise der Bewahrung und Erhaltung vorausgehen. Wenn wir etwas bewahren, was eigentlich nicht wirklich geschaffen ist, dann verweichlichen wir. Wir werden unfähig, Opfer zu bringen, deutliche Urteile zu fällen und klare Ziele zu verfolgen. Die »neue Jugend«, die jetzt heranwächst, ist zum großen Teil unfähig, für irgend etwas einzustehen außer für ihre Karriere, ihre Bequemlichkeit, ihr, ihr, ihr ... Wiederum ein Phänomen ungeheuer aufgeblasener Egos – und wenige, die wirklich auf *andere* eingehen können. Denn eigentlich gibt es keinen anderen. Alles wird von der Warte betrachtet: Was bringt es *mir?* Spiritualität bedeutet ihrem Wesen nach *Aus-*

lieferung an das ganz andere, an das Nicht-Ich, an Gott. Wenn man Menschen erlaubt, diese Riesen-Egos aufzubauen, dann kann sich so etwas wie Spiritualität kaum noch ereignen. Freilich kann man religiös sein. Das bedeutet aber noch lange nicht, eine im geistlichen Sinne reife Persönlichkeit* zu sein. Spiritualität ist ein Weg, auf dem das Ego immer mehr zurückgenommen werden kann. Viel mehr Leiden in der Welt kommt von Menschen, die Anstoß nehmen, als von Menschen, die Anstoß geben. Ich erlebe viele Menschen, die permanent verletzt und beleidigt sind, weil »ihre Rechte« nicht gewahrt werden. Jede Gruppe, auch innerhalb der Kirche, ist hauptsächlich damit beschäftigt, eigene Rechte zu verteidigen. Deshalb müssen im Pfarrgemeinderat möglichst alle Interessengruppen vertreten sein. Wir brauchen eine Lesbierin türkischer Abstammung im Kirchenvorstand, damit alle türkischen Lesbierinnen repräsentiert sind. Es gibt kein Vertrauen mehr, daß ein anderer als ich selbst wirklich das Beste für mich wollen könnte. Auch das ist Idiotie. Jeder zieht sich auf sich selbst zurück und weitet sein eigenes Selbst so aus, daß er meint, die ganze Welt dreht sich ausschließlich um ihn.

Wenn ein Mensch seine eigene Seele noch nicht angenommen hat, wenn er die geistliche Wirklichkeit nicht erfaßt hat, dann muß er sich auf falsche Realitäten zurückziehen. Er muß ein falsches Selbst entwickeln – und dieses Pseudoselbst wird sich ständig von anderen beleidigt und angegriffen fühlen.

---

* Geistliche Reifung ist nach Richard Rohr ein lebenslanger Prozeß, der sehr eng mit der psychischen Persönlichkeitsreifung zusammenhängt, sich aber dennoch von ihr unterscheidet. Psychische Reife besteht nach gängigem Urteil in »Arbeits-, Liebes- und Genußfähigkeit«. Sie beinhaltet nicht unbedingt eine religiöse Haltung. Zur geistlichen Reifung gehört vor allem die ständige Auseinandersetzung mit Gott. Hilfsmittel auf dem Wege zu solcher Reifung sind zum Beispiel ein diszipliniertes Gebetsleben, seelsorgerliche Begleitung durch einen »Reiferen«, das Gemeinschaftsleben mit anderen im Gottesdienst, Meditation, regelmäßiger Rückzug in die Stille etc. Im christlichen Sinne besteht geistliche Reifung darin, Christus ähnlicher zu werden. So haben es die geistlichen Meister und Seelenführer der West- und Ostkirche immer verstanden. (Anm. d. Hrsg. seiner Vorträge)

Kontemplation und Konfrontation

Männliche Energie hängt mit Einsamkeit und Alleinsein zusammen – ich habe das bereits im Zusammenhang mit Johannes dem Täufer erwähnt. Wir brauchen die Freiheit, allein sein zu können. Wenn wir – wie die Pharisäer und Schriftgelehrten – ständig die Clique brauchen, mit dem herrschenden Bewußtsein übereinstimmen müssen, nie anders sein und nie allein stehen können, um uns mit unseren eigenen Gedanken und Ängsten und mit unserer Einsamkeit auseinanderzusetzen, dann werden wir sicher keine »wilden Männer«. Deshalb hat männliche Energie etwas mit Selbständigkeit zu tun. Es ist etwas Wunderbares, wirklich selbständige Menschen zu treffen. Wenn man mit ihnen redet, bekommt man eindeutige und klare Antworten – und nicht nur Reaktionen.

Männliche Energie ist nicht nur passiv, sondern *aktiv*. Aktivität ist natürlich ein verbreitetes Klischee für Männlichkeit. Aber in solchen Verallgemeinerungen liegt ja oft auch etwas Wahres. Ich glaube deshalb, daß auf jeden Rückzug, den wir uns erlauben – und ich halte Rückzug für sehr wichtig –, ein »Zug vorwärts«, eine Konfrontation, ein aktives Engagement folgen sollte. Manche Leute verbringen ihr ganzes Leben damit, auf Meditationswochen und Einkehrtage zu fahren. Oft sind das Leute, die sich nirgendwo aktiv engagieren, die also nicht auftanken müssen, um wieder mehr geben zu können. Irgendwann wird so etwas zur reinen Nabelschau. Man redet davon, man sei auf der Suche nach Gott – in Wirklichkeit kann man auf diese Weise auch davonlaufen vor Gott. Es gibt überhaupt kaum einen erfolgreicheren Weg, Gott auszuweichen, als sich religiös zu betätigen, sich ständig mit frommen und heiligen Dingen zu beschäftigen. Unser Leben braucht die Balance zwischen Kontemplation und Kampf, wie es *Roger Schütz* nennt. Einsamkeit, Reflexion und Gebet sind wesentliche Voraussetzungen des geistlichen Lebens. Aber gleichzeitig ist Engagement nötig, ein Ort, wo ich mich aktiv auf die Realität einlasse. Es gibt Exerzitienmeister in Einkehrhäusern, die für ihre stillen Wochen nur Leute zulassen, die im aktiven Dienst stehen. Das empfinde ich als sehr sinnvoll. Denn über welche geistlichen Zusammenhänge muß ein Mensch reflektieren, der sich am aktiven Wirken des Geistes in der Welt gar nicht beteiligt? Wir dürfen Spiritualität nicht so mißverstehen, als bestünde geistliches Leben darin, im Wald zu sitzen und an den Herrn Jesus zu denken. Das wäre eine Verleugnung der Inkarnation, der Weise, wie Jesus selbst gelebt hat. Jesus zog sich zurück zum Gebet, um dann wieder unermüdlich und aktiv dazusein für die Menschen und ihre Bedürfnisse. Das Leben Jesu ist Tat und Engagement, er begibt sich in die weltlichen Sachzwänge hinein. Jesus war kein kontemplativer Mensch. Die Inkarnation selbst könnte als *phallische, schöpferische, männliche Entscheidung Gottes* bezeichnet werden. Wir brauchen den Blick nach innen, aber wir brauchen auch einen Kontext, Lebensumstände, in denen wir aktiv wirken. Wirkliche Veränderung von Menschen ereignet sich nicht auf Einkehrtagen (ich habe genügend gehalten, um das zu wissen), sondern in der Anwendung geistlicher Erfahrungen bei der Konfrontation mit den Alltagsrealitäten. Nicht Predigten bekehren Menschen, sondern Umstände. In der Regel *denken wir uns nicht in eine neue Lebensweise hinein, sondern wir leben uns in eine neue Denkweise hinein.* Deshalb ist es wichtig, daß wir uns mit unserem Leben Situationen der Herausforderung stellen, wo wir nicht im vorneherein die Kontrolle und die Lösungen haben, wo wir nicht als Sieger einziehen, wo wir vielleicht keine gute Figur machen. Unsere Mittelschicht weigert sich, das zu tun, und deshalb ist der mittelständische Stadtrand zum Getto geworden. Die Mittelschicht lebt in der Nachbarschaft von Menschen, die sich genauso kleiden, die gleichen Werte haben, dieselben Politiker wählen. Solche Menschen sind gleichsam geklont. Das ist nur scheinbar Freiheit. Aber wir merken nicht einmal, wie oberflächlich solches Leben ist. Es ist bequem, nichts zu tun, was Anstoß erregen oder wofür man ausgelacht werden könnte.

Männliche Energie bahnt Pfade, damit etwas Neues geschehen kann, gemeinsam mit dem Weiblichen. Ohne das weibliche Element wird das zur reinen Abenteuerlust ohne Tiefgang.

Meine eigene diesbezügliche Umwandlung hat in der Dritten Welt begonnen. Dort bin ich in Situationen und Umstände geraten, die mich gezwungen haben, die Wirklichkeit neu und anders zu sehen. Jeder *Blickpunkt* ist ein *Blick* von einem ganz bestimmten *Punkt* aus. Als Männer müssen wir – ebenso wie die Frauen – herausfinden: Was ist *mein* Blick-Punkt? Von wo aus betrachte ich die Welt? Wenn man in der Gesellschaft unten steht, dann sieht man die Welt einfach völlig anders, als wenn man oben steht. Das ist so offensichtlich. Ich verstehe nicht, weshalb wir das nie zuvor begriffen haben. Das ist keine marxistische Analyse, das ist schlicht und einfach die Wahrheit. Es ist offensichtlich, daß Gastarbeiter in einem Getto eine andere Weltsicht haben als Industriebosse mit einer Villa im Grünen. Wenn wir selbst zu den Privilegierten gehören, dann ist es wichtig, daß wir ab und an *unser* Getto verlassen, um zu begreifen, daß es noch eine andere Welt und eine andere Weltsicht gibt als unsere. Auch die Welt der Unterprivilegierten mit ihrem Zynismus und Fatalismus ist nicht alles. Auch das kann eine Falle sein. Jedenfalls besteht die Gefahr, daß der Reiche mit der Villa Gefangener eines naiven Optimismus ist. Wo immer wir sind, wir können Gefangene sein – anders ausgedrückt: Wir können vor Gott davonlaufen. Das falsche Ego tut alles, um sich nicht verändern zu müssen, um sich abzuschirmen. Das Ego wird alles auf sich nehmen und die unglaublichsten Verrenkungen machen, um nur eines zu vermeiden: sich selbst zu verändern. *C. G. Jung* sagt: Bei dem Versuch, notwendige Veränderungen zu vermeiden, fügt sich der Neurotiker wesentlich mehr Schmerzen zu als die, die durch notwendige Veränderungen verursacht würden. Ich bin vielen Menschen begegnet, die sich auf einen beschränkten Horizont zurückgezogen haben – auf sich selbst, ihre Familie, ihre Kirche –, um nicht erwachsen werden zu müssen.

Samenträger

Jeder Mann hat ein Zentrum, das sich als schöpferische Quelle erleben und ausdrücken will. Was meine ich damit? Es gibt einen Teil in jedem Mann, der unbedingt respektiert werden muß – sonst fühlt sich ein Mann unwohl in seiner Haut. Männer, die sich wohl fühlen in ihrer Haut und bei denen sich andere Menschen wohl fühlen, einschließlich anderer Frauen, sind Männer, die diese Mitte entdeckt haben. Männer müssen sich als schöpferisch erleben, um sich wirklich wohl zu fühlen. An diesem schöpferischen Punkt identifiziert sich unsere Seele mit Gott, dem Schöpfer, dem Vater. Jeder Mann ist darauf angelegt, ein Vater zu werden. Das heißt: Leben zu schaffen außerhalb seiner selbst. Für Verheiratete kann sich das in der körperlichen Zeugung von Söhnen und Töchtern ausdrücken. Unverheiratete müssen dasselbe geistig und geistlich tun. Das ist einer der Gründe, weshalb ich diese Vorträge halte. Ich versuche, das geistliche Leben weiterzugeben und auszusäen, das ich hoffe, in mir zu haben. Ein Mann möchte sich als Schöpfer und »Autor« erleben. Aus der schöpferischen Erfahrung kommt sein Gefühl innerer Autorität. Er braucht das Gefühl, etwas zu initiieren.

Neulich kam eine junge Frau zu mir in die Beratung. Sie wollte die Beziehung zu ihrem Freund abbrechen. Der Grund: Sie hatte das Gefühl, ständig die Initiative ergreifen zu müssen. Das Ergebnis war, daß sie sagte: »Ich kann ihn nicht wirklich achten. Ich bemitleide ihn. Denn immer muß ich die Initiative ergreifen. Das gilt zwar heutzutage als normal und gut, aber ich werde dieses Gefühl nicht los, daß ich ihn eigentlich bedauere.« Es gibt viele Frauen, die ihre Männer bemitleiden, auch wenn sie das vielleicht nicht zugeben. Sie spüren, daß es da an »phallischer Energie« fehlt, daß einfach nichts ausgeht von ihrem Mann. Er wartet darauf, daß jemand anderes das Säen übernimmt.

Ich glaube – auch wenn einige Feministinnen anderer Meinung sein sollten –, daß Biologie Schicksal ist. Das drückt sich sehr bildlich in unseren Genitalien aus. Wir tragen Samen mit uns und sind darauf angelegt, ihn auszusäen. Diese biologische Tatsache ist tief in die männliche Psyche eingegraben: Wir wissen, daß wir Samenträger sind und etwas Neues schaffen und zeugen müssen, um schließlich etwas wachsen zu sehen.

Ein wichtiger Teil des Mannes versteht sich als Werkzeug des Lebens. Männliche Energie ist eher instrumental, weibliche Energie eher beziehungsorientiert. Der Mann ist Energiespender. Energie zu spenden, das ist eine geistliche Aktivität. Diese Energie kommt nicht aus dem Kopf, sondern aus jenem Teil, den die östlichen Religionen das »Herz-Chakra« nennen, die Personmitte. Um uns selbst als Energiespender und Inspiratoren zu erfahren, müssen wir uns selbst – wie die chassidischen Juden sehr gewagt sagen – als »Gott« erkennen. Damit ist gemeint: Wir müssen uns mit unserem himmlischen Vater identifizieren können, wir müssen daran glauben, daß der Heilige in uns lebt – und das heißt: Wir müssen unserer eigenen Seele trauen. Ein chassidischer Jude sagt: »Wenn ich bete, dann bin ich Gott.« Das Gebet ist in sich selbst Gott. Gebet ist keine Aktivität, damit Gott mit mir zufrieden ist, und auch nicht nur ein Reden zu Gott. Gebet ist nichts anderes als Gott in mir. Christlich ausgedrückt: das Wirken des Heiligen Geistes. In Römer 8 steht: »Der Geist hilft unserer Schwachheit auf, denn wir wissen nicht, was wir beten sollen. Der Geist aber vertritt uns mit unaussprechlichem Seufzen.« Echtes Gebet ist das Seufzen des göttlichen Geistes in uns. Der Heilige Geist selbst wirkt und *ist* die Gabe des Gebetes in uns.

Viele Menschen sind unzufrieden mit ihrem Gebetsleben. Ich pflege solche Leute zu fragen: »Sehnst du dich danach, wirklich zu beten?« Solange es die Sehnsucht nach Gebet, die Sehnsucht nach Gott in uns gibt, ist der göttliche Geist noch am Werk in uns. Ohne diese Sehnsucht allerdings ist die geistliche Realität abgeblockt.

Jesus als Sohn des Vaters war sich dessen zutiefst bewußt. Er ist der »Held«, der »wilde Mann« schlechthin. Beide Reisen, von denen wir geredet haben, führen schließlich zu Jesus. Er ist derjenige, der beides in sich völlig vereinigt hat.

Wenn man sich irgendeines der vier Evangelien vornimmt und irgendwo in der Mitte anfängt zu lesen, dann wird man erleben – ohne irgend etwas gewaltsam hineinzuinterpretieren –, wie Jesus die schönste nur denkbare Balance von Männlichkeit und Weiblichkeit ist. Einmal sehen wir ihn bei der Kontemplation in der Wüste, dann redet er sanft und einfühlsam mit einer Frau, dann wieder tritt er den Pharisäern in aller Schärfe entgegen. Er engagiert sich und heilt und kämpft – und zieht sich wieder zurück in die Stille des Gebets, in den mütterlichen Schoß Gottes, wo er ausruhen und auftanken kann. Hier ist er ganz passiv, er hört zu, er versteht und wird verstanden. So bewegt sich Jesus in den Evangelien ständig hin und her zwischen beiden Polen. Ohne Gebetserfahrung, ohne eine gewisse mystische Erfahrung, ohne Momente der Vereinigung werden Aktivismus, Abgrenzung und Sachlichkeit zur Falle. Die innere Erfahrung der Einheit mit dem Vater ist nötig, um uns vor falscher Männlichkeit zu bewahren. Diese innere Erfahrung könnte man auch so ausdrükken: »Du bist o.k. Ruh dich aus. Du mußt nichts beweisen, du mußt nichts leisten, du mußt Papas Liebe nicht verdienen (weil du sie sowieso schon hast).« Ohne diese tiefe Gelassenheit gibt es keine echte Männlichkeit. Die Seele des Mannes ist Gott gegenüber weiblich. So haben es alle großen Mystiker gesehen. Aber dieser Ort tiefster Weiblichkeit in uns ist zugleich der Ort, wo tiefe Männlichkeit schlummert. Männer und Frauen unterscheiden sich am meisten voneinander, bevor sie sich auf die Reise machen. Am Ende der Reise sind sich beide ähnlich und entdecken ihre Seelenverwandtschaft. Tiefe Männlichkeit und tiefe Weiblichkeit liegen nicht mehr im Streit miteinander. Sie sind fähig, einander zu erkennen, anzunehmen und zu lieben. Sie ergänzen und bereichern einander.

Die Reise nach innen muß für beide eine Reise zu jenem innersten Ort der Seele sein, wo uns der Vater beim Namen ruft, wo der Vater uns Sohn und Tochter nennt, wo der Vater an uns glaubt. Der Sohn kann nur an den Vater glauben, wenn der Vater zuvor an ihn geglaubt hat. Der Vater muß den Anfang machen.

Neulich hat mir ein Psychiater gesagt, die meisten männlichen Jugendlichen unserer Gesellschaft hätten bereits mit sechzehn Jahren kaum noch echten Respekt vor ihrem Vater. Mit sechzehn Jahren haben sie bereits genug an mangelnder innerer Autorität seitens ihrer Väter erlebt, so daß sie nicht mehr zu ihnen aufschauen können. Der Sohn kann dem Vater nur das zurückgeben, was der Vater zuvor ihm gegeben hat.

Das Herz unseres christlichen Glaubens ist das Geheimnis der Trinität. Es beinhaltet die vollkommene Gegenseitigkeit, den Fluß der Liebe zwischen Vater und Sohn. Die Liebe des Vaters, die Jesus in seiner Taufe erfährt, ermöglicht es ihm, sich seinerseits ganz hinzugeben an den Vater. Er kann dem Vater das sagen, was er zuvor vom Vater gehört hat. Jesus sagt einmal: »Ich rede nur das, was ich vom Vater höre.«

Bei unserer Taufe wurde uns gesagt, daß wir Kinder Gottes sind. Wir brauchen ein ganzes Leben, um zu lernen, an unsere Taufe zu glauben. Es geht nicht darum, unsere Taufe zu verdienen – wir haben sie bereits empfangen –, sondern darum, an das zu glauben, was die Taufe sagt. Wir sind »göttlichen Geschlechts« (Apg. 17, 28). Wir sind Söhne Gottes. Er ist unser Vater. Was einst in Gott war, ist jetzt außerhalb von Gott: nämlich wir. Das Christentum bedeutet nicht, daß Menschen erst in diese Realität hineingerettet werden müssen. Christentum bedeutet, diese Tatsache bekanntzumachen. Glücklich, wer sie hört und annimmt. Als Christen sind wir die Verkünder der guten Nachricht; wir sagen den Menschen, daß sie Söhne und Töchter Gottes sind.

In unserer funktionalen Kirche haben wir alles auf den Kopf gestellt. Viele Leute versuchen ein Leben lang, das zu verdienen, was ihnen längst gehört. Wir versuchen, unseres Vaters würdig zu werden. Wir werden Gottes niemals würdig. Wir sind bereits seine Kinder.

Das, was ich sage, klingt zunächst sehr psychologisch und soziologisch. Aber es ist das schlichte Evangelium. Vielleicht fehlt uns auch deshalb männliche Energie, weil wir das einfache Evangelium nicht verstanden haben. Vielleicht aber konnten wir das Evangelium nicht glauben, weil da kein Vater war, der an uns geglaubt hat. Paulus sagt im Römerbrief: »Wie können wir glauben, wenn es uns keiner sagt?«

Mit der Rückbesinnung auf heidnische Überlieferungen und Mythen versucht John Rowan im Gefolge des Feminismus dem Mann mit dem gehörnten Gott einen Archetypus anzubieten, der ihn mit der Göttin der Frauen versöhnt. Seine Arbeit will der feministischen Wiederentdeckung mythischer Wurzeln eine männliche Entwicklungschance an die Seite stellen. Als »jagender« Gefährte der Großen Göttin kann der Gehörnte zum Leitbild für eine Erweiterung des männlichen Seelenlebens werden, die ein altes Ausdrucksmuster für die Neubelebung männlicher Archetypen nutzt.

JOHN ROWAN

Der gehörnte Gott

»Auf einer archetypischen Ebene sind die alten Idole der Männlichkeit im Begriff auseinanderzufallen.«

Es ist wichtig, daß man sich zunächst mit der Göttin befaßt. Sie repräsentiert schließlich die Vorstellung der weiblichen Macht, die nötig ist, um uns völlig umzukrempeln. Solange sowohl Männer als auch Frauen nicht wirklich glauben, daß das Weibliche stark sein kann, meine ich, werden Männer sich an ihre Macht klammern wollen. Umgekehrt aber kann die panische Angst der Männer vor einem Machtvakuum gelindert werden, wenn Männer überzeugt werden können, daß das Weibliche stark und imstande ist, Macht zu handhaben. Allerdings erhebt sich dann die Frage: Welchen Platz gibt es für einen Mann in einer Welt, in der sich die Frauen ihre Macht genommen haben?

Der zu dieser Göttin passende männliche Archetyp ist der gehörnte Gott. Allerdings unterscheidet sich das Bild des Männlichen, das aus dieser archetypischen Figur entstand, wesentlich von allen üblichen Männlichkeitsdarstellungen in unserer Kultur. Starhawk (1979) meint:

> Er ist nur schwer zu begreifen, weil er in keines der erwarteten Klischees paßt. Er deckt sich weder mit den Vorstellungen vom Mann als »Macho« noch mit den umgekehrten, in denen der Mann ganz bewußt nach Effemination strebt. Er ist sanftmütig, zärtlich und voller Zuspruch, aber er ist auch der Jäger. Er ist eine sterbliche Gottheit – aber sein Tod steht immer im Dienst der Kraft des Lebens. Er ist ungebändigte Sexualität – aber eine Sexualität im Sinne einer tiefen, heiligen, verbindenden Kraft. Er ist die Kraft des Gefühls und das Symbol dessen, was Männer sein könnten, wenn sie von den Zwängen einer patriarchalischen Kultur befreit würden.

Nun ist Starhawk nicht nur eine moderne Hexe, sondern auch eine erklärte Feministin, die hier eine Vision des Männlichen in den Vordergrund stellt, die sie akzeptieren und gutheißen kann.

Es geht ihr nicht um eine Männlichkeit, die abgeschafft oder durch etwas anderes ersetzt werden muß. Männlichkeit ist hier etwas, das einen neuen Wert bekommt und mit ganz neuen Augen gesehen wird. Im weiteren meint sie:

> Für Männer symbolisiert der Gott die innere Kraft und Potenz, die mehr ist als bloß sexuell. Er ist das ungeteilte Selbst, in dem der Verstand nicht vom Körper und der Geist nicht vom Fleisch getrennt ist. So eins können beide auf der Höhe kreativer und emotionaler Kraft wirken.

Schon wieder sah ich mich auf eine neue Art ermuntert. »Das ungeteilte Selbst« *(The Undivided Self)* hieß ein kleines Buch, das ich zwei oder drei Jahre davor herausgegeben hatte. Es handelte nur von Therapie und wie sehr es das Ziel einer humanistischen Therapie war, die Entzweiungen von Verstand und Körper, Intellekt und Gefühl, links und rechts usw. zu heilen. Dies nun als eine spirituelle Vision des Männlichen verkündet zu sehen, feuerte mich an. Aber lassen wir wieder Starhawk zu Wort kommen:

> Der Gott verkörpert die Kraft des Gefühls. Seine tierischen Hörner stehen stellvertretend für die Echtheit unverhüllter Emotion, die nicht irgendwelchen übergeordneten Herren schöntut. Er ist ungebändigt. Ungebändigte Gefühle unterscheiden sich jedoch sehr von auferlegter Gewalt. Der Gott ist die Kraft des Lebens, der Lebenszyklus. Aber er bleibt innerhalb des Machtbereichs der Göttin; nur dort hat er Macht, die immer darauf zielt, dem Leben zu dienen.

Hier befand sich der Schlüssel. Das Männliche war sicher aufgehoben und hatte sogar etwas Positives, solange es im Dienst der Göttin stand. Die Beziehung zur Göttin war die Garantie, daß es zu keiner Rückkehr des Patriarchats käme. Aber diese Beziehung war nicht einfach: Sie mußte durch eine intensive Erfahrung von Demut und Opferbereitschaft gewonnen werden, wie Starhawk erklärt:

> Sowohl für Frauen als auch für Männer ist der Gott ebenso der »sterbliche Gott«. Als solcher repräsentiert er das Sichüber-

lassen an das, was das Leben erhält: der Tod im Dienst der Kraft des Lebens. Das Leben ist durch zahlreiche Verluste gekennzeichnet, und wenn der Schmerz jedes einzelnen Verlustes nicht vollständig gefühlt, durchlebt und durchgearbeitet wird, bleibt er in der Seele begraben, wo er dann wie eine eiternde Wunde, die nie ausheilt, emotionales Gift ausscheidet. Der »sterbliche Gott« verkörpert den ideellen Begriff »Verlust«. Wenn wir in Ritualen immer wieder seinen Tod aufführen, lassen wir die Emotionen, die sich um unsere ureigenen Verluste ranken, frei, schneiden die Wunden mit einer kleinen Lanzette auf und gelangen erfolgreich zum Punkt der Heilung, die seine Wiedergeburt verspricht. Dieser psychologische Reinigungsprozeß war das, was die dramatische Tragödie in Wahrheit bezweckte, die ihren Ursprung in Griechenland hatte und aus den Riten des sterblichen Gottes Dionysos entstand ... Der Gott wird der Tröster der Herzen, der uns lehrt, den Tod durch sein Beispiel zu verstehen. Er verkörpert die Herzensgüte, Zärtlichkeit und das Erbarmen, die wahren Ergänzungen zur Aggressivität des Männlichen.

Dies wiederum verzahnte sich mit noch einem anderen Teil meiner eigenen Erfahrung. Da war nicht nur die Rede davon, daß es in dieser Weise mehrmals vorkommt, während ich so etwas durch meine eigene Therapie zu spüren bekam, sondern auch der Bezug zum gesamten Prozeß der spirituellen Entwicklung, in die ich einbezogen war und die Ken Wilber in seinen Büchern erhellt hatte.

Wilber (1980) sagt, daß es einen definitiven psychospirituellen Entwicklungsweg gibt und daß sich jeder von uns irgendwo auf diesem Pfad befindet, ob wir es wissen oder nicht und ob wir mögen oder nicht. Sich auf diesem Pfad fortzubewegen, ist eine Sache der Dialektik, wo jeder Schritt nach vorne bedeutet, dem vorangegangenen zu widersprechen und etwas hinter sich zu lassen, das in Ehren zu halten ist. Jeder Schritt nach vorne bedeutet auch, daß wir uns von unserer alten Vorstellung lossagen, wer und was wir sind, und eine neue annehmen, die mit jedem Mal voller und ergiebiger wird, aber im Verlauf der Zeit langsam den Anschein bekommt, zu klein und zu einschränkend zu sein.

Jeder von uns kennt die früheren Phasen dieses Prozesses: die Symbiose des Mutterleibs zu verlassen, für einen separaten Leib; den separaten Leib zu verlassen, für den Schutz und die Identität in der Familie; den Schutz und die Identität der Familie zu verlassen, für die Identität, ebenbürtig zu sein; die ebenbürtige Identität zu verlassen, für ein separates geistiges Ego – jede dieser Revisionen des Selbst wird gut dokumentiert und weitgehend erlebt und erfahren.

Der nächste Schritt in der Entwicklung war, das mentale Ego zu verlassen, um zum wirklichen Selbst zu finden. Ich war damit seit einigen Jahren vertraut und hatte sogar schon darüber geschrieben (1976).

Es war eines der elementaren Ziele humanistischer Therapie, und ich hatte diesen Wandel in mir selbst und bei einer Reihe anderer Leute gesehen.

Es gibt verschiedene Wendungen, die sich auf dieses Stadium beziehen: Sullivan et al. (1957) bezeichnen es als »Integration aller unteren Ebenen«; Loevinger (1976) gebraucht »integriert«; Maslow (1968) »selbst-aktualisierend«; Fromm (1942) und Riesman (1954) nennen es »autonom«; Kohlberg (1969) meint »mit individuellen Prinzipien«; Alderfer (1972) »wachstumsorientiert«; Mahrer (1978) »integrierende Personen«; Rogers (1961) »die voll funktionierende Person« usw. Ken Wilber taufte es das »Stadium des Zentaur« und erklärte:

> Dieses integrierte Selbst, in dem Verstand und Körper auf harmonische Weise eins sind, nenne ich den »Zentaur«. Der Zentaur ist das große Fabelwesen aus der griechischen Mythologie mit dem Körper eines Tieres (Pferd) und dem Kopf (Verstand) eines Menschen, die in einem perfekten Zustand miteinander vereint sind.

Aber nun kommt der nächste Schritt in der Entwicklung: das wirkliche Selbst zu verlassen, um zum größeren Selbst zu kommen – mitunter auch »höheres Selbst«, »tieferes Selbst«, »transpersonales Selbst«, »feinstoffliches Selbst« usw. genannt. Ich hatte in meinem Leben soeben begonnen, die gleichen Erfahrungen zu machen, so daß mir persönlich all das über den Gott sehr vernünftig vorkam.

Archetypen

In diesem Stadium müssen wir uns mit dem gesamten Problem der Symbole befassen, nach denen wir leben. Wir sind sozusagen von Idealen und Zwängen umringt, die uns durch die Kultur, in der wir leben, bedrängen. Wir sind in ein Meer von Bildern, Abbildern, Vorstellungen getaucht, wie wir sein sollten, wie wir leben sollten. Diese Ideen präsentieren sich uns als Ideale, denen gemäß wir zu leben haben. Sie sind überall, und einige haben eine lange, mitunter unglaublich uralte Geschichte. Der »brusthaarige Macho-Mann« z. B., ein Ideal von heute, reicht bis zu den Heldengestalten antiker Kulturen zurück, um nur Herkules zu nennen. Ein anderes Ideal von heute, der »Wissenschaftler im weißen Kittel«, geht auf die alten Götter der Weisheit und Erleuchtung zurück, wie etwa Apoll einer war.

Der große Psychologe C. G. Jung lehrte uns bereits vor einiger Zeit, daß diese Ideale – oder Archetypen, wie er sie präziser nannte – einer grundlegenden Untersuchung bedürfen. Was sich auf einer archetypischen Ebene abspielt, berührt unser ganzes Handeln. Wenn die Archetypen gesund sind, sind wir gesund; wenn die Archetypen zerbröckeln, zerbröckelt auch unsere Zivilisation.

Auf der Ebene der Archetypen vollzieht sich heutzutage ein langsamer Wandel, von dem wir alle betroffen sind. Seit Beginn des 19. Jahrhunderts ist sich der einzelne immer mehr einer Verschiebung, eines Auseinanderbrechens, eines Rutsches in den tiefliegenden Schichten des kollektiven Unbewußten bewußt geworden. Von ungefähr 1800 an wurde es immer deutlicher, daß das überwältigende Ungleichgewicht zugunsten alles Männlichen allmählich in Frage gestellt wurde.

In der romantischen Bewegung fing man an, alles Natürliche zu schätzen. Dies äußerte sich darin, daß sich eine Bewegung bildete, die die schulische Ausbildung der Mädchen durchsetzte, daß Schulen für Kunst und Musik entstanden und daß Gefühle und Sensibilität neu kultiviert wurden. Auf allen Ebenen schien ein neues Gleichgewicht zu entstehen, und überall schien das Männliche wie das Weibliche geschätzt und geehrt zu werden. Doch dann ereignete sich ein schwerer und langer Rückschlag aufgrund der rasenden Entwicklung in Wissenschaft und Technologie. Das männliche Ungleichgewicht kehrte wieder zurück; es hatte sogar an Stärke gewonnen und viele Jahre angehalten. Aber mittlerweile ist die Wissenschaft und Technologie über das Ziel hinausgeschossen, und jeder von uns ist sich der schrecklichen Folgen bewußt. Die wahnsinnige Verwüstung Hiroshimas, die toten Seen, die sterbenden Wälder, das eigennützige An-sich-Reißen der Ressourcen dieser Erde, all das sagt uns doch, daß sich etwas ändern muß.

Auf einer archetypischen Ebene sind die alten Idole der Männlichkeit bestimmt im Begriff auseinanderzufallen. Die alten Männlichkeitsklischees können uns nicht mehr inspirieren. Wir können nicht mehr an den »brusthaarigen Macho-Mann« glauben, an »Papi weiß alles« an den »Wissenschaftler im weißen Kittel«, an die »Friede-Freude-Eierkuchen-Partei«, an den »alten weißhaarigen Patriarchen«, an den »romantischen Boheme-Künstler in der Dachstube«, an den »verantwortungsvollen Manager«.

Warum wir an sie nicht mehr glauben können? Weil sie sich als das entpuppt haben, was sie sind. Den Feministinnen dürfte diese Demaskierung am effektivsten gelungen sein. Merkwürdigerweise sind sich viele von ihnen gar nicht bewußt, daß sie auf einer archetypischen Ebene arbeiten. Aber im Endeffekt lassen sie diese Ideale, alte wie gegenwärtige, immer mehr wie aufgeblasene Statuen erscheinen, was sie tatsächlich sind, hochgezogen, um Eindruck zu schinden, aber in Wirklichkeit hohl und substanzlos. Man kann nicht aus einem Ballon fallen und diesen dann anbeten.

Natürlich haben diese Frauen diese Bilder und Symbole nicht ruhig und gefaßt in Frage gestellt. Sie waren darüber äußerst empört, daß ihnen so übel mitgespielt worden war – eine ganze Zivilisation, die auf männlichen Idealen und männlichen Vorstellungen beruhte und systematisch alles Weibliche niederhielt und unterdrückte.

Es besteht kein Zweifel, daß der »brusthaarige Macho-Mann« Frauen prügeln kann – eine Menge männlicher Gewalttätigkeit gegen Frauen rührt von diesem Bild her –, aber öfter noch setzt er sie einfach herab, verniedlicht sie und setzt sie für seine

Zwecke ein. (Manchmal dadurch kaschiert, daß er sie auf ein Podest stellt.) Der »Papi weiß alles« ist davon abhängig, daß alle übrigen in der Familie töricht sind, so daß er weise und allwissend sein kann: Die anderen kleinmachen soll ihn vermutlich groß machen. Der »Wissenschaftler im weißen Kittel« stellt sich als eine Figur heraus, der es hauptsächlich darum geht, ihr eigenes Ego zu fördern und mit dem Wissenschaftler nebenan richtig aggressiv zu konkurrieren, und die imstande ist, Waffen herzustellen, die die Menschheit vernichten, Eingriffe in das ökologische Gleichgewicht vorzunehmen, die die Natur vernichten, Atommüll anzuhäufen, der jahrtausendelang ein Gesundheitsrisiko und eine Verlockung für Terroristen sein wird, und ein medizinisches Versorgungssystem, das an neuen Geräten, neuen Instrumenten und neuen pharmazeutischen Mitteln größeres Interesse hat als an den Leuten. Die »Friede-Freude-Eierkuchen-Partei« stellt sich als ein Haufen gefühlloser Frauenfeinde heraus, die in der Hauptsache am Wohl ihres Penis interessiert sind. Der »alte weißhaarige Patriarch« entpuppt sich als Bankier, der auf dem Reichtum der Welt hockt und den Regierungen sagt, wie seine Gewinnvermehrung auszusehen habe. Der »romantische Boheme-Künstler im Dachstübchen« mausert sich zu jemandem, der die Frauen als Sprungbretter für sein eigenes Vorankommen benutzt und im Gegensatz zu den anderen Männern eben Schwäche statt Stärke einsetzt, um ans Ziel zu kommen. Und der »verantwortungsvolle Manager« unterdrückt offensichtlich genauso wie alle anderen männlichen Geschlechtsgenossen, wobei er sich selbst von seinen Emotionen abschneidet, so daß er tüchtig arbeiten kann: Mehr Stunden für mehr Geld für mehr Dinge, von denen keines das Versäumnis kompensieren kann, wenn man auf dieser Welt keine emotionalen Beziehungen zu Frauen, Kindern und anderen Männern hat.

Von Feministinnen stammt der schmerzreiche Befund, daß sich all diese Bilder darum drehen, Frauen in der einen oder anderen Weise zu unterdrücken und die weiblichen Archetypen auf die zu beschränken, die für Männer akzeptabel, weil dienlich sind. Sie gaben dem System auch die Bezeichnung »Patriarchat«, was ihnen zu einer klareren Sicht verhalf, wie die Teile des Systems alle zusammenarbeiteten. Wird ein System in einem seiner Teile ernstlich verletzt, so kann das natürlich seine ganze bisherige Arbeitsweise aus der Bahn werfen. Sobald die Wendung »männliches Chauvinistenschwein« in die gängige Sprache einkehrt, so daß selbst die, die damit überhaupt nicht einverstanden sind, wissen, was es bedeutet, hat die Struktur einen Knacks bekommen – der mit der Zeit zu einem weiten Spalt werden wird.

Wenn Idole auf diese Weise zerbröckeln, fragt man sich: Was nun? Der heroische Weg ist natürlich der ganz ohne Idole; aber das hört sich in der Theorie besser an, als es in der Praxis ist. Sehr wenige von uns können wirklich ohne jede Art von Bild oder Vorstellung oder Symbol auskommen, das das widerspiegelt, dem wir gleichen wollen oder worauf wir abzielen. Wie Jung vor langer Zeit dargelegt hat, brauchen wir irgendein archetypisches Bild von dem, was wir sein könnten oder was wir sind. Wir brauchen eine Art Ideal, um uns in unserem Leben an etwas zu halten – Adler nannte es eine Leitfiktion –, etwas, das uns fühlen läßt: Wir sind auf dem richtigen Dampfer.

Die männliche Gestalt, die zur Göttin paßt, ist, wie gesagt, der gehörnte Gott. Das Bild des Männlichen, das aus dieser archetypischen Gestalt erwächst, unterscheidet sich merklich von den üblichen Darstellungen von Männlichkeit in unserer Kultur. Gary Lingen (1983) meint:

> Der gehörnte Gott steht vielmehr stellvertretend für starke, positive männliche Eigenschaften, die sich aus tiefen natürlichen Quellen in uns selbst ableiten, als für die Klischees und Gewalttätigkeiten und emotionalen Verkrüppelungen, von denen fast alle Männer, alte, junge, jugendliche, in unserer Gesellschaft betroffen sind.

Unserer üblichen Denkweise nach sind Männer stark, d. h. gut gepanzert und unverletzlich. Verletzbar zu sein würde für einen Mann bedeuten, den Panzer abzulegen und folglich schwach und weiblich zu sein. Mann ist entweder stark oder verletzlich. Aber der gehörnte Gott ist gleichzeitig stark *und* verletzlich. Er hat keine Angst zu sterben, weil er weiß, daß er wiedergeboren wird. Er ist der Herr des Todes und der Wiedergeburt.

Unserer üblichen Denkweise entspricht auch, davon auszugehen, daß der Verstand eines Mannes seinen Körper zu kontrollieren habe. Wenn sein Körper die Macht übernimmt, wird er ein Faulpelz oder Schädling oder Lustmolch oder Nimmersatt. Also muß der Verstand für Disziplin und Kontrolle sorgen. Aber der gehörnte Gott ist das ungeteilte Selbst, in dem der Verstand nicht vom Körper abgetrennt ist und der Geist nicht vom Fleisch. Da ist eine Ganzheit, die bedeutet, daß wir jetzt gleichzeitig spontan und adäquat handeln können.

Die übliche Denkweise geht ferner davon aus, daß Männer standhaft und verläßlich sind. Als Mann sollte man bei einer Sache bleiben und nie seine Meinung ändern. Aber beim gehörnten Gott geht es nur um Veränderung. Er ist der Herr des Tanzes (s. Abbildung), und zusammen mit der Göttin symbolisiert er den Tanz der Spirale des Lebens. Er bringt persönlichen und gesellschaftlichen Wandel. Er zeigt uns den Wahnsinn, der im Tun der geistig gesunden Welt liegt. Er vermittelt uns ein Gefühl, an Klippen, Rändern, Grenzen zu stehen, so daß wir nicht sagen können, ob er verrückt oder geistig gesund ist, Geschäftsmann oder Künstler, Bourgeois oder Revolutionär, Dichter oder Drucker, ungestüm oder nüchtern, sexuell oder psychisch, bewußt oder unbewußt.

Und die Denknorm lautet, daß Männer fortwährend männlich sein müssen. Wenn sie ihre Männlichkeit nur für einen Augenblick verlieren und sogar in einer Weise weiblich werden sollten, sind sie für Lebzeiten als weiblich abgestempelt und nicht mehr in derselben Weise geachtet. Aber der gehörnte Gott hat in dieser Hinsicht komplette Freiheit. Als einer, der ständig andere Gestalten annimmt, kann er männlich oder weiblich oder im wesentlichen bisexuell sein. Als Herr des Wassers kann er in das kollektive Unbewußte hinabsteigen und auf einer tiefen Ebene zu verstehen beginnen, was es heißt, zu menstruieren, zu gebären, eine Vagina statt eines Penis zu haben.

Diese Dinge können konkret in Ritualen erfahren werden, in denen wir mit den Kräften des gehörnten Gottes in Kontakt kommen. Welche Gesichter der Gott hat, läßt sich durch persönliche Erfahrungen herausfinden. Sie sagen: »Schau es. Fühl es. Wisse, daß es in dir ist, und gib seiner Kraft einen Namen, damit du sie herausziehen kannst.« Das ist der neue heidnische Glaube, den Gary Lingen so erklärt:

> Der gehörnte Gott ist ein positives Urbild männlicher Macht – frei vom Vorbild des Patriarchats und anderer autoritärer Modelle –, dessen Werden und Vergehen Veränderungsprozesse während des Jahreszyklus sind, so daß er in Beziehung zum primären Leben und zur fördernden Kraft bleibt und nicht von ihr – der Göttin – abgetrennt ist.

Die Rituale der Wicca-Tradition enthalten sowohl das Männliche als auch das Weibliche.

Da ich so viel aus Büchern hatte, schien der nächste Schritt zu sein, einige wirkliche Erfahrungen zu machen, die es mir ermöglichen würden, selbst zu erleben, welche dieser Ideen wahr oder falsch wären. Ich schloß mich einer Gruppe an, die sich jedesmal

Robin Goodfellow als Herr des Tanzes: Mittelalterlicher Holzschnitt

bei Vollmond und zu jedem der acht großen Feste der heidnischen Welt traf. Wir nannten uns zwar nicht Hexer, aber die Gruppe orientierte sich im großen und ganzen deutlich an der Tradition der Wicca.

Wie wir von Margot Adler (1979) wissen, gibt es heute eine Vielzahl von Gruppen und Praktiken, in deren Mittelpunkt die Göttin steht, aber die Wicca ist eine der herausragendsten davon. Frau Adler schrieb:

> Bei den meisten Wicca-Gruppen gibt es zwei Gottheiten: den Gott, Herr der Tiere, Herr des Lebens und des Jenseits, und die Göttin, die dreifache Göttin in ihren drei Erscheinungsbildern: das junge Mädchen, die Mutter und das alte Weib. Jeder Aspekt wird durch eine Mondphase symbolisiert – die zunehmende Sichel, der Vollmond und die abnehmende Sichel. Im allgemeinen weichen die Wicca-Gruppen in ihrer Auffassung, was diese »Gottheiten« sind, stark voneinander ab. Sind sie Gedankengebilde, die sich über die Jahrhunderte geformt haben? Sind sie Archetypen? Sind sie Entitäten, die nur als Buchstaben existieren? Die Antwort darauf hängt davon ab, wen man fragt.

Im Augenblick scheint es für unsere Zwecke sinnvoll zu sein, den gehörnten Gott als einen Archetypen aufzufassen. Er kann wie alle Archetypen in den Brennpunkt gerückt werden, um sich ihm dann zu öffnen. Er kann in unseren Geist eintreten, in unseren Körper und uns mit einem Sinn für das Göttliche erfüllen. Wenn das geschieht, haben wir für die Erde viel mehr Sorge übrig. Politisch ist das meiner Meinung nach einer der wichtigsten Aspekte des gehörnten Gottes für die Männerwelt. Starhawk (1983) betonte die direkte Verbindung zwischen der Verehrung der Göttin und den Anti-Atom-Kampagnen:

> Für einen Mann ist die persönliche Beziehung zu Gaia ein Ausweg aus der kulturellen Falle, denn ein Mann, der seine eigene Verbindung zur Göttin bereitwillig aufnimmt, erfährt die Kraft, gefördert zu werden, in sich selbst, unabhängig von seiner Bindung zu einer lebenden Frau. Genauso wie eine Frau nicht mehr völlig mit dieser Kraft verschmolzen sein kann, so-

> bald das Kind beim Namen genannt wird, kann ein Mann nicht länger von dieser Kraft getrennt sein, ohne sich unbehaglich zu fühlen, sobald sie sich als lebendige Realität auszeichnet. Gaia macht die Macht der Mutter zu einer bewußten Kraft, mit der wir zurechtkommen müssen.

Wir können nicht die Erde als unsere göttliche Mutter erfahren und zulassen, daß sie durch Plutonium vergiftet wird.

In ähnlicher Weise können wir den gehörnten Gott nicht in uns als Geist der Bäume und Tiere fühlen und alles durch sauren Regen oder einen Atomkrieg zerstören. Es ist kein Zufall, daß die Frauen von Greenham Common die Symbole der Göttin – die Schlange, das Spinnennetz, den Vogel, das Labyrinth – in ihrem heftigen und anhaltenden Protest gegen die Marschflugkörper verwendet haben.

Gleichermaßen politisch ist die Unfähigkeit derer, die die Göttin lieben, Frauen zu unterdrücken. Starhawk fragt in den Gruppen, in denen sie spricht: »Hätten Sie gerne eine Vision der Göttin?« Wenn die Frage von den Leuten in der Gruppe bejaht wird, sagt sie ihnen, daß sie sich umdrehen und die Person ansehen sollen, die neben ihnen sitzt. Die Göttin ist immanent, nicht abstrakt. Wenn also jede Frau die Göttin ist, dann sollte jede Frau aufrichtig respektiert werden. Dies ist eine wirkliche Alternative zum männlichen Chauvinismus.

Die Verbindung zwischen Mythos und Gesellschaft bestimmt wie seit Jahrtausenden unser Leben. Ob wir diese Verbindung als Männer sehen und verstehen können, wird mehr und mehr zum Schlüssel für unsere Selbstbestimmung. Joseph Campbell hat im Epilog zu seinem wichtigsten Werk »Der Heros in tausend Gestalten« die moderne Gefahr und Chance des Umgangs mit dem Mythos aufgezeigt.

JOSEPH CAMPBELL

Der Mythos und die Gesellschaft

»Heute geht es darum, das verlorene Atlantis der unzerspaltenen Seele wieder an das Licht zu bringen.«

1. Die Vieldeutigkeit der Mythen

Ein endgültiges System der Mytheninterpretation gibt es nicht und wird es nie geben. Die Mythen gleichen dem Proteus, »dem grauen untrüglichen Meergott«, dem »Sträubenden«, der »ringt, zu entfliehen«.

> Denn der Zauberer wird sich in alle Dinge verwandeln,
> Was auf der Erde lebt, in Wasser und loderndes Feuer.

Nur wenn der Wanderer Ernst macht mit der Anweisung: »Aber greift unerschrocken ihn an und haltet noch fester!«, nimmt der Gott seine wahre Gestalt an, um Rede zu stehen. Aber selbst der geschickteste Frager vermag dem Listigen nicht das ganze Wissen zu entlocken. Nur auf die Frage, die er stellt, erhält er Antwort, und je nach der Frage fällt diese tief oder läppisch aus.

> Wenn die Mittagssonne den hohen Himmel besteiget,
> Siehe dann kommt aus der Flut der graue untrügliche Meergott,
> Unter dem Wehn des Westes, umhüllt vom schwarzen Gekräusel,
> Legt sich hin zum Schlummer in überhangende Grotten,
> Und floßfüßige Robben der lieblichen Halosydne
> Ruhen in Scharen um ihn, dem grauen Gewässer entstiegen,
> Und verbreiten umher des Meeres herbe Gerüche.

Der griechische Kriegerkönig Menelaos, den eine hilfreiche Tochter des alten Meervaters zu dessen Unterschlupf geführt und darüber belehrt hatte, wie ihm die Antwort abzunötigen sei, begehrte Auskunft nur über die Schwierigkeiten, die seiner noch warteten, und über das Geschick seiner persönlichen Freunde, und der Gott gab sie ohne Murren.

Der moderne Intellekt hat die Mythen interpretiert als einen primitiv-täppischen Versuch der Naturerklärung (Frazer); als Produkt der poetischen Phantasie prähistorischer Zeitalter, verzerrt von den folgenden (Müller); als Arsenal allegorischer Unterweisungen, die das Individuum der Gruppe gefügig machen sollen (Durkheim); als Gruppentraum, in dem die Tiefenschicht der Menschenseele ihre archetypischen Impulse ausdrückt (Jung); als das überlieferte Medium metaphysischer Einsicht (Coomaraswamy) und schließlich als Offenbarung Gottes an seine Kinder (die Kirche). In Wahrheit sind die Mythen das alles, nur zeigen sie jedem Interpreten, je nach dessen Standort, ein anderes Gesicht. Denn den Anliegen und Bedürfnissen der Individuen, Rassen und Zeitalter kommen sie so aufgeschlossen entgegen wie das Leben selbst, wenn die Frage nicht auf ihr Wesen, sondern auf ihre Funktion dringt, darauf, wie sie in der Vergangenheit der Menschheit gedient haben und wie sie es heute könnten.

2. Die Funktion von Mythos, Kultus und Meditation

Wie es faktisch ist, kann das Individuum die volle Idee des Menschen nur fragmentarisch und verzerrt darstellen. Notwendige Grenzen sind ihm gesetzt dadurch, daß es entweder männlich oder weiblich ist; nochmals ist es begrenzt durch seinen jeweiligen Lebensabschnitt: Kindheit, Jugend, Reife und Alter; und eine weitere Spezialisierung liegt in seiner Rolle als Handwerker, Händler, Diener, als Dieb, Priester, Führer, Gattin, Nonne oder Dirne.

Es kann nicht alles in sich vereinigen. Die Totalität, die Fülle des Menschen, existiert nicht im isolierten Glied der Gesellschaft, sondern erst in ihrem Gesamtkörper. Das Individuum kann nicht mehr sein als dessen Organ. Seine Gruppe versieht es mit den Techniken, mit denen es das Leben meistert, mit der Sprache, in der es denkt, mit den Ideen, von denen sein Wachstum zehrt, und vor all dem schon mit den Genen, die seine körperliche Konstitution bestimmen. Wenn es sich abzulösen trachtet, gleich ob in Taten oder in Denken und Fühlen, untergräbt es seine eigene Existenz.

Die Stammeszeremonien bei der Geburt, Initiation, Hochzeit, Bestattung und Bestallung des Individuums übersetzen die Wendepunkte und Entscheidungen des Einzellebens in klassische, überpersönliche Formen. Das Selbst, das sie dem Individuum offenbaren, ist nicht einfach, diese oder jene Person zu sein, sondern Krieger, Braut, Witwe, Priester oder Häuptling. Und alle anderen, die sich nach Rang und Funktion dem Zeremoniell eingliedern, erfahren dabei wieder die alte Lehre von den archetypischen Stufen. Die ganze Gruppe erblickt sich selbst als eine unvergängliche, lebendige Einheit, deren substantielle, zeitlose Form sich erhält, während die Individuen, Generation auf Generation, hinschwinden wie anonyme Zellen in einem lebenden Leib. Die einzelnen aber, deren Horizont sich zum Anblick des Ganzen weitet, erfahren Bereicherung und Rückhalt durch die Gruppe, und ihre eigene, wenn auch unscheinbare Rolle erscheint ihnen in ihrer Unentbehrlichkeit für das festliche Bild des Menschen – des Bildes, das sie in sich tragen, ohne es als einzelne verwirklichen zu können.

In den Verpflichtungen gegenüber der Gruppe setzt die Lehre des Festes sich fort in den Alltag. In ihrer Befolgung bestätigt sich das Individuum, während Indifferenz, Revolte oder Exil die lebenspendende Kommunikation abschneiden. Vom Standpunkt des gesellschaftlichen Subjekts ist das einzelne, das sich losgesagt hat, schlechterdings nichts, und nur dasjenige, welches, gleich ob Mann oder Frau, mit Recht auf die Erfüllung seiner Rolle hinweisen kann – handle es sich nun um die des Priesters oder des Sklaven, der Königin oder des Freudenmädchens –, *ist* etwas im vollen Sinne des Wortes *sein.*

Initiations- und Bestallungsriten lehren also die essentielle Einheit von Individuum und Gruppe. Einen weiteren Horizont noch eröffnen die Feste, in denen der Jahreslauf kulminiert: daß so, wie das Individuum ein Organ der Gruppe ist, der Stamm, die Stadt und schließlich die ganze Menschheit nichts anderes sind als Phasen des kosmischen Riesenorganismus.

Die übliche Interpretation dieser Feste der sogenannten Primitiven, als Versuche zur Naturbeherrschung, geht fehl. Sicher ist in jeder menschlichen Handlung, und besonders in jenen magischen Praktiken, die Regenwolken erzeugen, Krankheiten heilen oder die Fluten abhalten sollen, der Wille zur Beherrschung lebendig. Was aber in allen wirklich religiösen und nicht nur finster magischen Zeremonien dominiert, ist das Motiv des Sichschickens ins Unabwendbare, und besonders auffallend ist es bei den Jahresfesten. Noch von keinem Zeremoniell ist berichtet worden, das den Einbruch des Winters hätte verhindern wollen, sondern alle stimmen die Gruppe darauf ein, daß sie, zusammen mit der übrigen Schöpfung, die Zeit der schrecklichen Kälte über sich ergehen lassen muß. Ebensowenig sind die Frühlingsriten darauf aus, der Natur unmittelbar einen Strom von Korn, Bohnen und Früchten für die darbende Gruppe zu entlokken, sondern sie bringen den ganzen Stamm der Natur dar für die Arbeit der kommenden Jahreszeit. Gefeiert und vorgezeichnet wird immer, wie der Zyklus des Jahres mit seinen Mühen und Freuden in dem des Stammeslebens sich fortsetzt.

Dieser kontinuierliche Zusammenhang mit der Natur drückt sich noch in vielen anderen Symbolen aus, die das Leben einer mythisch orientierten Gruppe erfüllen. So führen bei den amerikanischen Jägerstämmen die meisten Clans ihre Abstammung auf halb tierische, halb menschliche Ahnen zurück, denen nicht nur die Menschen des Clans entsprungen seien, sondern auch die Tiere der Spezies, nach der er sich nennt. Die menschlichen Angehörigen des Biberclans etwa betrachten sich als Blutsverwandte der Biber, schützen sie und glauben, auch ihrerseits unter dem Schutz der klugen Waldbewohner zu stehen. Oder ein anderes Beispiel: Die Navahos in New Mexico und Arizona errichten ihre Lehmhütten, die »hogans«, nach dem Modell ihrer Vorstellung vom Kosmos. Der Eingang deutet nach Osten, die acht Seiten nach den Himmelsrichtungen. Jeder Pfosten und jeder Träger entspricht einem Bestandteil des großen, allumfangenden Erd- und Himmelshogan. Und da die Navahos sich die Menschenseele als Ebenbild des Kosmos vorstellen, steht die Form ihrer Behausungen für die metaphysische Harmonie von Mensch und Universum und erinnert an den verborgenen Weg zur Vollendung.

Aber es gibt noch einen anderen Weg, der dem des öffentlichen Kultes und der Verpflichtung auf die Gruppe diametral entgegengesetzt ist. Für den Standpunkt der Pflicht ist das Exil die Vernichtung, für den anderen Standpunkt aber ist es der erste Schritt der Berufung; weil jeder in sich selber das All trägt, kann es innen gesucht und gefunden werden. Die Unterschiede des Geschlechts, Alters und Berufs sind unserem Wesen äußerlich, bloße Kostüme, die wir auf der Weltbühne für eine Zeit anlegen, die aber nicht mit der Idee des Menschen verwechselt werden dürfen. Wenn wir uns bestimmen als Amerikaner, Kinder des 20. Jahrhunderts, Abendländer, zivilisierte Christen, als tugendhaft oder sündig, dann sagen solche Kategorien nichts vom Menschsein, sondern notieren nur die Zufälligkeiten des geographischen Aufenthalts, des Geburtsdatums und des Einkommens. Was aber ist unser Kern, der Grund unseres Wesens?

Die Askese der Heiligen des Mittelalters und der indischen Yogis, die orphischen Mysterien und die alten Philosophien des Ostens und des Westens sind Techniken, die den Kern des individuellen Bewußtseins von jenen zufälligen Verkleidungen lösen sollen. Die ersten Meditationen des Adepten entfremden seinem Geist das Zufällige des Lebens und lenken ihn auf dessen Kern. »Ich bin nicht dieses, nicht jenes«, denkt er, »nicht meine Mutter oder mein Sohn, der gerade gestorben ist; nicht mein Körper, der kränkelt oder altert; nicht mein Arm, mein Auge, mein Kopf; nicht die Summe all dessen. Ich bin nicht mein Fühlen; nicht mein Denken; nicht meine Befähigung zur Intuition.« Geleitet von solchen Meditationen erreicht er die Tiefe seines Selbst und bricht schließlich durch zu unermeßlichem Erkennen. Kein Mensch kann, von solchen Übungen zurückkehrend, sich im Ernst wieder als Mr. Soundso aus dieser oder jener Stadt der USA betrachten: Gesellschaft und Pflichten fallen ab, und Mr. Soundso, der den Menschen in sich entdeckt hat, wird in sich gekehrt und entrückt.

Das ist ein notwendiger Schritt, aber noch nicht das Ziel. Der Zustand ist der des Narziß über der Quelle und des sinnenden Buddha unter dem Baum. Das endgültige Ziel ist nicht diese Erschauung des Wesens, sondern das Innewerden, daß man selber es *ist.* Dann ist man frei, als dieses Wesen in die Welt zu gehen. Und weiter: Auch die Welt ist vom gleichen Wesen, und deshalb sind das Wesen des Selbst und das der Welt eins. Darum ist entrückte Abgeschiedenheit nicht länger notwendig. Wo immer man hingehen, was immer man tun mag – man bleibt bei sich selbst, wenn das innere Auge zur Vollkommenheit gebildet ist, die das Trennende durchdringt. Wenn also der Weg der Pflicht schließlich zur Verwirklichung des Alls im Individuum führen kann, so bringt der des Exils, des Sichabscheidens, das Individuum zu dem Selbst in allem.

Die Konzentration auf diesen archimedischen Punkt läßt die Frage nach Egoismus oder Altruismus verschwinden. Das Individuum hat sich in das Gesetz des Universums verloren und ist wiedererstanden in Identität mit dessen ungebrochenem, ganzem Sinn. Für es und durch es ward die Welt erschaffen. »O Mohammed«, sprach Gott, »wärest du nicht gewesen, ich hätte das Firmament nicht erschaffen.«

3. Der Heros heute

All das ist von den heutigen Perspektiven in der Tat weit entfernt. Das demokratische Ideal des sich selbst bestimmenden Individuums, die Erfindung der Dampfmaschine und des Motors, die Ausbildung der naturwissenschaftlichen Forschungsmethode haben das Leben so einschneidend verändert, daß der uralte, zeitlose Kosmos der Symbole einstürzen mußte. Nietzsches Zarathustra sprach es aus in den schicksalsschweren, von der kommenden Epoche widerhallenden Worten: »Tod sind alle Götter.« Jeder kennt den Hergang. In der verschiedensten Weise ist er dargestellt worden, ein Heldenzyklus der Neuzeit, ein Märchen vom Mündigwerden der Menschheit. Wohlgezielte, mächtige Schläge trafen die Fesseln der Tradition, den Bann der Vergangenheit. Das Traumgespinst des Mythos zerfiel, der Geist erwachte zu vollem Bewußtsein, und wie ein Schmetterling aus der Puppe oder die aufgehende Sonne aus dem Schoß der mütterlichen Nacht erhob sich aus dem alten Aberglauben der moderne Mensch.

Nicht nur haben die forschenden Augen der Teleskope und Mikroskope den Göttern keinen Schlupfwinkel gelassen: auch die Gesellschaft, wie sie einst sich von den Göttern tragen ließ, existiert nicht mehr. Aus dem Substrat religiöser Gehalte, das sie einst war, wurde eine ökonomisch-politische Organisation. Deren Ideale sind nicht mehr die der hieratischen Pantomime, die auf Erden die Formen des Himmels darstellt, sondern die des diesseitigen Staates, der harten und unnachgiebigen Konkurrenz um materielle Vorherrschaft und Ressourcen. Sofern in sich geschlossene, in einem mythisch geladenen Horizont befangene Gesellschaftsgebilde sich noch erhalten haben, sind sie zu Ausbeutungsobjekten geworden, und in den fortschrittlichen stehen auch die letzten Spuren des rituellen, sittlichen und künstlerischen Erbes der Menschheit vor dem Verlöschen.

Deshalb aber ist das Problem, das sich der Menschheit heute stellt, genau entgegengesetzt dem der Menschen, die in den vergleichsweise stabilen Perioden der jetzt entlarvten mythischen Integration lebten. Lag bei ihnen aller Sinn im Kollektiv, in den großen anonymen Formen und nicht im mündigen Individuum, so ist heute das Kollektiv wie die Welt überhaupt jeden Sinnes bar, und alles ist im Individuum. Dort aber ist er ganz unbewußt: Es weiß nicht, wohin es geht, es weiß nicht, wodurch es getrieben wird. Alle Verbindungsfäden zwischen den bewußten und den unbewußten Bereichen der Menschenseele sind durchschnitten: Wir sind in zwei Hälften zersprungen.

Die Tat, die heute entscheidend wäre, ist nicht die gleiche wie die, die das Jahrhundert Galileis forderte. Wo damals Finsternis war, ist heute Licht, ebenso aber ist heute Finsternis, wo damals Licht war. Heute geht es darum, das verlorene Atlantis der unzerspaltenen Seele wieder ans Licht zu bringen.

Offenbar kann das weder geschehen durch einen Rückfall hinter die Errungenschaften der modernen Revolution noch durch eine bloße Abwendung von ihr. Das Problem besteht vielmehr genau darin, die moderne Welt mit einem Sinn zu versehen, der den Geist befriedigt, oder, um das gleiche Prinzip von der anderen Seite her zu formulieren, genau darin, allen Menschen, Männern wie Frauen, die Möglichkeit zu geben, durch die Lebensbedingungen in unserer Welt hindurch die volle Reife der Menschlichkeit zu erlangen. Diese Bedingungen aber haben die alten Formeln fruchtlos, irreführend, sogar gefährlich gemacht. Die Gemeinschaft von heute umfaßt den ganzen Planeten, nicht einzelne Völker, und deshalb würde das Schema nach außen projizierter Aggression, das einst die Gruppen nach innen integrierte, heute nur noch Selbstzerfleischung bedeuten. Die Idee der Nation, mit der Flagge als Totem, bläht heute das infantile Ich eher auf, als daß sie es zergehen ließe. Ihre Pseudorituale auf den Paradeplätzen dienen den Interessen des Haltefest, des tyrannischen Drachens, nicht dem Gott, in dem der Egoismus sich auflöst; und die zahlreichen Heiligen dieses Antikultus – die Patrioten, deren Fotos, flaggengeschmückt, als seine Ikone allgegenwärtig geworden sind – sind genau die Wächterfiguren, die die Schwelle der Gruppenlokalität hüten und die zu passieren das erste Problem des Abenteuers ist.

Ebensowenig können die großen Weltreligionen, wie sie heute verstanden werden – nämlich assoziiert mit partikularen Interessen, als deren Propaganda und Selbstverherrlichung –, der Anforderung genügen. (Unter dem Einfluß des Westens hat auch der Buddhismus letzthin diese Degradation erfahren.) Der universale Triumph des weltlichen Staates hat alle religiösen Organisationen in eine so endgültig zweitrangige und ohnmächtige Position gedrängt, daß der Kultus heute kaum mehr ist als ein frömmelndes Schauspiel, für das der Sonntagmorgen reserviert ist, während die übrige Woche im Zeichen der Geschäftsmoral und des nationalen Chauvinismus steht. Solch heuchlerische Bigotterie ist es nicht, wessen eine intakte Welt bedürfte. Nötig wäre vielmehr eine Verwandlung der gesamten Gesellschaftsordnung, so daß jede Handlung und jede Einzelheit des weltlichen Lebens dazu beitrüge, das belebende Bild des universellen Gottmenschen, der in uns allen wohnt und wirkt, dem Bewußtsein zu erschließen.

Das aber kann nicht Sache des Bewußtseins selber sein. Ein trächtigeres Symbol erfinden oder auch nur ankündigen kann das Bewußtsein ebensowenig, wie es die Träume der nächsten Nacht vorhersagen oder kontrollieren kann. Die ganze Entwicklung liegt auf einer anderen Ebene, ist angewiesen auf einen langen, unsere Fassung auf eine harte Probe stellenden Prozeß, der auszutragen ist nicht nur in den Tiefen der Menschenseele, sondern auch auf jenen riesigen Schlachtfeldern, in die der ganze Planet sich jüngst verwandelt hat. Wir erleben das grausige

Zusammenprallen der Symplegaden, zwischen denen die Seele hindurch muß, ohne sich auf eine der beiden Seiten stellen zu können.

Eines aber können wir wissen, daß nämlich die neuen Symbole, wenn sie auftauchen, in den verschiedenen Teilen des Globus nicht gleich sein werden, weil sie, wenn sie wirksam sein sollen, die lokalen Bedingungen der Rasse, Tradition und Lebensform in sich aufnehmen müssen. Deshalb ist es vonnöten, daß die Menschen einsehen, daß durch verschiedene Symbole die gleiche Erlösung sich offenbart. »Die Wahrheit ist eine«, heißt es in den Veden, »die Weisen nennen sie mit vielen Namen.« Es ist ein Gesang, der sich bricht in allen Färbungen des Menschheitschores. Die eine oder andere örtliche Lösung allgemein zu propagieren, ist deshalb unnötig und sogar schädlich. Der Weg zur Menschlichkeit liegt darin, in allen Abwandlungen des unerschöpflichen Menschenantlitzes die göttliche Signatur wiederzuerkennen.

Damit kommen wir zu dem letzten Wink, was die spezifische Orientierung des Helden von heute sein muß und was den Zerfall aller überlieferten religiösen Formeln letztlich verursacht. Das Gravitationszentrum, die Verkettung von Geheimnis und Gefahr hat sich in entscheidender Weise verschoben. Für die primitiven Jägervölker jener entlegensten Jahrtausende der Menschheit, da noch der Säbeltiger, das Mammut und die geringeren Erscheinungen des Tierreiches die bestimmenden Offenbarungen des anderen, Fremden waren, Quelle zugleich der Gefahr und der Erhaltung, mußte sich das große Problem des Menschen psychologisch verknüpfen mit der Aufgabe, die Wildnis mit jenen Wesen zu teilen. So kam es zu einer unbewußten Identifizierung, die schließlich ins Bewußtsein gehoben wurde in den halb menschlichen, halb tierischen Gestalten der Totemahnen. Die Tiere wurden zu Mentoren der Humanität. Buchstäbliche Nachahmung, wie sie heute nur auf Kinderspielplätzen und im Irrenhaus noch vorkommt, verhalf zur Aufhebung des Ich und zu stabiler Organisation der Gruppe. Eine ähnliche Bindung gingen die Stämme, die sich vorwiegend pflanzlich ernährten, mit der Pflanze ein und identifizierten das Lebensritual des Pflanzens und Reifens mit dem menschlicher Zeugung, Geburt und Reifung. Schließlich aber gerieten Fauna und Flora unter menschliche Kontrolle, so daß der Bereich des Wunders und der Offenbarung sich ins Firmament verlagerte und die Menschheit die große Pantomime des heiligen Mondkönigs, des heiligen Sonnenkönigs und des hierarchischen Planetenstaates und die symbolischen Feste der weltlenkenden Sphären zelebrierte.

Heute haben all diese Mysterien ihre Kraft eingebüßt. Sie können unserer Seele kein Interesse mehr entlocken. Der Begriff eines kosmischen Gesetzes, dem alles Existierende unterworfen ist und dem auch der Mensch sich beugen muß, hat seine mythologischen Vorstadien, wie die alte Astrologie sie darstellt, nun schon lange hinter sich gelassen und wird als plane Selbstverständlichkeit in mechanischen Kategorien leichthin akzeptiert. Den Weg, den der Brennpunkt des menschlichen Staunens in seiner permanenten Verschiebung beschrieben hat, markiert die Verlagerung des Interesses der abendländischen Wissenschaft vom Firmament zur Erde – von der Astronomie im 17. Jahrhundert zur Biologie im 19. – und ihre Konzentration auf den Menschen selbst, die sich mit der Anthropologie und Psychologie unseres Jahrhunderts einstellte. Nicht die Tierwelt, nicht die Pflanzenwelt und nicht das Wunder der Sphären, sondern der Mensch selbst ist jetzt das zentrale Geheimnis. Er ist jene fremdartige Erscheinung, mit der die Mächte des Egoismus fertig zu werden haben, durch die das Ich ans Kreuz geschlagen werden und wieder auferstehen muß und deren Bild gemäß die Gesellschaft zu verwandeln ist. Der Mensch, verstanden aber nicht als Ich, sondern als Du: Denn von den Ideen und zeitweiligen Institutionen aller Stämme, Rassen, Kontinente, Klassen und Jahrhunderte kann keine das Maß der unerschöpflichen und wunderbar vielfältigen göttlichen Existenz sein, die das Leben in uns allen ist.

Der moderne Held, der Mensch von heute, der es auf sich nimmt, dem Ruf zu folgen und die Stätte jener Kraft zu suchen, mit der allein unser ganzes Geschick gestillt werden kann, kann und darf nicht warten darauf, daß die Gesellschaft ihren Pfuhl von Hochmut, Furcht, heuchlerischem Geiz und verstellter Feindseligkeit bereinigt.

»Lebe, als ob der Tag da wäre«, heißt es bei Nietzsche. Nicht die Gesellschaft hat den schöpferischen Heros zu lenken und zu erretten, sondern er sie. Und so teilt jeder von uns das höchste Gottesgericht und trägt das Kreuz des Erlösers – nicht in den Augenblicken großer Stammessiege, sondern im Schweigen seiner einsamen Verzweiflung.

Quellenverzeichnis

MICHAEL BLAKE: *Der mit dem Wolf tanzt* in *Der mit dem Wolf tanzt. Roman.* Bergisch Gladbach 1991, S. 203–211. Übers. Joachim Honnef. Mit freundlicher Genehmigung des Bastei Verlags Gustav H. Lübbe, Bergisch Gladbach.

EDGAR RICE BURROUGHS: *Tarzan* in *Tarzan.* Zeichnung von Bruce Hoggarth. Deutsche Ausgabe im Verlag Norbert Hethke, Schönau. © 1972 Edgar Rice Burroughs Inc., used by permission.

JOSEPH CAMPBELL: *Der Mythos und die Gesellschaft* in *Der Heros in tausend Gestalten.* Frankfurt/M. 1953. Übers. Karl Koehne. Mit freundlicher Genehmigung des Suhrkamp Verlags, Frankfurt/M.

JOSEPH CAMPBELL: *Der Herr der Tiere* in *Mythologie der Urvölker. Die Masken Gottes.* Basel 1991. Übers. Hans-Ullrich Möhring. Mit freundlicher Genehmigung des Sphinx Verlags, Basel.

KARLFRIED GRAF DÜRCKHEIM: *Der Ruf nach dem Meister* in *Der Ruf nach dem Meister.* Bern 1975, S. 11–37. Mit freundlicher Genehmigung des Scherz Verlags, Bern, München.

HANS EPPENDORFER: *Mishima – Fanatiker, Fantast, Faschist?* in *Der Magnolienkaiser.* Berlin 1984. Mit freundlicher Genehmigung des Autors.

WILLIAM GOLDING: *Der Herr der Fliegen* in *Der Herr der Fliegen. Roman.* Frankfurt/M. 1963, S. 65–85. Übers. Hermann Stiehl. Mit freundlicher Genehmigung des S. Fischer Verlags, Frankfurt/M.

ERNEST HEMINGWAY: *Das kurze glückliche Leben des Francis Macomber* in *49 Stories.* Hamburg 1950. Übers. Annemarie Horschitz-Horst. Mit freundlicher Genehmigung des Rowohlt Verlags, Reinbek.

CARL GUSTAV JUNG: *Über die Archetypen des kollektiven Unbewußten* in *Von den Wurzeln des Bewußtseins.* Zürich 1954. Mit freundlicher Genehmigung des Walter Verlags, Olten.

RUDYARD KIPLING: *Laßt den Dschungel ein* in *Das zweite Dschungelbuch.* Zürich 1987. Übers. Gisbert Haefs. Mit freundlicher Genehmigung des Haffmanns Verlags, Zürich.

JACK LONDON: *Gespräche mit dem Seewolf* in *Der Seewolf. Roman.* München o. J. Übers. Erwin Magnus. Mit freundlicher Genehmigung des Universitas Verlags in der F. A. Herbig Verlagsbuchhandlung GmbH, München.

HENRY MILLER: *Die Brooklynbrücke* in *Der Engel ist mein Wasserzeichen. Sämtl. Erzählungen.* Reinbek 1968. Übers. Kurt Wagenseil. Mit freundlicher Genehmigung des Rowohlt Verlags, Reinbek.

DAVID MORRELL: *Rambo* in *Rambo. Roman.* München 1984. S. 94–106. Übers. Wolfgang Lotz. Rechte der deutschsprachigen Übersetzung beim Wilhelm Heyne Verlag, München.

Richard Rohr: *Schöpfer des Lebens* in *Der wilde Mann.* München 1991. Übers. Andreas Ebert. Mit freundlicher Genehmigung des Claudius Verlags, München.

John Rowan: *Der gehörnte Gott* in *Der verwundete Mann.* München 1988. Übers. Thomas Nichaus. Mit freundlicher Genehmigung des Goldmann Verlags, München.

Heinrich Zimmer: *Owain – der Ritter mit dem Löwen* in *Abenteuer und Fahrten der Seele.* München 1977. Übers. Stephan Schuhmacher. Mit freundlicher Genehmigung des Eugen Diederichs Verlags, München.